明通鑑

第七册

明神宗萬曆三十一年起
莊烈帝崇禎十年止

卷七十三至
卷八十五

中華書局

明通鑑卷七十三

江西永寧知縣當塗夏　燮編輯

紀七十三起昭陽單閼（癸卯），盡彊圉協洽（丁未），凡五年。

神宗顯皇帝

萬曆三十一年（癸卯、一六〇三）

1 春，正月，復營乾清、坤寧兩宮。輔臣沈一貫等入視工程，因亟言「巡漕，巡倉二差及河南、陝西二巡撫缺，應補授差遣。」上頷之。

2 詔户、兵二部覈軍實。時内府供億浸多，户部困不能支。九邊軍額八十六萬有奇，將弁率以空名支餉，且多尅減，邊民屢譁。上憂之，乃有是命，然卒不能振刷也。

3 三月，戊午，吏部奏天下郡守缺者幾十之五，請敕吏部推補，不報。

時南北六卿正貳亦多缺者，大學士沈一貫等因言：「各衙門本章，例應三日即下，皇上初年，始有留中之事。至于今日，有奏而不發票者，有票上而不發行者。在皇上蓋出詳慎不輕之意，且昭操縱不測之權，而人心自此怠弛，政務從而壅滯。且歲月滋久，保無乘機壅蔽，藉手作奸者乎！況始于權宜，後遂成例，亦何可昭示萬世！請將各衙門章疏可行者即賜允行，不可行者明示改正，必期無一疏不報，無一事不決。」疏入，不省。

4 乙丑，詔公主子孫皆入國學肄業。

5 是月，遼東大福堡火，焚燬房屋軍器無算。又火起地中，大如車輪，高三丈，烟高三丈餘。【考異】明史五行志佚，三編據實録補入三月。

6 播州餘逆吴洪、盧文秀等叛，總兵官李應祥等討平之。

7 禮部尚書馮琦卒。

琦明習典故，學有根柢，數陳讜論，而于礦税及給中使關防，尤力持之。初，内閣乏人，上已用琦及朱國祚，而沈一貫密揭「二人年未及艾，請先用老成者」，乃復命沈鯉、朱賡。

琦素善病，至是篤，凡十六疏乞休，不允。卒于官，年僅四十六。遺疏「請厲明作，發章奏，補缺官，推誠接下，收拾人心」，詞極懇摯。上悼惜之，贈太子少保。

初，以禮部侍郎郭正域署代，未幾，以禮部侍郎李廷機易署。【考異】明史七卿表，脱去郭正域署禮部尚書，故李廷機之署代亦無月日。辨見下。

8 夏，四月，丁亥朔，日有食之。

是日，當享太廟，禮部侍郎郭正域言：「春秋書災異，莫大于日食。故禮，諸侯旅見天子，入門不終禮者有四，日食與焉。當祭而日食，牲至未殺則廢。況時惟四月，又爲正陽，變異非細。是日辰時食至巳時，若救護後午刻祭享，曾未踰時，兩興大禮，精禋不肅。宜以朔旦救日，詰朝享廟。」詔改享太廟于初五日。【考異】明史正域本傳，但言「日食占爲用佞人亡國」等語，語侵一貫，而不及請改廟享日期。三編據實録增入目中，今從之。

9 丙午，承天府鍾祥縣地震，自南方起至西北方，屋宇皆震裂有聲。

10 五月，丙辰，閣臣復請熱審，不報。

11 戊寅，京師地震。

是日，鳳陽大雨雹，毁皇陵殿脊。

12 六月，黜楚中尉華越爲庶人。

初，楚恭王得廢疾，隆慶五年薨，遺腹宫人胡氏，孿生子華奎、華壁。或言「華奎乃恭王妃兄王如言妾尤金梅子，華壁乃妃族人王如綍奴王玉子，内官郭綸取以養之」，儀賓汪若泉嘗訐奏，事下撫、按，王妃持甚堅，得寢。萬曆八年，華奎嗣爵，華壁亦封宣化王。宗人華越者，素强禦忤王，及是遣人訐「華奎異姓子，不當亂宗。」沈一貫納華奎重賄，屬通政使格其疏不上；月餘，華奎劾華越疏至，乃上之，事下禮部。未幾，華越入都，訴通政司邀截實封及華奎行賄狀，楚宗與名者凡二十九人。通政司懼，召華越，令更易月日以上，旨并下部。

署尚書事郭正域，楚人也，頗知假王事，「請勘虛實以定罪案」。一貫右華奎，言「親王不當勘，但宜體訪」；正域以「事關宗室，不經勘問，誰敢分剖！」華奎懼，奉百金爲正域壽，且屬毋竟楚事，當酬萬金，正域嚴拒之。

已而撫、按行勘，皆言無左驗。而華越妻乃王如言女，持僞王説甚堅，廷議令覆勘；詔公卿集議于西闕門。議者三十七人，各具一單，言人人殊。李廷機以禮部左侍郎代正域署部事，正域欲盡録諸人議；廷機以辭太繁，先撮其要以上。一貫嗾御史康丕揚等劾「禮部壅閼群議，不以實聞」，正域亦發一貫匿疏沮勘及華奎饋遺事。

中旨以「楚王襲封已二十餘年，何至今始發？且夫訐妻譖，不足憑據。」遂坐華越等誣奏，降庶人，錮之鳳陽。【考異】事見明史諸王及郭正域傳，皆系之三十一年，蓋黜華越月日也。三編、明鑑皆系之六月。證之明史正域本傳，馮琦卒，正域時以禮侍掌翰林院，還署部事，下文楚事之獄，李廷機以左侍郎代正域署部事，三編同。據此，則表中漏脱正域，故廷機署代亦無月日也。正域之代，當在三月之後，六月之前，蓋正以楚事之獄，沈一貫以其不便而易之也。今據本傳。

13 是月，泰安大水，溺死男婦八百餘口。

14 是夏，河決蘇家莊，北浸豐、沛、魚臺、單縣。

初，楊一魁既罷，上復用吳崇禮議，分設河、漕二臣，以河南巡撫曾如春爲工部侍郎，總理河道。如春議開虞城王家口，挽全河東歸，須費六十萬。（未幾）是年春，山東巡撫黃克纘，言「王家口爲蒙牆上源，上流即達，則下流不可旁洩。宜遂塞蒙牆口。」從之。

時蒙牆決口廣八十餘丈，如春所開新河，未及其半，塞而注之，慮不任受。有獻策者，言「河流既回，勢若雷霆，藉其勢衝之，淺者可深也。」如春遂令放水。水皆泥沙，流少緩旋淤。至是水暴漲，衝魚、單、豐、沛間。

如春以憂卒，乃命李化龍爲工部侍郎代其任，化龍甫至而河已決。給事中侯慶遠因言「泇河成則他工可徐圖」，詔部臣詳議以聞。

15 秋，七月，丁丑，京師大雨雹。

時祁州、安肅並大風，雨冰雹，頃刻水深尺餘，拔樹折木，苗稼盡傷。祁州復大水，田廬盡没，城垣傾壞。【考異】明史五行志但書京師大雨雹。祁州以下，三編據實録增入目中。

16 八月，禮部侍郎郭正域罷。

初，正域之入館也，沈一貫爲教習師；後服闋，授編修，不執弟子禮，一貫不能無恨。及一貫爲首輔，沈鯉次之，正域與鯉善而心薄一貫。楚王之獄，正域右華越，積忤一貫。給事中錢夢皋，遂希一貫指，劾「正域陷害親藩」，楊應文又言「正域父懋，嘗笞辱于恭王，故正域因事陷之。」正域疏辨，言「恭王卒于隆慶時，臣父方以舉人任知州，何由被笞！」留中不報，因乞休去。已而華奎亦奏劾正域，略如應文言，且訐其不法數事，請褫正域官。詔下部院集議。李廷機謂「正域已去，可無苛求。」給事中張問達，言「藩王欲進退大臣，不可訓」。乃不罪正域，而令巡按御史勘王所訐以聞，皆無狀。未幾而妖書事起。

17 九月，甲子，江北盜起。

鳳陽漕運巡撫李三才言：「乃者迅雷擊陵，大風拔木，洪水滔天，天變極矣；趙古元方磔於徐，李大榮旋梟於亳，而睢州巨盜又復見告，人離極矣。陛下每有徵求，必曰內府匱乏；夫使內府果乏，是社稷之福也，所謂『貌瘦而天下肥』也。而其實不然。陛下所謂匱乏者，黃金未遍地，珠玉未際天耳。小民饔飧不飽，重以征求，箠楚無時，桁楊滿路。官惟丐罷，民惟請死，陛下寧不惕然警悟邪！陛下毋謂臣禍亂之言爲未必然也；若既已然矣，將置陛下何地哉！」不報。

既而睢盜就獲，三才因奏行數事，部內晏然。【考異】據明史李三才傳，特書于是年之九月，與本紀「九月江北盜起」合，今類書之。

18 冬，十月，甲申，停刑。

19 丙申，河南睢州賊楊思敬作亂，有司討禽之。

20 十一月，甲子，復起妖書曰續憂危竑議，閣臣朱賡獲之于寓門外。其詞假鄭福成爲問答，——鄭福成者，謂鄭氏子福王當成也。大略言：「上立東宮出于不得已，他日必當更易。其用朱賡爲內閣者，以『賡』『更』同音，寓更易之意。」詞極詭妄，時人謂之「妖書」。

上大怒，敕有司大索奸人。沈一貫以楚宗事銜郭正域，又以沈鯉與己地相逼，而正域新罷，欲因是陷之，乃爲上言「臣下有欲相傾者爲之」，蓋微引其端以動上意。亡何，錦衣衛都督王之禎等四人，與同官周嘉慶有隙，乃以妖書有名，指嘉慶爲之。東廠又捕獲妖人皦生光，巡城御史康丕揚爲生光訟冤，言「妖書、楚事同一根柢，請少緩其獄，賊兄弟可授首闕下。」意指正域及其兄國子監丞正位。上怒，以爲庇反賊，除其名，一貫力救，始免。

丕揚乃先後捕僧人達觀、醫者沈令譽等；而同知胡化，則告妖書出教官阮明卿手；未幾，廠衛又捕可疑者一人曰毛尚文。數日間，鋃鐺旁午，都城人人自危，嘉慶等皆下詔獄。嘉慶旋以治無驗，令革任回籍。令譽故嘗往來正域家，達觀亦時時游貴人門，嘗爲正域所搒逐，尚文則正域僕也。

一貫、丕揚等欲自數人口引正域，而化所訐明卿則錢夢皋壻。夢皋大恚，上疏顯攻正域，言「妖書刊播，不先不後，適在楚王疏入之時。蓋正域乃沈鯉門徒，而沈令譽者正域食客，胡化又其同鄉同年。群奸結爲死黨，乞窮治根本，定正域亂楚首惡之罪，勒鯉閒住。」上令正域還籍聽勘，急嚴訊所捕者。而諸人承一貫指，必欲陷正域以及鯉，于是獄久不具。

21 十二月，丙戌，上召見皇太子于啓祥宮，諭曰：「我之慈愛教訓，爾宜知之；爾之純善孝友，我亦知之。近有捏造妖書者，離間我父子，動摇天下，已有嚴旨緝捕正法。爾宜安心讀書，勿存驚懼。」復賜手詔慰諭之。皇太子見上言之淚下，亦含淚叩首辭去。

22 是月，吏部尚書李戴罷。

時妖書事起，錦衣官王之禎等羅織周嘉慶，下獄窮治。嘉慶，戴甥也，比會鞫，戴引避，上聞而惡之。會以不能箝屬官，奉旨譙讓，遂勒致仕去。命趙世卿以户部尚書兼署代之。

23 致仕大學士王家屏卒。

家屏歸後八年，儲位始定，遣官齎敕存問。及是卒，贈少保，謚文端。

三十二年（甲辰、一六〇四）

1 春，二月，壬寅，閣臣請補司道、郡守及遣巡方御史，沈一貫擬敕以上，不省。

2 三月，甲子，乾清宮成，敘賞工部官有差。

3 乙丑，賜楊守勤等進士及第、出身有差。

4 是春，始議開泇河。

先是李化龍以開泇河請，下部臣，覆言：「開泇有六善，其不疑有二。泇河開而運不借河，河水有無聽之，善一；以二百六十里之泇河，避三百三十里之黄河，善二；運不借河，則我爲政，得以熟察機宜而治之，善三；估費二十萬金開河六百二十里，視朱衡新河事半功倍，善四；開河必行召募，春荒役興，麥熟人散，富民不擾，窮民得以養，善五；糧船過洪必約春盡，實畏河漲，運入泇河，朝暮無妨，善六。爲陵捍患，爲民禦災，無疑者一；徐州向苦洪水，泇河即開，則徐民之爲魚者亦少，無疑者二。」上深然之，令速鳩工。

【考異】部覆化龍開泇河疏，據河渠志特書于三十二年正月，意開泇河即在是時也。下文云，「八月分水河工成」，即開泇以分黃也。明史本紀系之四月，且以爲工成，疑太早，而是時始議開則又太遲。今據河渠志書之是春下。

5 夏，四月，辛巳朔，日有食之。

6 是月，大同、陽和等處流星大如斗，先白後赤，光芒燭地。

7 閣臣沈一貫等再上疏催補科、道，行取考選吴道行等四員，熊鳴夏等三員，散館題授王元翰等八員，不報。

8 磔皦生光于市。

時法司蕭大亨等奉嚴旨拷訊，僧達觀受刑死，沈令譽亦幾死，皆不承。尋以胡化訐阮明卿，因導之引郭正域及歸德。——歸德，鯉邑名。——化大呼曰：「明卿，我仇也，故訐之。正域舉進士，二十年不通問，何由同作妖書？我亦不知誰爲歸德者。」上知化枉，釋之。

都督陳汝忠掠訊毛尚文，遂發卒圍正域舟于楊村，盡捕媪婢及傭書者男女十五人，與生光雜治，終無所得。拷生光妻妾及十歲兒，以鍼刺指爪，必欲引正域，皆不應。生光仰視夢皋、丕揚，大駡曰：「死則死耳，奈何教我迎相公指，妄引郭侍郎乎！」久之，獄不能具。

會皇太子在東宫，數語近侍曰：「何爲欲殺我好講官！」諸人聞之皆懼。而陳矩提督東廠，屢會法司拷訊，心念獄無主名，上必怒甚，恐輾轉攀累無已，遂與法司歸獄生光，磔之，釋諸波及者。正域始得歸。【考異】據明史、三編，皆連記此事之本末。而文氏先撥志始書上是獄于是年之四月，今分書之。

9 五月，癸酉，雷火焚長陵明樓。

上以陵災，下詔咨實政，大學士沈鯉請除礦税，屬沈一貫、朱賡各爲一疏，俟時上之。一日，大雨，鯉曰：「可矣！」一貫等問故，鯉曰：「上惡言礦税事，疏入多不視。今吾輩冒雨素服詣文華奏之，上訝而取視，亦一機也。」一貫等從其言。上得疏，疑必有急事，啓視，果爲心動。

會户部尚書趙世卿亦上疏言：「今日實政，孰有切于罷礦税者！

古明王不貴異物，今也取悖入之財，斂蒼生之怨，節儉之謂何！是爲君德計不可不罷者一。

多取所以招尤，慢藏必將誨盜，鹿臺、鉅橋，必致倒戈之禍。是爲宗社計不可不罷者二。

古者國家無事則預桑土之謀，有事則議金湯之策，安有鑿四海之山，榷三家之市，操弓挾矢，戕及良民，燬室踰垣，禍延雞犬，經十數年而不休者！是爲國體計不可不罷者三。

貂璫漁獵，翼虎𤞤烋，毁掘冢墓則枯骨蒙殃，奸虐子女而良家飲恨，人與爲怨，讙譟屢聞。是爲民困計不可不罷者四。

國家財賦，不在民則在官，今盡括入奸人之室，故督逋租而逋租絀，稽關税而關税虧，搜庫藏而庫藏絶，課鹽筴而鹽筴薄、徵贖鍰而贖鍰消，外府一空，司農若掃。是爲國課計不可不罷者五。

天子之令，信如四時，三載前嘗曰『朕心仁愛，自有停止之時』，今年復一年，更待何日！天子有戲言，王命委草莽。是爲詔令計不可不罷者六。

陛下試思，服食宫室以至營造征討，上何事不取之民，民何事不供之上？嗟此赤子，曾無負于國！乃民方懽呼以供九重之欲而陛下不少遂其欲，民方奔走以供九重之勞而陛下不少恤其勞，民方竭蹶以赴九重之難而陛下不少恤其難，反之于心，必有不自安者。

今天譴頻仍，變不虚生。故欲回天意，在恤民心；欲恤民心，在罷礦税；無煩再計而決也。」

疏入，上優容之，然竟不爲罷。

10 是月，以吏部左侍郎楊時喬署本部尚書，以趙世卿辭，署代之也。

11 六月，丙戌，詔「補闕官，恤刑獄。」

是時太白晝見，沈一貫等以災異頻仍，疏「請罷礦税，出繫囚，補闕官，發臣下章奏。」上答以「修省實政，俟次第舉行。」一貫等又言：「俟之爲言，有何底極！臣等非不欲俟，而天下危亂，恐有不能俟者。」上不得已爲行二事，而礦税仍不罷。【考異】明史本紀但書「陵災，詔補闕官」云云。而是月太白晝見，天文志亦佚之，三編據實録增綱目，而以太白晝見爲綱，蓋是時災異頻仍，不但陵災一事也，今據書之。

12 丁酉，昌平大水，壞長、泰、康、昭四陵石渠及陵垣；又蟲食長陵松柏幾盡。

13 秋，七月，庚戌，京師大霪雨，凡兩月不止。正陽、崇文二門，城垣中陷者七十餘丈，民居多壞。辛酉，發太倉銀十萬兩振被水居民。時永平府屬諸州縣亦大水，溺死男婦無算。

14 八月，辛丑，九卿、科、道大小群臣伏文華門，公疏「請修舉實政」，詔切責其瀆擾朝儀。沈一貫言：「欲朝儀静肅，當收天下之心；欲收天下之心，當恤天下之言。近年天下久罹礦税之害，而又習聞停止之言，跂望恩綸，以日爲歲。諸臣千章萬牘，總出懇誠，豈可罪之爲激爲瀆乎！」不省。

15 丙午，分水河工成。

李化龍報「糧艘由泇者三之二」。會化龍丁憂去，總河侍郎曹時聘代上疏頌化龍功。然是時工部尚書姚繼可，言「導河濬泇兩工須並興」，從之。役未竟而黃河數溢。【考異】姚繼可請兼導河，三編據實録書之是年開泇河目中，云「四月庚戌」，則是時興工久矣。河渠志書之是春者近之。

是秋，復決蘇家莊，豐、沛爲災，黃水逆流，灌濟寧、魚臺、單縣，于是給事中宋一韓遂詆化龍開泇之誤。化龍憤，上章自辨。時聘亦力言「泇河可賴」，因畫善後六事以聞。部覆皆從其議，且言：「泇開于梗漕之日，固不可因泇而廢黃；漕利于泇成之後，亦不可因黃而廢泇。兩利俱存，庶幾緩急可恃。」因請築郗山堤，建鉅梁、吴衝閘，增三市、徐塘壩，以終泇河未就之功。詔如議。

16 九月，辛酉，歲星、填星、熒惑聚于危。乙丑，尾分有星如彈丸，色赤黃，見西南方，至十月而没。

17 閏月，庚辰，陝西鞏昌府禮縣地震，聲如雷，一日十餘次，城垣屋宇皆傾。

18 辛丑，武昌宗人蘊鈐等作亂，殺巡撫都御史趙可懷。

先是楚王華奎行賄于沈一貫，遂坐華趆誣奏，而諸宗人俱言其「僞跡昭著，行賄有據」，赴都投揭，皆奉旨切責，罰禄、削爵有差。至是華奎復獻萬金助工漢陽，宗人疑其輸賄，遮奪之。可懷檄有司捕治，宗人方恨可懷治是獄不平，持兵突入撫署，擊可懷至死。事聞，詔逮捕諸宗人雜治。

19 是月，畿南諸府、州、縣水患異常，詔以太僕寺振濟餘銀分振，尋命于順天、保定等處發通倉米平糶。【考異】明史本紀書振畿南六府饑于九月戊申，三編據實録改入閏九月，並增入平糶于目中，今從之。

20 冬，十月，甲寅，始敘平播州功。自李化龍以下，陞賞有差。

是役也，劉綎功爲最，陳璘次之。而綎感化龍知遇，遣使齎玉帶一，黄金百，白金千，投化龍家，爲化龍父所叱；投巡按御史崔景榮家，亦如之；璘亦投賄于化龍家。于是化龍及景榮並奏其事，詔革綎任；璘亦爲給事中洪瞻祖所劾，上以其功多，勿問。至是論功，皆進左都督。【考異】諸書皆系敘平播功于是年正月，蓋兵部上功日月，明史本紀則據詔下之月日。今從明史。

21 是月，四川華陽縣天鼓大鳴，似雷非雷。

22 改刑部尚書蕭大亨于兵部，仍兼署刑部事。

三十三年（乙巳、一六〇五）

1 春，正月，庚辰，故松山部伊勒登岱青舊作銀定歹成。犯鎮番，總兵官達雲遣副將柴國柱擊之。

是時寇失松山，走據賀蘭山，後連青海諸部寇鈔不已，伊勒尤桀驁。至是大敗去。

2 是月，重修京師外城。

3 三月，辛巳，詔留去年大計被黜之科、道官。

先是楊時喬署吏部，與都御史溫純主察典。時首輔沈一貫欲庇其所私，將令兵部尚書蕭大亨主之，次輔沈鯉不可而止。純積與一貫忤，爲其黨給事中陳治則、鍾兆斗所劾，求去章二十上，杜門九閱月。上雅重純，諭留之，純不得已强起視事。

及大計京朝官，與時喬力剗政府私人，若給事中錢夢皋、御史張似渠、于永清輩，咸在察中，又以年例出兆斗于外。一貫大愠，密言于上，留察疏不下將半年；主事劉元珍、龐時雍、御史朱吾弼等力争之，謂「二百年來，計典無留中者。」而是時夢皋方假楚王事攻郭正域，謂「主察者爲正域驅除」，上意果動。至是下其章，特留夢皋。已，復盡留科、道官之被察者，而嚴旨責時喬等報復。時喬等奏辨，請罷斥，不問。

4 夏，四月，辛亥，楚宗人蘊鈔等伏誅。

初，宗人殺撫臣，首輔沈一貫以爲叛逆，欲發兵圍捕，都御史温純力言「諸宗無反狀」。至是撫、按捕得藴鈐等，凡置重典者六人；餘黨四十六人，禁錮、閒住有差。

三編御批曰：楚宗事曖昧難明。當時之號爲正人者，大抵皆右假王之説，究亦未有確憑。而其難端，則始于汪若泉之告訐。若泉爲恭王密戚，所言或果有見聞，或妄生覬覦，皆不可知。彼時若即窮究根源，庶可辨其真僞。及時隔數十年，華越復以挾嫌訐訟，尤不可不明勘虛實，以破疑竇而息群嚚。乃沈一貫獨執「宜訪不宜勘」之言，委之撫、按，仍歸顢頇了事，適足招疑謗之口。于是閣臣、禮臣，互相袒護，攻擊紛如，日以報復相尋，轉置楚宗曲直于不問。朝局之壞，蓋至是時而極矣。

5 是月，京師雨雹。

6 以刑部侍郎董裕爲本部尚書，仍管侍郎事。

7 五月，丙申，鳳陽大風雨，毁孝陵正殿神座。

8 庚子，大雷電，擊毁南郊望燈高杆。杆高十丈餘，碎上段三丈餘爲百數十片，皆有火痕，其下六丈餘，左右各有爪損痕。

9 辛丑，廣西陸川縣地震，聲若頹山，城垣屋宇多壞，壓死男婦無算。

10 是月，京師復大雨雹。【考異】京師四、五兩月雨雹，明史五行志佚，三編據實録增，今從之。

11 六月，乙巳，以雷警，敕群臣修省。

12 秋，七月，戊戌，復五路台吉貢市。時東部宰桑舊作宰僧，譯見前。明史一作宰賽。誘殺慶雲堡守禦熊鑰，詔獨革之。【考異】革東路市賞，據明史韃靼傳在同時，今分別書之，蓋東部貢市三十五年始復也。

13 是月，泰州天鳴，有聲如潮而怒，起自南方，轉東而下，數日不止，鎮江、宜興等處亦同時鳴。

巡撫黃汝吉，江防御史李雲鵠，各以疏聞，並言「南京兵部尚書與鎮江道府諸官久闕，亟請推補」，不報。【考異】明史天文志佚，三編是月下據實録增綱目，今從之。

14 左都御史溫純罷。

純以楚事數忤沈一貫，又因大計黜其所私之錢夢皋等。夢皋、鍾兆斗即得留，則連章訐純楚事，謂其「曲庇叛人，且納賄。」廷臣大駭，爭劾夢皋等；夢皋等再疏劾純，俱留中。已，南京給事中陳嘉訓等，極論「二人陰有所恃，朋比作奸，當亟斥之；而聽純歸，以全大臣之體。」上竟批入夢皋等前疏，予純致仕，夢皋、兆斗亦罷歸。

純清白奉公，五主南北京察，澄汰悉當，肅百僚，振風紀，時稱名臣。卒，贈少保。天啓初，追謚恭毅。

純既去，以副都御史詹沂兼署。

15 八月，丙午，鎮江西南華山裂開二三尺。

16 己巳，停刑。

17 九月，甲午，昭和殿災，下法司治内官罪。

18 丙申，京師地震，自東北向西南，連震二次。

19 是日，官軍于盔甲廠支取火藥，藥年久，凝如石，以斧劈之，火突發，聲如震霆，刀鎗劍戟迸射百步外，軍民死者無算。

20 冬，十月，濬朱旺口。

自連年河決魚、單、豐、沛間，平地成湖。是春，李化龍復上言：「自泇河既開，起直河至夏鎮，與黄河隔絶，山東、南直間，河不能爲運河害。獨朱旺口以上，決單則單沼，決曹則曹魚，及豐、沛、徐、邳、魚、碭皆命懸一線，隄防宜急。」至是曹時聘代總河道，遂請大濬朱旺口，詔亟興工。

21 十一月，辛巳，免淮、揚被災田租。

22 是月，皇長孫由校生。——選侍王氏出也。【考異】明史本紀及史稿系之十二月乙卯，蓋頒詔之月日也。詔文言「皇孫生于十一月十四日」，三編據實録入之十一月，今分書之。

23 十二月，壬寅，詔罷天下礦税。

自礦税使設，廷臣諫者不下百餘，悉寢不報。自二十五年至是年，諸璫所進礦銀幾三百萬兩，金珠、寶玩、貂皮、名馬，雜然進奉，上以爲能。

會長至日，沈一貫在告，沈鯉、朱賡謁賀仁德門，上賜食，司禮監陳矩侍。鯉因極陳礦税害民狀，且言：「礦使破壞天下名山大川，靈氣盡矣，恐于聖躬不利。」矩乃具爲上道之，上悚然，遣矩咨鯉所以補救者，鯉言「急停開鑿，則靈氣自復」，上爲首肯。一貫慮鯉獨收其功，急草疏上，上不懌，復止。

踰月，始下停礦之命，以税務歸有司，歲輸所入之半于内府，半户、工二部。然中使不撤，吏民尤苦之，其害遂終上世。

24 丙午，免河南被災田租。

25 乙卯，以皇長孫生，詔赦天下。

26 開宗室科舉入仕。以鄭世子載堉之請，至是始行之。

27 罷採廣東珠池，雲南寶井。

28 是月，刑部尚書董裕罷，以侍郎沈應文署代。工部尚書姚繼可以七月罷，至是起前刑部尚書趙焕代之。

三十四年（丙午、一六〇六）

1 春，正月，癸巳，逮陝西咸陽知縣陳時濟下獄。時停礦詔已下，稅監梁永，堅執咸陽潼關委官不宜罷，益樹黨播虐，巡撫顧其志，捕惡黨置之法，永大恨。尋檄時濟取絨氈千五百，時濟不予，遂誣時濟劫稅。詔逮時濟，閣臣揭沮之，不報。【考異】據三編開礦目中作「陳時濟」，紀事本末作「宋時隆」。今據三編姓名。

2 二月，庚戌，以皇長孫生，加上皇太后尊號，進封恭妃爲皇貴妃。【考異】恭妃至此始進封貴妃，此據明史后妃傳增。

3 辛亥，閣臣沈鯉、朱賡奏言：「臣昨同文武百官齊赴文華門俟駕，見二品班内止户部尚書趙世卿一員，其餘尚書、左、右侍郎，員缺甚多。官聯廢闕，一至于此，政務叢脞，誰爲修明！理亂所關，良非細故。乞于前後會推人員内亟賜點用，以慰中外之望。」不省。

4 三月，己卯，雲南指揮賀世勳等殺稅監楊榮。初，榮奏開寶井，又脅土司木增獻地開採。御史宋興祖言：「太祖令木氏世守兹土，限石門以絶西域，守鐵橋以斷土番。奈何自撤藩蔽，生遠人心！」不報。榮由是怙寵益横，番、漢居民恨入骨，相率燔稅廠，殺委官，榮猶弗悛，恣行毒虐，杖斃數千人。至是以求馬不獲，繫指揮使賀瑞鳳，且言「盡捕六衛官」。于是世勳等率冤民萬人，焚榮第，殺之，并殺其黨二百餘人。

事聞，上爲不食者數日，欲逮問守土官。閣臣沈鯉揭争，且密囑太監陳矩剖陳，上乃止誅首凶世勳等。

5 丁酉，真定、順德、廣平、大名災，蠲振有差，從直隸巡按御史錢桓請也。

6 是春，貴州巡撫郭子章討新添苗賊，平之。

初，新添有東、西二路，苗名曰仲家者，盤踞貴龍、平新間，爲諸苗渠帥。其在水硍山，界于銅仁、思石者曰山苗，紅苗之羽翼也。窺黔自平播後，財力殫屈，有輕漢心，經年剽掠無虚日。

子章奏請討之，乃命總兵陳璘等率官軍五千、土軍五千攻水硍山，敗之。會監軍布政趙健率宣慰土兵萬人至，兩路會師，凡九十餘日，克之。璘復率漢、土兵移營新添，進攻東路苗。不一月，復克其六箐，諸苗盡平。【考異】史稿，平諸苗在正月，三編據實録改入三月，蓋奏報月日也。今書之是春下。

7 夏，四月，癸亥，朱旺口河工成。

先是總河曹時聘言：「舊河既疏，決口已塞，勢必沛然東下。新挑之河，其深廣僅半上源。則放水之後，行堤亟宜補築。即曹縣之王家口、曹家樓，儀封之小宋集，蘭陽之銅瓦廂，祥符之張家灣，比之伏秋防守，更宜加謹。其最險要者，王家大壩、黃壩新堤，皆洶溜經行之處，令管河各官，儲料集夫，時刻防備勿懈。」

時工部又奏：「總河大挑之役，業已奉旨興工矣。朱旺口二股，原係黃河中路；北股出濁河者，再疏再壅；南股出小浮橋者，地形卑下；可因就下之河形，復已湮之故道。其間義安之建壩，徐州之砌堤，正使水不旁溢，滔滔東注，弗蹈往者黃堌、符離之故轍，爲泗、濱憂。蓋濟運護陵，未始不兩利而兼成耳。今如前議疏浚，引水東注，或於南岸倍加幫築，勿令侵潰，仍將下流分水之説，詳求至當以底成功。」詔下時聘如議行之。

是役也，凡役夫五十萬，六閱月工竣。自朱旺達小浮橋，延袤百七十里，渠廣堤厚，河歸故道焉。

8 五月，癸酉，河套部復犯延綏中、西二路，官軍分道遮擊，生禽其將薩賴，舊作沙賴。餘敗走。

9 六月，癸卯，緬甸攻木邦，陷之。

初，木邦土舍罕拔告襲，未及請，緬人誘而殺之。及官兵破緬于姚關，事在萬曆十二年。立其子欽。欽死，其叔罕槍約暹羅攻緬，緬恨之。至是緬以三十萬衆圍其城，請救于內地，不至，城陷。緬甸立孟密思禮領其衆。

事聞，黜總兵官陳賓。【考異】史稿作「陳寅」，今據明史土司傳。木邦遂亡。

10 是月，畿内順天、文安、永清、三河、寶坻諸縣皆大蝗，自春正月至夏不雨故也。

11 秋，七月，癸未，閣臣沈一貫、沈鯉並致仕。

時淮撫李三才，以皇孫生，恩詔併礦税，釋逮繫，起廢滯，補言官，既而皆格不行，詆一貫甚力。上怒，切責三才，奪俸五月。已，給事中陳嘉訓，御史孫居相，交章詆「一貫奸貪」，一貫憤，求去。上爲黜嘉訓，奪居相俸，而允一貫歸。

一貫數與鯉忤，懼去後鯉爲己憂，因密傾之。上亦嫌鯉方鯁，會鯉同時乞休，遂並罷，而一貫獨得温旨焉。

鯉遇事秉正不撓，壓于一貫，志不盡行。而是時一貫數被論，引疾杜門，鯉乃得行閣事，多所匡正。雲南殺税監之獄，以鯉請，誅其爲首者，餘皆免逮。而同時陝西税使梁永求領鎮守事，亦以鯉言罷。遼東税使高淮，假進貢名，率所統練甲至國門，鯉中夜密奏其不可，詔責淮而止。時一貫雖稱疾杜門，而章奏多即家擬旨，鯉力言非故事，是以一貫密傾之。

鯉既歸，至家疏謝，猶極陳怠政之弊，以明作進規。年八十，遣官存問，賚銀幣。鯉奏謝，復陳時政要務。又五年卒，年八十五。贈太師，謚文端。

一貫輔政十有三年，當國者四年，枝拄清議，好同惡異，與前後諸臣同治楚宗、妖書、京察三事，獨犯不韙之名，論者醜之，雖其黨不能解免也。一貫歸，言者追劾之不已，其鄉人亦多受世詆諆云。

12 丙戌，京師大雨雹，平地水深數尺，又大風拔朝日壇樹。

13 九月，甲午，詔陝西四鎮嚴飭邊備。

14 釋御史曹學程于獄。

學程久繫獄，慈聖太后憐其母老，爲言于上，侍郎朱賡復論救，謫戍寧遠衛。久之放歸。

15 是秋，工科給事中王元翰極陳時事可痛哭者八。

略言：「輔臣，心膂也，朱賡輔政三載，猶未一覲天顔，可痛哭者一。九卿强半虛懸，甚者闔署無一人，監司、郡守亦曠年無官，或一人綰數符，事不切身，政自苟且，可痛哭者二。兩都臺省，寥寥幾人，行取入都者累年不被命，庶常散館亦越常期，御史巡方事竣，遣代無人，威令不行，上下胥玩，可痛哭者三。被廢諸臣，久淪山谷，近雖奉詔敘録，未見連茹彙征，苟更閱數年，日漸銷鑠，人之云亡，邦國殄瘁，可痛哭者四。

九邊歲餉缺至八十餘萬，平居凍餒，脱巾可虞，有事怨憤，死綏無望，塞北之患未可知也。京師十餘萬兵，歲（縻）〔糜〕餉二百餘萬，大都市井負販游手而已，一旦有急，能驅使赴敵哉！可痛哭者五。

天子高拱深居，所恃以通下情者，祇章疏耳。今一切高閣，慷慨建白者，莫不曰『吾知無濟，第存此議論耳。』言路惟空存議論，世道何如哉！可痛哭者六。

榷税使者滿天下，致小民怨聲徹天，降災召異，方且指殿工以爲名，借停止以愚衆。是天以回禄警陛下，陛下反以回禄剥萬民也。衆心離叛而猶不知變，可痛哭者七。

郊廟不親，則天地祖宗不相屬；朝講不御，則伏機隱禍不上聞；古今未有如此而天下無事者。且青宫輟講，亦已經年，親宦官宫妾而疎正人端士，獨奈何不爲宗社計也！可痛哭者八。」

疏入，不省。

16 冬，十月，丙申，停刑。

17 十一月，己巳，朵顔糾韃靼諸部台吉等，以萬騎迫山海關，總兵官姜顯謨禦却之。長安即長昂。復以三千騎窺義院界，偵邊將有備，乃引去。

長安不久死，諸子稍衰，于是三衛始靖。

18 十二月，壬子，南京妖賊劉天緒謀反，事覺，伏誅。天緒，鳳陽人，以妄言法術爲軍士所告。南京兵部尚書孫鑛，發兵捕獲四十九人，磔一人，斬一人，餘充戍，遂平之。

19 是月，棄寬甸等六堡。初，六堡既築，生聚日繁，至六萬四千餘户。至是李成梁以地孤懸難守，與總督蹇達、巡撫趙楫建議棄之，盡徙其居民於内地。居民懸戀家室，其有不從者，則以大軍迫之，死者狼籍。給事中宋一韓，力言「棄地非策」，御史熊廷弼亦以爲言，上用成梁議。自是遼左藩籬盡撤。

成梁再鎮遼，會諸寇桀黠者相繼死亡，而開原、廣寧之間復開馬、木二市，以故八年遼左少事。

20 以工部侍郎劉元霖署本部尚書。趙焕以正月請終養歸，至是始署代。

21 是歲，以平楊應龍功，賜貴州宣慰使安疆臣增官進秩。疆臣之請討播也，巡撫郭子章許還播所侵水西地。初，應龍之祖以内難走水西客死，宣慰萬銓挾之索水烟天旺地，聽還葬，其地遂爲水西所據。及播州平，分其地爲遵義、平越二府，分隸蜀、黔，以渭河中心爲界。總督王象乾代李化龍，命疆臣歸所侵播州地。

子章奏言：「侵地始於萬銓而非疆臣；安氏迫取於楊相喪亂之時，相，即楊應龍之祖客死水西者。非擅取於應龍蕩平之日。且臣曾許其裂土，今反奪其故地，臣無面目以謝疆臣，願罷去。」象乾疏言：「疆臣征播，殲應龍子惟棟不實。至佯敗棄陣，送藥往來，欺君助逆，迹已昭然。今還侵地，不咎既往，已屬國家寬大。若因其挾而予之，彼不爲恩，我且示弱。疆臣既無功，不與之地正所以全撫臣之信。宜留撫臣罷臣，以爲重臣無能與蕞爾苗噂沓者之戒。」于是清疆之議累年不決。

兵部責令兩省巡按御史勘報，而南北言官交章詆象乾「貪功起釁」，科臣呂邦耀復劾「子章納賄縱奸」，子章求去益力。象乾執疆臣所遣入京行賄之人與金以聞於朝，然議者多右疆臣。

巡按李時華言：「征播之役，水西不惟假道，且又助兵。矧失之土司，得之土司，播固輸糧，水亦納賦，不宜以土地之故傷字小之仁，地宜歸疆臣。」于是尚書蕭大亨主之，遂有是命，並賜祭疆臣母。水西尾大之患於是不可制矣。【考異】通紀系疆臣增秩于是年，證之明史土司傳同，蓋疆臣死在三十六年也。爲數年後奢崇明作亂張本。

三十五年（丁未、一六〇七）

1 春，正月，辛未，給事中翁憲祥，言「撫、按官解任，不宜聽其自去。」是時官方多滯，撫、按官候代，或十餘年不歸，部郎俸深，多借差以出。會有江西巡撫許弘綱，以父艱告歸，薦陸長庚、王佐自代，不復俟命，解組而去。憲祥因言：「故事，正郎不奉使，撫、按必俟代。今皆反之，宜申明舊制。」疏入，不報。時大僚多缺，憲祥以爲有傷國體，因復陳補闕官、起遺佚數事，報聞而已。

2 二月，戊戌，安南賊武德成犯雲南，總兵官沐叡禦却之。是時黎維潭卒，子維新嗣，遣使入貢，命授都統使。而莫氏宗黨多竄處海隅，往往僭稱公侯伯名號，侵軼邊境，維新亦不能制。守臣檄問，數發兵夾擊，雖應時破滅，而邊方頗受其害云。

3 三月，辛巳，賜黄士俊等進士及第、出身有差。

4 夏，四月，乙未，復東部宰桑貢市。

5 戊戌，伊勒登岱青復連兵犯涼州，總兵官達雲率副將柴國柱及副總兵官秉忠逆戰，大破之。寇屢被挫，悉遁去。

6 壬子，順義王徹哩克卒，即撦力克，譯見前。未有嗣，忠順夫人率所部仍效貢職。時東、西諸部沿邊抄掠，布色圖即卜失兔，譯見前。欲婚于忠順，忠順拒之。其所部薩囊、舊作素囊。烏魯木舊作五路。諸路台吉等各不相下，封號久未定。

7 五月，戊子，以前禮部尚書于慎行及禮部侍郎李廷機、南京吏部侍郎葉向高並禮部尚書兼東閣大學士，預機務。

時二沈同罷，内閣惟朱賡一人。上命增置閣臣，廷推慎行等三人，遂並用之。慎行家居十餘年，始起掌詹事府，疏辭，留中。至是復以廷推閣臣及之，再辭，不允，乃就道。

8 己丑，復召致仕大學士王錫爵，三辭，不允。

時言官方厲鋒氣，錫爵密揭力詆，中有「上于章奏一概留中，特鄙夷之如禽鳥之音」等語。言官聞之大憤，交章論劾。錫爵闔門養重，竟辭不赴。

9 六月，湖廣黄州府、蘄州、黄岡、黄梅、羅田等處大水，漂没廬舍。武昌、承天、鄖陽、岳州、常德等府，先各亢旱，入夏大雨，民舍漂没凡數千家。南直隸寧國、徽州、太平等府，山水大涌，繁昌、黟縣、南陵等縣，溺死男婦無算。浙江嚴州山水大涌，建德、桐廬、淳安、遂安、分水等縣，漂没者數千户。【考異】見明史五行志。三編復據實録增入各省縣分，今據書之。

10 閏月，甲戌，復朵顏貢市。辛巳，盡復河套諸部貢市。

時總督徐三畏言：「河套部與河東部不同。東部事統于一，約誓定，歷三十年不變；套部分四十二枝，各相雄長，布色圖徒建空名于上。而東、西諸部爭爲監市，與三衛綽哈朋逞搶攘，已非一日。然衆號十萬，分爲四十二枝，多者不過二三千騎，少者一二十騎耳。宜分其勢，納其貢，俾先至者獲賞，後至者拒剿，仍須主戰以張國威。」詔如其議。于是套部及朵顏之等悉復之。

11 是月，京師大水，長安街水深五尺。

12 秋，七月，庚子，京師久雨，溝洫皆壅閉，晝夜如傾，壞廬舍，溺人民，東華門内城垣及德勝門城垣皆圮。

禮科右給事中汪若霖疏言：「雨者陰氣，水者陰象；陰盛則雨災見，其應在禁闈及臣下有邪謀。今東宮五年不學，諸臣悠悠，莫以爲意。大臣比周，私相植黨。詩云：『不令不寧，百川沸騰。』其咎乃在皇甫卿士。今日之事，誠足寒心，未可僅以齋禱爲文而已。」户科給事中江灝亦陳郊廟、朝御、日講及聽言、求人、理財六事，以爲消弭之方，皆不報。刑部請發熱審疏，亦不報。

13 丙辰，詔太僕發銀十萬兩，振被壓窮民。

14 是月，逮陝西咸寧知縣滿朝薦。

初，税監梁永，縱其下劫諸生橐，朝薦捕治之。永怒，劾其擅刑税役，詔鐫一官。大學士沈鯉等論救，不聽。會巡撫顧其志極論永貪殘狀，乃復朝薦官，奪俸一歲。

無何，巡按陝西余懋衡，奏「永輦私物于畿輔，多役夫馬。」永大恨，使其黨樂綱賄膳夫毒懋衡，再中毒，皆不死。事覺，朝薦捕獲膳夫，將置之法，永懼，率衆擐甲入縣庭，吏卒早爲備，無所掠而去。城中數夜驚，言永反，或謂永「宜自明」，永遂下教，自白不反狀，然蓄甲者數百。而朝薦助懋衡操之急，諸惡黨多亡去，朝薦追之渭南，頗有所格傷。永懼，使使繫書髪中，入都訟「朝薦劫上供物，殺數人投屍河中」，上震怒，立遣使逮治。既至，下詔獄搒掠，遂長繫。中外論救，自大學士朱賡以下百十疏，皆不省。

15 八月，辛酉朔，彗星見于井度，色蒼白，尾指西南，約長二尺，漸向西北行。

16 丙寅，命五城御史查勘災荒，先京城，次及直隸各府，酌量重輕，一體振卹。並令外省各撫、按官搜括庫藏及預備、義社等倉，振濟饑民。【考異】明史本紀系振畿内饑于八月丙寅，史稿系之七月丙辰。證之三編所據實録，則先振壓傷貧民，後振京師及畿内，凡兩次也。其發銀發倉穀之等，皆據實録詳書之。

17 丁丑，彗星歷房。

兵科給事中宋一韓上言：「春秋二百四十二年，孛見者一，終綱目之世，彗見十七。今彗星復見東井，其咎安在？臣謹按星野，東井秦分，彗尾指西南，漸往西北，又指秦地，秦其急乎！今套虜久留青海，儻有陰謀，必且波及内地。又土官魯光祖，勢重氣驕，鋤之不動，其心愈肆。兵争之端，必起于此。

且彗者，掃除之象，刑人之職也，小人用之以掃除爲職，君子用之以除舊布新。今李鳳鯨噬於粵東，潘相蝮螫於江右，其他諸處内使，其爲掃除之役等耳，宜因此變悉撤之。因而一新舊令，勤政講學，親賢遠奸；復三朝之制，補九列之班；平積薪之歎，沛賜環之詔；作臺諫之氣，決章疏之壅；慎節鉞之選，懲僨帥之風；出禁藏之儲，杜冏寺之借；釋詔獄之冤，紓都民之困。」不報。

18 九月，甲午，停刑。

19 是秋，江西參政姜士昌賫表入都，上疏曰：「皇上聽沈一貫與鯉並去，輿論無不快一貫而惜鯉。然廷臣竟無一人以鯉、一貫之賢奸爲皇上正言别白者，臣竊痛之。

且一貫之用，由王錫爵所推轂；今一貫去，以錫爵代首揆，是一貫未嘗去也。錫爵素有重名，非一貫比；然器量褊狹，嫉善如讎，高桂、趙南星、薛敷教、張納陛、于孔兼、高攀龍、孫繼有、安希范、譚一召、顧憲成、章嘉禎等，一黜不復。頃聞錫爵有疏請録遺佚，謂宜如其所請，召還諸臣，然後敦趣就道，不然，恐錫爵無復出理也。至論劾一貫諸臣，如劉元珍、龐時雍、陳嘉訓、朱吾弼，亦亟宜召復，以爲盡忠發奸者之勸。至于他臣，以觸忤被中傷，異同致罷去者，請皆以次拂拭用之。

說者謂『皇上於諸臣雖三下明詔，意若向用，實未欲用者。』臣獨以爲不然。皇上初嘗罷傅應禎、余懋學、鄒元標、艾穆、沈思孝、吳中行、趙用賢等，後又嘗謫魏允貞、李三才、江東之、李植等，旋皆擢用；頃年改調銓曹鄒觀光、劉學曾等於南京，亦俱漸還清秩。而鄒元標起自戍所，累蒙遷擢，其後未有一言忤主，而謂皇上忽復怒之而調之南，而錮不復用，豈不厚誣皇上也哉！蓋皇上本無不用諸臣之心，而輔臣實決不用諸臣之策也。

說者謂『俗流世壞，宜用潔清之臣表率之。』然古今廉相，獨推楊綰、杜黃裳，以其能推賢薦士耳；王安石亦有清名，乃用其學術，驅斥諸賢，竟以禍宋。爲輔臣者，可不鑒於此哉！」

其意以陰諷李廷機。廷機大恚，疏辨曰：「人才起用，臣等不惟不敢干至尊之權，亦何敢侵吏部職！」士昌見疏，復貽書規之，廷機益不悅，然上尚未有意罪士昌也。

會朱賡亦疏辨，如廷機指，上乃下士昌疏，命罪之。吏部侍郎楊時喬、副都御史詹沂請薄罰，不許；詔鐫三秩，爲廣西僉事。御史宋燾論救，復詆一貫，刺廷機，上益怒，謫燾平定判官，再謫士昌興安典史。士昌好學，勵名檢，居恒憤時疾俗，欲以身輓之，故雖居散僚，數有論建，竟齟齬以終。

20 冬，十月，癸酉，山東饑。各屬以旱災告，其被災最重者禹城、濮州、臨邑、陵等二十六州縣，次重者商河、平原、鄒平、德平等二十三州縣，又次者沂州、寧陽、長清、德州、肥城等十二州縣，俱酌量振濟蠲免有差。

21 十一月，壬子，大學士于慎行卒。慎行奉召就道，已得疾；及至京師，廷謝拜起不如儀，上疏請罪，歸臥于家。遂草遺疏，請上「親大臣，録遺逸，補言官。」數日卒。慎行學有原委，神宗時，詞館中，與馮琦文學皆爲一時冠。在禮部，明習典制，諸大禮多所裁定。贈太子太保，謚文定。

22 十二月，丁卯，金沙江蠻阿克叛。初，朝廷平武定，改設流官，猶不欲絶鳳氏後，討鳳繼祖事，見嘉靖四十五年。授鳳歷子思堯爲經歷。歷以思堯不得知府怨望，復謀作亂，誅死，鳳氏土職遂絶。至是鳳繼祖之孫阿克，徙居金沙江，有馬頭四十八人，而鄭舉稱首，慓悍多力，富于財。知府陳典收禁之，舉以兼金置魚腹中饋典獲免；已，復收之，如是者再四。舉惡其無厭，乃誘阿克作亂，陰結會川諸蠻，攻陷武定，大肆劫掠，連破元謀、羅次諸城，索府印。會知府攜印會城，不能得，乃劫推官，直抵會城請冠帶印信，鎮撫以徵兵未集，遣人以府印授之。賊退入武定，立阿克爲知府。庚午，賊始退。甲戌，復陷嵩明，吏目韋宗孝、學正龍旌死之。又陷禄豐，知縣蘇夢暘死之。是時官吏多爲賊殺，詔逮失事諸臣。【考異】陷武定及别陷嵩明、禄豐，明史本紀彙記于是年十二月，而史稿具有月日，故三編統入之明年九月平武定目中。今據史稿，仍增（人）〔入〕死事諸人。

23 是月，安南賊復犯欽州。

明通鑑卷七十四

江西永寧知縣當塗夏　燮編輯

紀七十四

起著雍涒灘（戊申），盡昭陽赤奮若（癸丑），凡六年。

神宗顯皇帝

萬曆三十六年（戊申、一六〇八）

1 春，正月，户部言：「山東、河南及南直隸淮安、鳳陽、徐州、揚州諸屬水旱爲災，請發帑振濟。」不報。【考異】明史本紀，「正月，河南、江北饑。」三編據實録户部原奏，增入山東于目中，又言「此疏不報，故本紀不書振。」

2 二月，戊辰，京師地震；同時昌平州亦震。【考異】昌平地震，明史五行志佚，三編據實録增入目中。

3 是月，飭邊備。

時蒙古喀爾喀諸部悉歸于大清，薊遼總督蹇達疏請爲備。廷臣亦請亟罷礦稅以安人心，不省，尋有是命。【考異】明史本紀書喀爾喀諸部歸大清于三十四年。三編改入是年二月下，並增「明飭備邊」之文，敘其事于目中，今從之。

4 夏，五月，戊子，京師雨雹。

5 六月，乙卯，南畿大水。

南京科、道官揭報：「霪雨連綿，江湖泛漲，自留京至蘇、松、常、鎮諸府皆被淹没，蓋二百年來未有之災。乞速行振濟。」禮科都給事中胡忻言：「部、院、藩、臬諸官，懸缺不補，人民愁怨召沴，宜思所以修省之實。」不報。

6 是月，錦州、松山軍變。

初，中官高淮税遼東，以誣繫諸生激變，爲巡按所劾，卒不問。忽于三十一年夏，淮率家丁三百餘，張飛虎幟，金鼓震天，聲言欲入大内謁上，潛駐廣渠門外。給事中田大益、孫善繼、姚文蔚等言：「淮搜括士民，取金至數十萬，招納諸亡命降人，意欲何爲！」吏部尚書李戴，刑部尚書蕭大亨，皆劾「淮擅離信地，挾兵潛住京師，乃數百年未有之事。」御史袁九皋、劉四科、孔貞一，給事中梁有年等各疏劾淮，不報。巡撫趙楫，劾「淮罪惡萬端，且無故打死指揮張汝立」，亦不報。淮因上疏自稱鎮守，協同關務，兵部奏其妄，上心護淮，謬曰：「朕固命之矣。」

淮自是益募死士，時時出塞射獵，發黄票龍旂，走朝鮮索冠珠貂馬，數與邊將争功，山海關内外咸被其毒。又扣除軍士月糧，是年四月間，前屯衛軍甲而譟，誓食淮肉。至是錦州、松山兩軍復變，淮懼，内奔，誣「同知王邦才、參將李獲陽逐殺欽使，刼奪御用錢糧」，二人皆逮問，邊民益譁。薊遼總督蹇達再疏暴淮罪，乃召歸，而以通灣税監張曄兼領其事。獲陽竟死獄中，邦才久之始釋。【考異】「獲陽」，明史宦官傳又作「孟陽」，特書于三十六年之六月。三編開曠目中系之三十七年者，據王邦才等被逮年月也。

7 遼東總兵官李成梁罷。

成梁始鎮遼東，鋭意封拜，師出必捷，威震中外。已而位望益隆，子弟盡列崇階，僕隸無不榮顯。貴極而驕，奢侈無度，軍貲、馬價、鹽課、市賞，歲乾没不貲，全遼商民之利盡籠入己。以是灌輸權門，結納朝士，中外要人，無不飽其重賕，爲之左右。其戰功率在塞外，易爲緣飾；若敵入内地，則以堅壁清野爲辭，擁兵觀望，甚或掩敗爲功，殺良民冒級。閣部共爲蒙蔽，以故物議沸騰。後申時行、許國、王錫爵相繼謝政，成梁失内主，遂以去位。其所藉健兒李平胡、孫守廉輩皆富貴，擁專城，又轉相掊克，士馬爲之消耗。及成梁再鎮遼，又議棄六堡，爲言者論劾。上素眷成梁，不之罪。及是罷，久之卒。

8 秋，七月，丁酉，京師地復震。甲寅，北直隸各府州縣同時俱震。

9 郴州礦賊起。

10 八月，癸亥，以武定失事，逮雲南巡撫陳用賓、總兵官沐叡至京師，俱下獄論死。

11 庚辰，振南畿及嘉興、湖州饑。

12 是月，刑部侍郎沈應文陞任本部尚書。

13 九月，甲午，武定賊平。

先是阿克之變，巡按御史周懋相亟調霑益等處土兵擊之，屢戰皆捷。及是諸路兵大集，阿克與鄭舉奔東川，官軍追及之，土司禄哲縛阿克及舉以獻。而副使羅希益、參政楊俊臣，亦擊斬尋甸土司楊禮，及敗土婦海沖，皆攻陷嵩明之賊黨也。于是武定及元謀、羅次、嵩明、禄豐等州縣皆復，巡撫都御史喬璧星以聞。

械阿克等至京師，磔于市。乃悉置流官。

14 是月，復起吏部尚書孫丕揚。

丕揚罷歸久之，起南京吏部尚書，辭不赴。及吏部尚書李戴免，上難其代，以侍郎楊時喬攝之。時喬數請簡用尚書，上終念丕揚廉直，乃召起故官。丕揚屢辭，不允，明年四月，始入都受事，年七十有八矣。【考異】見明史本傳。傳及七卿表皆系之是年之九月，今從之。

15 是秋，東部宰桑犯開原，官軍擊却之。

16 冬，十一月，壬子，朱賡卒。

賡醇謹無大過，而與沈一貫同鄉相比，又暱給事中陳治則、姚文蔚等，以故蒙詬病。當一貫、鯉去位時，賡年七十有二，獨當國政。時朝政日弛，中外解體，賡疏揭月數十上，十不獲一下；賡因力請上更新庶政，於增閣臣、補大僚、充言路三事語尤切，上優詔答之而不行。賡乃素服詣文華門懇請，終不得命。賡以老，屢乞引疾。

閣中空無人，乃用于慎行、李廷機、葉向高，而召王錫爵于家，以爲首輔。給事中王元翰、胡忻，以廷機之用，賡實主之，疏詆廷機，並侵賡；賡疏辨，上爲切責言者。既而言路攻訐四起，先後疏論者至五十餘人。是時賡已寢疾，乞休疏二十餘上，言者慮其復起，攻不已。至是卒于官。

17 是月，兵部尚書蕭大亨罷，以戎政尚書李化龍掌部事。

18 十二月，戊午，再振南畿，並免税糧。

19 是月，朵顔犯薊州。

朵顔察罕之子賚琿岱，舊作賴暈歹。狡黠爲邊患，與其從父莽吉勒舊作莽金。潛入薊鎮，大掠河流口，參將馬棟等不能禦。時援師所至，居民望見火光，驚爲敵至，逃入京師者日數萬，九門盡閉，京師戒嚴。兵部尚書李化龍，「請以三十萬金補薊鎮缺餉，并修守備之具；」而度支告匱，户部「請暫借内庫礦税銀，限以歲月補還。」上難之，命發太僕寺馬價十萬，户部銀十萬畀之，軍情稍定。敵以有備引去。

三編發明曰：朶顏入寇，居民見援師而驚爲敵至，逃奔京師。此時正宜撫輯曉諭以安衆心，何至倉皇失措，九門盡閉，一若强敵之臨城下者！則是時上下皆無定見，而時事之失可知矣。

至度支告匱，實由理財乏術而費用不經所致，咎何足責！乃户部請借内庫礦税銀，而神宗猶復難之。國家儲蓄，本爲軍國預籌。乃以礦税所入，守爲私財，雖兵餉守備之急，尚不肯支發應用，則向來中使四出，豈專爲内府厚藏計乎！且太僕馬價，寧獨非天子之財！而于彼于此，自生歧視，真有莫能爲解者耳。

三十七年（己酉、一六〇九）

1 春，正月，癸未朔，永昌地震，聲如雷，自元日至十日。【考異】明史五行志佚，三編據實録增目，今從之。

2 二月，吏部侍郎楊時喬、禮部侍郎楊道賓皆署本部尚書，旬日間相繼卒，于是吏、禮二部長、貳遂無一人。

時喬署銓部五年，上悉委之，又不置右侍郎，一人獨理銓政。而是時堂廉扞格，曠官廢事，日甚一日，又值中朝議論方囂，動見掣肘。是時起孫丕揚，尚未至，而時喬已卒。篋餘一敝裘，同列賻襚以斂。詔贈吏部尚書，謚端潔。

以禮部侍郎吴道南署本部尚書。

3 大學士葉向高，請令東宫講學。

時東宫輟講已五年矣，至是向高擇吉以請，並推舉堪任宫僚之吴道南、翁正春等，不報。【考異】見明史本傳，特書三十七年二月，今從之。

4 三月，辛卯，套部貢圖舊作拱兎。寇大勝堡。

先是朵顔賚琿岱大掠薊鎮去，復結鴻台吉謀犯喜峰口。總兵官杜松，受總督王象乾指，潛擣鴻台吉帳以牽薊寇，乃從寧遠中左所夜馳貢圖營，掩殺百餘人，以大捷聞。兵備副使馬拯，謂「彼無故被剿，必復仇，事且叵測。」至是果以五千人攻大勝堡，游擊于守志禦之，敗績。敵執守將耿尚文，支解之，殺掠幾盡。復深入小淩河二十二里，官軍多敗。

時杜松駐大淩河，不敢救，遼人多咎松；部議亦以「釁由杜松，令戴罪自效。」松恚甚，言撫、按諸臣附會馬拯，害其奇功，乃自提兵出塞，將擣巢以雪前恥，而所得止五級，士馬多陷沒。松益慚，盡焚鎧仗，置兵事不問，乃勒還籍。松，故總兵桐弟也，並以戰功著，至是廢。時多惜其勇，然惡其僨事，無推轂之者。

5 辛丑，太白晝見。

6 己酉，大學士葉向高請發言官章疏。時言路互相攻訐，上心厭之，章悉留中。給事中王元翰，居諫垣四年，力持清議，舉朝忌之。吏科都給事中陳治則，與元翰不相能，嗾門人御史鄭繼芳劾「元翰盜庫金，剋商人貲，奸贓數十萬元」，翰亦疏詆繼芳，左右二人者復相角不已。向高憂之，乃請「下諸疏，敕部、院大臣評其曲直，罪其議論顛倒者一二人以警其餘。」疏入，不報。方繼芳之劾元翰也，命未下，繼芳輒遣人圍守元翰家。元翰憤甚，乃盡出筐篋，舁置國門，縱吏士簡括，痛哭而去。吏部坐元翰擅離職守，謫其官。自是樹黨相攻者不已。

7 夏，四月，倭寇温州。

8 是月，工部侍郎王汝訓署本部尚書。

9 五月，福建大水，建寧等府丁口失者殆十萬。

10 吏部參給事中孫善繼、劉道隆、顧天埈等不告自去，議處有差。

11 六月，辛酉，甘肅地震，軍民壓死者八百四十餘人，邊墩毀壞者八百七十里。東關地裂，南山崩，絶河流數日。

12 秋，八月，山西宣府饑。江西大水。江南徐州以北及山東濟南、青州諸府蝗。湖廣、四川、河南、陝西、貴州大烈風，白氣亘天，歲歉。【考異】明史本紀書于是秋，五行志入之九月。三編改入八月，蓋據實録類書，今從之。

13 九月，癸卯，署左都御史詹沂封印自去。

先是沂請告已數年，輔臣葉向高以爲言，不報。至是沂拜疏出城候旨，向高等言：「目前最急者，無如都察院、刑部兩官，都院有考察之事，刑部有審録之事。且以往年審録準之，近已踰期矣。」不報。

時以倉場尚書孫瑋兼署院事。

14 丁未，停刑。

15 冬，十月，戊午，朔日壇火。

16 十二月，己巳，詔留畿内、山東諸省税銀三之一振饑民。

時各省皆報災傷重大，户部「請借馬價二十五萬並工部税銀十五萬，解給各鎮支用，其北直、山東、河南、山西、陝西、福建、四川，常年徵在官聽解内帑税銀，請以一分解部留充軍餉，一分振饑民。」報可。

17 徐州賊作亂，殺如皋知縣張藩。

18 是歲，日本入琉球，執中山王尚寧。

初，琉球國王尚永卒，世子尚寧遣人請襲。福建巡撫許孚遠，「請援先臣鄭曉領封之議，遣官一員齎敕至福建，聽其陪臣面領歸國，或遣習海武臣一人偕陪臣同往。」報可。後以倭侵朝鮮，海上多事，三十一年，始遣給事中夏子陽等册封，仍令其領封海上，永爲定制，越二年，始蕆事。

是時日本方强，有吞滅之意，而琉球外禦强鄰，内修貢不絶。至是日本竟以勁兵三千入其國，虜尚寧，遷其宗器，大掠而去。浙江總兵官楊宗業以聞，詔鎮、巡官嚴飭海上兵備。【考異】琉球國王被虜，明史本紀系之是年之末，史稿系之是年之三月，而琉球本傳書于四十年。蓋尚寧告歸國在四十年，本紀分書之，傳中牽連並記耳。今據明史本紀。

三十八年（庚戌、一六一〇）

1 春，正月，大學士葉向高復請皇太子及福王出閣講學，又請增補閣臣，皆不報。

2 二月，癸酉，有星大如斗，墜山西陽曲縣西北，碎星不絶，天鼓齊鳴。

3 三月，癸巳，賜韓敬等進士及第、出身有差。

4 是月，吏部尚書孫丕揚請留朝覲倖深各官，略曰：「臣惟中外臣僚，惟州縣官最爲勞苦，事上使下一不當，則禍敗立見，亦最爲險途。故向來州縣官，歷任三四年即與陞轉，非但以均勞逸，亦將愛惜人才，爲國家用也。頃年仕途壅滯，州縣官至有八九年不得轉，或幸得一轉而又以原任掛議去者。故人情甚爲厭苦，即强之涖事，亦衰頹不振，于民生吏治兩無所益，其關係甚不細也。今此朝覲各官，其資俸視前尤更久。屬地方災祲，拊循拯救，百凡竭力，其勞苦視前尤更倍。目下進士放榜，六月間應選，便有百餘人，何處得缺？勢必轉陞舊者以處新者。即各官復任，亦不能月日，而道路公私之費，吏民迎送之煩，已不勝其擾矣。揆度事勢，萬不容已，乃敢具題。蓋一以爲朝廷存舊章，一以爲地方省勞費，一以爲銓部通選法，非有私于各官也。」疏入，不報。【考異】明史丕揚傳，不載此疏，今據從信録增。

5 閏月，京師旱。

禮部言：「今日旱災，皆政務廢弛所召。蓋天下人情，莫鬱于此時，鬱氣浮發，必結爲災。

如儲宮，天下本也，不令與諸臣相接，講明經術，練習世務，而久置之深宮，使耳目聰明俱塞，天下之人心，鬱乎不鬱乎？

大僚爲國家撐持楨幹，闕其大半；按差爲朝廷察吏安民，久請不下；甚至刑部衙門懸印半載，讞決無人，控籲無路，怨氣滿獄，天下之人心，鬱乎不鬱乎？

內帑山積，而閭閻半菽不充，父鬻子，夫鬻妻，慘不忍聞，而坐視其死亡，天下之人心，鬱乎不鬱乎？

逮繫之臣，如滿朝薦、卞孔時，皆一時循吏，爲君上愛養百姓者，以權璫羅織而使之累年淹禁，見天無日，天下之人心，鬱乎不鬱乎？

廢棄諸賢久錮，銓曹日補牘以請，而點用百不得一，登進無期，正氣塞結，天下之人心，鬱乎不鬱乎？

四海同一鬱積，以故結成旱魃。誠慨發德音，將以上諸政一旦舉行，則甘霖徧宇內矣。」疏入，不報。

6 夏，四月，丁丑夜，正陽門箭樓火，至次日辰刻未熄。

給事中周曰庠上言：「正陽門樓與正殿相對，坐子面午，義取當陽，正南面以臨天下者也。自萬曆二十年來，深居大內，大小臣工，莫能接見，朝夕左右，不過宦寺之流。一念精明强毅之心，日斂月消，而人才邪正，政事得失，皆置之膜外。昔年宮殿災，業已示譴；迄今十餘年，玩愒如初。所謂『恭己正南面』者，杳無時日，則何取于正陽之名爲哉！天故火之，庶幾顧名思義耳。願稍加振刷，勤庶政，信百官，親百姓，則天下事尚可爲也。」疏入，不報。

7 辛卯，以久旱，敕廷臣修省，並諭「各舉職業，勿彼此攻訐。」

8 辛丑，遣官分振畿内、山東、山西、河南、陝西、福建、四川饑。

時各省告災，詔「發内帑銀十萬兩，分道振濟，仍發米三十萬石振給畿輔饑民，復留本年春夏税銀振給四川、福建。」

9 五月，葉向高催請刑部掌印，揭言：「刑部掌印官，候命日久，催請煩數，未蒙俞允。獄囚積至千人，莫爲問斷；囚米日增，皆責鋪户包賠。竊惟重罪固不足惜，而輕罪亦自可憐。祖宗以來，每年有熱審之例。而三年恤刑之差，舊例皆于二三月題請，延至今日，勢難再緩。臣之所以懇懇惓惓，以該部掌印爲請者，蓋亦萬不得已之苦衷耳。」疏入，不報。

時侍郎劉元霖以工部侍郎兼署刑、工二部事，以沈應文致仕，王汝訓復卒也。

10 河南賊陳自管等作亂，有司討禽之。

11 八月，葉向高再請户、禮二部掌印，揭言：「目前户部事務，停閣已久，其最急者，如各邊請餉,無人給發;各處解銀,無人批收;此如咽喉哽塞,一切飲食出納皆不得通,最爲困急。而禮部則頒曆賀冬,皆將屆期,典禮之臣,豈容久缺!即如進貢番夷有六七百人,久當發遣,亦以部堂無官,遂至停滯,留一日則費光禄寺一日之供給,該寺錢糧方極匱乏,而復有此冗濫之費,甚可惜也。」亦不報。

12 九月,禮部侍郎署尚書吴道南以憂去,侍郎翁正春署代。

13 户部尚書趙世卿請告,出郊待命。

14 冬,十月,辛丑,太白晝見。(□)停刑。

15 十一月,壬寅朔,日有食之。

禮部右侍郎翁正春言:「前兩歲食四月朔,純陽之月也;今食十一月朔,陽生之月也。仲冬之月,于律爲黄鍾,于卦爲復,乃群陰已極、一陽初生之候,而有此虧蝕,其災異尤甚。君德象日,宜照臨宣布,不宜闇汶閉藏。自萬曆二十年後,財貨日斂聚,人才日剥落,一切請補大僚,考選起廢,率皆不報。六卿九列之地,三五晨星,閶闔徒號,天聽愈杳。天下不見陽和舒育之氣,如在窮陰沍寒之中,是以上天遣告如此。然日之食與更祇在一時,而皇上之寢與行祇在一念,誠翻然轉移,立見改轍,將日中之治可保無疆矣。」疏入,不省。【考異】明史本傳,但記正春以日食極言闕失,不報。三編據實録增入正春原疏語,今從之。

16 是日，欽天監推日食分秒及虧圓之候，職方郎中范守己疏駁其誤。禮官因博求知曆學者，令與監官晝夜推測，庶幾曆法靡差。于是五官正周子愚言：「大西洋歸化遠臣龐迪峩、熊三拔等，攜有彼國曆法，多中國典籍所未備者。乞視洪武中譯西域曆法例，取知曆儒臣，率同監官將諸書盡譯，以補典籍之缺。」

先是，大西洋人利瑪竇進貢土物，而迪峩、三拔及龍華民、鄧玉函、湯若望等先後至，俱精究天文曆法。禮部因奏「精通曆法如邢雲路、范守己，爲時所推，請改授京卿，共理曆事。翰林院檢討徐光啓，南京工部員外郎李之藻，亦皆精心曆理，可與迪峩、三拔等同譯西洋法，俾雲路等參訂修改。然曆法疎密，莫顯于交食，欲議修曆，必重測驗，乞敕所司修治儀器，以便從事。」疏入，留中。

未幾，雲路、之藻皆召至京，參預曆事。雲路據其所學，之藻則以西法爲宗。——西法入中國自此始。

17 丁卯，以軍餉匱乏，諭廷臣「陳足國長策，不得請發内帑。」

初，自萬曆二十年，寧夏用兵，費帑金二百餘萬；其冬，朝鮮用兵，首尾八年，費帑金七百餘萬；二十七年播州用兵，又費帑金二三百萬。其時三大征接踵，加以二十四年乾清、坤寧兩宮災，二十五年三殿災，營建無資，計臣束手，而礦税因之大興。溯自世宗時修工部舊庫，名曰節慎庫，以貯礦銀，尚書文明以給工價，奉旨詰責，令以他銀補償，自是專以給内用。至萬曆中葉，礦使四出。久之内府之藏冠絶千古，而上擁爲己有，若欲與國賦分爲二者，遂有是諭。然其時大璫、小監，縱横驛騷，吸髓飲血以供進奉，大率入公帑者不及什一，而天下蕭然，生靈塗炭矣。【考異】此據大事記中語，而明史宦官傳亦具大略，今從之。

18 初，顧憲成家居，講學東林，從之游者甚衆，而忌者日益多。是時廷臣黨勢日盛，國子祭酒湯賓尹與諭德顧天埈，各收召朋徒，干預時政，謂之「宣崑黨」，以賓尹宣城人，天埈崑山人也。自上倦勤，内外章奏悉留中不發，惟言路一攻，則其人自去，以故臺諫之勢積重不返。有齊、楚、浙三黨：齊則亓詩教、周永春、韓浚、張延登爲之魁，而燕人趙興邦輩附之；楚則官應震、吴亮嗣、田生金爲之魁，而蜀人田一甲、徐紹吉輩附之；浙則姚宗文、劉廷元爲之魁，而商周祚、毛一鷺、過庭訓等附之；與賓尹、天埈聲勢相倚，並以攻東林、排異己爲事，創「大東、小東」之説，目東宫爲「大東」，東林爲「小東」。一人稍異議，輒群起逐之，大僚非其黨不得安于其位，天下號爲「當關虎豹」。

是年，侍郎王圖主庚戌會試，賓尹以庶子爲分校官。舉人韓敬，嘗受業賓尹，及會試，敬卷爲他考官所棄，賓尹越房搜得之，與各房互換闈卷凡十八人，强圖録敬爲第一；

知貢舉侍郎吴道南欲劾之，未果。至是賓尹已爲祭酒，而圖方掌翰林院，銜之，遂起明年京察之獄。【考異】辛亥京察在明年，而事起于庚戌，據明史本傳分書之，爲李三才請罷湯賓尹被察張本。

三十九年（辛亥、一六一一）

1 春，正月，閣臣葉向高請吏部考察日期，兵部考選軍政日期，略言：「國家所以整肅綱紀，修明戎秩者，惟此六年一舉之舊章，萬不可緩。」疏入，報聞。

2 二月，庚子，河套部犯甘州之紅崖青湖，官軍禦却之。

3 是月，鳳陽巡撫都御史李三才罷。

初，三才在淮，以淩折税監得民心。山東税監陳增，兼領徐州，數窘辱長吏，獨三才以氣淩之，裁抑其爪牙肆惡者；常密令死囚引爲黨，輒捕殺之，增爲奪氣。歙人程守訓以貲官中書，爲增參隨，縱横自恣，三才劾治之，得贓數十萬。增懼爲己累，亦收獲守訓違禁珍寶聞于朝，論死，遠近大快。屢加至户部尚書；然頗通賂遺，結納遍海内。輔臣缺，建議者請參用外僚，意在三才，由是忌者日衆。工部郎中邵輔忠，劾其貪僞險横；御史徐兆魁、喬應甲、給事中王紹徽等十餘人繼之；胡忻、曹于汴等交章論救。朝端聚訟，數月未已。

顧憲成方講學東林，三才與憲成深相結，嘗請「增大僚，選科、道，録遺佚」，因言：「諸臣祇以議論意見一觸當途，遂永棄不收，要之于陛下無忤。今乃假天子威以錮諸臣，復假忤主之名以文己過，負國負君，罪莫大于此。」意爲憲成發也。于是憲成貽書葉向高、孫丕揚，盛稱三才廉直；御史吴亮，素善三才，以憲成書附傳邸報中，由是議者益譁。三才力請罷去，疏至十五上，不得命，遂自引歸，上亦不罪也。

三才才大而好用機權，善籠絡朝士。其用財如流水，嘗宴顧憲成，止蔬三四色，厥明，盛陳百味。憲成訝而問之，三才曰：「昨偶乏，即寥寥；今偶有，故羅列。」憲成以此不疑其綺靡，故盛譽之。

4 三月，有流星大如椀，赤色照地，天鼓鳴。【考異】明史天文志佚，三編據實録增綱目，今從之。

5 大計京官，祭酒湯賓尹等降黜有差。

先是計典將屆，惡東林者設詞以惑吏部尚書孫丕揚，令發訪單咨是非，將陰爲鈎黨計；侍郎王圖亟言于丕揚，止之，群小大恨。

而圖掌翰林院祭酒，京察例由掌院注考。賓尹以庚戌事恐被察，屬圖鄉人王紹徽爲之請，圖峻拒之。又御史金明時，居官不職，慮見斥。會有爲浙江巡撫鄭繼芳僞書抵紹徽者，書有云：「欲去福清，先去富平，欲去富平，先去耀州兄弟。」又言：「秦脈斬斷，吾輩可以得志。」——福清，謂葉向高；耀州兄弟，謂圖與其兄國；富平，即丕揚也。國時巡撫保定，圖爲侍郎，與丕揚俱秦人，故曰「秦脈」。蓋小人設爲挑激語以害繼芳輩，而其言乃達之丕揚，丕揚不爲意。明時廉得之，疑書出選授御史徐縉芳等，乃先上疏力攻圖，并詆縉芳，因及僞書事；圖與縉芳皆疏辨，朝端閧然。

及注考，丕揚與侍郎蕭雲舉、副都御史許弘綱領其事，考功郎王宗賢、都給事中曹于汴、御史湯兆京、喬允升佐之。兆京謂「明時倡言要挾逃察」，丕揚特疏劾之；旨下，議罪。而明時疏辨，復犯上諱字，上怒，褫其職。其黨大譁，謂「明時未嘗要挾，兆京祇以劾圖一疏爲圖報復。」于是主事秦聚奎力攻丕揚等結黨欺君，丕揚因發聚奎前爲知縣時貪虐狀，劾罷之。而賓尹、天埈、御史劉國縉及前給事中鍾兆斗、陳治則、宋一韓、姚文蔚、御史康丕揚、徐大化、主事鄭振先、張嘉言等咸被察，又以年例出紹徽及其同官喬應甲于外。

時察疏未下，黨人咸謂「丕揚果以僞書故斥紹徽、國縉，且二人嘗攻李三才、王元翰，故爲修隙」，議論洶洶。禮部主事丁元薦，甫入朝即抗章盡發宣崑搆謀狀，于是黨人姚宗文等爭擊元薦，爲金明時訟冤，賴葉向高調護，久之，察疏乃下。由是諸失意者相繼攻圖，並及丕揚。

6 夏，四月，戊子，怡神殿災。

御史馬孟禎言：「二十年來，郊廟、朝講、召對、面議俱廢，通下情者惟章奏，而疏入旨出悉由內侍，其徹御覽與果出聖意否，不得而知，此朝政可慮也。臣子分流別户，入主出奴，愛憎由心，雌黃信口，流言蜚語，騰入禁庭，此士習可慮也。畿輔、山東、山西、河南，比歲旱饑，民間賣女鬻兒，食妻啖子，挺而走險，急何能擇！一呼四應，則小盜合群，將爲豪傑之藉，此民情可慮也。」疏入，不省。

山海參將李獲陽忤稅監下獄死，孟禎爲訟冤，因請貸卞孔時、王邦才、滿朝薦、李嗣善等之在獄者。且言：「楚宗一獄，死者已多，今被錮高牆者，誰非高皇帝子孫，乃令至是！」皆不聽。

7 丙申，詔設邊鎮常平倉。

8 是月，京師旱。

9 五月，辛丑，雷震正陽門樓。

10 壬寅，御史徐兆魁劾東林講學諸人，首誣詆顧憲成，謂：「滸墅有小河，東林專其稅爲書院費；關使至，東林輒以書招之，即不赴亦必致厚餽；講學所至，僕從如雲，縣令館穀供億非二百金不辦；會時必談時政，郡邑行事偶相左必令改圖。」又劾其受黃正賓賄。其言皆絕無左驗。光祿丞吳炯上書，爲一一致辨，因言：「憲成貽書救三才，誠爲出位，臣嘗咎之，憲成亦自悔。今憲成被誣，天下將以講學爲戒，絕口不談孔、孟之道，國家正氣從此而損，非細事也。」疏入，不報。

11 是月，廣東、廣西大水。廣西積雨凡五閱月。

12 六月，南、北兩畿及湖廣皆大水，撫、按官請罷榷稅以甦民命，不省。

輔臣葉向高言：「今自閣臣至九卿，臺省曹署皆空，南都九卿亦止存其二，天下方面大吏，去秋至今未嘗用一人。陛下萬事不理，以爲天下長如此，臣恐禍端一發不可收也。」上亦不省。

13 是夏，停熱審。

14 秋，八月，河南巡按曾用升以災請蠲振。

時河南洊饑，開封、歸德、汝寧等府，自春徂夏，霪雨連旬，平地水深丈尺，飛蝗蔽野。用升奏言：「中州錢糧自三十年迄今，逋賦三十九萬有奇，請悉免之，並請留秋冬稅銀以振災重州縣。」不報。

15 九月，己酉，肅靖皇貴妃薨，——皇太子生母也。

貴妃病革，太子請旨得往省，宮門猶閉，抉鑰而入。貴妃病目眚，手太子衣而（位）〔泣〕曰：「爾長大如此，我死何恨。」遂薨。

大學士葉向高言：「皇太子母妃薨，禮宜從厚。」不報；復請，乃得賜謚。光宗即位，加上尊謚曰孝靖皇太后，葬定陵。【考異】王皇妃薨，明史后妃傳書于萬曆四十年，證之明史稿光宗紀，則云「萬曆三十九年」。又通紀、紀事本末書「三十九年九月己酉」，而文氏先撥志始直云「九月十三日」。按是年九月丁酉朔，己酉正十三日也。蓋王妃失寵，傳據踰年請謚書之，今據野史。

16 是月，起終養尚書趙煥任刑部尚書。煥以去年九月召，至是始受事。

17 是秋，掌翰林院事王圖罷。

先是金明時劾圖，並誣劾「其子寶坻知縣淑抃贓私鉅萬」，又謂「其兄國素惡李三才，圖爲求解，國怒詈之。」圖遂欲以拾遺求去，詔慰留；既而考察事起，攻者日益衆。圖復累疏乞休，出郊俟命，溫旨勉留，堅臥不起。至是始得告歸。國亦尋致仕去。

18 冬，十月，丁卯，户部尚書趙世卿請告，不得命，徑自去。

世卿素厲清操，當官盡職，上雅重之。嘗兼署吏部，推舉無所私。惟楚宗人之獄，世卿力言王非僞，與沈一貫議合；李廷機輔政，世卿力推之；廷臣遂疑世卿黨比。于是給事中杜士全、鄧雲霄、何士晉、胡忻、御史蘇爲霖、馬孟禎等先後劾之。世卿遂杜門乞去，章十餘上，不報；及拜疏，出城候命，又一年，仍不得命；至是遂乘柴車徑歸。上知之，亦不罪也。家居七年卒。

世卿既去，始以侍郎李汝華署代。【考異】趙世卿致仕，輯覽系之九月，重修三編據明本紀及實録改入十月。七卿表入之三十八年九月者，據始告年月也，今仍據本紀分書之。

三編發明曰：楚宗事至是幾十年矣，而廷臣猶以世卿右王之故相繼論劾，借端攻擊，報復相尋，朝事已不可問。至世卿乞罷，或聽或留，不過一言而決，乃遲之踰年，竟付不報。而世卿亦遂不待朝命，怫然而去，卒亦不聞以擅去爲罪。前此左都御史詹沂封印自去，未幾吏部尚書孫(不)〔丕〕揚亦拜疏自去，而閣臣李廷機亦以上疏不得命竟歸，一時大臣之去留，朝廷若罔聞知者。醫書以手足痿痺爲不仁，大臣，國之股肱，而一至于是，其爲痿痺，不已甚哉！

19 甲申，停刑。閣臣請釋輕犯，不報。

20 十二月，兵部尚書李化龍卒。

化龍以是年八月一品秩滿，加少傅。至是卒于官，年七十。化龍具文武才，播州之役，以劉綎驕蹇，先摧挫之而薦其才，故綎爲盡力。開河之功，爲漕渠永利。

卒，贈少師，加贈太師，謚襄毅。

四十年（壬子、一六一二）

1 春，正月，兵部復奏請考選軍政，疏仍不下，蓋錦衣都督王之楨撓之也。言官屢劾，皆不報。

2 是月，天鼓鳴，宣府、懷來、延慶皆地震。又有星如盞，起左攝提，光燭地。【考異】明史天文、五行志俱佚，三編據實録以天鼓鳴爲綱，餘詳目中，今據之。

3 召薊遼總督王象乾爲兵部尚書。

4 二月，癸未，吏部尚書孫丕揚拜疏自去。

初，丕揚見廷臣日事攻擊，議論紛呶，久懷去志；及京察事起，人言紛至，累疏求去，優詔勉留。丕揚自以白首趨朝，非薦賢無以報國，先後推轂林居耆碩，若沈鯉、吕坤、郭正域、顧憲成、趙南星、鄒元標、馮從吾、于玉立、高攀龍、劉元珍、龐時雍、姜士昌、歐陽東鳳輩，上雅意不用舊人，悉寢不報；又請起故御史錢一本等十三人，故給事中鍾羽正等十五人，亦報罷。丕揚齒雖邁，上重其老成清德，眷遇益隆。而丕揚求去不已，疏復二十餘上，既不得命，拜疏徑歸。葉向高聞之，亟言于上。丙戌，始得詔，許乘傳歸，且敕所司存問。已，丕揚疏謝，因陳時政四事，復優詔答之。家居二年，卒，年八十三。贈太保。天啓初，追謚恭介。

5 三月，丙午，振京師流民。

時順天府饑民流移，皆集京師，户部請給米煮粥以振，從之。

6 是春，輔臣葉向高，言「歷代帝王享國四十年以上者，自三代迄今止十君」，勸上力行新政，因復以用人行政請，亦不報。

向高志不行，無月不求去，上輒優旨勉留。向高復言：「臣進退可置不問，而百寮必不可盡空，臺諫必不可盡廢，諸方巡按必不可不代。中外離心，輦轂肘腋間，怨聲憤盈，禍機不測。而陛下務與臣下隔絶，帷幄不得關其忠，六曹不得舉其職。舉天下無一可信之人，而自以爲神明之妙用，臣恐自古聖帝明王無此法也。」

先是向高疾，閣中無人，章奏就其家擬旨者一月。及是向高堅卧益久，即家擬旨如前，論者以爲非體。向高亦自言其非，堅乞去；上卒不命他相，遣鴻臚官慰留，至萬壽節，始起視事。

7 夏，四月，丙寅，南京各道御史言：「臺、省空虚，諸務廢墮，上深居二十餘年，未嘗一接見大臣，天下將有陸沈之憂。」不報。

8 五月，甲午朔，日有食之。

9 壬寅，太白晝見。

10 雲南大理、曲靖等府二月地震，至是月又震，房屋多傾。

11 是月，南京光禄少卿顧憲成卒。

憲成廢歸，以三十六年起官南卿，辭不就，至是卒于家。

憲成既卒，攻者猶未止。凡救三才者，争辛亥京察者，衛國本者，發韓敬科場弊者，憲成既卒，請行勘熊廷弼者，抗論張差梃擊者，最後争移宫紅丸者，忤魏忠賢者，率指目爲東林，抨擊無虚日。借魏忠賢毒焰，一網盡去之，殺戮禁錮，善類爲一空。崇禎立，始漸收用，而朋黨勢已成，小人卒大熾，禍中於國，迄國亡而後已。【考異】據明史憲成本傳，卒于四十年，其五月據明儒學案。

12 河套寇犯保寧，延綏總兵官官秉忠督參將杜交焕敗之白土澗，一日再捷，俘斬二百五十，馘其長五人。

13 秋，八月，以刑部尚書趙焕兼掌吏部尚書。

時上怠荒益甚，久不御政，曹署多空。内閣止葉向高，杜門已久；六卿惟焕一人，又兼署兵部，至是改署吏部；兵部尚書李化龍卒，召王象乾未至，亦不除；侍郎，户、禮、工三部止各一人。都察院自温純罷去，八年無正官；六科止數人；十三道皆以一人領數職。在外，巡按十餘年不得代；督、撫、監司亦屢闕不補；郡守缺什之五六。文武大選急選官及四方教職，積數千人，以吏、兵二科缺掌印，不給牒，久滯都上，時攀執政輿哀訴。煥累疏乞除補，始除侍郎數人。既而考察命下，補科、道六十餘人，時稱盛事云。【考異】據明史趙煥本傳，煥以三十九年九月任刑部尚書，尋兼署兵部。四十年二月，孫丕揚致仕，改署吏部，八月始改吏部尚書。按李化龍以三十九年十二月卒，明年正月，召王象乾未至，故煥兼署兵部也。至二月，以孫丕揚去，改署吏部，八月始即真。今七卿表但書其八月改吏部事，而于正月署兵部、二月改署吏部皆不載，今悉據三編彙記于八月下。

14 河決徐州。

去年六月，決徐州狼矢溝，至是大決三山，衝縷堤二百八十丈，遙堤百七十餘丈。梨林鋪以下二十里，正河悉爲平陸，邳、睢河水耗竭。總河都御史劉士忠，「請開韓家壩外小渠，引水復故道，」從之。【考異】明史三編皆系之八月。河渠志書于九月者，據奏至月日也。今據本紀。

15 是科各省鄉試，部臣屢疏請考官，久之始下，則已七月終矣。于是應天、浙江、江西、湖廣、陝西皆改期，或十餘日，或二十餘日。

16 九月，庚戌，李廷機罷。

廷機繫閣籍六年，秉政止九月，無大過，言路以其與申時行、沈一貫等相比，交章詆之。其在禮部，楚宗人華趆，以奏訐楚王既擬奪爵錮高牆，廷機援祖訓謀害親王例，議置之死。言路勢張，政府暨銓曹畏之，不敢出諸外，年例幾廢。主事聶雲翰論之，廷機希言路意，中雲翰察典。初入閣，廷臣爭論之。廷機累疏乞休，杜門不出。待命踰年，乃屏居荒廟，人跡都絶，言者猶攻之不已。至是疏已百二十餘上，不得命，竟歸。然輔臣以齮齕受辱，屏棄積年而後去，亦前此所未有也。

17 是月，副都御史許弘綱署刑部尚書。辛亥京察，弘綱兼署院事，至是復兼署刑部，代趙煥也。

18 冬，十月，甲申，停刑。

19 閏十一月，長至節，賜廷臣宴。

20 是冬，福王府第成，工部以之國請。閣臣葉向高擬旨，上不發，諭改明春。至是期迫，向高請先飭儀衛舟車，不納。

21 是歲，琉球中山王尚寧遣使報歸國，蓋日本議和，復釋之也。禮部以其國殘破，請定自後十年一貢之例，從之。然明年其國仍修貢如故。【考異】此據明史本紀，蓋以三十七年執，四十年釋也，今分書之。

四十一年(癸丑、一六一三)

1 春,正月,庚申,諭朝鮮練兵防倭。

初,朝鮮國王李昖卒,其次子琿自立,據朝鮮傳,在三十六年。詔從其臣民之請,封爲國王,仍賜昖謚。琿立,奏言:「倭使頻來要挾和款,兵端漸露。乞選將率兵,督同本國訓練修防。」上以前留將士,教習成法具在,毋庸再遣,命其使齎敕戒勵。及是海上有倭警,巡按張五典,議「用南兵教朝鮮水兵,北兵教朝鮮陸兵。」兵部尚書王象乾,謂「出水陸兵寄食彼中,餽餉不繼。惟以中國之事責中國,以屬國之事責朝鮮,所以爲屬國謀者如是止耳。」因申諭朝鮮:「招募訓練防倭,簡除戎器,整備兵船,務求實用,以壯聲援。」

2 是月,真定天鼓鳴,流星晝隕有光。【考異】明史五行志及三編俱作「正月庚子真定天鼓鳴」。按去年冬閏十一月,明史本紀及三編皆不具,見沈氏從信録。是月之朔,即長至節也。據此,則正月無庚子。而明史所載正月、三月干支上推之,中間必有閏月。蓋三十八年閏三月見三編,四十三年閏八月見本紀,五年再閏,則四十年不容無閏。今但書天鼓鳴于是月,不書庚子,並附識之,以俟考。

3 以孫瑋爲都察院左都御史。

都憲自温純去後,八年不置代,瑋以倉場尚書兼署,已,又兼署兵部。至是以外計期迫,始命瑋以兵部尚書掌左都事。

4 二月，會試，閣臣葉向高主試事。

時向高獨相，屢請增置閣臣，不省，于是章奏皆送閣中。時以爲異事云。

5 三月，癸酉，賜周延儒等進士及第、出身有差。

6 是月，加淮、揚田賦。

是時倭寇連延閩、浙，出没無常。福建巡按丁繼嗣疏陳防海七事，乃敕沿海郡縣駐兵防倭。而鳳陽巡撫陳薦，以「江上防倭需餉急，請加派淮、揚等府賦銀十四萬六千兩有奇，俟地方無事請裁」，從之。

時巡按御史顏思忠言：「淮、揚東鄰日本，如廖角嘴爲倭奴首犯登岸之地，犯嘴之南，則通海等州受敵；犯嘴之北，則廟灣等處直擣；誠蘇、松之肩背，淮、揚之門户。國初于此嘴設廖角、大河二寨，撥官兵統領駐防，後移駐吕場，大河營尚有官軍，廖角寨則全虚矣。今當于淮安大營調兵六百名，分守廖角嘴等營，仍委千百户三員統領，以復國初之舊。」報可。【考異】明史本紀及日本傳皆不具。三編系之三月，並據明實録增目，今從之。

7 是春，廷臣交章請福王之國，諭改明春。已，忽傳旨：「莊田非四萬頃不可。」

閣臣葉向高因言：「會典載親王禄米萬石，養贍名目，已是添設，豈可過多！各直省田土之數，惟大郡方有四萬頃，少者止一二萬頃。自祖宗以來，封國不少，使親王各割一大郡，則天下土地已盡，今日非但百姓無田，即朝廷亦無田矣，況聖子神孫源源未已乎！列聖相傳，遵守家法，豈無愛子欲加厚？以祖制不敢踰越，必如是而後萬世可常行耳。福王所陳，不過引景府、潞府事例。夫潞府就封時，廢府田地尚多，未嘗括及民間。今田地已盡，而租銀之入已過潞府，何更求多乎！至景府久不之國，皇考在裕邸，常懷危疑，其後皇祖斷然遣之，人心始安。景府屢請楚地，幾至激變，當時皆譏皇祖過寵，非以愛之，亦前事之鑒也。臣愚謂祖制當遵，吉典當舉。王方建維城之固，與國同休，不當以土田小事滋天下之口。」

又言：「使福王莊田必足四萬頃，則之國無日。王疏以祖制爲言，試思親王四萬頃之莊田，祖訓、會典、累朝功令有之乎？臣不知王所引祖制何指也！自景府以前，無田數千頃外者，惟景府以寵愛踰分，致壞祖制，王奈何尤而效之乎！況今河南、山東，撫、按官搜括已盡，恐有奸徒以投獻爲名者挾讎報怨。中州、齊、楚間，稍有土地者不安其生，天下從此多事矣。」

上報曰：「莊田自有成例。且今皇太子與福王，大分已定，復何猜！」

8 夏，四月，辛亥，東部綽哈，舊作炒花。合宰桑、煖土舊作宰僧、煖兎。以三萬騎寇遼東平虜堡。

9 五月，己巳，誡廷臣毋植黨妄言。

先是孫丕揚、王圖，以京察爲黨人所攻，先後去；閣臣李廷機，被言路攻訐去。而是時南畿提學熊廷弼，以杖死諸生事，與巡按御史荊養喬相訐奏，養喬投劾去。都御史孫瑋，議廷弼解職聽勘，遂爲廷弼之黨官應震、吴亮嗣輩交章攻瑋。瑋累疏乞休，上慰留之，因諭吏部都察院曰：「年來議論混淆，朝廷優容不問，遂益妄言排陷，致大臣疑畏，皆欲求去，甚傷國體。自今仍有結黨亂政，顛倒是非，誣詆要譽者，罪不宥。」

10 是月，以禮部侍郎孫慎行署本部尚書，時翁正春改吏部侍郎也。

初，慎行佐禮部，以上二十餘年不親郊廟大享，而東宫輟講者八年，皇長孫九齡未就外傅，瑞王二十二未婚，楚宗人久錮未釋，臣僚章奏一切留中，福府莊田取盈四萬頃，慎行並切諫，不省。代王廢長子鼎渭，立愛子鼎莎，李廷機時爲侍郎主之，其後廷臣争者百餘疏，皆不納，慎行屢疏争，乃獲更置。而楚宗人之獄，錮高牆者二十三人，謫邊遠者二十三人，皆以慎行力争得釋云。

11 六月，乙未，以布色圖襲封順義王。

時布色圖始婚于忠順夫人，東、西諸部長皆具狀爲請封。而忠順夫人旋卒，布色圖勢益衰，不復能制諸部，薩囊、烏魯木、額森譯皆見前。諸台吉皆與之埒。朝廷以宣大總督涂宗濬請，各陞賞如例。

12 乙卯，綽哈復犯大寧，皆要求撫賞，許之，乃去。

13 是月，通惠河決。以工部侍郎劉元霖任本部尚書。

14 初，上既諭以明春遣福王之國，葉向高疏謝，因又言：「皇考時名位雖未正，然講讀不輟，情意自通。今東宫輟講八年，且不奉天顔者久，而福王一日兩見，以故不能無疑。惟堅明春之國期，無以莊田藉口，庶天下疑自釋也。」

至是有錦衣百户王曰乾者，以私事與孔學、趙宗舜等相訐告；刑官讞未竟，曰乾乃入皇城放礮上疏，刑官大驚，將擬曰乾死罪。曰乾遂訐奏「鄭妃内侍姜嚴山，與學等及妖人王三詔，用厭勝術詛咒皇太后、皇太子，欲擁立福王。」上震怒，遶殿行半日，曰：「此大變事，宰相何無言？」會向高奏至，言「此事大類往年妖書。然妖書匿名難詰，今兩造具在，一訊即情得。陛下當静處之，稍張皇則中外大擾。至其詞牽引貴妃、福王，尤可痛恨。臣與九卿所見皆同，敢以聞。」上讀竟，太息曰：「吾父子兄弟全矣。」明日，向高又言：「曰乾疏不宜發，發則上驚聖母，下驚東宫，貴妃、福王皆不安，宜留中，而别諭法司治諸奸人罪。且速定明春之國期以息群喙，則天下帖然無事。」上盡用其言，太子、諸王乃得相安。【考異】諸書皆系是事于九月。今據明史光宗本紀月分。

15 初，廣東珠池自三十三年罷採，至是金吾右衛指揮倪英復請開，從之。刑科給事中郭尚賓極論開採之害，不報。

16 秋，七月，甲子，兵部尚書掌都察院事孫瑋拜疏自去。

瑋素負時望，方欲振風紀，而是時朋黨勢成，言路大横。會進士鄒之麟分校順天鄉試，所取童學顔有私，御史孫居相、給事中孫振基，遂并發湯賓尹會試分校越房取其私人韓敬事。下部院議，顧不及賓尹事；振基疏請並議，未得命。禮部侍郎翁正春議黜學顔，謫之麟，亦不及賓尹等；振基謂議者庇之，上疏論劾。詔廷臣再議，正春乃坐敬不謹落職。于是黨人亓詩教等交章論列，並劾正春，紛呶不已。而是時瑋方以議熊廷弼事爲黨人官應震等所攻，于是振基及諸給事御史復劾應震等植黨背公，南北臺諫，各有左右。上竟加瑋言，令廷弼解職。

吏部尚書趙焕，以年例出振基及御史王時熙、魏雲中于外，不關都察院。瑋以失職求去，疏十餘上不得命，遂徑出城。未幾，正春亦以侍養歸。

17 丁卯，宣府大雨雹，殺禾稼。

18 是月，寧夏鎮天鼓鳴。兩畿、江西、河南皆大水。

19 副都御史署刑部尚書許弘綱罷。

初，弘綱以副都御史領辛亥京察事，畏諸黨人，累疏請竣察典，語頗示異群小，藉以攻孫丕揚，主事丁元薦劾弘綱持議不宜前却。及丕揚、王圖等相繼去，弘綱遂不安其位。是年五月乞休，至是始得命。以兵部侍郎魏養蒙兼署刑部事。

20 八月，山東、湖廣、廣西俱大水。

21 九月，壬申，以吏部左侍郎方從哲、前吏部左侍郎吴道南並擢禮部尚書兼東閣大學士，預機務。輔臣葉向高屢引疾，請增置閣臣，章百餘上，久之始有是命。從哲家居久，以中旨起佐吏部，遂入閣。道南居憂，方服闋，即家起之，三辭不允，踰年始至。【考異】二人入閣，輯覽系之八月。重修三編據明史本紀改入九月，今據之。

22 庚辰，吏部尚書趙焕拜疏自去。焕素有清望，顧雅不善東林，惟同鄉亓詩教言是聽。諸黨人攻東林者乘間入之，凡所舉措，多弗協清議，先後爲御史李若星、給事中孫振基所劾。遂乞歸，優詔慰留。已而兵部主事卜履吉爲尚書孫瑋所論，焕以履吉罪輕，擬奪俸。給事中趙興邦劾焕徇私，焕疏辨，再乞罷。葉向高言：「今國事艱難，人才日寡，在野者既賜環無期，在朝者復晨星無幾。乃大小臣工，日尋水火，甚非國家福也。臣願自今以後，共捐成心，憂國事，議論聽之言官，主張聽之當事。使大臣展布而毋苦言官之掣肘，言官得發舒而毋患當事之摧殘，天下事尚可爲也。」因請諭煥起視事，煥乃出。

既而御史湯兆京以振基出外不移咨都察院，守故事力争不得，投劾徑歸。其同官李邦華、周起元、孫居相及户部郎中賀烺，交章劾煥擅權，請還振基，詔奪諸臣俸，貶烺官以慰煥。煥請去益力，遂叩首闕門，出城待命，上猶諭留。給事中李成名復劾煥伐異黨同，煥遂稱疾，堅不起。

23 是月，遼東大水。

時各省以災告者，俱令振之，並蠲蘇、松等處積逋，停徵黄梅、長沙、湘陰、善化等縣兵、工二部逋税，又折徵南直隸兑軍米及屯糧。

24 冬，十月，戊子，孫瑋致仕。己丑，趙煥致仕；蓋請告至是始得命也。

25 是月，兵部尚書王象乾兼署吏部尚書，工部尚書劉元霖兼署都察院左都御史。

26 十二月，甲辰，寇犯寧遠，參將郭有功死之。

27 是月，以宋儒羅從彦、李侗從祀孔廟。【考異】二人從祀，明史本紀不具。三編、輯覽原系之隆慶六年，而明史禮志入之萬曆中，亦誤系于王守仁等三人從祀之前。重修三編始查照孫慎行奏議改入是年十二月，並簽出原誤年月，今從之。

28 初，户部主事李朴，以黨禍方興，力爲顧憲成、于玉立、李三才、孫丕揚等辨謗，而薦呂坤、姜士昌、鄒元標、趙南星，不報。是年，遷郎中。齊、楚、浙三黨勢日盛，稍持異議者，群譟逐之。朴性戇，積憤不平。

是月乃上疏曰：「朝廷設言官，假之權勢，本責以糾正諸司，舉刺非法，非欲其結黨逞威，挾制百僚，排斥端人正士也。今乃深結戚畹近侍，威制大僚，日事請寄，廣納賂遺。褻衣小車，遨遊市肆，狎比娼優，或就飲商賈之家，流連山人之室，身則鬼蜮，反誣他人。此蓋明欺至尊不覽章奏，大臣柔弱無爲，故猖狂恣肆，至於此極。臣謂此輩皆可斬也。

孫瑋、湯兆京、李邦華、孫居相、周起元，各爭職掌，則群攻之。今或去或罰，惟存一居相，猶謂之黨。夫居相一人耳，何能爲！彼浙江則姚宗文、劉廷元輩，湖廣則官應震、吳亮嗣、黄彦士輩，山東則亓詩教、周永春輩，四川則田一甲輩，百人合爲一心以擠排善類，而趙興邦輩附麗之。陛下試思，居相一人敵宗文輩百人，孰爲有黨耶？乃攻東林者，今日指爲亂政，明日目爲擅權，不知東林居何官，操何柄？在朝列言路者反謂無權，而林下投閒杜門樂道者反謂有權，此不可欺三尺豎子，而乃以欺陛下哉！

至若黄克纘贓私鉅萬，已敗猶見留；顧憲成清風百代，已死猶被論；而封疆坐死如陳用賓，科場作奸如韓敬，趨時鬻爵如趙煥，殺人媚人如熊廷弼，猶爲之營護，爲之稱冤，國典安在哉！望俯察臣言，立賜威斷。先斬臣以謝諸奸，然後斬諸奸以謝天下，宗社幸甚！」

疏奏，臺諫皆大恨，宗文等及其黨力詆，并侵居相，而一甲且羅織其贓私。上雅不喜言官，得朴疏，心善之。會大學士葉向高、方從哲亦謂「朴言過當」，乃下部、院議罰。

而朴再疏發亮嗣、應震、彦士、一甲贓私及宗文、廷元庇韓敬、興邦媚趙焕狀，且言「詩教爲群兇盟主，實社稷巨蠹，陛下尤不可不察。」上爲下詔切責言官，略如朴指，黨人益怒，排擊無虚日。侍郎李汝華亦以「屬吏出位妄言」劾朴，部、院議鐫朴三級，調外任，上持不下。明年，黨人再攻朴，始下部、院疏，謫朴州同知。

明通鑑卷七十五

江西永寧知縣當塗夏燮編輯

紀七十五起閼逢攝提格（甲寅），盡著雍敦牂（戊午），凡五年。

神宗顯皇帝

萬曆四十二年（甲寅、一六一四）

1 春，正月，乙丑，總兵官劉綎討建昌叛猓，平之。

初，四川建昌衛所轄四驛，曰禄馬，阿用，白水，濾波，各百里有差。其屬有源山、拖郎、桐槽、熱水諸番，舊謂之「儸儸」，即「猓」之異音也，皆以强弱爲向背。萬曆四十年，諸猓作亂，詔綎爲總兵官討之。綎偕參政王之機等分八道督攻，而己居中節制，次第克桐槽、沈渣、阿都、厦卜、越北諸寨，大小五十六戰，斬馘三千三百有奇，俘九百七十五名口，牛馬羊二千八百四十有奇，甲仗無算，諸猓巢穴一空。及是巡撫四川右副都御史吳用先以捷聞。【考異】史稿，「吳用先討建昌猓，平之」，蓋用先時爲四川巡撫也。平猓事具劉綎傳，故明史本紀及三編皆歸之于綎，今從之。

2 二月，辛卯，慈聖皇太后李氏崩。

太后性嚴明，萬曆初政，保護之力居多。姜應麟以疏請建儲被謫，太后聞之，弗善也。一日，上入侍，太后問故，上曰：「彼都人子。」蓋内廷呼宮人曰「都人」，指皇太子生母也。太后亦由宮人進，遂大怒曰：「爾亦都人子！」上伏地不敢起，儲位由是定。

福王之藩，期屢易，鄭貴妃欲遲之明年，以「祝太后七十誕」爲詞。太后曰：「吾潞王亦可來上壽乎？」貴妃乃不敢留。王未行而太后崩。

3 己酉，振畿内饑，從户科給事中官應震請也。

4 是月，上大行皇太后尊謚曰孝定皇后。

5 以南京吏部尚書鄭繼之爲吏部尚書，代趙煥也。

繼之有清望，又久處散地，無黨援。然是時言路持權，齊、楚、浙三黨尤横。繼之楚人，年八十餘，一聽楚黨意指，不復振。

6 三月，丙子，福王之國。

先是上以鄭貴妃請，又欲改期，閣臣葉向高封還手敕，太后亦諭止之，始定期。莊田初諭給四萬頃，廷臣屢請減，上諭以王意奏辭，減半給二萬頃，中州腴土不足，以山東、湖廣田益之。王復乞故大學士張居正所没産，及江都至太平沿江荻洲雜税並四川鹽井榷茶銀以自益。

伴讀、承奉等官，假履畝爲名，乘傳出，河南、北、齊、楚間所至騷動。山東、河南、湖廣撫、按臣各疏言：「王府賜地，應照會典例，令地方官每畝徵銀三分。王府遣人關領，不便自行勘丈管業」，並發諸中使在外不法狀，俱不報。

瀕行，歷年税使、礦使所進珍羨，悉以資之。押運劉孝自虞城至洛陽，到處横索殺人，撫臣梁祖齡、按臣張至發以聞，置不問。

其後莊田湖廣復不足，王又奏減一千頃，實給田一萬九千頃云。【考異】福王之國，所賜莊田四萬頃，以廷臣屢請減及王自奏辭，乃減其半，重修三編據明史諸王傳及葉向高集改正原編，見卷首上諭。又據明實録，萬曆四十四年五月，福王又奏減一千頃，增入是年二月目中，今悉遵據之。

7 初，福王婚費三十萬，營洛陽邸第至二十八萬，十倍常制，又設官店于崇文門外以供福邸。及是之國，王又請淮鹽千三百引，設店洛陽與民市。中使至淮、揚支鹽，乾没要求輒數倍。中州舊食河東鹽，以改食淮、揚故，非王肆所出不得鬻，河東引遏不行，邊餉由此絀。

葉向高言：「以藩國之尊，下侵商賈之事，于體甚褻。況差官支取，或滋夾帶之奸，定價貿易，終無兩平之理。」

户科給事中姚宗文言：「方今鹽法壅滯，鹽課不登。今王府公行貨賣，則狐鼠群奸必至公然夾帶，兩淮正額引鹽必壅。河東行鹽之地，自有成法，一旦阻絶，則行鹽地少，鹽課必虧。河南境内民肆，向有堆賣官鹽，價值一定。若王府售賣，昂值專利，勢必騰涌，民何以堪！」

大學士方從哲及諸廷臣亦先後請停丈田、開市二事，俱不報。【考異】三編于福王開市事，另立綱系目，以此係之國後事也。又所請淮鹽，輯覽作「數千引」。三編據明史本傳改正「一千三百引」，今據之。

8 是月，禮部上言：「原任兵部員外郎、贈太常寺少卿楊繼盛，浩氣淩霄，丹心貫日。前知遠識，芟仇鸞之奸于未然；正色危辭，褫嚴嵩之炎于方熾。風波九死，惟矢忠義之心；熱血一腔，長灑英雄之淚。先皇上嘉其忠貞，錫之贈謚，建祠表里，廕及後人。蓋三旌之寵洊加，已慰忠魂于九地；乃一坏之封猶缺，未澤枯骨于重泉。此感往不無永懷，而盛典尚宜請補也。」從之，詔封其墓，並敕有司修石麟、華表如制。【考異】封楊忠愍墓，諸書及明史皆不載，三編據實録增入是年三月下，今從之。

9 以刑部侍郎張問達署本部尚書兼署都察院事，又以刑部侍郎林如楚兼署工部尚書。

10 夏，四月，丙戌，以大行皇太后遺命赦天下。

時楚宗人之獄，亦稱太后遺詔釋之，從孫慎行之請也。【考異】輯覽書釋楚宗事于三月，三編系之五月，今于遺詔赦天下之下類書之。

11 五月，甲寅，雷震密雲軍臺，火藥、火器俱燼，擊死南兵一人。

12 乙卯，京師大雨雹。

13 庚午，雷復震永平軍臺，擊死南兵一名，傷北兵二名。以上三條，明史五行志俱佚，三編據實録月日增，今從之。

14 是月，福建稅使高寀，置通倭雙桅海艘，航貨數十萬入海，貨直不以予民。閭閻嗟怨激變，寀怒，麾兵殺人，放火箭，燬民房，突入巡撫署，露刃脅制，要盟有司官于私署。巡撫袁一驥、巡按徐鑒以聞，大學士葉向高、方從哲、給事中姚永濟、郭尚賓先後論劾，上置不問。

時陵璫杜茂，杖殺留守陸萬垓，兵科給事中吳亮嗣疏劾，亦留中。

15 六月，甲午，葬孝定皇后于昭陵。

16 秋，八月，甲午，禮部侍郎署尚書孫慎行拜疏自去。

慎行素講學東林，爲黨人所忌。及在禮部，遇事皆切諫。韓敬科場事久不定，慎行特擬黜敬；黨人祖敬者，追論湯賓尹越房取卷時，各分考俱效之，因欲十七人並罪，藉以寬敬。慎行集廷臣議，卒坐敬關節，爲十七人昭雪，黨人益大恨。

會吏部缺侍郎，廷議改右侍郎李鋕于左，（三編作「誌」，今據明史表、傳。）而以慎行爲右，命俱未下。御史過庭訓因言：「鋕未履位，何復推慎行！」亓詩教和之。慎行遂連疏引歸，不得命，遂自投劾去。以禮部侍郎何宗彥署代。

17 癸卯，大學士葉向高致仕。

向高以宿望居相位，每事執爭效忠，如東宮講筵，瑞王請婚，福王之國，補缺官，罷礦稅，再三陳請，其言多格不用，所救正十一二三而已。自獨相後，請增置閣臣，尤極懇切，嘗疏言：「今天下必亂必危之道蓋有數端，而災傷、寇盜、物怪、人妖不與焉。廊廟空虛，一也；上下否隔，二也；士大夫好勝喜爭，三也；多藏厚積，必有悖出之釁，四也；風聲習氣日趨日下，不可挽回，五也；非陛下奮然振作，簡老成布列朝署，取積年廢弛政事，一舉新之，恐宗社之憂，不在敵國外患而在廟堂之上也。」上不能用。

向高以屢乞休不得，因又言：「今天下災傷死亡，畿輔、中州、齊、魯，流移載道，中外空虛，人才俱盡。罪不在他人，臣何可不去！且陛下欲用臣，則當行臣言。今章奏不發，大僚不補，起廢不行，留臣何益！」自是乞休疏前後凡六十餘上，詞極哀，乃得請歸。

18 九月，庚午，山西、河南同日地震。

19 是月，兵部尚書王象乾罷，吏部尚書鄭繼之兼署。已，又以侍郎李鋕署代。

20 繼之之長吏部也，倚任文選郎王大智。定制，科、道外遷，必會都察院吏科。自趙煥以年例出孫振基、王時熙等，院、科皆不預聞，繼之代煥，遂踵其轍。是秋，復以年例出御史李槃、潘之祥、給事中張鍵、南京給事中張篤敬于外，皆嘗攻湯賓尹、熊廷弼者也。比考選科、道，中書舍人張光房、知縣趙運昌、張廷拱、曠鳴鸞、濮中玉當預，而五人者持議頗右于玉立、李三才，遂見抑，改授部曹。先後皆大智主之。同官趙國琦以爲言，大智怒，搆于繼之，逐之去。由是御史孫居相、張五典、周起元等引故事爲言，而吏科都給事中李瑾亦以失職抗疏劾大智。御史唐世濟，則右吏部，詆居相等，居相怒，乃與瑾交章劾世濟。給事中御史復助世濟排擊居相，于是居相再疏力攻大智，大智乃引疾去，繼之亦覺其非，不爲辨也。然是時朋黨勢成，言路不肖者率附吏部以驅除異己。未幾而胡來朝爲文選郎，繼之復倚信之。

21 是歲，浙江、江西、兩廣、福建俱大水。河決靈璧陳鋪。

四十三年（乙卯、一六一五）

1 春，正月，乙丑，徐州決河工成。

總河劉士忠，開韓家壩外小渠引水，自是壩以東始通舟楫。工甫成而士忠已卒。

2 二月，己卯，揚州地震，狼山寺殿壞塔頹，江神廟碑崩裂。

3 是月，文選郎胡來朝，復以年例出兵科都給事中張國儒、御史馬孟禎、徐良彥于外，復不咨都察院吏科。國儒已陪推京卿，法不當出外；孟禎、良彥則素忤黨人，故來朝抑之，鄭繼之不能禁。給事中李瑾再争，詆繼之及來朝甚力，來朝等不能難。其黨思以衆力勝之，于是諸御史群起攻瑾。瑾争之强，疏三上；來朝等亦三疏詆訐，詞頗窮，來朝乃言：「年例協贊之旨，實秉國者調停兩祖，非可爲制，乞改前令從事。」上一無所處分。瑾方奉使，自引去。

4 三月，丁未朔，日有食之。

5 戊申，有星隕于清豐之東流村，有聲如雷。

6 壬子，天津衛地震有聲。

7 夏，四月，戊寅，石首縣雨豆，大小不一，色雜紅黑。

8 是月，以兵部左侍郎崔景榮署本部尚書。

9 五月，己酉酉刻，有不知姓名男子，持棗木梃入慈慶宮門，擊傷守門内侍李鑑。至前殿檐下，爲内侍韓本用等所執，付東華門守衛指揮朱雄等收繫。

慈慶宮者，皇太子所居宮也。明日，太子奏聞，上命法司案問。巡視皇城御史劉廷元鞫奏：「犯名張差，薊州井兒峪人。按其跡若涉風癲，稽其貌實係黠猾，請下法司嚴訊。」時東宮雖久定，上待之薄，中外方疑鄭貴妃與弟國泰謀危太子。及差被執，舉朝驚駭。

廷元既以風癲奏，刑部郎中胡士相等復訊，一如廷元指，言：「差收積薪草，爲人所燒，氣憤赴朝聲冤。行至東華門遇一人，謂『持梃入可當冤狀』，遂誤入東宮。按律當斬，加等立決。」奏定，未上，刑部主事王之寀獨疑之。

10 丙辰，王之寀值提牢散飯獄中，末至張差，私詰其實。差初不承，已，云「不敢説」。之寀愈疑，乃麾左右出，留二吏扶問之，始言：「小名張五兒，有馬三舅、李外父，令隨不知姓名一老公，説『事成，與汝地幾畝』。比至京，入不知街道大宅子。一老公飯我，云『汝先衝一遭，遇人輒打死。』乃畀我棗木棍，導我由厚載門到宮，因擊門者墮地，老公多，遂被執。」——「老公」者，内侍通稱也。

丁巳，之寀備揭其語，因署刑部尚書張問達以聞，且言：「差不顛不狂，有心有膽。乞縛凶犯于文華殿前朝審，或敕九卿科道三法司會問。」疏入，未下，廷臣連章趣之。而郎中陸大受疏有「奸戚」字，上惡之，與之寀疏俱不報。劉廷元復請「速檢諸疏下法司訊斷」；御史過庭訓，言「禍生肘腋，宜亟翦除。」

大學士方從哲、吴道南等，俱斥之寀言謬，請上從容詳審。于是庭訓移文薊州蹤跡之，知州戚延齡具言其致癲始末：「緣貴妃遣璫造佛寺，璫置陶造甓，居民多鬻薪獲利者。差賣田買薪，欲往市，土人忌之，焚其薪。差産破薪焚，不勝憤，持挺欲告御狀。」與廷元等原勘略相符。由是遂據風癲定案。

11 丙寅，刑部十三司會審梃擊之案。

時郎中胡士相等不欲再鞫，趣尚書張問達具疏請旨，度疏入必留中，其事可遂寢。惟刑部員外郎陸夢龍力争之，趣問達再訊，必得實。

是日，十三司官胡士相、陸夢龍、鄒紹光、曾曰唯、趙會楨、勞永嘉、王之寀、吴養源、曾之可、柯文、羅光鼎、曾道唯、劉繼禮、吴孟登、岳駿聲、唐嗣美、馬德灃、朱瑞鳳等皆預焉，惟之寀與夢龍合。

將訊，衆咸囁嚅，夢龍呼刑具三，無應者，擊案大呼始具。張差長身駢脅，睨視傲語，無風癲狀。夢龍呼紙筆，命畫所從入路，須臾成。具供：「馬三舅名三道，李外父名守才，不知姓名老公乃修鐵瓦殿之龐保，不知街道宅子乃住朝外大宅之劉成。」且言：「二人豢我已三年，予我金銀壺各一，令我打上宮門。打得小爺，喫有著有。」——「小爺」者，内監所稱皇太子也。又言：「有姊夫孔道同謀，凡五人。」獄乃具。

于是給事中何士晉乃明詆鄭國泰。先是國泰聞陸大受疏中「奸戚」語，大懼，急出揭自明。至是士晉言：「大受之疏，未嘗實指國泰主謀，何張皇自疑乃爾？因其自疑，人益疑之。然人之疑國泰，不自今日始也。陛下試問國泰：三王之議何由起？閨範之序何由進？妖書之毒何由搆？此基禍之疑也；孟養浩等何由杖？戴士衡等何由戍？王德完等何由錮？此挑激之疑也；王曰乾，逆徒也，而疏中先有龐保、劉成名，此不軌之疑也。三者積疑，至今日忽有張差一事，正與往者舉措相符，安得令人不疑！國泰如欲釋人疑，惟明告貴妃，力求陛下速執保、成下吏。如果國泰主謀，是大逆罪人，非但貴妃不能庇，即皇上亦不能庇。設與國泰無干，請令國泰自任，凡皇太子、皇長孫一切起居，悉屬國泰保護，稍有疎虞，罪即坐之，則臣與廷臣亦願陛下保全國泰，無替恩禮。若國泰畏有連引，熒惑聖聰，久稽廷訊；或潛散黨與，俾之遠逃；或陰斃張差，以冀滅口；則罪愈不容誅矣。」疏入，上大怒，欲罪士晉，念事已有跡，恐益致人言。而吏部先以士晉爲東林黨，擬出爲浙江僉事，遂謫之外。

自士晉明指國泰，語侵貴妃，而廷臣如方從哲等，無不以速決張差一獄請矣。【考異】梃擊一案，明史王之寀等傳皆具日分。己酉之事，傳中所謂「五月四日」者，是月丙午朔也。之寀散飯訊供在十一日，刑部十三司會審在二十一日，皆見傳中。三朝要典具載干支，與史悉合。惟會訊系之乙丑，而中所敘述亦云「二十一日」，蓋前一日題請也。今據日分分書之。

12 己巳，嚴皇城門禁，以張差之獄故也。

時御史劉廷元，「請禁內市以消隱禍」；御史牟志夔，「請飭皇城以內四門，內臣出入必稽，啓閉以時，毋撓巡視之權。」因諭：「門禁本宜嚴密，令該部及巡城科、道官通飭嚴加盤詰，仍著廠衛巡捕衙門及守門官員密切體訪，擒拏奸宄。至內地每月三市，相沿年久，以濟需用，事不可缺。但不許持挾銅鐵鋒利弓矢等物入市，違者必懲。」三編質實：「內市在禁城之左，過光祿寺入內門，自御馬監以至西海子一帶皆是。每月初四、十四、二十四日，俱設場貿易。此三日，舊例令禁內賤役輦穢出宮棄之，故各門俱啓。因之陳列器械，借以博易焉。」

13 辛未，輔臣方從哲、吳道南等言：「張差一事，供招甚明，數日之間，未蒙乾斷。竊以此獄早完一日，則人心早安一日。不然，遷延日久，枝節橫生，恐有意外之禍。」

是時上以王曰乾告變言巫蠱事，辭連劉成，至是復及之，爲之心動，諭貴妃善爲計。貴妃窘，乞哀皇太子，自明無他。上令太子白之廷臣，太子亦以事連貴妃，大懼，請上速具獄，毋株連。

癸酉，上御慈寧宮，召閣臣方從哲、吴道南及文武諸臣入見。因執太子手謂諸臣曰：「此兒極孝，朕極愛。使朕有別意，何不早更置！外臣何意，輒以浮言間朕父子耶！」因命内侍引三皇孫至石級上，令諸臣熟視，曰：「朕諸孫俱已長成，更何説！」顧問太子：「有何語？與諸臣悉言無隱。」太子具言瘋癲之人宜速決，并責諸臣，言：「我父子何等親愛，而外廷議論紛如。爾等爲無君之臣，使我爲不孝之子。」上復謂諸臣曰：「爾等聽皇太子語否？」申諭再三，諸臣始叩首出。

初，從哲等進見時，御史劉光復跪班後，大言曰：「皇上極慈愛，太子甚仁孝。」其意固將順也。上不甚悉，問爲誰，中使以御史劉光復對。光復又前跪，大言申奏。上謂：「地近皇太后几筵，大言非敬。且越班進對，失人臣禮。」令中使縛之，下刑部重擬罪，方從哲及廷臣力救，不允。宗人中尉充觧、駙馬王昺，疏救光復，以詞激，充觧幽禁，昺褫冠帶閒住。

方梃擊事起，光復亦請「速下部院根究情實，務期元惡伏辜，以安慰皇太子，以解通國之惑。」又言：「致辟行刑，一獄吏任耳。似不必言官詑之爲奇貨，居之爲元功也。」蓋爲陸大受、王之寀等而發云。

14 甲戌，張差伏誅。

諭三法司：「張差風顛奸徒，闖入東宮，持梃傷人，罪在不赦，著即會官處決。內官龐保、劉成，嚴提審明擬罪。馬三道等應屬誣攀，斟酌擬罪。此外不許波及無辜。」先是，上欲並決保、成，至是中變，遂先決差。尋命司禮監隨同九卿、三法司于文華門會勘龐保、劉成，皇太子復請從輕定罪，從之。

15 是月，吴道南至京師。

故事，廷臣受官，先面謝，始蒞任，時上久不視朝，道南至，不獲見，不敢入直。方從哲爲之請，令先入閣視事。

張差之獄，道南聽從哲指麾，依違而已。

16 山西巡撫吴士度言：「國家建藩頒爵，自親王、郡王至將軍、中尉，俱有定禄。年來宗支繁衍，間有無禄極貧，或以擅婚私濫，妾之子不敢請名者，或已請名而家貧不能封者，與孀婦身無所依者，每名月給米一石，折銀一錢，于各府正項糧銀內支給。」從之。

17 六月，丁丑，司禮監拷掠龐保、劉成于內廷，遂斃之。

先是詔下三法司會訊于文華門，保、成供原姓名曰鄭進、劉登雲，而不承罪。奉東宮傳諭，「以仇誣從輕擬罪。」

刑部張問達等請再鞫，上疏曰：「奸人闖宮，事關宗社。今張差已死，二囚易抵飾。文華門尊嚴之地，臣等不敢刑訊，何由得情！二囚偏詞，何足爲據！差雖死，所供詞故在，其同謀馬三道等，亦皆有詞在案，孰得而滅之！況慈寧召對，面諭並決，煌煌天語，通國具聞。若不付之外廷，會官嚴鞫，安肯輸情！既不輸情，何從正法！祖宗二百年來，未有罪囚不付法司輒令擬罪者。且二人係内臣，法行自近，陛下尤當明正典刑，奈何任彼展辨，不與天下共棄之也！」

上以二囚詞涉鄭氏，付外廷，議益滋，乃潛斃之于内，言「皆創重身死」，而馬三道等五人，並予輕比，坐流配，其獄遂竟。

未幾，問達解都察院事。【考異】據明史王之寀、張問達傳，俱云「龐保、劉成下三法司會訊于文華門，遂供姓名鄭進、劉登雲」等語，此後不（持）〔特〕外廷無會訊事，即文華門亦無復訊事。保、成之死，係由内廷潛斃，託言司禮監拷掠死也。三編誅張差目中，言「上命司禮監隨同九卿三法司于文華門會勘龐保、劉成，搒掠死」，此實録書法，且亦牽連並記也。證之明史張問達傳，文華門但有會訊，並無刑訊事，而保、成之死，非由三法司搒掠也。三朝要典所載丁丑上諭，言「保、成業已創重身故」，此斃之内廷司禮監之手明甚。今據明史問達傳書之。

18 戊寅，以久旱，京師自三月至六月不雨，敕修省。

19 是月，免滸墅、蕪湖關税三分之一。

先是奉慈聖太后遺詔，免近京畸零雜税，因允臺臣所請，罷蘆溝税。至是應天巡撫王應麟言：「兩京並重，而陪京尤爲根本，乞並罷兩關税。」故有是命。

20 秋，七月，己酉，振畿内饑。

時畿輔久旱，通州三河等處饑民乏食，劫掠者衆。薊鎮總督薛三才以蠲振請，詔發通州倉米七萬石振濟，臨清、德州倉米十萬石平糶，並發本屬備荒穀及收買鄰近豐收地方雜糧以資之。

21 甲戌，停刑。

22 八月，乙亥，楚雄地震，聲如雷，人民驚殞。

23 庚辰，太常寺少卿史孟麟，「請舉册立皇太孫盛典，以絶群小覬覦之望」，且救御史劉光復，上怒，謫兩浙鹽運判官。

24 是月，改兵部侍郎李鋕爲吏部侍郎兼署都察院事。

25 閏月，庚戌，重建三殿。

時工部奏修乾清宫廡屋，上以「三殿久未鼎建諏吉，宜于本年命定期啓工，俟明歲皇太后升祔陵廟禮成後，從容搆造。」

26 丁巳，振山東、湖廣饑。

時山東自三月至六月久旱，盜起，貧民乏食，巡撫錢士完請發帑振濟。上命以布政使庫貯解部税銀六萬六千兩有奇、本年臨清應解税銀四萬兩留東備振，又以臨清、德州倉米六萬石振濟，四萬石平糶。

湖廣水旱頻仍，巡撫梁見孟奏「請災重者漕糧并折，稍輕者折一征二。其無漕、南二糧處所，酌量加振。」從之。【考異】明史本紀，「丁巳山東大旱，詔留税銀振之。」三編據實録增入湖廣于是月，今從之。

27 丁卯，河套諸部犯延綏。

先是蒙克錫里舊作猛克什里。等以挾賞不遂，數沿邊寇掠，總兵官秉忠隨所向以勁旅遮擊，屢破之，遂遁去。

布色圖子即卜失兔，三編一作巴什圖。濟農者，舊作吉能。士馬雄諸部，爲套中之主。及是見布色圖襲封順義王，于是挾求封王，且請市賞，邊臣不許。會他部塔類舊作鐵雷。以痘創死，妄言爲邊吏所害，而沙津舊作沙計。盜邊，又被創去，遂合套中諸部大舉入寇，東道高家、大柏油、神木、柏林，中道波羅，西道磚井、寧塞諸城堡，盡被蹂躪。

副將孫洪謨，禦之大柏油，遇伏被執，士卒死傷過半。秉忠聞寇入，急遣游擊張榜潛劫其營，又敗死四百餘人。會故帥杜松、寧夏總兵杜文焕援軍至，共擊之，寇始退。——

文煥，桐子也。——然猶駐塞下，時鈔掠。秉忠被劾罷，方候代，沙津從雙山入犯，秉忠設伏待之，遂大敗去；斬首二百有奇。

28 九月，以兵部侍郎崔景榮兼管戎政，以兵部侍郎魏養蒙署本部尚書。

29 京師五城分廠煮粥平糶，順天府尹李長庚請之也。

30 冬，十月，辛酉，京師地震二次，密雲、潮河川等處同時震有聲。【考異】明史紀、志但書京師地震，其連震二次及密雲等處，三編據實録增，今從之。

31 十一月，戊寅，振京師饑民。

時畿内饑甚，巡按直隸御史過庭訓，「請通州三河縣全徵折色，寶坻、密雲二縣准折十分之三，平谷縣折十分之五。停順天府屬驛傳待支車輛等銀，各屬應納邊鎮米豆等銀，永平等縣逋欠屯銀。」從之。

32 是月，御史翟鳳翀言：「上不見廷臣，已二十五年矣。一旦召對，天日開霽，千載一時。輔臣宜舉朝端大政，乘便縷陳；乃一切緘默不言；徒使劉光復以失儀獲罪。光復一日不釋，恐輔臣一日未安也。」降旨切責。

33 十二月，丙寅，再振山東饑，並蠲免税糧，以旱且蝗也。

34 初，李三才既罷，忌者慮其復用。去年，劉光復劾其「盜皇木營建私第至二十二萬，又侵奪官廠爲園囿」，且言：「三才與于玉立遥執相權，意所欲用，銓部輒爲推舉。」三才疏辨，請遣中官按問。給事中劉文炳、御史李徵儀等亦相繼論劾，三才憤甚，請諸臣會勘，乃詔徵儀偕給事中吴亮嗣往。

未幾，光復坐事下獄，三才請釋之，而復力爲東林辨白，言：「東林者，顧憲成講學之所，從之遊者，如高攀龍、姜士昌、錢一本、劉元珍、安希范、岳元聲、薛敷教等，並束身厲名行，何負國家哉！偶曰東林，便成陷阱，如鄒元標、趙南星等，被以此名，即力阻其進取；朝上而夕下者，惟史繼偕諸人耳。人才邪正，實國祚攸關。」疏入，衆益恨之。

亮嗣等既往勘，久之無所得，第如光復言還報，遂落三才職爲民。方三才之罷，攻之者邵輔忠、徐兆魁、喬應甲等，後皆附魏忠賢，名麗逆案；而推轂三才若顧憲成、鄒元標、趙南星輩，皆表表爲時名臣；故世以三才爲賢云。

四十四年（丙辰、一六一六）

1 春，正月，壬申朔，百官賀正旦。禮畢，至端門。有革任督捕淩應登，突擊御史淩漢翀于門。

漢翀與應登同籍長洲，遂通譜。及漢翀爲御史，以搏擊豪猾自任，惡應登所爲不法。

先是應登緣事嚇取奸民王好賢四千金，漢翀廉得，發其狀；應登亦訐漢翀爲福清令貪黷及以賄得御史列款上，圖報復；疏俱留中。至是應登乘漢翀不備，潛率其黨伏門側，持鐵鉤擊漢翀，敗面裂衣，同官力護，得不死。巡視皇城給事中亓詩教以聞，下九卿會勘互訐情事。禮科給事中余懋孳，言「互訐並議，非法之平」，上以爲黨比，奪懋孳俸。漢翀坐交游不慎，冠帶閒住，應登謫戍雲南。

初，中使呂貴，假奸民奏留督浙江織造；冉登提督九門，誣奏市民毆門卒，下兵馬指揮于吏；中官邢洪，前辱御史淩漢翀于朝，上釋洪不問；及漢翀爲應登所毆，洪復曲庇應登；于是御史翟鳳翀疏論貴、登、洪三人罪，且曰：「大臣造膝無從，小臣叩閽無路。宦寺浸用，政令多違，實開群小假借之端，成太阿倒持之勢。」上大怒，謫山西按察使經歷。而是時給事中郭尚賓亦以直諫忤旨，被謫江西布政使檢校。時稱「二諫」。

2 丁丑，易州及紫荆關天鼓鳴。

3 庚辰，振畿南六郡災，免稅糧。

4 戊戌，陝西洮州天鼓鳴。【考異】易州及洮州天鼓鳴，明史五行志佚，三編、輯覽系之六月。重修三編據實録，正月兩處天鼓鳴，皆著日分，而六月不書，因據實録改入正月，詳目中，今從之。

5 是月，雨紅、黑、黃三色雪，屋上多巨人跡。

6 遣御史過庭訓振山東饑。

上以東省饑民數多，劫掠可虞，命借太僕寺馬價銀、臨清倉米設法給濟。于是户部議「發帑金十六萬兩及分振米六萬石、平糶米六萬石」，從之，遣庭訓往董其事，仍敕速行，以慰東人仰望之心。

時青州舉人張其猷，上東人大饑指掌圖，各系以詩，有「母食死兒，夫割死妻」之語，見者酸鼻。流離入江淮間，遂成人市。

尋庭訓及巡撫錢士完以救荒事宜十二條上：「一定振規；二廣振地；三勸倡義助振；四留漕米十五萬平糶；五開事例量減銀兩，自春至夏止；六酌贖罪；七搜帑藏；八清驛遞；九寬禁約錢法鹽法，權宜便民；十通水利；十一普振米；十二酌蠲停」。從之。

7 以李鋕任刑部尚書，仍兼署都察院事。

8 二月，戊申，振河南及淮、徐饑。

初，淮、徐不登，以巡撫唐世濟言，改折漕糧，蠲免未完帶徵米麥。及是又發淮安府貯庫税項溢額銀八千七百兩有奇，並借支正項溢額銀八千兩，易粟煮粥，以贍饑民。河南亦留税銀四萬二千餘兩，糴穀振之。

9 三月，辛未朔，日有食之。

10 乙酉，賜錢士升等進士及第、出身有差。

11 是月，益黔中餉。

黔師自平播後，銷兵太多，營哨非舊；各種夷賊生齒日繁，貴州上六衛平定、銅仁、大江、小江等處，無日不報苗警。而苗仲殺虜職官，焚劫屯堡，延袤數百里，受禍尤慘。諸苗南抵滇，西抵蜀，東南抵西粤，種類實繁，皆屬土官管轄，多桀黠不能制，且縱使劫掠，陰利其貲，不欲翦除苗仲，孤己羽翼也。

黔撫張鶴鳴，以爲不大創之，則黔旦夕難保。而黔兵不滿千，且事關三省，非貧黔所能獨舉。乃與各道臣募兵一萬，調土司兵二萬四千餘，先剿平定，後及兩江，然後分兵十路，截仲賊之後而洗其巢，計一年可收廓清之效。而糧餉不繼，恐募兵涣散，請發帑金十萬兩。兵部議以馬價銀六萬兩予之。

12 夏，四月，戊午，河南盜起。

時舞陽、泌陽、西平、遂平等縣，盜賊數百人，白晝嘯聚，撫臣以聞。上以群盜結聚日久，地方有司隱匿不報，降旨切責，仍諭「文武各官防禦剿撫，務期撲滅以遏亂萌」。

13 是月，以侍郎李汝華陞任户部尚書。

14 山東復蝗。

15 六月，壬寅，河套寇犯延綏。

初，官秉忠之敗，都督僉事杜文煥赴救，大破之，遂以總兵官代秉忠鎮延綏。寇屢鈔邊，文煥連敗之于保寧、長樂，斬首三百有奇，西路酋浩爾齊布、延泰等懼，相率降。惟東路濟農、沙津等猶恃地險，駐高家堡、柏林，仍要請封王補賞。文煥復集兵襲破其營，斬首二百五十，敵皆披靡。而西路乞盟益亟，浩爾齊諸部相與攢刀立誓，獻罰九九而退。——「九九」者，部落中罰馬、駝、牛、羊數也。

16 丁卯，河決開封。

先是五月，河決徐州狼矢溝，由蛤鰻、周柳諸湖入泇河，出直口，復與黃會。及是復決開封陶家店、張家灣，由會城大堤下陳留，入亳州渦河，陳、杞、睢等州咸受其害。

先是巡漕御史朱堦請修復泉湖，言：「宋禮築壩戴村，奪二汶入海之路，灌以成河，復導洙、泗、洸、沂諸水以佐之。汶雖率衆流，出全力以奉漕，然行遠而竭，已自難支。至南旺又分其四以南迎淮，六以北赴衛，力分益薄。況此水夏秋則漲，冬春而涸，無雨即夏秋亦涸。禮逆慮其不可恃，乃于沿河昭陽、南旺、馬踏、蜀山、安山諸湖，設立斗門，名曰水櫃，漕河水漲則瀦其溢出者于湖，水消則決而注之漕，積泄有法，盜決有罪，故旱澇恃以無恐。及歲久禁弛，湖淺可耕，多爲勢豪所占，昭陽一湖，已作藩田。比來山東半年不雨，泉欲斷流，按圖而索水櫃，茫無知者。乞敕河臣清核，亟築堤壩斗門以廣蓄儲」。上從其請。

方議濬泉湖，而河決徐州，運船迎溜艱險；督漕侍郎陳薦開武河等口洩水，溜乃平。

17 秋，七月，壬午，西北有流星，行入貫索，二星隨之。

給事中熊明遇疏言：「入春以來，天鼓兩鳴于晉地；流星晝隕于清豐；地震二十八；天火九；石首雨菽；河內女妖；遼東兵端吐火；雷燬內監樓居；即春秋二百四十年間，未有稠于今日者。且山東大祲，人相食；黃河水稽天；兼以太白經天；輔星湛没；熒惑襲月；金水愆行；或日光無芒；日月同暈；爲恒風，爲枯旱；天譴愈深。而陛下所行皆誣天拂經之事，此誠禽息碎首、賈生痛哭時也。

敢以八憂、五漸、三無之説進：內庫太實，外庫太虛，可憂一；餉臣乏餉，邊臣開邊，可憂二；套部圖王，察部覬賞，可憂三；黃河泛濫，運河膠淤，可憂四；齊苦荒天，楚苦索地，可憂五；鼎鉉不備，棟梁常撓，可憂六；群譁盈衢，訛言載道，可憂七；吳民喜亂，冠履倒置，可憂八。

八憂未已，五漸繼之：太阿之柄，漸付中涓；魁壘之人，漸如隕籜；制科之法，漸成奸藪；武庫之器，漸至銷亡；商旅之途，漸成梗塞。

五漸未已，三無繼之：匹夫可熒惑天子，小校可濫邀絲綸，是朝廷無綱紀；滇、黔之守令皆窮途，揚、粵之監司多規避，是遠方無吏治；讒搆之口甚于戈戟，傾危之禍慘于蘇張，是士大夫無人心。天下事可不寒心哉！」

上不省。【考異】熊明遇上書，見明史本傳，輯覽系之六月天鼓鳴下。重修三編改天鼓鳴（人）〔入〕正月，又于七月增流星入貫索，載明遇疏于目中，今從之。

18 乙未，套寇沙津、濟農等復犯高家堡，誘殺都指揮王國安，【考異】王國安，「安」，明史本紀作「興」。今據三編。糾蒙克錫里連犯雙山、波羅二堡。總兵官杜文煥擊敗之，追奔二十餘里，斬首四十一級而還。濟農等懼，又知西（命）〔部〕已和，勢孤弱，亦乞和，獻罰九九者二。

當是時，寇衆號十萬，分四十二枝，力寡備多，又屢不得志，始次第歸款。延綏遂少事。

19 是月，河南賊平。

20 上遣內侍至工部侍郎林如楚私寓宣中旨，以奉御汪良德奏准修理咸安宮也。

輔臣言：「明旨傳宣，定例必由內閣下科臣，然後發抄。若不由內閣，不由科發，不經會極門，不由接本官，三編質實：「會極門，原名左順門，凡京官上下接本俱在此，南入爲內閣票本處」。突以二豎傳宣于部臣之私寓，則從來未有之事。向來建議諸臣，以旨從中出，猶且慮之，況臣等竟不預聞乎！」工科徐紹吉等亦疏諫。不省。

21 應天、溧陽等處水，江寧、廣德、常、鎮、淮、揚等處蝗。

河南旱、蝗。捕斗蝗者，官給斗穀，穀盡，蝗愈繁，有闔户自經者。土鼠千萬成群，夜銜尾渡江南，絡繹不絶，一月方止。

江西水大漲，民居蕩析，浮屍蔽江。

廣東南韶等處淫雨匝月，田禾盡淹。

陝西旱。

22 八月，戊辰，日中有黑子。

23 是月，南京太常寺少卿桂有根言：「孝陵元旦、清明、長至三大祭，文物俱備。中元、孟冬兩忌辰及萬壽節五祭，向止陳設酒果，應加用牲帛祝文」。從之。

24 陝西巡撫龍遇奇言：「秦民包税，其苦有三：一曰包賠無著之苦。天下税課，例屬商賈，若秦則三面臨邊，商賈罕至，向來税額皆派之丁畝及津梁陶穴築傭之輩。今凶荒死徙，村里爲墟，即向來瑣科無從矣。一曰税額獨多之苦。秦，邊地也，瘠土也。遠在江南腹裏者勿問，即與秦連界者，東則山西，西則四川，税皆萬許，即大藩如河南亦六萬餘。

秦肥瘠視三省迥殊，而稅額多至十萬，即蒙恩減，而已減之額尚浮于三省未減之額矣。一曰牽誤邊餉之苦。民止此財，官司既督以賠稅，自不能并力以輸邊。計秦民十八年已輸過稅額一百五十萬，而坐逋邊餉則已二百四萬。足此誤彼，明驗不爽，此包稅所以不可不罷也」。疏入，不報。

25 皇太子出閣講學。

時東宮輟講已十二年，廷臣諫疏凡數百上，及是始命舉行。以詹事府詹事劉一燝、少詹事韓爌爲侍班官，右庶子張邦紀、趙師聖、左諭德公鼐、右諭德龔三益、薛三省、楊守勤爲講讀官。

皇太子進執事諸臣及賜酒饌，皆稱先生；進對進倣，敏妙合法；中外大悅。然一講而輟，後不復更舉矣。【考異】質實：「皇太子出閣講學，太祖初于大本堂，後于文華後殿。天順二年定儀注，有侍書官侍習字，所謂『進倣』者是也。」

26 九月，山東盜大起。

去年東省饑，有蒙陰盜暨旗稱王，殺官兵；沂州盜七百餘，乘馬彎弓，搶劫糧畜；樂昌縣盜三百餘，嘯聚焚劫；費縣、濟陽，亦多白晝搶掠者。于是饑民皆起應之，所在攻劫。御史過庭訓以聞，上令「相機捕除首惡，餘設法解散」。

時劇盜張國柱，引衆五百人，以絳帛抹首，入安邱，令懼而逸，賊坐正廳事，指揮其黨劫庫藏，破械出獄囚。有縣民王滙者，以死罪繫獄，乃詐降，賊標旗爲順號予之，俾巡視。滙密戒諸囚無動，動者死矣。陰結縣令爲擒賊計，約城外張軍聲以撼賊，入而宣言於賊曰：「官軍至矣，何不去！」賊踉蹌出城。未及半，滙闔扉堅守，手刃一賊，持其首號召吏民，令鄉兵各去其帽，曰：「抹首而絳者賊也。」復立斫渠魁十餘人。于是城中人并獄囚並起逐賊，盡殲之。滙搜獲賊所劫庫物，還之官。事既定，束身入獄。

巡撫李長庚言：「滙一罪囚耳，而倉猝成定亂之功。其佯爲從賊，智也；戮力殲賊，勇也；事平就獄，口不言功，忠也。雖殺人者死，國有常刑，而會典亦有犯斬立奇功准贖之例。乞寬一面，開義士自效之門。」上命釋之。【考異】明史本紀系山東盜起于七月旱蝗之下，三編入之九月，並據實録增目，今據書之。

27 兵部尚書言：「前以孝定皇太后大喪，停操三年，今大禮已竣，當新戎壘以應秋氣。」不省。

28 冬，十月，丁未，停刑。

29 甲子，烈風壞正陽橋坊。

30 是月，益九邊餉。

先是九邊餉缺，閣臣日請發帑，上以二王婚禮不敷爲詞。兵科給事中趙興邦言：「今日之一二百萬，撫之而有餘，他日之幾千萬，安之而不足也。」乃括内府銀三十萬兩，户、兵二部銀八十萬兩給之。

31 十一月，己巳夜，隆德殿災。

大學士方從哲等言：「禁城離照之地，而橋坊隕于暴風；宸居嚴闥之區，而殿宇飛爲烈焰。旬日之内，奇變疊呈，此豈可以尋常視之，苟且應之！決非青衣、角帶之故事所能挽回，亦非減膳、撤樂之彌文所能消弭。惟陛下以恐懼之真心，行修省之實政；破因循之積習，振明作之治功；時事之壅滯者盡爲舉行，群情之鬱結者悉令舒暢；庶幾人心可得，天變可回矣。」

32 是歲，正月，大清太祖高皇帝受群臣尊號，建元天命元年。

初，太祖自誅尼堪外蘭之後，國勢日隆。葉赫等九部來侵，大破其衆。事在辛卯年。哈達貝勒蒙格布禄爲葉赫所誘，將害我助防哈達之兵，征克其城，獲之以歸。事在己亥年。輝發貝勒拜音達哩亦貳于葉赫，數背盟約，率兵滅之，撫定其國。事在丁未年。烏拉貝勒布占泰嘗戰敗被俘，釋遣歸國，申以姻好。布占泰復謀背叛，屢討不悛，遂大舉伐之，布占泰勢窮，奔于葉赫，其國遂滅。事在癸丑年。太祖既削平諸國，德威遐播。又製國書，先以蒙古字合國語聯綴成句，創立滿洲文。尋復以十二字頭無圈點，上下字雷同無別，因加圈點以分析之。定旗制，初削平諸國，設有四旗。旗以純色爲別，曰黄，曰紅，曰藍，曰白。尋添設四旗，參用其色鑲之，共爲八旗，分左右翼。規模弘遠，帝業已成。至是諸貝勒、大臣等奉表勸進，並尊太祖爲「覆育列國英明皇帝」。

四十五年（丁巳、一六一七）

1 春，正月，辛巳，東部宰桑犯開原。

2 是月，山東賊平。

先是平張國柱，殲其黨；復有盜渠周堯德、張計緒、張文朗等，各立頭目于泰山、歷城、章邱、萊蕪等處，出没行劫，稱堯德爲「紅竿大王」，復改稱「平師王」，所至焚劫虜掠，支解事主，截殺官兵。巡撫李長庚等遣兵先後剿捕禽斬，至是餘黨始散。

3 二月，戊午，以去冬無雪，入春不雨，上憂農事，露禱宫中，遣官祭郊壇，因敕廷臣實心修省。未幾，雨雪降。

大學士方從哲、吴道南言：「君之尊猶天也，臣之有所祈于君猶之祈天也，其爲齋心而祝，披悃而陳者，視三農之望雨，不啻過之。而心力徒勤，挽回莫效，甚至疾呼痛哭而上若不聞，累牘連章而上如不見。是常人之所可必于天者，臣不能得之于君，豈天可問而九重之内不可問乎！」因擇切要時事，求次第舉行，不省。

4 是月，大學士方從哲等言：「今早入朝，有百餘人群聚長安門外，環跪號訴，詢爲鎮撫司監犯家屬，言：『本司理刑缺官，無人問斷。監禁日久，死亡相繼。』是有罪者不得遽正厥法，無辜者不得早雪其冤，乞即簡補問官以便審録。」不報。【考異】明史本紀書鎮撫司缺官于二月辛未。按二月無辛未，紀承戊午之下，疑「辛」字爲「己」字之誤也。今但書是月，不繫日。

5 封福王庶長子由崧爲德昌王。

萬曆十年，定郡王初封，係帝孫者儀仗全給，係王孫者免，至是命給全儀仗如例。

6 三月，乙亥，江西水災，詔留二監税額銀二萬兩振之，從巡按御史陳于廷請也。

7 是月，始命考察京官。吏部尚書鄭繼之與署都察院尚書李鋕司其事，——鋕亦浙黨所推轂者也。——考功郎趙士諤、給事中徐紹吉、御史韓浚佐之，所去留悉出紹吉等意，繼之、鋕受成而已。

一時齊、楚、浙三黨盤踞言路，相與倡和，務以攻東林、排擊異己爲事。初，葉向高秉政，黨論方興，言路交通銓部，指清流爲東林，逐之殆盡，向高不能救。比方從哲秉政，言路已無正人。至是京察，盡斥東林，且及林居者，大僚則中以拾遺。善類爲之一空。【考異】考察京官，向例正月舉行，本年三月始奉詔，故通紀、從信録皆書之，而從信録以爲三月初八日，今系之三月下。

8 夏，四月，辛亥，黜刑部主事王之寀爲民，仍奪誥命。

初，之寀發龐保、劉成事，上欲調劑貴妃、太子，念其事似有跡，故不遽罪之也。至是京察，給事中徐紹吉、御史韓浚用拾遺劾之寀貪縱，遂黜之。

9 是月，署兵部尚書魏養蒙罷，以兵部侍郎崔景榮署代。

10 五月，甲戌，鳳陽地震，天鼓鳴。乙亥，復震。

11 丙子，以久旱，再諭修省。

12 是月，閣臣法司請熱審，不報。【考異】明史本紀系之六月。三編目中書五月，從之。

13 六月，丙申，畿南大饑。有司請振，不報。

14 是月，以先賢周惇頤後周汝忠襲翰林院五經博士。

汝忠，惇頤十六代孫也。初，周冕承襲。見景泰七年。傳至玄孫濟。至是濟卒，請以其從弟汝忠襲，故有是命。【考異】汝忠爲濟之從弟，見明史儒林傳。濟爲冕之玄孫，以冕爲周子十二代孫推之，則濟與汝忠皆周子十六代孫也。三編目中作「十七世孫」，今據儒林傳書之。

15 秋，七月，癸亥朔，日有食之。

16 丁卯，吴道南以憂去。

初，道南典會試，舉子有以代倩獲第者，湯賓尹嗾其黨交章論之，給事中劉文炳、御史張至發攻尤力，肆口詆諆。道南不能堪，言：「臺諫劾閣臣，職也。二百年來，有糾閣臣之言官，無詈閣臣之言官。臣辱國已甚，請立罷黜。」上爲謫文炳于外。言官疏救文炳，復詆道南，道南益求去，杜門踰年，疏至二十七上，上猶慰留。會母喪乃歸，居二年卒。

17 戊辰夜，雲陰雷電，雨雹大如栗，自西南來。狂風驟起，屋瓦俱震，壞社稷壇門及東中門，五鳳樓、東華門樓並毁。

18 是月，貴州苗亂，巡撫張鶴鳴討平之。

先是，鶴鳴奏知府孫崇先、守備孫開祚等擒斬逆苗于平洪邊十二馬頭，計一千二百名顆，俘獲六百餘人。及是復奏猓坪壩朋寨之捷。

黄土塞賊首老蜡雞，以八十房踞猓坪，勾約集、石頭等寨賊首阿寅等各數十房，推老蜡雞爲王，貫鵝等爲軍門、總兵等官，憑險負固。内監軍安平道謝參政，集諸營兵及都司張鶴翀等，三路並進，分奪三關。賊據本寨，猖悍如故。復令土舍王國奇者，用間招降苗仲、羅童等。設伏擒斬三百餘人，老蜡鷄死。猓坪始靖。三編質實：「猓坪，即撈坪，峰攢如削。上有仰天窩，窩有九井，平地可容數千人。壥朋堡在猱坪南寔後，負河環山，疊通三路，路各有關。」

19 九月，河套寇犯葭州神木，抵黃河口，總兵官杜文煥等禦却之。

20 冬，十一月，丙戌，宣禧宮災。

21 是歲，兩畿、山東、河南、山西、陝西、湖廣、福建、廣東皆先後告災，廷臣、有司請振，率寢不報。

四十六年（戊午、一六一八）

1 春，二月，乙巳，振廣東饑，以上年災故也。

2 是月，吏部尚書鄭繼之致仕。

初，嘉、隆以前，士大夫廉恥自重，以掛察典爲終身之玷；及上之世，閣臣有所徇庇，間留一二以撓部權。而廷臣水火之争，莫甚于辛亥、丁巳；然辛亥之察，吏部猶能力持之，至繼之主丁巳京察，則閣部合而爲一，以致黨局勢成，互相報復。而繼之亦以篤老，累疏乞休，輒慰留不允。至是稽首闕下，出郊待命，上聞之，始賜乘傳歸。

3 署兵部尚書崔景榮乞致仕，不得命，至是封印出城去。

4 三月，振陝西饑。

陝西西安、南寧等州縣，去年俱被災，至是始以應解税監正耗銀二萬二千兩及延綏管糧衙門贓罰銀三千兩並留筏税銀一年，分別振之。【考異】明史本紀不具，三編據實録增綱目，今從之。

5 夏，四月，辛卯，京城自正陽門外至宣武門約三里餘，河水盡赤，深如潰血，經月乃止。

6 甲辰，大清兵至撫順，圍其城，執一人，遣書諭游擊李永芳降。永芳得書，冠帶立城南門上，許通款，旋令軍士備守具。時大清兵已樹雲梯登陴，永芳遂出城降，守城千總王命印死之。于是撫順東州、瑪根、丹三城及臺、堡、寨共五百餘悉下。徙城中人口歸廣寧。

7 庚戌，總兵官張承廕率師援撫順。

承廕，故都督臣子也，時巡撫李維翰趣之急，承廕率副將頗廷相、參將蒲世芳、游擊梁汝貴等諸營並發，次撫順。承廕據山險，分軍三，立營浚濠，布列火器。甫交鋒，大清兵蹴之，大潰，承廕、世芳皆戰死；廷相、汝貴已潰圍出，見失主將，亦陷陣死。將士死者萬人，生還者十無一二。舉朝震駭。

時察罕部胡土克圖察罕見前。胡土克圖，舊作虎墩兔。乘隙擁衆挾賞，而西部阿蘊妻「蘊」舊作「暈」。瑞達勒舊作滿旦。亦以萬騎入掠薊鎮白馬關及高家、馮家諸堡。游擊朱萬良被圍，羽書日數十至，中外戒嚴。

詔逮維翰，贈承廕少保左都督，立祠曰「精忠」，予世蔭。廷相以下贈蔭有差。【考異】明史本紀，克撫順及張承廕敗没皆在四月，一甲辰，一庚戌也，三編綱目月日同。從信録言「是月十五日撫順陷，二十一日張承廕敗没。」以曆推之，是年四月庚寅朔，十五日甲辰，二十一日庚戌，與明史合。史稿系承廕敗没于閏四月乙丑，在庚申起楊鎬之後，似誤也，今據明史、三編。

8 閏月，庚申，起楊鎬爲兵部左侍郎兼僉都御史，經略遼東。

初，征倭事竣，以三十八年起鎬撫遼東，襲綽哈即炒花。三編一作兆哈。于鎮安，破之，田生金劾其開釁。時遼左多事，鎬力薦李如梅，請復用爲大將，爲給事中麻僖、御史楊州鶴所劾，鎬疏辨，乞休，旋引去。及是以遼警，廷議謂鎬熟諳邊事，起兵部侍郎，往經略。

時遼左乏餉及兵，以戎政尚書薛三才言，調登州兵一千五百名，南京水陸二營兵三千名赴援，并發内庫銀十萬兩餉軍。

尋户科給事中官應震言：「所發内庫十萬兩，内五萬九千兩，或黑如漆，或脃如土，蓋爲不用朽蠹之象。當今邊事孔棘，儻多特發，速成大捷，則化無用爲有用。又金花銀每歲一百二十萬有奇，正統前雖屬左藏，然會典載各邊緩急，取足其中；嘉靖改隸太倉，專以濟邊，不許別項那用；皇上初年，移入大内，遂致太倉缺額，兵餉日虧。若使在内者概從捐發，在外者概允歸還，庶于邊事有濟。」疏入，不報。

9 丁丑夜，殷家莊堡、平頂山堡臺杆八同時火。甲申，煖閣廠膳房俱火。

10 丙戌，日中有黑子，凡三日。有黑氣出入日中摩盪，經久不散。

11 是月，以户部尚書李汝華兼署吏部，時方召趙焕未至也。

12 山西地震，壓死五十餘人。

13 五月，丁未，大清兵克撫安、三岔、白家沖三堡。

先是巡撫李維翰，自四十四年受任，無歲不用兵。又值税使高淮頻年朘削，軍民方困，維翰庸才玩愒，邊事日壞。至是罷回聽勘，乃以經略楊鎬兼巡撫事。尋以太常少卿周永春撫遼，佐鎬調度軍食，拮据勞瘁，越二年罷歸。

14 是月，貴州苗復亂，巡撫張鶴鳴討平之。

時諸苗不靖，在定廣、威平則有阿繇、蒲三、王安老、寡整等，在洪邊則有王應科、羅文、戴廷鸞等，在匀哈、平越則有王三、王汝臣、王守武、吴惟正、吴起龍、王維翰等，在安籠一帶則有郎豹、郎敞、郎狠等，俱招亡納叛，劫殺官民，截留京餉，道路阻絶。鶴鳴俱命官遣將，以次平之。

15 贈故遼東總兵官李如松少保、寧遠伯。

如松戰没于遼東，事見二十六年。上震悼，令具衣冠歸葬。至是加贈立祠，賜謚忠烈。

授其長子世忠錦衣指揮，使掌南鎮撫司，仍充寧遠伯勳衛。復蔭一子本衛指揮使，世襲。恤典優隆，皆出特恩云。【考異】以上三條，三編皆據明史列傳，參之實録，書于五月下，今從之。

16 六月，辛巳，蒙古綽哈犯遼東，總兵官李如柏督諸將擊却之。

先是張承廕敗没，文武大臣英國公張惟賢等，合疏薦如柏堪任遼東事。時如柏引疾家居二十餘年，特詔起之，遂鎮遼東。

17 壬午，京師地震。

18 是月，户部奏：「遼餉會議三百萬兩，今内帑已發一百萬，南京户、工二部五十萬，冏寺、水衡八十萬，共止二百三十萬兩。此中未解者尚多，而數月來調兵安家諸費已及五十三萬有奇。前科臣條議俊秀輸貲，則東省救荒曾行之；裁衙役工食之半，往歲征倭亦一行之；乞即援故事允行。」詔如議。

19 復以趙焕爲吏部尚書，代鄭繼之也。

時三黨勢盛，而齊人亓詩教尤張甚。詩教，閣臣方從哲門生，而焕其鄉人也。時焕年已七十有七，詩教以爲老而易制，力引代之；比至，一聽詩教指揮，不敢異同，由是素望益損。上終以焕清操，委信之。

20 是夏，有司請熱審，仍不報。

21 秋，七月，丙午，大清兵自鴉鶻關入，圍清河堡城。守城副將鄒儲賢、參將張旆，以兵萬人固守城上，巨礮矢石俱發。大軍樹雲梯以登，遂克之，儲賢、旆皆戰死。其一堵牆、鹻場二城官民，皆棄城遁，乃毁二城，盡遷其糧穀而還。

清河在四山之中，東距寬甸，南距靉陽，北距瀋陽。清河既失，全遼震動。

先是檄調山海關、保定、鐵嶺、大同、廣寧、開原諸路兵赴援，尚未出關，特賜鎬尚方劍，得斬總兵以下官，鎬乃斬清河逃將陳大道、高炫徇于軍。至冬，四方援兵始集。

22 是月，京師地復震。【考異】明史本紀書京師地震于六、九兩月，五行志同。三編則云「六月震，七月、九月復震」，據實録增也，今從之。

23 以黄嘉善爲兵部尚書。——嘉善以前年十月召，至是始任。

24 八月，壬申，開海運，通餉遼東。

時議行登、萊海運，山東巡撫李長庚言：「自登州望鐵山西北口至羊頭凹，歷中島、長行島抵北信口，又歷兔兒島至深井，達蓋州，剥運一百二十里，抵娘娘宮，陸行至廣寧一百八十里，至遼陽一百六十里，每石費一金。」部議以爲便，詔行之。

25 庚辰，乃蠻等七部款塞。

26 辛巳，停刑。

27 九月，壬辰，以遼師乏餉，有司請發各省稅銀，不報。【考異】請發餉事，明史本紀系之八月壬辰。按壬辰當在九月，今改入。

28 辛亥，加天下田賦。

時户部以遼餉缺乏，援征倭征播例，請加派直省正賦，惟貴州地磽有苗患不派。其浙江十二省、南、北直隸，照會計録所定田畝七百餘萬頃，每畝權加三釐五毫，實共派額銀二百萬三十一兩有奇。軍務竣時，即行停止，從之。三編質實：「浙江派銀一十六萬三千四百三十九兩四錢三分八釐，江西派銀一十四萬四百二兩九錢四分四釐，湖廣派銀三十三萬三千四百二十兩九錢一分一釐，福建派銀四萬六千九百七十八兩七錢五分二釐，山東派銀二十一萬七錢四分五釐，山西派銀一十二萬八千八百一十三兩七錢四分五釐，河南派銀二十五萬九千五百五十二兩八錢三分一釐，陝西派銀一十萬三千五百二十三兩四分七釐，四川派銀四萬七千一百八十九兩六錢八分五釐，廣東派銀八萬九千九百一兩七錢八分七釐，廣西派銀三萬二千九百兩二錢六分一釐，雲南派銀六千二百九十七兩七錢五分五釐，南直隸派銀二十五萬九千六百二十四兩四錢四釐七毫，北直隸派銀十七萬二千二百九十二兩六錢五分八釐七毫五絲。」

29 壬子，茂陵災。——憲宗陵也。

30 乙卯，京師地復震。山西州縣十有七及紫荆關、偏頭、神池同日震。甘肅紅崖堡震聲如雷。遼東寬甸、海蓋間亦震。

31 是日，有長白星見東南，闊尺餘，長二丈餘，東至軫，西至翼，十九日而滅。

32 冬，十月，辛酉昏，有星如斗，隕于南京安德門外，聲如霹靂，化爲石，重三十一斤。景善鄉亦墜星石二，重一百三十斤。【考異】明史五行志，重二十一斤，而景善鄉隕石事亦佚。三編皆據實録增，今從之。

33 乙丑，有彗星長丈餘，指東南，漸移西北，掃犯太陽守星，入亢度，掃北斗、璿璣、文星、五車，逼紫微垣右，凡三十四日乃滅。【考異】明史天文志，「彗見十月乙丑，至十一月甲辰乃滅」，是四十日也。史稿作「三十九日」。惟三編目中作「三十四日」，本之實録，今從之。

34 十一月，甲午，以災異，敕修省。

大學士方從哲言：「皇上遇災而懼，欲與臣工共圖修省以冀挽回，古帝王克謹天戒，亦不過是。但青衣角帶，停刑禁屠，皆文也；必如臣所請，郊廟臨御；補閣部臺臣；舉廢宥贖；罷徵停織；批發如流；方爲修省實政。臣近窺皇上留心蒞事，加意用人，其機已動；但能擴而充之，由一事以至事事，由一人以至人人，太平之治可致，何但災變足弭哉！」

35 十二月，丙辰，以加賦，禁有司徵耗羨。

36 丁巳，河套部長蒙克錫里即猛克什力，譯見前。來降。

明通鑑卷七十六

江西永寧知縣當塗夏燮編輯

紀七十六起屠維協洽（己未），盡上章涒灘（庚申），凡二年。

神宗顯皇帝

萬曆四十七年（己未、一六一九）

1 春，正月，甲寅晦，有彗星見東南，長數百丈，光芒下射，末曲而鋭，或曰「蚩尤旗」。時上以四方援遼兵大集，恐師老財匱，下廷議。輔臣方從哲，與兵部尚書黄嘉善、兵科給事中趙興邦等發紅旗，日趣經略楊鎬進兵。會長星竟天，議者以爲兵敗之徵云。

2 二月，乙丑，楊鎬誓師于遼陽。

初，海西衛有扈倫四部：曰葉赫，曰哈達，曰輝發，曰烏拉，亦謂之南關、北關，而葉赫居北，逼處開原、鐵嶺間。先是大清兵征四部，南關哈達降，遂滅輝發、烏拉，于是葉赫勢益孤。會大清兵克撫順、清河，留兵戍守。太祖高皇帝將親率六師深入葉赫，葉赫告急于邊吏，遂起師。

鎬議分兵四道：令總兵官馬林，督兵四萬出北路，由開原會葉赫兵二萬，僉事潘宗顔監其軍，別以都司竇永澄監葉赫軍；總兵官杜松，督兵六萬由撫順出西路，佐以總兵王宣、趙夢麟，兵備副使張銓監其軍；總兵官李如柏，督兵六萬出南路，由鴉鶻關趨清河，兵備參議閻鳴泰監其軍；總兵官劉綎，督兵四萬出東路，會朝鮮兵二萬入寬甸口，兵備副使康應乾監其軍，別以都司喬一琦監朝鮮軍。各總兵官誓神明，宣軍令，斬撫順陣逃之指揮白雲龍以徇于衆，期以二十一日後分道出塞，會師于二道關。

3 是月，特設户部侍郎一人，兼僉都御史，出督遼餉，駐天津，即以李長庚爲之。長庚奏行「造淮船、通津路、議牛車、酌海道、截幫運、議錢法、設按臣、開事例、嚴海防」九事。

時議歲運米百八十萬石，豆九十萬石，草二千一百六十萬束，銀三百二十四萬兩，長庚請留金花銀改折借税課，言：「臣考會計録，每歲本色、折色通計千四百六十一萬有奇，入内府者六百餘萬，入太倉者自本色外折色四百餘萬。内府六百萬，自金花、籽粒外，皆絲、綿、布、帛、蠟、茶、顔料之類，歲久皆朽敗。若改折一半，無損于上，有益于下。

他若陝西羊羢，江、浙織造，亦當稍停一年，濟軍國計。」上報言：「金花、籽粒，本祖宗舊制，内供正額及軍官月俸，所費不貲，安得借留！其以天津、通州、江西、四川、廣西一年税銀盡充軍費。」

4 三月，甲申，西路總兵官杜松敗績。

時天大雨雪，楊鎬兵不前，師期洩。松欲立首功，先渡渾河，連克二小寨，遂乘勢趨薩爾滸谷口。舊作撤爾湖。時大清方築城界藩山上，舊「藩」作「凡」。役夫萬五千，以精騎四百護之。聞松軍至，精騎則盡伏谷口以待，松軍過將半，伏兵尾擊之，追至界藩渡口，與築城夫合據山旁吉林崖。

明日，松引大軍圖崖，別遣將營薩爾滸山上。松軍攻崖，方戰，大清益千人助之，已，又續遣二旗兵趨界藩以爲援，而遣六旗兵攻松别將於薩爾滸山。

又明日，六旗兵大戰，破薩爾滸軍，死者相枕藉。所遣助吉林崖者，自山馳下擊松軍，二旗兵亦直前夾擊。松兵大敗，松與趙夢麟、王宣皆歿于陣。横屍亘山野，流血成渠。大清兵逐北二十里，至勺琴山而還。

5 乙酉，北路總兵官馬林敗績。

林方率開原兵出三岔口，聞杜松敗，急據尚間崖，環營三濠，火器列濠外，以騎兵環衛；監軍潘宗顏別以萬人營裴芬山，距尚間崖三里許；而松之後隊游擊龔念遂、李希泌，統步騎萬人，別營于斡琿鄂謨地；皆駕大車，持堅楯相犄角。大清兵先以五百人步乘之，斫其車楯，繼引騎士衝擊，念遂、希泌戰没于陣。

大清兵遂疾馳尚間崖。林兵方布陣，大清兵登山以望，見營内兵方與壕外兵合，亟下馬步戰。諸貝勒怒馬斫陣，奮勇直前，林兵大潰，副將麻岩等陣没，林僅以身免。大清軍復集兵攻裴芬山，宗顏與游擊竇永澄、守備江萬春、通判董爾勵及所部健丁衝突鏖戰，自晨至午，力竭不支，全軍盡没。而葉赫約以兵助宗顏，行至開原中固城，聞敗，遁去。

初，宗顏爲户部主事，條具遼事芹議，時論韙之；尋往督遼餉，會開原道缺，補用，遂監軍。陰知馬林不可共事，未出師前，遺書楊鎬，言：「林庸懦，不可當一面。乞易别帥而以林遥爲後應，庶有濟。否則不惟誤國，恐身亦難保。」至是果如所料。戰没之日，骨糜肢裂，其狀尤慘。事聞，上爲賜祭葬，立祠，謚節愍。

6 庚寅，東路總兵官劉綎敗績。

時西北兩路兵敗，楊鎬聞之，亟檄止綎及李如柏二軍。如柏得檄還；而綎軍已涉險深入，距都城五十餘里，尚未知西北敗信也。

時大清兵五百守棟鄂路，舊「棟」作「董」。聞綎軍至，逆戰。綎縱兵圍數重，五百兵潰，失二裨將，傷五十人。綎軍行皆持鹿角，止即成陣，礮車火器甚練。大清兵聞其節制嚴整，乃使降卒之黠者，持杜松令箭往，言西軍已薄敵城，趣之速進。綎不知松死，但以無礮號爲詰，卒詭詞返，亟令傳礮。綎行二十里，聞礮聲大起，心恐西路軍專其功，亟下令棄鹿角而進。道狹，分四萬兵爲四軍，前二軍皆其精鋭。第一軍陣阿布達里岡，將布陣，大清兵先登岡出其上，乘高擊之，綎軍殊死戰。大清兵復以一軍趨綎西，從旁夾擊，綎軍不能支。其二軍之在後者，復爲大清兵所乘，大潰，綎戰没；養子劉招孫者，最驍勇，突圍，手格殺數人，亦死。士卒脱者無幾。

時監軍康應乾及監朝鮮軍喬一琦營于富察之野，大清遂移師邀之。應乾兵及朝鮮兵列械將戰，狂風驟起，揚沙石，應乾發火器，反擊己營，大亂，大清兵趨擊，大破之，掩殺幾盡，應乾以數百騎免。一琦亦爲大清兵所破，走入朝鮮營。朝鮮都元帥姜弘立、副元帥全景瑞懼，率衆降，一琦投崖死。事聞，上遣中使祭陣亡將士，恤綎家。

綎於諸將中最驍勇，平緬寇，平羅雄，平朝鮮、倭，平播酋，平猓，大小數百戰，威名震海内。綎死，舉朝大悚，邊事日難爲矣。綎所用鑌鐵刀，百二十斤，馬上輪轉如飛，天下稱「劉大刀」。天啓初，贈少保，世廕指揮僉事，立祠曰「表忠」。【考異】事具明史綎傳。惟大清遣卒持杜松令箭一事，明史、三編皆不具，今據魏源聖武記增入。

7 辛丑，賜莊際昌等進士及第、出身有差。

8 丙午，起大理寺丞熊廷弼兼河南道御史，宣慰遼東。

楊鎬喪師，廷議以廷弼熟邊事，遂有是命。

9 夏，四月，癸酉，盔甲廠災。

時邊事日急，馬匹盔甲器械不敷，兵士恤家行糧諸需均缺。兵部尚書黄嘉善議：「各直省絕軍變産銀，缺官柴馬銀，拖欠太常寺馬價銀，皆宜全解臣部。又各直省税契銀，布政司吏承納班銀，各州縣倉穀平糶一半折價銀，各運司積餘鹽課銀，又如中州之河工節省銀，兑軍買米撙節銀，王府、宗藩、勳臣、土司議助銀，内外各官捐俸銀，皆半解兵部，爲恤家買馬之用。現在暫借太僕寺銀十萬兩，南京兵部銀十萬兩，南京户部銀十萬兩，南京工部銀十萬兩，早購馬匹，以濟急需。其應造盔甲器械，聽工部議動項速造，務祈兵到即給，以便訓練。」從之。【考異】盔甲廠火，明史本紀、五行志皆系之四月癸酉，三編入之五月，並敘癸酉日分于目中。按是年五月無癸酉，疑三編據實録歧入五月也，今從明史。

10 是月，京師宣武門響閘至東御河水復赤。

11 兵部尚書黄嘉善言：「楚、蜀、黔三省俱鄰苗穴，然楚、蜀轄苗雖多，各有土司爲之領袖，不能侵入，其勢猶緩；若黔則界於二省苗夷之中，轄苗雖少，逼近巢穴，以故掠堡焚屯，罹禍爲甚。及其三省失事，又互相推諉，竟未有擒緝以靖匪茹者，是黔以一省而獨受三省紅苗之害也。今黔撫張鶴鳴議，三省各照所轄苗寨要隘，委官撥兵，嚴加防守，分轄屬以專責成，究出劫以懲橫暴。至不得已而用兵，三省亦各照苗寨多寡，派出兵餉，則合各省之力，自成一鼓之功。應令湖廣湖北道行永、保二宣慰司，四川川東道行酉、平、邑、石四土司，謂酉陽、平茶、邑梅、石砫四司。貴州即令銅仁鎮，可撫則同撫，可守則同守，可征剿則同征剿。防守視失事之有無，功罪視地方之安否，三省毋得歧視推諉。」從之。

12 福建盜起。

時漳州府奸民李新，僭號洪武，結海寇袁八老等率其黨千餘人流劫焚燬，勢甚猖獗，巡撫王士昌，檄副將紀元憲、沈有容等率官兵討平之。

13 五月，以户部尚書李汝華兼署工部，以林如楚罷也。

14 六月，丁卯，總兵官馬林敗没于開原。

時大清太祖高皇帝親率兵四萬攻開原，軍行三日，天雨河漲。乃遣兵百人，陽使趨攻瀋陽，潛偵開原路無雨不濘，遂進軍，平旦，薄開原城。時林敗後，尚不知斂兵保城，盡出陣四門外。至是聞警，與副將于化龍、權道事推官鄭之範、參將高貞、游擊于守志、守備何懋官等嬰城守，城上列兵少許，餘皆在外。大清兵設楯梯進攻，而以偏師掩擊東門外所陳兵，敗之，衆兵争入城，闐擁于門。大清兵奪門搏戰，而攻城之兵，雲梯未布，即登躍上城，城上兵皆潰。城外三門兵見城破，大驚，奔竄，四圍悉遇堵禦，不得渡，盡殲之。鄭之範先遁，得脱，林、化龍、貞、守志、懋官皆戰没，林子燃、熠，俱隨父没于陣。

時鐵嶺衛率兵三千來援，爲大清兵追擊，敗之，遂進兵鐵嶺。【考異】馬林二子隨父没于陣，見三編質實中，今據增。又殉節録有開原死節之遼海衛經歷張奇策，書之天啓元年，然破開原非天啓元年事也。今附識于此。

癸酉，擢熊廷弼爲兵部右侍郎兼右僉都御史，經略遼東。

廷弼前按遼，趙楫、李成梁議棄六堡，宋一韓論之。下廷弼覆勘，具得棄地驅民狀，劾兩人罪及先任按臣何爾健、康丕揚黨庇，疏竟不下。時有詔興屯，廷弼言：「遼多曠土，歲于額軍八萬中以三分屯種，可得粟三十萬石。」上優詔褒美，命推行于諸邊。邊將好輕師啓釁，廷弼言「防邊以守爲上，繕垣建堡有十五利」，奏行之。在遼數年，杜餽遺，覈軍實，按劾將吏，不事姑息，風紀大振。

及楊鎬喪師，起廷弼宣慰遼東。廷弼方家居，聞命，晝夜馳二百餘里，赴闕候敕書、關防，不即給，上疏言：「遼東軍民及調來薊、保、宣、大、甘、延、川、浙援遼官軍，皆皇上守遼禦敵良民赤子也。無辜而驅死于一年之内者十餘萬人，或全城死，或全營死，或全寨死，或全家死。軍散之日，遼、瀋餘民放聲大哭，魂魄雖收，頭顱猶寄。人有百死而無一生，日有千愁而無一樂，家家抱怨，在在思逃。皇上於此時惻惻心動，亟付尺幅之紙，畀臣宣諭，弔死問傷，拊循慰恤，以見皇上之念遼救遼而不肯忘遼棄遼也。則全遼之父老子弟與援遼之官兵人等，誰不感激泣下，拭淚而相告曰：『吾君哀吾儕之死有如此，吾君憐吾儕之死有如此，吾君之念遼不忘遼、救遼而不棄遼也有如此！』又誰不忠義感慨，捐糜圖報，願出身以投伍，出貲以佐軍，出死力以制敵！而顧乃悠悠忽忽，漠不關意，一至于此，臣恐遼人之灰心解體，潰不可收于一旦也。皇上亦何吝此半通之綸，方寸之符，不早屬臣以慰此一方之人耶！是行也，君恩爲重，臣命爲輕，灑一腔之血于朝廷，付七尺之軀于邊塞，惟願早給出關，刻期報命。」疏入，從之。未行而經略之命遂下。

16 秋，七月，丙午，大清兵克鐵嶺。

時鐵嶺被圍，城外各堡兵俱退入城，不得入者悉潰散。大清兵進攻城之北隅，守將游擊喻成名、史鳳鳴、李克泰督兵拒守，鎗礮矢石交下。大清兵乃登雲梯，毁陴堞，摧鋒突入，城上兵驚潰。成名、鳳鳴、克泰陣歿，餘衆盡殲。

時總兵李如楨守鐵嶺，鐵嶺故李氏宗族墳墓所在，會其兄如柏還京，其族黨部曲高貲者悉隨之西，城中爲空。如楨以孤城難守，還屯瀋陽，及鐵嶺被圍，如楨擁兵不救，城遂下。

初，熊廷弼受命未行，而開原已失，乃上言：「遼左京師肩背，河東遼鎮腹心，開原又河東根本。開原今已破，則北關難保，朝鮮亦不足恃，遼、瀋何可守也！乞速遣將，備芻糧，修器械，毋窘臣用，毋緩臣期，毋中格以阻臣氣，毋旁撓以掣臣肘，毋獨遺臣以艱危，以致誤臣誤遼兼誤國也。」疏上，報允，賜尚方劍以重其權，廷弼乃行。

及是廷弼甫出關，鐵嶺復失，瀋陽及諸城堡軍民一時盡竄，遼陽洶洶。廷弼兼程進，遇逃者，諭令歸；斬逃將劉遇節等三人以祭死節之士，誅貪將陳倫，劾罷總兵李如楨。督軍士造戰車，治火器，濬濠繕城，爲守禦計，法嚴令行，數月，守備大固。又請「集兵十八萬，分布靉陽、清河、撫順、柴河、鎮江諸要口，使首尾相應，小警自爲堵禦，大敵互爲應援。更選精悍者爲遊徼，乘間掠零騎，擾耕牧，徐議相機用兵」，上從之。

廷弼初抵遼，即躬自巡歷，自虎皮驛抵瀋陽，復乘雪夜赴撫順。時兵燹後，數百里無人跡，廷弼祭諸死事者，耀兵奉集，相度形勢而還。所至招流移，繕守具，分置士馬，由是人心始安。

17 是月，大學士方從哲，率大小臣工伏文華門，合詞「叩乞下京營總協、薊遼總兵及閱視科臣增兵發餉章奏，大奮乾斷，立賜批行」，不報。【考異】請發章奏，明史本紀系之六月甲戌及九月戊子。史稿但書于九月戊子，輯覽亦書之九月。重修三編據實録，是年請發章奏凡兩次，一系七月，一系九月，並分書之，疑本紀誤入六月甲戌也。今據三編，凡再書。

18 召南京户部尚書周嘉謨爲工部尚書。

19 八月，乙卯，山東蝗。

20 癸亥，逮楊鎬下獄。

初，四路總兵之敗，御史楊州鶴劾鎬失機，上不問。及是開原、鐵嶺相繼失，言官交章劾鎬，乃下詔獄論死。

21 辛未，大清兵克北關，滅葉赫。

時葉赫貝勒錦台吉居北關東城，布揚古居西城，大清以薩爾滸之役，葉赫助兵，故定計攻討，遣一軍圍布揚古，而以大兵圍錦台吉。士卒冒牛皮蔽矢石奮擊，破其城，錦台吉就執，布揚古無援，亦窮蹙出降。于是葉赫屬城俱下。【考異】克北關月日，見明史稿。三編亦系之八月，並據本朝太祖高皇帝實録增入滅葉赫本末。以四路之役，葉赫特爲戎首，故終言之。

22 九月，庚辰，停刑。

23 戊子，廷臣再伏文華門。

時邊警日至，方從哲等請上「御文華殿召見廷臣，面商戰守方略。」吏部尚書趙煥又率廷臣詣文華門，固請上「臨朝議政」。抵暮，遣中官諭之退，而諸軍機要務廢閣如故。煥等復上疏趣之，且作危語曰：「他日薊門蹂躪，鐵騎臨郊，陛下能高拱深宮，稱疾却之乎？」上深嗛焉。

24 是月，遣給事中姚宗文閱遼東士馬。

初，宗文丁憂歸，還朝欲補官，而吏部題請諸疏率數年不下。宗文患之，假招徠西部名，屬當事薦己，疏屢上，不得命。宗文計窮，致書熊廷弼，令其代請，廷弼不從，宗文怨之。後夤緣復吏科，尋有是命。【考異】輯覽系姚宗文閱邊于四月，重修三編據熊廷弼奏稿改入九月，今從之。

25 徵土司援遼，經略熊廷弼請之也。

廷弼言：「川兵精整可用，請令湖廣宣慰司兵八千，四川永寧宣撫司兵五千，酉陽宣撫司兵四千，石砫宣撫司兵三千，令各帥親率，而以夙將爲大帥統之。向來土司止于附近省分調遣，故官無加銜之例，兵無安家之例。今自西南極于東北，道遠疲苦，體恤當周，土司正官應加銜以示優異，並給安家銀兩以示鼓勵。」從之。

26 冬，十月，丁巳，振京師饑。

27 十一月，己丑，諭禮部祈雪。

28 是月，兵部尚書黄嘉善引疾罷歸，以兵部侍郎楊應聘署本部尚書。

29 十二月，辛未，鎮江、寬甸、靉陽、清河新募援兵潰。

先是遼陽人御史劉國縉，坐大計謫官，及遼事起，廷議用遼人，遂以兵部主事贊畫軍務。國縉主募遼人爲兵，所募一萬七千四百餘人，分置鎮江、寬甸、靉陽、清河等處。及是清河兵全伍散去，鎮江、寬甸、靉陽亦逃亡過半。熊廷弼聞于朝，詔切責國縉，令廷弼設法查拏處置，由是國縉益怨廷弼。

30 是月，再加天下田賦，姚宗文請之也。議于舊加之外，以明年一年爲限，再于直省田地按畝加派。于是復加三釐五毫，增二百萬有奇。

31 以倉場尚書張問達署左都御史，戎政尚書黄克纘署工部尚書。

四十八年（庚申、一六二〇）

1 春，正月，庚子，朝鮮乞援。

初，四道之役，朝鮮以兵助楊鎬，爲大清兵所敗，兵將或降，或陣歿，國王李琿告急。詔「加優恤，朝鮮貢道添兵防守，其鎮江等處所設兵將，令經略熊廷弼調委。」及是時，大清兵既破葉赫，降蒙古宰桑等，進攻朝鮮。瑾上疏乞救，略言：「聞已設兵毛牛寨、萬遮嶺，欲略寬甸、鎮江等處。寬甸、鎮江，與小邦之昌城、義州諸堡隔水相望，孤危非常。若從靉陽境上鴉鶻關取路遶出鳳皇城，寬鎮、昌城俱莫自保，内而遼左八站，外而東江一城，聲援阻絶。望速調兵共相犄角，以固邊防。」

時遼鎮塘報傳稱朝鮮已歸款大清，朝議遂謂「瑾陽衡陰順，宜遣官宣諭，或命將監護」，其説紛拏。瑾疏辨：「二百年忠誠事大，死生一節」，詞極剴摯。禮、兵二部「請降敕曉諭以安其心」，上是其議，然敕令陪臣齎往，不遣官也。三編質實：「朝鮮貢道，初由定遼，毋涉海。後天啓元年，改自海至登州直達京師。成化十七年，朝鮮使臣歸國，道經鳳凰山下，遇掠，奏乞于舊路南別開一路以便往來。因築鳳凰城，周三百八十步。」

2 二月，庚戌，雲南及肇慶、惠州、荆州、襄陽、承天、沔陽、京山同時地震。

3 癸丑，午時，日生交暈如連環，下生背氣一道，黄白色，左右生戟氣，青赤色，白虹彌天，良久始散。

大學士方從哲言：「日生交暈，背氣戟氣並見，占者謂戈戟相傷之象，人心皇皇，皆以邊事爲憂，皇上宜如何恐懼修省！乃屢蒙傳示聖躬不安，見在調攝，若惟恐臣下有所祈請者。不思臣下之奏請即可少緩，朝廷之機務豈容久停，邊方之警報豈容暫止！惟望即日召見群臣，講求邊略，簡發吏部推官各本，大僚、巡撫、科、道各官及都察院題差，盡賜允用，庶人心可慰，天變可回。」不報。

4 三月，庚寅，復加天下田賦。

時遼餉缺乏，經略熊廷弼言：「四十七年十二月赴户部領餉二十萬兩，十二月領餉十萬兩，四十八年正月領餉十五萬兩，俱無發給。現貯庫銀僅二萬餘兩，止足正月，未領糧料支用各倉糧草止數千石，尚不敷補支去年十二月未領之數。豈軍到今日尚不餓，馬到今日尚不瘐不死，而邊事到今日尚不急耶！軍兵無糧，如何不賣襖褲什物，如何不奪民間糧窖，如何不奪馬料養自己性命，馬匹如何不瘐不死！而户部猶漠然不一動念，得無銷兵太速，釀禍太劇耶？」

疏入，下户部等衙門議，「令各直省田地每畝再加派二釐，以敷兵、工二部之用」，從之。通前二次加派，共增九釐賦五百二十萬，遂爲歲額。所不加者，畿内八府及貴州而已。

5 夏，四月，癸丑，皇后王氏崩。

后性端謹，善事孝定太后。皇太子在東宮，危疑者數矣，調護備至。鄭貴妃專寵，后不較也。正位中宮者四十二年，以慈孝稱。及是崩，謚孝端。

6 戊午，上不豫，召見方從哲于弘德殿，跪語良久。從哲請「補闕臣，用大僚，下臺諫命」，上許之。從哲叩頭出，復如故。

7 是月，徵石砫女土官秦良玉率兵援遼。

良玉饒膽智，善騎射，兼通詞翰，儀度嫻雅，而馭下嚴峻，每行軍發令，從伍肅然。所部號「白桿兵」，爲遠近所憚，嘗從征播州有功。遼事急，徵良玉兵，良玉因遣兄邦屏、弟民屏以數千人先行。朝命賜良玉三品服，授邦屏都司，民屏守備。

良玉奏言：「所將之兵止三千餘，恐軍聲不振。欲調在川土兵三千五百餘名，成一臂之力。再乞假給戰車火器，半馬半步，奇正相兼，庶臣志可展。」報可。

8 禮部侍郎何宗彥署尚書，以去冬乞歸，署代無人，閣臣方從哲，屢以右侍郎孫如游請，及是始得命。

部事叢積，如游處分無滯。時白蓮、無爲諸教盛行，宗彥曾疏請嚴禁，至是如游復申其説，從之。【考異】三編書之三月。今據七卿表，如游以四月署尚書，因類記之。

9 巡按江西御史張銓言：「自軍興以來，所司創議加賦，畝增銀三釐，未幾至七釐，又未幾至九釐。辟之一身，遼東肩背也，天下腹心也。肩背有患，猶藉腹心之血脈滋灌；若腹心先潰，危亡可立待。竭天下以救遼，遼未必安而天下已危。今宜聯人心以固根本，豈可朘削無已，驅之使亂！且陛下内廷，積金如山，以有用之物，置無用之地，與瓦礫糞土何異！乃發帑之請，叫閽不應，加派之議，朝奏夕可，臣殊不得其解。」

初，遼事之起也，楊鎬方議四道出師，銓馳疏言：「敵山川險易，我未能悉知。懸軍深入，保無抄絶。且突騎野戰，敵所長，我所短；以短擊長，以勞赴逸，以客當主，非計也。昔臚朐河之戰，五將不還，奈何輕出塞！爲今計，不必徵兵四方，但當就近調募，屯集要害以固吾圉，厚撫北關以樹其敵，多行間諜以攜其黨，然後伺隙而動。若加賦選丁，騷擾天下，恐識者之憂不在遼東。」因請「發帑金，補大僚，宥直言，開儲講，先爲自治之本。」又言：「李如柏、杜松、劉綎，以宿將並起，宜責鎬約束以一事權。唐九節度相州之潰，可爲明鑑。」又言：「廷議將恤張承廕。夫承廕不知敵誘，輕進取敗，是謂無謀；猝與敵遇，行列錯亂，是謂無法；率萬餘之衆，不能死戰，是謂無勇。臣以爲不宜恤。」又論鎬非大帥才，而力薦熊廷弼。

銓所言皆關軍國安危，而上與當軸卒不省；及綎、松敗，時謂銓有先見云。【考異】明史銓傳書銓上書于是年之夏。按疏中有「加賦九釐」語，是在三月之後也。神宗七月崩，今系之四月下。

10 五月，大清兵略地花嶺。六月，略王大人屯。

11 改工部尚書周嘉謨于吏部。

12 秋，七月，總兵官李如楨罷。

如楨自鐵嶺失事後，仍許戴罪立功。熊廷弼劾其「將懈士離，請罷如楨，以李懷信代」，且云：「開原道僉事韓原善，初至遼陽，即欲請兵三萬往復開原，臣壯其志，而無兵可遣。請令駐劄瀋陽，屬以專任，一面督同諸將共圖瀋陽戰守事宜，一面招撫逃亡，收拾軍馬器械等項，爲恢復之漸。」從之。

13 上寢疾不食者半月，皇太子未得見。給事中應山、楊漣，偕諸給事中御史走謁方從哲。御史桐城左光斗趣從哲問安，從哲曰：「上諱疾。即問，左右不敢傳。」漣曰：「昔文潞公問宋仁宗疾，内侍不肯言，潞公曰：『天子起居，汝曹不令宰相知，將毋有他志？速下中書行法！』公誠日三問，不必見，亦不必上知，第令宮中知廷臣在，事自濟。公更當宿閣中。」從哲曰：「無故事。」漣曰：「潞公不訶史志聰乎？此何時，尚問故事耶！」越二日，從哲始率群臣入問。

及上疾亟，太子尚躊躕宮門外，漣與光斗遣人語東宮伴讀王安曰：「上疾甚，不召太子非上意。當力請入侍，嘗藥視膳，薄暮始還。」太子深納之。

是月，壬辰，大漸，召英國公張惟賢、大學士方從哲、尚書周嘉謨、李汝華、張問達、黄克纘、黄嘉善、侍郎孫如游等于弘德殿，勉諸臣勤職，輔理嗣君。丙申，帝崩，年五十有八。

14 丁酉，皇太子以遺詔發帑金百萬充邊賞，罷礦税、榷税及監税中官。時遼左缺餉，群臣請發内帑，帝頻以不足爲辭。自四十四年發三十萬後，四十七年三月復令搜括太后宮累年積蓄，備賞銀三十六萬兩給邊。礦税、榷税，屢經廷臣請罷，不允，惟四十二年二月減各省税課三分之一。及是太子奉遺詔均及之，朝野感動。

己亥，再發帑金百萬犒邊。

15 辛丑，熱審，録囚。

16 是月，以張問達任左都御史，黄克纘任刑部尚書，皆實授也。

光宗崇天契道英睿恭純憲文景武淵仁懿孝貞皇帝

泰昌元年（庚申、一六二〇）

1 八月，丙午朔，皇太子即皇帝位。謹按，三編是年八月以前爲神宗，四十八年八月以後爲光宗泰昌元年，從當時廷議，據實分敘，以存光宗之統，與前例一年兩系者不同，今遵之。大赦。以明年爲泰昌元年。蠲直省被災租賦。

禮部侍郎孫如游請建東宮，納之。尋以皇長子體弱，諭緩册期。

2 丁未，白氣夜見如匹練，穿牛、女、虛、危，歷軫至翼，良久乃收。

3 己酉，以吏部侍郎史繼偕、南京禮部侍郎沈漼爲禮部尚書兼東閣大學士，預機務。

神宗末，方從哲獨當國，請補閣臣疏十上，始命廷推。漼與從哲同里相善，給事中亓詩教等緣從哲意，以漼及繼偕名上，疏未發，至是始召用之。時二人俱在籍，踰年始至。

4 召建言諸臣鄒元標、馮從吾、王德完、孟養浩、鍾羽正、滿朝薦等，從吏部尚書周嘉謨奏也。

5 遼東旱。

巡撫周永春，以「援兵四集，糴買維艱，請旌勸本鎮輸助官民，凡輸糧二百石以上至千石、輸銀一百兩至五百兩及牛馬車輛草束之價稱是者，分別進級録敘，若輸糧五千石、銀一千五百兩以上者，官爲建坊表異。」從之。

6 起前御史劉光復爲光禄寺丞。

光復以是年正月釋于獄，永不敘用，至是特旨起之。

7 庚戌，東方有流星，大如盞，青白色，起騰蛇，東入奎宿，二小星隨之。

8 乙卯，上不豫，召醫官陳璽等診視。

9 丁巳，上力疾御門視事。

初，鄭貴妃侍先帝疾，留居乾清宮，及上嗣位猶未移，懼上以福王事銜己，進珠玉及美姬八人。知選侍李氏最得上寵，因請立爲皇后，選侍亦爲貴妃求封皇太后。至是上御門，以先帝遺命，趣舉封后禮，由內閣下禮部。

禮部侍郎孫如游言：「以配而后者，乃敵體之經；以妃而后者，則從子之義。故累朝非無抱衾之愛，終引割席之嫌者，以例所不載也。皇貴妃事先帝有年，不聞倡議于生前，而顧遺詔于逝後，豈先帝彌留之際，遂不及致詳耶？且王貴妃誕育殿下，豈非先帝所留意者，乃恩典尚爾有待！而欲令不屬毛離裏者得母其子，恐九原亦不無怨恫也。鄭貴妃賢而習于禮，處以非分，必非其心之所樂；書之史册，傳之後禩，將爲盛代典禮之累，且昭先帝之失言，非所以爲孝也。中庸稱達孝爲善繼善述，義可行則以遵命爲孝，義不可行則以遵禮爲孝。臣不敢奉命。」議乃寢。

10 己未，諭「册立東宮，于次月九日舉行。」

11 庚申，蘭州黄河清，凡三日。

12 辛酉，禮部擬上大行皇帝尊謚，諭以九月舉行。

13 甲子，禮部侍郎何宗彦，劉一燝、韓爌並爲禮部尚書兼東閣大學士，預機務。乙丑，以南京禮部尚書朱國祚爲禮部尚書，亦兼東閣大學士，預機務。

時内閣止方從哲一人，史繼偕、沈漼尚未至，復有是命。而宗彦、國祚亦俱在籍，惟一爌、爌入直。

同日，又召前大學士葉向高入閣。

14 遣使恤刑。

15 丙寅，上疾甚。

先是内侍崔文昇進洩藥，一晝夜三四十起，都下紛言爲貴妃所使。上由是委頓，群情疑駭。外家王、郭二戚畹，遍詣朝士，泣愬宫禁危急狀，言「鄭、李交固甚，包藏禍心。」于是給事中楊漣、御史左光斗昌言于朝，與吏部尚書周嘉謨以大義責貴妃兄子鄭養性，趣貴妃移宫。貴妃恐，即移居慈寧，養性亦請封還皇貴妃封后成命，從之。

漣遂劾文昇用藥無狀，略曰：「賊臣崔文昇不知醫，不宜以宗社神人託重之身，妄爲嘗試；如其知醫，則醫家有餘者泄，不足者補。皇上哀毁之餘，一日萬幾，于法正宜清補，文昇反投伐劑。然則流言藉藉，所謂興居之無節，侍御之蠱惑，必文昇藉口以蓋其誤藥之奸，冀掩外庭攻摘也。如文昇者，既益聖躬之疾，又損聖明之名，文昇之肉，其足食乎！臣聞文昇調護府第有年，不聞用藥謬誤；皇上一用文昇，倒置若此，有心則蠹粉不足，儻無心則一誤豈容再誤！皇上奈何置賊臣于肘腋間哉！」

刑部主事孫朝肅、徐儀世、御史鄭宗周上書方從哲，責以「用藥乖方」，請調護聖躬，速建儲貳。」從哲候安，因言「用藥宜慎」，上褒答之。

16 戊辰，召對英國公張維賢、大學士方從哲、劉一燝、韓爌、吏部尚書周嘉謨、户部尚書李汝華、禮部侍郎孫如游、刑部尚書黄克纘、左都御史張問達、給事中范濟世、楊漣、御史顧慥等至乾清宫東煖閣。

先是命錦衣衛宣楊漣，廷臣疑漣且得罪，及是上御東煖閣見群臣，倚楊凴几，注視漣久之。

時皇長子侍立，上命諸臣前，連諭之曰：「朕見卿等，甚慰。」從哲等請慎醫藥，上曰：「不服藥十餘日矣。」因諭「册封李選侍爲皇貴妃。」選侍挽皇長子入，復推之出，告上曰：「欲封后。」上不應。群臣愕然，旋叩首退。【考異】召對群臣，明史本紀作「戊辰」，楊漣傳作「丁卯」，蓋丁卯之夕，戊辰之朝也。是月兩次召對，一係戊辰，一係甲戌，本紀分書之。重修三編以原編及輯覽僅載召對一次，因據本紀，參之實録，亦分書于戊辰、甲戌，今從之。

17 甲戌，大漸，再召方從哲等于乾清宫，仍諭「册立皇貴妃」。從哲等以「册儲原旨期宜改近，早竣吉典以慰聖懷。」上因顧皇太子諭曰：「卿等輔佐爲堯舜。」又語及壽宫，輔臣以皇考山陵對。上曰：「是朕壽宫。」諸臣言：「聖壽無疆，何遽及此！」

上問：「有鴻臚寺官進藥者安在？」從哲奏：「鴻臚寺丞李可灼，自云仙方，臣等未敢輕信。」上即命中使宣可灼至，（胗）〔診〕視，具言病源及治法，上喜，命進藥。諸臣出，乃令可灼與御醫及諸臣商榷，未決。輔臣劉一燝言：「其鄉兩人同服，一益一損，非萬全藥。」禮臣孫如游言：「此大關繫，未可輕投。」時復有旨趣進，諸臣復入。可灼調藥進，上飲湯輒喘，藥進乃受，所謂「紅丸」者也。上稱忠臣者再。

[18]是月，大清兵略蒲河，邊將亡失者七百餘人。

[19]台州兵譟。

初，浙江兵以征調旁午，餉糈不繼，五年之中譁者再。至是以水陸營把總、哨官單道亨、楊思勳等貪漁騰謗，備倭把總陳泰階聽讒淫刑，各兵群譟而起，入泰階署，毀公座。良久乃散。

[20]以孫如游任禮部尚書，實授也。

[21]九月，乙亥朔，帝崩。

先一日，諸臣召對，出宮門外俟少頃，中旨傳聖體安善。日晡，李可灼復進一丸出。是日昧爽，遂上賓，年三十九。

先是可灼來閣門，言「有仙丹，欲具本進。」時輔臣方揭請慎藥，已諭之去，而可灼夙從諸御醫往來思善門，與中使熟，因以聞于上，從哲等弗能禁也。

時選侍據乾清宮，與心腹閹魏進忠謀挾皇太子自重，群臣入臨，爲群閹所格，給事中楊漣厲聲責之，得入臨如禮。劉一燝詰皇長子所在，群閹不應，一燝大言：「誰敢匿新天子者？」東宮伴讀王安入白選侍，紿曰：「第出即返。」遂扶皇長子趨出。及門，中官數輩追及，攬衣請還，漣呵退之。一燝與張惟賢遂掖皇長子升輦，至文華殿，群臣叩頭呼萬歲。還居慈慶宮，擇日登極。

時衆議未定，有改請初三者，有請于即日午時者，漣曰：「今海宇清晏，內無嫡庶之嫌。父死之謂何！含斂未畢，冠冕臨朝，非禮也。」或言「登極則人心安」，漣曰：「安與不安，不在登極早暮。處之得宜，即朝委裘何害！」議已，出，過文華殿，太僕寺少卿徐養量、御史左光斗至，責漣誤大事，唾其面曰：「事脫不濟，汝肉足食乎！」漣爲悚然，因語錦衣衛嚴緹騎，內外防護。

時中外藉藉，以李可灼誤下劫劑爲疑，而方從哲擬旨賞可灼銀五十兩。御史王安舜首爭之，疏曰：「醫不三世，不服其藥。先帝之脈，雄壯浮大，此三焦火動，宜清不宜助明矣。紅鉛乃婦人經水，陰中之陽，純火之精也，投于虛火燥熱之症，不速之逝乎！以中外危疑之日，而敢以無方無製之藥，駕言金丹；輕亦當治以庸醫殺人之條，而蒙殿下頒以賞格，是不過借此一舉塞外廷議論也。」疏入，乃改票罰俸一年，而議者蠭起矣。

御史鄭宗周言：「往歲張差之變，操椎禁門，幾釀不測。祇以皇祖優容，未盡厥罪，故文昇尤而效之。請寸斬文昇以謝九廟。」從哲擬旨，下文昇司禮監。于是御史郭如楚、馮三元、焦原溥、給事中魏應嘉、太常卿曹珖、光禄少卿高攀龍、主事吕維祺等先後交章論崔文昇、李可灼。

給事中惠世揚，并劾方從哲，有「無君當誅者三：封后之舉，滿朝倡議執争，從哲依違其間，一也；受劉遜、李進忠盜藏美珠，夜半密約任李選侍佔居乾清，二也；曲庇崔文昇、李可灼，三也。」

南京太常寺少卿曹珍，亦請究醫藥奸黨。

22 丙子，廷臣合疏請選侍李氏移宮。

時選侍圖專大權，欲與皇長子同居，諸大臣慮皇長子無嫡母、生母，勢孤甚，亦欲託之選侍。給事中楊漣抗聲曰：「天子豈可託婦人！且選侍昨于先帝召對廷臣時，强皇長子入，復推之出，是豈可託幼主者！」

先是，皇長子還居慈寧宮，而選侍仍居乾清宮。閣臣劉一燝奏言：「今乾清宮未净，殿下請暫居此。」尚書周嘉謨曰：「今日殿下之身，是社稷神人託重之身，不可輕易即詣乾清宮哭臨。」並請皇長子俟諸臣到乃發。漣語中官王安曰：「外事緩急在諸大臣，調護聖躬在諸内臣，責有攸歸。」安等踴躍稱諾。于是嘉謨等合疏請選侍移居噦鸞宮。三編質實：「噦鸞宮在仁壽宮門内。旁有喈鳳宮，爲宮妃養老之處。」

御史左光斗上言：「内廷之有乾清宮，猶外廷之有皇極殿也。惟皇上御天居之，惟皇后配天得共居之。其餘嬪妃，雖以次進御，遇有大故，即當移置別殿，非但避嫌，亦以別尊卑也。今大行皇上賓天，選侍既非嫡母，又非生母，儼然居正宮；而殿下乃居慈慶，不得守几筵，行大禮；名分倒置，臣竊惑之。且殿下春秋十六齡矣，内輔以忠直老成，外輔以公孤卿貳，何慮乏人，尚須乳哺而襁負之哉！倘及今不早斷，借撫養之名，行專制之實，武后之禍將見于今。」選侍得光斗疏，大怒，將加嚴譴，數使宣召光斗，光斗曰：「我天子法官也，非天子召不赴。若輩何爲者！」選侍益怒，邀皇長子議之。皇長子深以光斗言爲善，趣擇日移宮。

而首輔方從哲，徘徊其間，顧欲緩之，劉一燝曰：「本朝故事，仁聖，嫡母也，移慈慶；慈聖，生母也，移慈寧。今何日，可姑緩耶！」議遂定。

23 己卯，選侍尚在乾清宮，傳聞欲緩移宮期，楊漣及諸大臣畢集慈慶宮門外。漣語方從哲趣之，從哲曰：「遲亦無害。」漣曰：「昨以皇長子，就太子宮猶可，明日爲天子，乃反居太子宮以避宮人乎？即兩宮聖母如在，夫死亦當從子；選侍何人，敢欺藐如此！」乃退。

時中官往來如織，或言「選侍亦顧命中人」，漣斥之曰：「諸臣受顧命于先帝，先帝自欲先顧其子，何嘗先顧其嬖媵！請選侍于九廟前質之。若曹豈食李家祿者！能殺我則已，否則今日不移，死不去。」一爌、嘉謨助之，詞色俱厲，聲徹御前，皇長子使使宣諭，乃退。

復抗疏言：「選侍陽託保護之名，陰圖專擅之實，宮必不可不移。臣言之在今日，殿下行之在今日，諸大臣贊決之亦惟今日。」其日，選侍遂移居噦鸞宮，皇長子復還乾清。是時宮府危疑，漣與一爌、嘉謨定大事，言官惟光斗助之，餘悉聽漣指，鬚髮爲之盡白。一時論移宮者首稱「楊、左」云。

24 庚辰，皇長子由校即皇帝位。

時廷議改元，或議「削泰昌弗紀」，或議「去萬曆四十八年，即以今年爲泰昌」，或議「明年爲泰昌，後年爲天啓元年」。左光斗請「以今年八月以前爲萬曆，以後爲泰昌，明年爲天啓」。己丑，下詔，如光斗議。

初，光宗在東宮時，鄭貴妃謀立己子，數使使陰摭其過，內侍王安，善爲調護，貴妃無所得。梃擊事起，安爲屬草下令旨，釋群臣疑以安貴妃，神宗大悅。光宗即位，嘗勸行諸善政，發帑金濟邊，起用直臣鄒元標、王德完等，中外翕然稱賢。及是劉一燝、韓爌、周嘉謨等，念內廷惟安足恃，引與共事，安亦傾心向之，凡內閣、吏部所奏請，無不從，發內帑，抑近倖，搜拔賢才，中外欣然望治焉。

25 甲申，上皇祖大行皇帝尊謚曰顯皇帝，廟號神宗。

26 丁亥，上皇祖妣孝端皇太后、孝靖皇太后尊謚，頒詔天下。

27 辛卯，逮遼東總兵兵官李如柏。

如柏起自廢籍，中情恇怯，惟左次避敵而已。去年以鐵嶺之敗，如柏奉楊鎬檄還，大清哨兵二十人見之，登山鳴螺，作追擊狀，如柏軍大驚奔走，相蹴死者千餘人。言官交章論劾，給事中李奇珍連疏爭尤力，神宗終念李氏，詔還聽勘，而言者不已。至是入都，下獄，遂自裁。

28 甲午，賜太監魏進忠世廕，封乳母客氏爲奉聖夫人。

初，進忠隸司禮監掌東廠太監孫暹，上爲皇太孫，進忠謹事之。孝和皇后，上生母也，時爲王才人。進忠夤入宮典膳，因魏朝以結王安。朝先與上乳媪客氏私，時所稱「對食」者；及進忠入，亦通焉。客氏遂薄朝而愛進忠。兩人深相結，上嗣位，進忠、客氏並有寵，遂有是命。又廕客氏子侯國興、弟客光先、進忠兄釗，並錦衣千户。尋進忠自惜薪司禮監秉筆太監。

初，進忠直東宮，有道士歌于市曰「委鬼當頭立，茄花滿地紅。」——「委鬼」謂「魏」，「茄」則析其字爲「客」也。及是客、魏始用事，蓋已有先兆云。

29 戊戌，御史賈繼春揭内閣，「請安選侍」。

是時選侍移宮雖迫，而上侍養甚備，會宮奴劉朝、田詔等于移宮時盜内府秘藏，過乾清門仆，金寶墜地，上怒，下法司按治。

初，楊漣争移宮，事成，語廷臣曰：「選侍不移宮，非所以尊天子；既移宮，又當有以安選侍；是在諸公調護，無使中官取快私仇。」至是諸奄搆爲蜚語，言「選侍投繯，皇八妹入井」，熒惑朝士。繼春信之，因言：「新君御極之時，不當導以違忤先帝，逼逐庶母，俾先帝玉體未寒，不能保其姬、女。」

于是左光斗上言：「選侍既移宮後，當存大體，捐小過，若使宮闈不安，便于國體有損。伏乞宣召閣、部、九卿、科、道，面諭以當日避宮何故，今日調御何方，不得憑中使傳旨。正劉遜、李進忠法，其餘概從寬典。」疏入，上是之。

30 辛丑，傳諭内閣：「朕幼沖時，選侍氣淩聖母，成疾崩逝，使朕抱終天之恨。皇考病篤，選侍威挾朕躬，要封皇后。朕暫居慈慶，復遣李進忠、劉遜等，命每日章奏先奏選侍，方與朕覽。朕今奉養選侍于噦鸞宮，仰遵皇考遺愛，無不體悉。其田詔等盜庫首犯，事干憲典，原非株連，可傳示遵行。」輔臣方從哲，讀諭驚愕，具揭封進，言「皇上既仰體先帝遺愛，不宜暴其過惡，傳之外廷。」上不允。

南京御史王允成陳保治十事，中言：「張差闖宮，説者謂瘋癲，青宮豈發瘋之地！龐保、劉成豈並瘋之人！言念及此，可爲寒心。今鄭氏四十年之恩威猶在，卵翼心腹，實繁有徒，陛下當思所以防之。比者聖諭多從中出，當則開煬竈之端，不當而臣下爭執，必成反汗之勢；孰若事無大小，盡歸内閣！至元輔方從哲，屢劾不去；陛下于選侍移宮後發一敕諭，不過如常人表明心跡耳，從哲輒封還。夫封后之命，不聞封還，是司馬昭之心，路人知之矣。」

31 是月，以侍郎王佐爲工部尚書，代周嘉謨也。

32 冬，十月，丙午，葬神宗顯皇帝、孝端顯皇后于定陵，孝靖皇后遷祔焉。

33 丁未，罷遼東經略熊廷弼，以僉都御史袁應泰代之。

廷弼有膽略，知兵，善守邊，然性剛，好謾罵，物情不甚附。爲御史時，與姚宗文、劉國縉同在言路，並以排東林、攻異己爲事。及廷弼經略遼東，二人意望廷弼，不如願，遂相失。二人怨望廷弼事，見四十七年。宗文閱邊，廷弼詐傳邊警以怵之，而國縉亦以募遼兵散伍事爲廷弼所發，于是二人遂比而傾廷弼。

是年，大清兵蒲河之役，邊將亡失，諸將亦頗有斬獲功。適宗文還朝，疏陳遼土日蹙，詆「廷弼廢群策，雄獨智，軍馬不訓練，將領不部署，人心不親附」，復鼓其同類攻擊。于是御史顧慥首劾「廷弼出關踰年，漫無定畫。蒲河失守，匿不上聞。荷戈之士，徒供挑濬。上方之劍，逞志作威。」御史馮三元劾「廷弼無謀者八，欺君者三。」下廷議。廷弼憤甚，抗疏極辨，且求罷，而御史張修德、給事中魏應嘉復劾之。廷弼再疏自明，繳上方劍，力求罷斥，朝議允廷弼去。而是時應泰方代周永春巡撫遼東，遂擢經略。

廷弼乃上疏求勘，言：「遼師覆没，臣始驅羸卒數千，踉蹌出關。至杏山而鐵嶺又失，廷臣咸謂遼必亡。而今且地方安堵，舉朝帖席，此非不操練不部署者所能致也。若謂擁兵十萬，不能搴旗決勝，誠臣之罪。然求此于今日，亦豈易言！令箭催而張帥殞命，馬上催而三路喪師，臣何敢復蹈前軌！」三元、應嘉、修德等復連章極論，廷弼即請三人往勘，上從之。御史吴應奇、給事中楊漣等力言不可，乃改命兵科給事中朱童蒙往。

廷弼復上疏曰：「今廟堂議論，全不知兵。冬春之際，敵以冰雪稍緩，閧然言師老財匱，馬上促戰；及軍敗，始愀然不敢復言。比臣收拾甫定，而愀然者又復閧然責戰矣。自有遼難以來，用武臣，用文吏，何非臺省所建白，何嘗有一效！疆場事當聽疆場吏自爲之，何用拾帖括語，徒亂人意，一不從輒佛然怒哉！」

及童蒙還奏，備陳廷弼功狀，末言：「臣入遼時，士民垂泣而道，謂數十萬生靈，皆廷弼一人所留，其罪何可輕議！　獨是廷弼受知最深，蒲河之役，敵攻瀋陽，策馬趨救，何其壯也！　及見官兵駑弱，遽爾乞骸以歸，將置君恩何地！　廷弼功在存遼，微勞雖有可紀；罪在負君，大義實無所逃；此則罪浮于功者矣。」疏入，上方知廷弼足用。

應泰歷官，精敏强毅，用兵非其所長。其初受事爲經略也，刑白馬祀神，誓以身委遼，疏言：「臣願與遼相終始，更願文武諸臣與臣相終始。」上優詔褒答，賜尚方劍，戮貪將何光先，汰大將李光榮以下十餘人。遂謀進取撫順，議用兵十八萬，大將十人，上陳方略。

初，廷弼在邊，持法嚴，部伍整肅，應泰以寬矯之，多所更易。而是時蒙古諸部大饑，多入塞乞食，應泰下令招降，歸者日衆，處之遼、瀋二城，優其月廩，與民雜居。議者言「收降過多，恐致不測」，後應泰卒以此敗。

34 辛酉，御經筵。

35 壬戌，以孫如游爲禮部尚書兼東閣大學士，預機務。

先是，如游以上爲皇長孫時未就外傳，即請開經筵，上是之，尋有是命。

36 丁卯，噦鸞宮災。

先是選侍移宮，及皇妹俱無恙，上以賈繼春誤聽，傳諭廷臣。于是給事中臨清周朝瑞，以繼春前揭爲生事，繼春再揭内閣，復有「伶仃之皇八妹，入井誰憐；孀寡之未亡人，雉經莫訴」等語。楊漣恐繼春説遂滋，亦上疏具陳移宮始末，且言：「選侍自裁，皇八妹入井，蜚語何自？恐釀今日之疑端，流爲他年之實事，臣安敢無言！」

上優詔褒漣，復申諭群臣，數選侍之過，言：「前因毆崩聖母，自度有罪，每使宮人竊伺，不令朕與聖母舊侍言，有輒捕去。朕之苦衷，外廷豈能盡悉！」因責繼春妄生謗議，且言：「朕今停選侍封號，以慰聖母在天之靈；厚養選侍及皇八妹，以遵皇考之意；爾諸臣可以仰體朕心矣。」

時上深惡繼春，將加嚴譴，劉一燝力救，乃止。

37 癸酉，發帑金一百八十萬犒邊。

38 是月，上大行皇帝尊謚曰貞皇帝，廟號光宗。【考異】明史本紀，十月上謚號，無日，史稿系之九月己丑，三編則統系于天啓元年九月葬慶陵目中。按是年九月上神宗尊謚，疑光宗在後，今據明史系之十月下，不書日。

39 以崔景榮任兵部尚書，時楊應聘卒也。

40 十一月，丙子，追謚皇妣孝元貞皇后，生母孝和皇太后。

41 甲申，免畿輔加派一年。

42 十二月，辛酉，方從哲罷。

從哲性柔懦，不能任大事，凡所疏論，以有內援，名爭而已，實將順帝意，無所匡正。又值黨論方興，從哲昵群小，而帝怠荒亦益甚。四十七年，楊鎬喪師，禮部主事夏嘉遇，謂「遼事之敗由趙興邦紅旗督戰及從哲庇李維翰所致」，兩疏劾之，從哲求罷，不敢入內閣，于朝房視事，神宗優旨慰留，乃復入，而反擢興邦爲太常少卿。御史張新詔，劾「從哲諸所疏揭，委罪君父，誑言欺人，祖宗二百年金甌壞于從哲手」；御史蕭毅中、劉蔚周、方鑑、楊春茂、王尊德、左光斗、山西參政徐如翰，亦交章擊之；帝皆不問。

帝自以海宇承平，官不必備，有意減損，及遼左軍興，又不欲矯前失。從哲復薦姚宗文閱邊，齮經略熊廷弼去。論者謂封疆之失，從哲其罪首也。

及光宗崩，復以縱庇可灼、文昇，爲臺諫所指摘，從哲不自安，力求去。疏六上，命進中極殿大學士，賚銀幣、蟒衣，允其致仕。

43 是月，給事中楊漣請給假歸里。

時上優詔褒漣「志安社稷」，復降諭備述宮掖情事。于是賈繼春之黨益忌之，詆「漣結王安，圖封拜。」

漣不勝憤，乃抗疏曰：「垂簾之祕事未明，入井之煩言嘖起。臣不過發明移宮始末，而旋荷綸綍之褒，過邀忠直之譽，使臣區區之苦心，反爲夸詡臣節之左券，臣之不安一也。當時首請御文華殿受嵩呼者，周嘉謨等也；初出乾清宮，捧皇上左右手者，張惟賢、劉一燝也；臣乃以憤争之故，獨受忠直之名。俯慚卑末，豈可掩人于朝！仰藉清平，豈可貪天之力！臣之不安二也。宮禁自就肅清，社稷有何杌隉！而聖諭以『志安社稷』爲言。君幸有子，不憂杞國之天；臣獨何人，敢捧虞淵之日！臣之不安三也。臣無疾，不敢以疾請；皇上未罪臣，不敢以罪請；惟有明微薄之心跡，乞浩蕩之恩波，放臣爲急流勇退之人而已。」詔許之。【考異】漣抗章求去，見明史本傳，特書之十二月，而其疏不詳。三編據明史紀事本末增入，今從之。

44 以孫慎行任禮部尚書。

45 是歲，上踐阼，有去年成進士不赴廷對之錢敬忠者，故臨江知府若賡子也。若賡在禮部，以萬曆中諫選妃事得罪，神宗欲得間殺之。既出守，有劾其嚴刑捕盜，爲酷吏，峻其語上之，神宗大怒，詔置之死，法司臺省交章論救，不許。臨江士民連年赴闕申救者千餘人，故相申時行心知其冤，乃與刑部密議，累年請緩決，遂長繫獄中三十七年。

當若賡下獄時，敬忠僅一歲，及登第，不赴廷試，歸省其父于獄中，乃還京，囚服籲冤。疏上，通政司以其言過峻，格不上。敬忠復上疏請代父死，跪午門，泣血求閣部轉請。時江右人在京者，皆出公揭爲之申救，趣法司議上。得旨：「錢敬忠爲父呼冤，請以身代，其情可哀。汝不負父，將來必不負朕。」于是始釋若賡死，放還鄉里。

敬忠踰二年始赴廷試，授刑部主事。【考異】此事明史不載。而錢敬忠以南渡上疏復仇，凡數千言。踰年聞大兵渡江，方病，勿藥卒。明史亦無其傳，其詳具鮚埼亭集敬忠本傳中。而諸書惟通紀載其事于萬曆四十七年。今撮全氏傳中大略著之。

明通鑑卷七十七

江西永寧知縣當塗夏燮編輯

紀七十七重光作噩（辛酉），盡一年。

熹宗達天闡道敦孝篤友章文襄武靖穆莊勤哲皇帝

天啓元年（辛酉、一六二一）

1 春，正月，己卯，復發帑金五十萬充邊餉。

2 庚辰，享太廟。

3 甲申，御文華殿講讀。時輔臣劉一燝、韓爌等，以「上爲皇孫，未嘗出閣講學，並請以後經筵日講，宜悉循舊例。」從之。

4 壬辰，追謚伍文定等七十三人。

5 丁酉，上行冠禮。

6 壬寅，詔「給奉聖夫人客氏田二十頃爲護墳香火貲。」又詔：「魏進忠侍衛有功，待陵工告竣，並行敍録。」

御史王心一抗疏言：「陛下眷念二人，加給土田，明示優録，恐東征將士聞而解體。況梓宫未殯，先念保母之香火；陵工未成，强入奄侍之勤勞；于理爲不順，于情爲失宜。」疏入，不報。【考異】王心一疏諫客、魏事，見明史本傳，特書于是年之正月，而本紀所載，復著日分。三編賜客氏土田入之九月，而目中所載，與明史本傳同。按客氏出宫復入皆在九月，時侯震暘、倪思輝、朱欽相交章抗諫，遂被貶，而心一之貶亦在九月，故三編牽連並記耳，然賜客氏土田，則實正月事也。考之本傳，言「思輝等貶官，因追論王心一抗疏事。先是元年正月，客氏未出宫，詔給土田及敍録魏進忠，心一抗疏」云云，下文言「疏入不報，至是與思輝、欽相並貶」云云。據此，則心一之疏在客氏未出以前，思輝等之疏則客氏既出復召還時，而心一之貶官，則因再論客氏，與思輝等同貶，蓋客、魏以前憾搆之也。今仍據本紀及列傳，分兩事書之。

7 是月，御史張慎言、方震孺，先後上疏請究梃擊一獄，又言「陸大受、王之寀、李俸等，不當以考功之法中之」，皆不報。【考異】二疏據三朝要典，一正月辛卯，一壬辰也，並見明史本傳，今系之正月下。

8 二月，癸卯，給事中毛士龍復疏論三案，言「諸臣如孫慎行、陸夢龍、陸大受、何士晉、馬德澧、王之寀、楊漣等，有功社稷，而或掛神武之冠，或墮九原之淚，是功罪之反也。」上是其言。魏進忠等聞而銜之。

9 甲辰，復當朝面奏及召對故事，從言官之請也。

10 己未，御經筵。

11 是月，遼陽有數日並出，又日交暈，左右有珥，白虹彌天。【考異】日交暈見明史天文志，系之二月甲午。三編記遼東數日並出事，而載交暈于目中，亦系之甲午日。按是年二月癸卯朔，二月有甲子，無甲午也。通紀系之二月初二日，兩朝從信録系之二月初三日，初二則甲辰，初三則乙巳也。疑明史「甲午」係「甲子」之誤。今據三編系之二月下，不書日。

12 閏月，丙子，大風霾。

己卯，以旱禱雨。乙酉，敕群臣修省。

13 丁亥，輔臣孫如游罷。

如游入閣，言者詆其不由廷推，交章論列，如游亦屢乞去，詔輒勉留。及是復上疏言：「祖宗任用閣臣，多由特簡。遠者無論，在世廟則有張璁、桂萼、方獻夫、夏言、徐階、袁煒、嚴訥、李春芳，在穆廟則有陳以勤、張居正、趙貞吉，在神廟則有許國、趙志皋、張位，即皇考之用朱國祚，亦特簡也。今陛下沖齡，臣材品又非諸臣比，有累至尊知人之明，乞速賜骸骨歸田里。」

至十四疏，乃加太子太保、文淵閣大學士，致仕，遣官護歸。

明鑑曰：典學論道，人君雖上知亦不可發。況熹宗沖齡踐位，氣志未定，開講筵以輔成君德，尤爲當務之急。如游以此爲請，而熹宗即命之入閣，可謂知人。乃言者以不由廷推，交章論列，則門户之積習，而兼爲奄黨所指使矣。廷推爲有明一代弊政，始則以宰輔之任而言路持其是非，甚且因結納之私而奄黨司其黜陟。如游既罷，而顧秉謙、魏廣微之相繼擢用者，皆魏奄私人也。御批謂「馭貴之權，當操之自上」，何熹宗初政，于大臣進退即不能自主若斯耶！

14 丙申，除齊泰、黄子澄戚屬戍籍。

15 戊戌，昭和殿災。

16 三月，甲辰，浙江杭州火，延燒六千餘家。

17 壬子，大清兵入渾河。甲寅，圍瀋陽。

時經略袁應泰議三路出師，復清河、撫順，未行而大清兵已薄瀋陽。總兵賀世賢、尤世功等分兵乘城，大清兵營城東七里。世賢等于城外掘壕塹，樹柵築牆，環列鎗礮以拒，復登陴堅守。乙卯，大清兵進攻，繞城掩擊，世賢出城逆戰。敵以精騎四合，世賢且戰且却，抵西門，身被十四矢。城中聞世賢敗，各鳥獸竄，而降丁復叛，斷城外弔橋。或勸世賢走遼陽，曰：「吾爲大將，不能存城，何面目見袁經略乎！」揮鐵鞭馳突圍中，中矢墜馬而死。世功亟引兵援，亦戰死，城外兵七萬人皆潰，參將夏國卿、張綱、知州段展、同知陳柏皆死于陣。大清兵遂樹雲梯，拔瀋陽城。

時總兵陳策，統四川步兵二萬渡渾河來援，大清兵分路進。策爲後軍衝擊，大敗，退至渾河，兵盡溺，策及參將張名世死之。

總兵李秉誠、朱萬良、姜弼領騎兵三萬來援。遇大清將雅遜率護軍二百往偵，見援兵前進，雅遜退，援兵遥躡其後。會大清太宗文皇帝疾馳迎戰，援兵之躡雅遜者皆潰奔。追擊至白塔鋪，遇秉誠等方布陣，太宗率百騎蹴之，秉誠、萬良鷩遁。大清後軍復大至，同追擊四十里，斬首三千級而還。

是時游擊周敦吉，與石砫土司秦邦屏，渡河營于橋北，副將董仲貴、明史本傳作「童仲揆」。今據三編。質實亦云「一作仲揆，南京人。」戚金、雲南都司張名世等，率浙兵三千營于橋南，結陣未就，大清兵復移師攻之，諸軍遂潰，敦吉、邦屏及參將吳文傑、守備雷安民等皆死。他將走入浙兵營，被圍數匝，援兵一戰即敗走。于是大清兵盡鋭攻浙營，營中火藥盡，短兵接，遂大潰。仲貴敗奔，復還鬥，力盡矢竭，揮刀殺十七人而死。未幾，大清兵萬矢齊發，金、名世及都司袁見龍、鄧起龍等並死焉，一時副將至把總戰死者百二十餘人。永平同知陳輔堯，以轉餉出關，聞瀋陽破，左右以輔堯無守土責，勸之去，輔堯不可，拔刀自刎死。

是役也，以萬餘人當大清兵數萬之衆，雖力屈軍覆，爲遼左用兵以來第一血戰。事聞，自世功以下，皆賜贈廕，建祠。而世賢之死，時有疑其叛降者，故恤典不及。四川副使革樸爲訟冤，格于衆議，不果。【考異】明史賀世賢等傳所載諸將陣亡之本末，先後參差，重修三編參之大清實録，爲得其詳。如陳策之死在前，仲貴等之死在後。而傳言策及戚金、張名世統浙兵三千營于橋南。證之下文，敘橋南北陣亡之諸將不及策，而末結以「策先戰死」一語，然則策非與仲貴等同時陣亡明矣。三編所記橋南浙兵之敗，自董仲貴以下周敦吉等八人，不敘陣亡之先後，今參明史童仲揆傳書之。至張名世有二人，一參將，即與陳策統四川兵陣亡者；橋南之役，則雲南都司張名世，而明史仲揆傳以統川兵之參將張名世當之。證之三編，前書參將張名世，後書雲南都司張名世，本自分析，而質實亦但書「張名世，山陰人」，證之欽定勝朝殉節諸臣録，則統浙兵之雲南都司也，而與陳策同陣亡之參將張名世仍無考。今仍據三編，一書參將張名世，一書雲南都司張名世，俟考。○又按賀世賢卹典不及，三編質實中亦書之，直至本朝乾隆四十一年，追謚忠烈。是編專紀明事，凡後來追謚者皆不書，此以卹典未及，附識之。張綱、陳輔堯二人，三編佚，今據輯覽增。惟張綱亦不見殉節録，三編于夏國卿下刪去張綱，疑別有據，俟考。

18 庚申，大清兵乘勝長驅，規取遼陽。經略袁應泰，方撤奉集、威寧諸軍，并力守禦，開太子河，引水注濠，沿濠列火器，四面環守。是日，大清兵薄城，總兵李懷信等率兵五萬出城，五里結營，應泰亦身督總兵侯世祿等出城迎戰。大清兵左右布陣，太宗文皇帝自引軍衝擊其營，懷信兵不支；復遇大清四旗兵至，夾攻之，遂大亂，奔潰。大兵追擊六十里。

時遼陽兵自西關出援，亦遇紅旗兵邀擊驅回，兵争入關，蹂藉死者甚衆。其夕，應泰宿營中，不入城。

辛酉，大清兵掘城西閘以洩濠水，分兵塞城東水口，擊敗諸將，總兵官梁仲善、朱萬良及援遼之總兵官楊宗業父子皆死之。大兵遂渡濠大呼而進，掩擊遼兵于東門外，遼步騎兵皆敗，望城奔竄，殺溺死者無算。應泰乃入城，與巡按御史張銓等分陴固守，諸監司高出、牛維曜、胡嘉棟及督餉郎中傅國並踰城遁，人心離沮。

壬戌，大清兵攻城急，應泰督諸軍列楯大戰，又敗。薄暮，譙樓火，大清兵自西門入，城中大亂，民家多啓扉張炬以待，或言城中降人實導之也。

先是攻城時，應泰居城北鎮遠樓，知事不濟，太息謂銓曰：「吾死此矣。公無守城責，宜亟去，退保河西以圖再舉。」銓不可。應泰遂佩劍印自縊死，婦弟姚居秀從之，僕唐世明憑尸大慟，縱火焚樓死。

銓被執不屈，引頸待刃，太祖命賜死以遂其志。太宗惜銓，欲生之，婉諭再三，終不可奪，乃送歸署。銓衣冠向闕拜，又遥拜父母，遂自經死，【考異】三編言銓志不可奪，不得已縊而葬之，此亦實録書法也。今據明史本傳。太宗以禮葬之。

是時諸將戰而死者，參將王豸、房承勳，游擊李尚義、張繩武，都司徐國全、王宗盛、守備李廷幹等，皆先後没于陣。

繩武本姓陳，一名神武，新建人，以武舉授四川僉司。緣事論死，應泰奏令從征自贖，許之。至是聞遼事急，率親丁二百餘，疾馳至廣寧。會遼陽已失，巡撫薛國用固留之，不可，曰：「奉命守遼陽，非守廣寧也。」國用曰：「遼陽没矣，若之何？」曰：「將以殲敵。」曰：「二百人能殲敵乎？」曰：「不能則死之。」行至遼河，遇逃卒十餘萬，（神）〔繩〕武以忠義激其帥，欲與還戰，帥不從，乃獨率所部渡河，抵首山，去遼陽十七里，而軍士不食已一日。遇大清兵，疾呼奮擊，孤軍無援，遂戰没。

是日，大清兵入遼陽城，安撫軍民，遼東之三河等五十寨及河東大小七十餘城，皆望風降。分守道何廷魁，懷印綬，率其妾高氏、金氏投井死。婢僕從者六人。僉事崔儒秀，戎服自經于都司署。事聞，皆贈廕有差，繩武建祠。監軍御史方震孺繪像率將士羅拜，爲文祭之。【考異】三編所記遼陽之陣殉諸臣，皆類記于大清兵克遼陽之下。證之明史袁應泰傳，梁仲善、朱萬良死于大清兵渡濠擊敗諸將之時。又童仲揆傳，言「有楊宗業、梁仲善者，皆援遼總兵，並提兵赴戰。宗業父子並戰死，仲善亦戰死。」而朱萬良之死，殉節録所載，與仲善並在出城迎戰之時。楊宗業父子，亦云「提兵赴援遼陽，戰敗，父子俱死。」據此，則仲善、萬良及宗業父子，皆陣亡于克遼陽之前一日。而三編、輯覽所載，乃遺去萬良及宗業父子之名，今據明史童仲揆傳及殉節録增入，並移于擊敗諸將之下。至于段展、陳輔堯之死，乃在瀋陽之役，而輯覽誤記于遼陽殉難何廷魁、崔儒秀之下。三編業已改正，又佚去陳輔堯，今據明史及殉節録分書之，並增入神武援遼戰没之本末。○又按殉節録，有「遼左衛經歷朱櫻，死節于遼陽」，注：「見山西通志。」諸書不載，附識于此。

19 丙寅，諭兵部曰：「國家文武並用。頃承平日久，視武弁不啻奴隸，致令豪傑解體。今邊疆多故，大風猛士，深軫朕懷。其令有司于山林草澤慎選將材以備邊用。」

20 丁卯，京師戒嚴。

21 庚午，發帑金百萬充邊餉。

22 是月，河東失事，沿海居民皆航海走山東，不能達者棲止各島間。都司毛文龍，方率援師至皮島，島在登萊大海，謂之東江，地廣衍，有險可恃。文龍乃招集逃民爲兵，分布哨船，聯接登州，爲犄角計。朝議是之，授文龍參將。

23 夏，四月，壬申朔，日有食之。【考異】三編、輯覽並書「五月壬申朔」。推上下文月分干支，壬中之朔在四月，本紀不誤，今據書之。

24 甲戌，禁抄發軍機。

25 丙子，以遼東巡撫薛國用爲兵部侍郎，經略遼東；參議王化貞爲右僉都御史，巡撫廣寧。時遼、瀋相繼失，廷議將起熊廷弼，未至，乃以國用攝之。

初，化貞以參議守廣寧，御史朱童蒙勘事還，極言「化貞得西部心，勿輕調」，化貞亦言「遼東將敗，請發帑金百萬，亟款西部。」御史方震孺，「請加化貞秩，便宜從事令與國用同守河西」，三編質實：「時以遼河之東爲河東，遼河之西爲河西。」按河西即廣寧等郡也。遂有是命。

廣寧城在山隈，登山可俯瞰城内，恃三岔河爲阻，又水淺可涉。廣寧止孱卒千，化貞招集散亡，復得萬餘人，激勵士民，聯絡西部，人心稍安。中朝謂其才足恃，悉以河西事付之。化貞又以登、萊、天津兵可不設，諸鎮入衛兵可止，當事益信其才，所奏請輒報可。

時金復衛軍民及東山礦徒，多結寨自固以待官軍，其逃入朝鮮者亦不下二萬。化貞「請鼓舞諸人，優以爵禄，俾自奮于功名，並請詔諭朝鮮」，從之。

26 戊寅，募兵于通州、天津、宣府、大同。甲午，募兵于陝西、河南、山西、浙江。

27 戊戌，立皇后張氏。封后父國紀爲太康伯。——后，祥符人。

時大學士劉一燝及御史畢佐周、劉蘭，請遣客氏出外，上戀不忍捨，曰：「皇后幼，賴媼保護，俟皇考大葬後議之。」【考異】明史宦官傳作「皇祖」，三編同。按神宗已葬于泰昌元年十月，是年九月葬光宗。疑「祖」字乃「考」字之誤，今更正。

又以大婚禮成，廕魏忠賢姪二人。——忠賢，即進忠賜名也。給事中程沅、周之綱奏：「祖制非軍功不襲，國典不宜濫與。」不聽。【考異】輯覽、三編皆系王化貞巡撫廣寧及立皇后于五月，蓋壬申實四月之朔，歧入五月，遂並此二事連記也。今月日皆據明史本紀。

28 是月，御史賈繼春削籍。

繼春以移宮事具揭，奉旨切責，復上疏自明效忠規勸之意，吏部尚書周嘉謨及九卿科、道懇請優容。上惡繼春妄言，且嚴責廷臣黨庇。閣臣劉一燝，言「天子新即位，輒疑臣下朋黨。異時奸人乘間，士大夫必受其禍」，乃具疏開上意，爲繼春解，而反覆言「朋黨無實」，于是繼春乃得削籍去。

論曰：楊、左之請移宮，賈繼春之請安選侍，二者皆是也。惟繼春誤信流言，而入「雉經」「投井」語于疏中，後亦悔之，故具揭自明。而明史閹黨傳載其疏中有「威福大權，莫聽中涓旁落」之語，是繼春始固非黨于奄者。及其呈身魏奄，重述移宮一案，則力詆楊、左，不顧清議，此豈其初心哉！熹宗疑其有黨，而不知黨非救繼春之君子，而實附魏奄之小人也。楊忠烈之論此，謂「恐釀今日之疑端，流爲他年之實事」，卒之實者既虛而疑者未已，豈非外廷之附奄者藉以行其殺人媚人之術哉！

29 初，光宗嗣位，召拜鄒元標大理卿，上改元，復進刑部右侍郎。至是還朝，首進和衷之說，言：「今日國事，皆二十年諸臣醖釀所成。往者不以進賢讓能爲事，日錮賢逐能，而言事者又不降心平氣，專務分門立户。臣謂今日急務，惟朝臣和衷而已，朝臣和，天地之和自應。向之論人論事者，各懷偏見，偏生迷，迷生執，執而爲我，不復知有人，禍且移於國。今與諸臣約，論一人當惟公惟平，毋輕摇筆端；論一事當懲前慮後，毋輕試耳食。以天下萬世之心，衡天下萬世之人與事，則議論公而國家自享安静和平之福。」因薦涂宗濬、李邦華等十八人，上優詔襃納。居二日，復陳「拔茅闡幽，理財振武」數事及保泰四規，且請召用葉茂才、趙南星、高攀龍、劉宗周、丁元薦而恤録羅大紘、雒于仁等十五人，上亦襃納。

初，元標立朝，以嚴見憚，晚節務爲和易，或議其遜初仕時，元標笑曰：「大臣與言官異。風裁踔絶，言官事也；大臣非大利害，即當護持國體，可如少年悻動耶！」時朋黨方盛，元標心惡之，思矯其弊，故其所薦引不專一途。嘗欲舉用李三才，因言路不與，元標即中止。

王德完譏其首鼠，元標亦不較。南京御史王允成等，以兩人不和，請上諭解，元標言：「臣與德完初無纖芥，此必有人交搆其間。臣嘗語朝士曰：『方今上在沖歲，敵在門庭，祇有同心共濟。倘復黨同伐異，在國則不忠，在家則不孝。世自有無偏無黨之路，奈何從室内起戈矛耶。』」

30 調刑部主事萬燝爲工部營繕司主事。——燝，南昌人。時兵事棘，工部需才，乃以燝司營繕事。久之，遷虞衡員外郎，司鼓鑄。【考異】燝調工部主事，見明史本傳，在元年。此據兩朝從信録月分，爲四年廷杖張本。

31 五月，丁未，貴州紅苗賊平。巡撫張鶴鳴，論功遷兵部右侍郎，總督陝西三邊軍務。未幾，遂内召。

32 癸丑，延綏孤山城陷三十五丈，入地二丈七尺。【考異】明史五行志入之四月癸丑，三編亦據之。按是年四月壬申朔，是月無癸丑，癸丑乃五月干支也。三編誤書五月壬申，故系癸丑于四月，今改。

33 甲寅，禁京師譌言。

34 辛酉，陝西都指揮陳愚直，以固原兵入援，敗于臨洺，寧夏援遼兵亦潰于三河。

35 戊辰，諭祭遼陽陣亡將吏。

36 是月，兵部尚書崔景榮罷。

37 太監魏忠賢與客氏比，因矯詔殺中官王安。

初，忠賢始進，自結于安，名下魏朝。已，朝與忠賢争客氏，安怒之，遂逐朝。而忠賢、客氏日得志，忌安甚。先是上以移宫之議起自安，頗德之，命掌司禮監，安以故事辭，客氏勸上從其請。尋與忠賢謀殺之，忠賢猶豫未忍，客氏曰：「爾我孰若西李，而欲遺患耶？」——謂選侍也。光宗時有二李選侍，人稱「東、西李選侍」，居西曰「西李」。至是嗾給事中霍維華劾安，降充南海子浄軍，而以劉朝爲南海子提督，使殺安。

朝故李選侍私奄，以移宫盗庫下獄宥出者，既至，絶安食，安取籬落中蘿菔啗之，三日猶不死，乃撲殺之。由是客、魏相爲表裏，凡安名下諸奄，悉斥逐之。

忠賢不知書，頗强記，猜忍陰毒，好諛。上深信任之，命閲章奏。以司禮監王體乾及李永貞、石元雅、涂文輔等爲腹心，凡章奏，永貞等先閲，視鈐識款要，白忠賢議可否，然後行。上性機巧，好親斧鋸椎鑿髹漆之事；每引繩削墨，忠賢輒奏事，上厭之，謬曰：「朕已悉矣。若輩好爲之。」自此忠賢遂擅威福焉。

三編御批曰：明事至熹宗，勢已一蹶不振，乃復身親賤伎，欲與巧匠争工，其爲客，魏煬蔽，實由自取。但自古閹奴乘隙爲奸，亦自師承有本。如秦趙高候二世燕

〔饗〕〔樂〕促令李斯奏事以激其怒；唐仇士良教其黨云：「天子不可令常閒，宜娛其耳目，無暇及他事，然後吾輩可以得志。」觀忠賢故智，前後如出一轍，可見宵小肺腸不謀而合。無如昏庸君明知覆轍而蹈之，可慨也夫！

38 六月，癸酉，何宗彦至京師；丙子，朱國祚至京師；並入閣。

39 復起熊廷弼爲兵部尚書兼右副都御史，經略遼東。

初，上念廷弼守遼功，欲起用。會瀋陽破，廷臣復薦廷弼，給事中郭鞏力詆之。及遼陽繼失，河西軍民盡奔，自塔山至閭陽二百餘里，烟火斷絶，京師大震。劉一燝曰：「使廷弼在遼，當不至此。」御史江秉謙，追言「廷弼守遼功」，且以排擠勞臣爲鞏罪。上乃治前劾廷弼者，貶馮三元、張修德、魏應嘉、郭鞏等秩，除姚宗文名；御史劉廷宣救之，亦被斥。乃詔起廷弼于家。

及是廷弼入朝，首請免言官貶謫，上不可。乃建三方佈置策，「廣寧用馬步兵，列壘三岔河上；天津、登萊各置舟師，設登萊巡撫如天津；而山海特設經略，節制三方以一事權。」上是之，遂有是命。

尋賜上方劍，令駐山海關，廷弼因請「調兵二十餘萬，以兵馬、芻糗、器械之屬責成户、兵、工三部。」因奏「請復監軍道高出、胡嘉棟、督餉郎中傅國等官，令其任事」，又議

「用遼人故贊畫主事劉國縉爲登萊招練副使，夔州同知佟卜年爲登萊監軍僉事，故臨洮推官洪敷教爲職方主事，軍前贊畫，收拾遼人心」，並報允。

40 辛巳，以兵部尚書王象乾總督薊遼軍務。崔景榮罷，起象乾代之，尋命督師援遼。時兵事亟，兵部增設二侍郎，因召三邊總督張鶴鳴及祁伯裕、王在晋，並卧家園不赴。及是左侍郎張經世督援師出關，部中遂無侍郎。言官趣鶴鳴章數十上，乃尅期令兵部馬上督催，始蒞任，至則論平苗功，晋兵部尚書，視侍郎事，會象乾出督師，遂以鶴鳴代之。給事中韋蕃請留象乾，出鶴鳴督師，忤旨謫外。

鶴鳴與熊廷弼相失，論事多齟齬，獨善巡撫王化貞。化貞本庸才，好大言，鶴鳴主之，所奏請無不從，令毋受廷弼節度。于是經撫不和，疆事日蹙矣。【考異】史稿系象乾督師于四月丁酉，據召鶴鳴月日也。證之明史七卿表，象乾以五月出督師，鶴鳴以五月任。蓋是時兵部乏人，鶴鳴既至，象乾始出，故明史本紀系象乾督師于六月，三編亦系鶴鳴任兵尚于六月，今從之。

41 庚寅，廣東肇慶民王體積家中庭噴血，如跑突泉。

42 是月，户部尚書李汝華罷。

汝華自侍郎署尚書以逮實授，凡踰十年，主國計最久，獨以加賦議不能力争，遂至萬方虛耗，時論惜之。至是，引疾乞休。仍加太子太保致仕。

汝華既去，以南京户部尚書汪應蛟代之。

43 秋，七月，壬寅，增設各路監軍道，從熊廷弼議也。

44 乙巳，沈㴶至京師，入閣。

45 壬子，以軍興，免織造三之一。

46 乙丑，追論萬曆四十二年延綏、寧夏、固原捕叛功，宣捷午門，祭告郊廟。

47 是月，經略熊廷弼陛辭，上特賜麒麟服一，彩幣四，宴之郊外，令文武大臣陪餞，異數也。

先是袁應泰死，薛國用代爲經略，病不任事。化貞乃部署諸將，沿河設六營，營置參將一，守備二，分守諸要害，各設戍防。議既上，廷弼疏言：「河窄難恃，堡小難容。今日但宜固守廣寧；若駐兵河上，兵分則力弱，倘輕騎潛渡，直攻一營，力必不支，一營潰則諸營俱潰，西平諸戍亦不能守。河上止宜置游徼兵，更番出入，示以不測，不宜屯聚一處，爲人所乘。自河抵廣寧，止宜多置烽堠，西平諸處，止宜稍置戍兵，爲傳烽哨探之用。而大兵悉聚廣寧，于城外犄角立營，深壘高柵以俟。蓋遼陽去廣寧三百六十里，非飛騎一日所能到，有聲息我必預知，斷不宜分兵防河，先爲自弱之計。」疏入，優旨褒答。會御史方震孺亦言「防河不足恃」，議乃寢。

化貞以計不行，愠甚，盡委軍事于廷弼；廷弼「請申諭化貞，不得藉口節制，坐失事機。」先是四方援遼之師，化貞悉改爲「平遼」，遼人多不悅。廷弼言：「遼人未叛，乞改『平遼』名以安其心。」自是化貞與廷弼有隙。

48 順天蝗。

49 八月，丙子，擢參將毛文龍爲副總兵官，駐師鎮江城。

時熊廷弼奏言：「三方建置，須聯絡朝鮮。請遣使往勞，俾盡發兵，連營江上，助我聲勢。再詔恤遼人之避難朝鮮者，招集團練，別爲一軍，與朝鮮軍合勢，使臣即權駐義州，控制聯絡，與登萊聲息相通。更發銀六萬兩，分犒朝鮮及遼人。乞給空名劄付百道，東山礦徒能結聚千人者即署都司，五百人者署守備，一二萬勁兵可立致也。」因薦監軍副使梁之垣充命使，上從之。

方與所司議兵餉，而毛文龍適以島山兵襲取鎮江。時大清兵鎮江守將陳良策，潛通于文龍，故文龍引兵取其城。王化貞遽以大捷奏，舉朝皆喜。化貞遂「請授文龍總兵官，設軍鎮皮島」，廷議「亟發天津、登萊水師二萬援文龍，化貞督廣寧軍四萬進據河上，合諸蒙古軍乘機進取。」張鶴鳴以爲然，奏言「時不可失」，促進師。廷弼言：「三方兵力未集，文龍發之太早，亂三方並進之謀，誤屬國聯絡之計。」時朝士方以鎮江爲奇捷，聞其言，多不服。

廷弼又顯詆鶴鳴，謂：「臣既任經略，四方援兵宜聽臣調遣。乃鶴鳴竟自發戍，不令臣知，臣咨部問調軍之數亦不答。臣有經略名而無其實，遼左事惟樞臣、撫臣共爲之。」鶴鳴益恨。

化貞又言「西部兵四十萬且至，請速濟師。」西部，謂察罕諸部，見下。廷弼言：「撫臣恃西部，欲以不戰爲戰計，臣未敢以爲可也。臣初三方布置，必兵馬、器械、舟車、芻茭無一不備，而後剋期齊舉，進足戰，退亦足守。今臨事中亂，雖樞臣主謀于中，撫臣決策于外，而臣猶有萬一不必然之慮也。」未幾，化貞進取，果無功。

50 戊子，杭州復火，延燒萬餘家，詔停織造。【考異】明史本紀系杭州火在是月戊子，五行志則云七月戊子。七月無戊子，蓋「八」字之誤也，今據本紀。

51 癸巳，停刑。

52 九月，壬寅，葬貞皇帝于慶陵，孝元貞皇后、孝和皇后並祔焉。

明史贊曰：光宗潛德久彰，海内屬望。而天不假年，措施未展，三案搆爭，黨禍益熾，可哀也夫！

53 乙卯，四川永寧宣撫司奢崇明反。

奢氏，猓種也，洪武中歸附，世爲宣撫司。傳至奢崇周，無子，崇明以疏屬襲，外恭，内陰鷙。其子寅，尤驍桀好亂。時朝廷方遣官募川兵援遼，崇明父子請行，先遣土目樊龍、張彤等以兵詣重慶。巡撫徐可求議汰其老弱；發餉，餉復弗繼；龍等遂鼓衆反，殺可求及道、府、總兵等官二十餘人。時土兵數千列江岸相應，遂據重慶，分兵攻合江、納溪，破瀘州。

丙寅，陷遵義府。府中道臣、參將皆以督兵援遼赴重慶，城中守備空虛，通判袁任，先期棄城遁，遂陷焉。

丁卯，陷興文。——興文，故九絲蠻地也，知縣張振德禦之，不克。賊毁土城入，城遂陷。振德命妻錢及二女持一劍坐後堂，曰：「若輩死此，吾死前堂。」乃取印繫肘後，北向拜曰：「臣奉職無狀，不能殺賊，惟一死明志。」于是妻、女先伏劍死。振德乃命家人舉火，火熾，自刎，一門死者十二人。賊至火所，見振德面如生，左手繫印，右手握刀，忿怒如殺賊狀，皆駭愕羅拜去。

54 是月，遣客氏出宫。

時大葬畢，閣臣劉一燝等請遵前詔，不得已始遣之。然思念流涕，至日旰不御食，已，宣諭復入。

吏科給事中侯震暘奏言：「皇上于客氏，始而徘徊眷注，稍遲其出，猶可言也；出而再入，不可言也。宮闈禁地，奸璫群小睥睨其側，内外鉤連，借叢煬竈，有不忍言者。王聖寵而煽江京、李閏之奸，趙嬈寵而搆曹節、皇甫之變，么麼里婦，何堪數昵至尊哉！」上怒。會給事中倪思輝、朱欽相相繼疏劾，並貶三官。大學士劉一燝等先後論救，不報。同官馬鳴起復抗疏諫，且言「客氏六不可留。」上議加重譴，以一燝等言，奪俸一年。御史王心一復疏論之，遂與思輝、欽相並貶。廷臣請召還者十餘疏，俱不省。【考異】事具明史侯震暘等傳。蓋客氏之給土田在正月，出外復入在九月，時值大葬後，終前言也。史稿記客氏之出于是月乙丑者近之。若王心一之疏論土田，參之明史本傳，確在正月，彼時以不報寢之，至是復偕思輝等再論之，遂並貶。今分書于九月下。

55 是秋，河決靈璧、雙溝、黄鋪，由永姬湖出白洋小河口，仍與黄會，故道湮涸。自萬曆之末，總河闕三年不補，後始命工部侍郎王佐督河道。而河防日廢壞，當事者益以邊患置之。

56 冬，十月，戊辰，御史吴江周宗建抗疏論客氏；言：「天子成言，有同兒戲；法宮禁地，僅類民家。聖朝舉動有乖，内外防閑盡廢。此輩一叨隆恩，便思踰分，狎溺無紀，漸成驕恣，衅孽日萌，後患難杜。王聖、朱娥、陸令萱之覆轍，可爲殷鑒。」忤旨，切責。

57 己巳，擢太常少卿王三善爲右僉都御史，巡撫貴州，代李櫄也；兼督湖廣、川東軍務，討奢崇明。

58 丙子，史繼偕入閣。

59 乙酉，奢崇明圍成都，僞號大梁，設丞相以下官。

時城中僅鎮遠營兵七百餘人，左布政使朱燮元將入覲，蜀王以亂，留治軍事。燮元急趣近道兵赴援，偕右布政使周著、按察使林宰等分埤固守。賊薄城，燮元屢以火器却之。至暮，賊擁鉤梯數千，攀城欲上，燮元戒士卒，第放礟礌石，毋譁。遲明，賊積屍滿城下。

時濠水方涸，賊率降民持篾束薪，載濠石，壘如山，下架蓬葦以避銃石，伏弩仰射城中。燮元夜縋壯士，持芻塗膏，殺守者，縱火，火舉，山隤，賊大沮。燮元又遣人決都江堰水至濠，濠滿，賊因治橋，得少息。尋斬入城爲内應者二百人，懸首埤上。

賊又于城四面立望樓，高與城齊，燮元曰：「賊設瞭望，必四出剽掠，其中虛。」遂命死士五百人突出擊之。賊果無備，斬三賊帥，焚其樓，賊少懾。

已而援兵漸集，石砫女土官秦良玉，先遣其弟民屏發兵四千，倍道潛渡重慶，自統精兵鼓行而西，復新都。他路援兵至者，亦連勝賊，城中稍定。

事聞，擢燮元僉都御史，巡撫四川。

60 壬辰，葉向高還朝，入閣爲首輔。

向高言：「臣事皇祖八年，章奏必發臣擬，即上意所欲行，亦遣中使傳諭。事有不可，臣力争，皇祖多曲聽，不欲中出一旨。陛下虚懷恭己，信任輔臣，間有宣傳，恐滋疑議。請凡事悉令臣等擬上，宜停中旨，重綸音。」報聞。

61 癸巳，發帑金二百萬餉邊，從輔臣葉向高之請也。

62 是月，王化貞謀復海州，不果。

先是化貞渡河，熊廷弼不得已出關，次右屯，馳奏「海州取易而守難，不宜輕舉。」化貞素不習兵，妄意降人李永芳爲内應，又信西部言許助兵四十萬，遂欲以不戰取全勝。一切士馬、甲仗、糗糧、營壘，俱置不問，務爲大言以罔中朝，謂「仲秋之月，可高枕而聽捷音。」尚書張鶴鳴深信之。既而西部兵不至，化貞不敢進。

至是冰合，廣寧人謂大清兵必渡河，競謀竄逸。化貞乃與監軍御史方震孺計，分兵守鎮武、西平、閭陽、鎮寧諸城堡，而以重師守廣寧；鶴鳴亦以廣寧可慮，請敕廷弼出關策應。廷弼上言：「樞臣第知經略一出，足鎮人心；不知徒手之經略一出，其摇動人心更甚。且臣駐廣寧，化貞駐何地？鶴鳴責經撫協心同力，而樞臣與經臣獨不當協心同力乎！爲今日計，惟樞部俯同于臣，臣始得爲陛下任東方事也。」

既而廷弼復出關至右屯，議以重兵内護廣寧，外扼鎮武、閭陽，乃令劉渠以二萬人守鎮武，祁秉忠以萬人守閭陽，羅一貫以三千人守西平。部署甫定，化貞又信諜者言，遽發兵襲海州，旋亦引還。

63 十二月，丁丑，以巡撫河南都御史張我續爲兵部侍郎，提督川貴軍務。命陝西巡撫移駐漢中，鄖陽巡撫移駐彝陵，湖廣官軍由巫峽趨忠、涪以討奢賊。

64 庚辰，援遼浙兵譁于玉田。

65 辛巳，日方上，有一物覆壓，忽大風揚沙，天盡赤，都人駭愕。所司不以聞。禮科給事中周朝瑞，「請修省，而嚴敕内外臣工毋忿争誤國，更詰責所司不奏報之罪。」納之。

時上踐阼歲餘，未嘗親政，權多旁落，朝瑞因請躬覽萬幾，上曰：「政委閣臣，祖宗舊制，不可紊也。」然其時政權故不在閣矣。【考異】明史朝瑞本傳特書「是年十二月辛巳」云云，今據書之。

66 辛卯，遣使宣諭熊廷弼、王化貞。

先是，廷弼劾化貞，言：「撫臣之進，及今而五矣。八九月間，屢進屢止，猶未有疏請也；若十月二十五日之役，則拜疏輒行者也，臣疾趨出關而撫臣歸矣。西平之會，相與協心議守，犄角設營，而進兵之書又以晦日至矣。撫臣以十一月二日赴鎮，武臣即以次日赴杜家屯，比至中途而軍馬又遣還矣。初五日，撫臣又欲以輕兵襲牛莊，奪馬圈守之，爲明年進兵門户。時馬圈無一敵兵，即得牛莊，我不能守，敵何損，我何益！會將吏力持不可，撫臣亦怏怏回矣。兵屢進屢退，敵已窺盡伎倆，而臣之虚名亦以輕出而損。願陛下明諭撫臣，慎重舉止，毋爲敵人所笑。」化貞見疏不悦，馳奏辨。上以二臣争執，遣兵部堂官及給事中各一人往諭，「抗違不遵者治罪」，命既下，復以廷議中寢。于是尚書張鶴鳴遂欲去廷弼而專任化貞。

初，廷弼與化貞相牴牾，議者欲移二人畫地任事，吏科給事中侯震暘疏言：「事勢至此，陛下宜遣問經臣，果能加意訓練，則進止遲速不從中制，雖撤撫臣，一以付之，無不可者。如不然，則督其條晰陳奏以聽吏議，摭拾殘局，專任化貞，此一説也。不則移廷弼密雲而出本兵爲經略，鶴鳴素慷慨自命，與其事敗同罪，不若挺身報國，此又一説也。不則遂以經略授化貞，擇沈深有謀者代任巡撫以資後勁，此又一説也。不則直移廷弼於登萊，終其三方布置之策，與化貞相犄角，此又一説也。若復遷延猶豫，必僨國事。」

疏上，方有旨集議，而大清兵已破廣寧矣。

67 是月，吏部尚書周嘉謨罷。

神宗末，齊、楚、浙三黨爲政，黜陟之權，吏部不能舉；及嘉謨爲尚書，大起廢籍，向稱三黨之魁者，漸自引去。朱欽相、倪思輝之被劾，嘉謨力爲申救，惡霍維華傾狡，出之外。魏忠賢怒，嗾給事中孫杰劾「嘉謨受劉一燝屬，爲王安報復」，維華劾安事見上。且以用袁應泰、佟卜年等爲嘉謨罪。嘉謨求去，忠賢矯詔許之。大學士葉向高「請留嘉謨竣大計事」，不報，遂罷歸。

68 改左都御史張問達于吏部，以侍郎鄒元標爲左都御史代之。時元標方改吏部左侍郎，未到官，即有是命。

69 初，行人高攀龍被謫歸，尋遭親喪，遂不出，家居垂三十年，言者屢薦，神宗悉不省。上即位，起光祿寺丞，是年，進光祿少卿。【考異】據明史攀龍本傳，攀龍係熹宗特召，一年遂擢少卿，蓋將大用之也。爲擢總憲、劾崔呈秀張本。

70 上之改元也，刑部尚書黃克纘，承魏忠賢指請寬盜寶諸奄，御史焦源溥上綱常一疏首折之。

略曰：「光宗，神宗元子也，爲元子者爲忠，則爲福藩者非忠。孝端、孝靖，神宗后也，爲二后者爲忠，則爲鄭貴妃者非忠。孝元、孝和，光宗后也，爲二后者爲忠，則爲李選侍者非忠。貴妃三十年心事，人誰不知！張差持梃，危在呼吸，尚忍言哉！況當先帝御極之初，忽傳皇祖封后之命；請封不得，治容進矣。張差之梃不中，則投以女優之惑；崔文昇之藥不速，則促以李可灼之丸；痛哉！先帝欲諱言進御之事，遂甘蒙不白之冤。今即厚待貴妃，始終恩禮，而鄭養性之都督，不可不奪也，崔文昇不可不磔也。若竟置弗問，不幾于忘父乎！李選侍一宮人，更非貴妃比，如聖諭阻陛下于煖閣，挾陛下以垂簾，及淩虐聖母狀，有臣子所不忍言者。今即爲選侍乞憐，第可求曲宥前辜，量從優典，而移宮始末不可得而抹摋也，盜寶諸奄不可得而寬宥也。若竟置諸奄弗問，不幾于忘母乎！」

疏上，舉朝寒懼。自是論三案者蠭起矣。【考異】焦源溥綱常一疏，明史本傳書于熹宗踐阼之初，蓋類記也。證之三朝要典及兩朝從信録，源溥上疏在元年之正月，蓋天啓時論三案者，源溥爲首，今改書之元年之末，爲後諸臣争論三案張本。

明通鑑卷七十八

紀七十八 起玄黓掩茂（壬戌），盡昭陽大淵獻（癸亥），凡二年。

江西永寧知縣當塗夏燮編輯

熹宗哲皇帝

天啓二年（壬戌、一六二二）

1 春，正月，丁未，命延綏總兵官杜文焕、四川總兵官楊愈懋討永寧賊。——文焕，張我續所薦也。

2 丁巳，大清兵克西平堡。

初，王化貞屢出師輒引還，降人李永芳不應，西部兵亦不至，爲熊廷弼所劾。而化貞奏辨，輒大言「願得兵六萬，一舉盪平」，尚書張鶴鳴請許其便宜行事。時首輔葉向高當國，化貞座主也，頗右之。廷臣惟太僕少卿何喬遠、御史江秉謙、周宗建等與廷弼合，餘皆右化貞。

廷弼不能節制，復抗疏言：「臣以東西南北所欲殺之人，適遘事機難處之會。諸臣能爲封疆容則容之，不能爲門户容則去之，何必内借閣臣，外借撫道以相困！」又言：「經、撫不和，恃有言官；言官交攻，恃有樞部；樞部佐鬥，恃有閣臣。今無望矣！」上令廷臣議兩人去留，而張鶴鳴篤信化貞，請撤廷弼他用，上不從，責再議。

議未上，而大清兵已由東昌堡西渡遼河，防兵盡潰遁而走，大清兵前隊精鋭追擊二十里外。至西平，全軍繼至，圍攻之，招副總兵羅一貫降，不從，乃布梯楯攻城，四面兵皆潰。一貫遂遇殺，都司陳尚仁、王崇信亦死之。【考異】據明史一貫傳，「一貫不肯降。明日騎益衆，環城力攻。一貫流矢中目，不能戰，火藥矢石盡，乃北面再拜曰：『臣力竭矣。』遂自刎。」原修三編亦云「一貫自刎」，重修三編據太祖實録改「克西平，斬一貫」云云。按一貫雖非自刎，而諭降不從，則其從容就義，非死于亂軍中之比也。輯覽亦但云「一貫死」，三編「斬一貫」云云，乃實録書法也，今以遇殺書之。

時化貞聞警，遣游擊孫得功、參將祖大壽合總兵祁秉忠赴援，廷弼亦遣總兵劉渠會師前進，與大清兵戰而敗。得功有異志，大呼兵敗，與參將鮑承先等先奔。大清兵乘勝追擊五十里，至平陽橋，渠、秉忠及副將劉徵、參將黑雲鶴等皆死之。副總兵麻承宗赴援，遇大清兵于沙嶺，亦死之。——承宗，故都督貴子也。

是時全軍覆没。大壽走覺華島，得功請降。得功素爲化貞心腹，及是欲生縛化貞以爲功。時大清兵頓沙嶺未進，得功揚言「兵已薄城」。居民驚竄，參政高邦佐禁之不能止，化貞方闔署理軍書，不知也。參將江朝棟排闥入，大呼曰：「事急矣，請公速去！」化貞莫知所爲。朝棟掖之出，上馬，僕二人徒步從，遂棄廣寧，踉蹌西走。遼海道左參政顧頤，力屈死之。于是得功偕守備黄進、千總郎紹貞、陸國志等降（子）〔于〕大清，遠近四十餘城守禦官皆率屬降。

先是廷弼離右屯，次閭陽驛，聞敗，參議邢慎言請馳救，爲僉事韓初命所阻，遂退還。及化貞棄城走，廷弼遇之大淩河。化貞哭，廷弼微笑曰：「六萬衆一舉蕩平，竟如何？」化貞慚，議守寧遠及前屯，廷弼曰：「嘻！已晚，惟護難民入關可耳。」乃以己所將五千人授化貞爲殿，盡焚積聚，與副使高出、胡嘉棟等先後入關，獨邦佐至杏山驛自經死。

大清兵入廣寧，凡四十餘城皆下，遂進克義州而還。【考異】三編所載死事諸臣，一貫本守西平者，劉渠守鎮武，祁秉忠守閭陽，皆以援西平戰没，與劉徵、黑雲鶴等皆見目中。惟西平之陷，都司陳尚仁、王崇信，從一貫而死。又沙嶺之敗，副總兵麻承宗死之。又王化貞棄廣寧，遼左參政顧頤力屈自經死，並見明史各傳中，殉節録皆入之，今據書。

3 壬戌，振山東流徙遼民。

4 癸亥，西平敗問至。尚書張鶴鳴内慚，且懼罪，自請視師，詔加太子太保，賜蟒玉及尚方劍。

鶴鳴憚行，逗留十七日，始抵山海關，至則無所籌畫，日下令捕間諜，及厚啗蒙古綽哈、宰桑諸部而已。

5 乙丑，京師戒嚴。

6 是月，河套寇入延綏，掠黄花等峪。

7 援兵之集成都也，賊勢方熾，相持百餘日。有俘民脱歸者，言「賊造旱船決勝負」。一日，賊數千自林中大譟出，視之，有物如舟，高丈餘，長五百尺，樓數重，簟茀左右板如平地。一人披髮仗劍，上載羽旗，中數百人各挾機弩毒矢，牛數百頭運石轂行，旁翼兩雲樓如左右廣，俯視城中，城中人皆哭。朱燮元曰：「此吕公車也，破之非礮石不可。」乃用巨木爲機關，轉索發礮，飛千鈞石擊之。又以大礮擊牛，牛返走，賊大敗去。

會裨將劉養鯤言：「有諸生范祖文、鄒尉陷賊中，遣孔之譚來約，賊將羅乾象欲自拔效用。」燮元即遣之譚復往，至則與乾象俱來。燮元方卧戍樓，呼與飲。乾象衷甲佩刀，燮元不之疑，就榻呼同卧，酣寢達旦。乾象感激，誓以死報，許之，縋而出。後賊營舉動悉知，踰數日，乾象誘崇明至城下，伏起，崇明跳免。乾象縱火焚營，賊兵亂，崇明父子倉皇走瀘州，乾象以衆來歸。是月之末，成都圍解。

時燮元已受巡撫之命，率師追崇明，乘勢復州、縣、衛、所四十餘，惟樊龍扼重慶不下。【考異】三編言「成都圍解，以燮元爲四川巡撫。」證之明史燮元傳，言「朝廷聞重慶變，即擢燮元僉都御史，巡撫四川。以楊愈懋爲總兵官，張我續總督川貴、雲南、胡廣軍務。」據此，則燮元擢巡撫當在成都圍未解之先，我續總督軍務在去年十二月，愈懋授總兵，與杜文煥並命于是年之正月。故本紀燮元之擢巡撫，書之去年十月，是也。今參紀、傳書之。

8 二月，癸酉，貴州水西土目安邦彥反。

邦彥，水西宣慰使安堯臣族子也。初，安疆臣死，弟堯臣襲。疆臣事，見萬曆二十七年。堯臣之襲，據土司傳在三十六年。堯臣死在四十一年。堯臣死，子位幼，命其妻奢社輝攝事。社輝者，奢崇明之女弟。崇明子寅獷悍，與社輝爭地，相仇恨。而邦彥者，位之叔父也，素懷異志，陰與崇明合。

及崇明反，或傳其已陷成都，邦彥遂挾位以叛，爲崇明聲援，自稱「羅甸大王」，率兵首襲畢節。都司楊明廷固守，擊斬數百人，死之，畢節遂陷。

時諸部頭目安邦俊、安若山、陳其愚、陳萬典等蠭起爲助，乃分兵西破安順、霑益，東下甕安、偏橋，而邦彥自統水西兵渡陸廣河，直趨貴陽攻城。

當是時，永寧未平，水西又起，貴陽城中藩、臬、守、令咸入覲，巡撫李橒方受代，而新撫王三善未至。橒聞變，與巡按御史史永安、提學僉事劉錫元悉力拒守，學官及諸生亦督民兵分堞以守。賊攻之，不克。

時烏撒土舍安效良首附賊，遂破烏撒衞，指揮管良相死之，同官李應期、朱運泰、蔣邦俊同時遇害。鎮將張永芳將兵二萬赴援，隔龍里不得進，外援遂絶。【考異】三編、輯覽記死事之人，惟管良相、馬一龍、白自強，而楊明廷死于畢節，見明史李橒傳，今據增，並分書之。

9 詔恤河西殉難諸臣羅一貫等。

10 戊寅，免天下帶徵錢糧二年及北畿加派。

11 以孫承宗爲兵部尚書兼東閣大學士，預機務。

初，廷臣以承宗知兵，推爲兵部，添設侍郎，主東事，上不欲承宗離講筵，不許。既，擢禮部右侍郎，協理詹事府。會廣寧失，東事益急，遂有是命，又從御史左光斗請，命承宗以閣臣理部事。

承宗上疏曰：「邇年兵多不練，餉多不覈，以將用兵而以文官招練，以將臨陣而以文官指發，以武略備邊而日增置文官于幕，以邊任經、撫而日問戰守于朝，此極弊也。今天下當重將權，擇沈雄有氣略者，授之節鉞，得自辟置偏裨以下，勿使文吏用小見沾沾陵其上。邊事小勝小敗，皆不足問，要使守關無闌入而徐爲恢復計。」因列上「撫西部、恤邊民、減京軍、增永平大將、修薊鎮亭障、開東京屯田」數策，上嘉納焉。

承宗又「請下熊廷弼于理，與化貞並讞，用正朝士黨護。」又「請逮給事中明時舉、御史李達，以懲四川之招兵致寇者。」又「請詰責遼東巡按方震孺、登萊監軍梁之垣，以警在位之骩骳者。」諸人以次獲譴，朝右亦聳然側目矣。

12 己卯，逮王化貞，削熊廷弼職，回籍聽勘。

13 丙戌，太白晝見。

14 是月，以倉場戶部尚書王紀爲刑部尚書。時黃克纘改戎政尚書，召紀代之。

15 王之寀之削籍也，廷臣多爲之訟冤，召復故官。

至是上復讎疏曰：「禮，君父之讎，不共戴天。齊襄公復九世之讎，春秋大之。曩李選侍氣毆聖母，陛下再三播告中外，停其貴妃之封。聖母在天之靈，必有心安而目瞑者，此復讎一大義也。

乃先帝一生，遭逢多難，彌留之際，飲恨以崩。試問李可灼之誤用藥，引進者誰？崔文昇之故用藥，主使者誰？恐方從哲之罪不在可灼、文昇下。此先帝大讎未復者一也。

張差持梃犯宫，安危止在呼吸，此乾坤何等時？乃劉廷元曲蓋奸謀，以瘋癲具獄矣；胡士相等改注口語，以賣薪成招矣。其後復讞，差供『同謀舉事，内外設伏多人』；守才、三道，亦供『結黨連謀』；而士相輩悉抹去之。當時有内應，有外援，一夫作難，九廟震驚，何物兇徒，敢肆行不道乃爾！緣外戚鄭國泰，私結劉廷元、劉光復、姚宗文輩，珠玉金錢，充滿其室，言官結舌，莫敢誰何，遂無復顧憚，睥睨神器耳。國泰雖死，罪不容誅，法當開棺戮屍，夷其族，赭其宫。而至今猶未議及，此先帝大讎未復者二也。

總之用藥之術即梃擊之謀，擊不中而促之藥，是文昇之藥慘於張差之梃也。張差之前，從無張差；劉成之後，豈乏劉成！臣見陛下之孤立於上矣。」

又言：「郎中胡士相等，主瘋癲者也；堂官張問達，調停瘋癲者也；寺臣王士昌，疏忠而心佞，評無隻字，訟多溢詞；堂官張問達，語轉而意圓，先允瘋癲，後寬奸宄；勞永嘉、岳駿聲等，同惡相濟。張差招有『三十六頭兒』，則胡士相閣筆；招有『東邊一起幹事』，則岳駿聲言波及無辜；招有『紅封票高真人』，則勞永嘉言不及究紅封教。今高一奎見監薊州，係鎮朔衛人。蓋高一奎，主持紅封教者也；馬三道，管給紅票者也；龐保、劉成，供給紅封教多人撒棍者也。諸奸增減會審公單，大逆不道。」

疏入，上不問，而先主瘋癲者恨次骨。

16 三月，丁酉朔，大學士劉一燝罷。

時陵工成，魏忠賢欲以爲功，一燝援故事，「内臣非司禮掌印及提督陵工不得濫蔭，」止擬加恩；諸言官論客氏被謫者，一燝皆疏救，又請出客氏于外；及言官交章論沈㴶，㴶疑一燝主之，與忠賢比而齮一燝。一燝持大體，不徇言路，魏、客用事，一燝勢孤。既而霍維華外轉，其同官孫杰，疑一燝屬周嘉謨爲之上疏，力攻一燝，一燝疏辨，求罷。忠賢從中搆之。上始慰留，既，允其去。

首輔葉向高言：「客氏既出復入；一燝顧命大臣，乃不得比保姆，致使人揣摩于奥突不可知之地，其漸當防。」不聽。

17 己亥，舉内操。

時魏忠賢勸上選武閹，練火器，又日引上爲倡優聲伎，狗馬射獵。給事中惠世揚、周朝瑞、侯震暘、御史江秉謙等，劾「沈㴶交通奄人，弄兵大内」，中旨切責。震暘並發客、魏搆殺故監王安狀，忠賢怒，傳旨即日出震暘于外。

其後内操增至萬人，衷甲出入，鉦礮之聲，喧震内外。

18 甲辰，以兵部侍郎王在晋爲尚書兼右副都御史，經略遼薊、天津、登萊軍務。

19 甲寅，賜文震孟等進士及第、出身有差。——震孟故待詔文徵明之曾孫也。

20 丁巳，敕湖廣、雲南、廣西官軍援貴州。

21 夏，四月，己卯，禮部尚書孫慎行追論紅丸事，劾方從哲庇李可灼。

上疏曰：「先帝驟崩，雖云夙疾，實緣醫人用藥不審。閱邸報，知李可灼紅丸，乃首輔方從哲所進。夫可灼官非太醫，紅丸不知何藥，乃敢突然以進。昔許悼公飲世子藥而卒，世子即自殺，春秋猶書之爲弑。然則從哲宜何居？速引劍自裁以謝先帝，義之上也；合門席藁以待司寇，義之次也。乃悍然不顧，至舉朝共攻可灼，僅令回籍，豈以己實薦之，恐與同罪歟！臣以爲從哲縱無弑之心，却有弑之事；欲辭弑之名，難免弑之實；百口不能爲天下萬世解也。

後此則有選侍垂簾聽政事。劉遜、李進忠，么麽小豎，何遂大膽揚言？說者謂二豎早以金寶輸從哲家，若非九卿、臺諫力請移宮，選侍得志，陛下幾無駐足所矣。聞爾時從哲濡遲不進，科臣促之，則云『遲數日無害』。任婦寺之縱橫，忍君父之杌隉，爲大臣者宜爾乎！

陛下宜急討此賊，雪不共之仇。毋詢近習，近習皆從哲所攀援也；毋拘忌諱，忌諱即從哲所布置也。并請即誅可灼，以洩神人之憤。」

時朝野方惡從哲。慎行論雖過刻，皆爭韙其言，顧近習多爲從哲地。上乃報曰：

「舊輔素慎，事係傳聞。」下廷臣集議。

都御史鄒元標主慎行疏，從哲奏辨，自請削官階，投四裔，上慰諭之。給事中嘉善魏大中以九卿議久稽，趣之。

時議者一百十有餘人，紛紛俱罪從哲，獨刑部尚書黃克纘及給事中汪慶百等數人右之，希内廷意也。慎行復疏折之，且言克纘之謬。會王紀代克纘掌部事，復偕侍郎楊東明署議，言「不逮可灼，無以服天下；不逮崔文昇，無以服可灼；不削奪從哲官階禄蔭，無以洩天地神人之憤。」而光禄少卿高攀龍亦乞亟正文昇典刑，並劾戚畹鄭養性。

于是大學士韓爌，述進藥始末。尚書張問達等合奏，言「慎行論可灼進紅丸事，可灼先見内閣，臣等初未知。及先帝召見乾清宫，輔臣與臣等俱慎重未敢決。及宣臣等入宫，先帝問可灼安在。可灼至，進紅丸，少頃復進一丸。先帝服藥微汗，身温熱就寢，臣等所共見聞。輔臣視先帝疾，急迫倉皇，『弑逆』二字何忍言！但可灼非醫官，且非知醫脈者，以藥嘗試先帝，龍馭即上升，非但從哲未能止，臣等亦未能止，均有罪焉。乃從哲反賚可灼，及御史王安舜有言，先止罰俸，繼令養疾，失之太輕，何以慰皇考，服中外！宜如從哲請，削其官階，爲法任咎。至可灼罪不容誅；而崔文昇當皇考哀感時，妄進大黄涼藥，罪又在可灼上；法皆宜顯戮以洩公憤。」議上，可灼遣戍，文昇放南京，而從哲置不問。【考異】明史孫慎行傳書論紅丸事于元年四月還朝時，證之三朝要典，蓋二年四月己卯也。要典顛倒是非，而所書章奏，不能移改月日，故三編亦入之二年四月，明史韓爌傳同。再考本傳下文紀慎行奏月星並見事，證之天文志，亦係二年五月。以此推之，則上文「元」字蓋「二」字之誤也，今據三編及要典月日。

22 甲申，京師旱。壬辰，大雨雹。時累月不雨，陰風怒號。雹如雞子大，著屋，瓦礏俱碎，草木禾稼毁折不可勝紀。御史周宗建謂「陰盛陽衰之徵」，疏陳四事：一攻大學士沈㴶；一請寬建言廢黜諸臣；一言熊廷弼已有成獄，不當因此羅織朝士；一專詆魏忠賢，言「忠賢目不識丁，陰賊險狠，陛下用人行政，一切墮于其術，恐離間之漸將起于蠅營，讒搆之釁必生于長舌。」忠賢見疏，銜之次骨。

23 是月，以姚思仁爲工部尚書，以王佐致仕，代之也。

24 五月，戊戌，復故大學士張居正原官。居正卒後，廷臣稍稍追述之，而都御史鄒元標，亦稱「居正功不可沒」，乃有是命。

25 己亥，詔恤方孝孺遺嗣，尋命予祭葬及謚。【考異】孝孺謚文正，見明儒學案，在崇禎末，蓋是時下禮部議謚未行也。今但據明史書之。

26 丙午，山東白蓮妖賊徐鴻儒反。

初，薊州人王森，嘗救一妖狐，狐斷尾，令藏之招人，人聞異香多歸附，遂倡白蓮教，自稱「聞香教主」，其徒有大小傳頭及會主諸號，蔓延畿輔、山東、山西、河南及陝西、四川。後森爲有司所攝，斃于獄，其子好賢，與武邑于弘志、鉅野徐鴻儒輩踵其教，徒黨益衆，蹣擾山東幾二十年。至是好賢見遼東盡失，四方奸民思逞，與鴻儒等約是年中秋並起兵。會謀洩，鴻儒先反，自號中興福烈帝，稱大成興勝元年，用紅巾爲識，遂陷鄆城。曹、濮震動。

27 癸亥，復重慶。

時樊龍收餘衆數萬，據重慶險塞。朱燮元督秦良玉等奪二郎關，總兵官杜文焕破佛圖關。諸將逼重慶而軍，城中乏食，燮元遂以計禽龍，殺之，張彤亦爲亂兵所殺。生禽龍子友邦及其黨張國用、石永高等三十餘人，遂復重慶。尋又復瀘州。

是役也，重慶被害者，道臣孫好古、駱日升、李繼周，知府章文炳，同知王世科、熊嗣先，推官王三宅，知縣段高選，總兵黄守魁、王守忠，參將萬金、王高爵；而高選則其父汝元、母劉、側室徐及一子、一女，皆聞變自盡，僕冒死覓主屍，亦被害。

其入城殺賊，遇伏死者，原任鞏昌同知董盡倫；賊薄成都時陷陣死者，指揮冉世法、雷安世、瞿英；「瞿」，明史忠義傳作「翟」。赴援成都死者，成都後衛指揮韓應泰，小河所鎮撫郁聯若。其他在外地方官之殉難者，灌縣知縣左重，追賊成都，力戰，馬蹶，罵賊死；南溪知縣王碩輔，城陷自盡，賊支解之；桐梓知縣洪維翰，城陷，奪印不屈，與典史黄啓鳴死之；郫縣訓導趙愷率衆擊賊，被刺死；大足主簿張志譽、典史宋應皋，集兵奮戰，力屈死。

而興文知縣張振德既死，教諭劉希文代署縣事，甫半載，賊復薄城，與其妻白氏罵賊死。長寧主簿徐大禮，與振德善，聞興文之變，以騎往迎振德，振德却之。未幾，賊陷長寧，大禮曰：「吾不可負張公。」一家四人仰藥死。【考異】三編敘成都道臣孫好古以下，即前所謂「道、府、總兵遇害二十餘人」者是也。今自瞿英以下，復據明史忠義傳補出援成都及地方官之死事諸人。惟其先後不詳，故月日不具云。

28 是月，山東巡撫奏日中月星並見，禮部尚書孫慎行以爲大異，不省。【考異】日中月星並見，三編據明史孫慎行傳增，而傳中誤系之元年五月。證之天文志，則二年五月壬寅，與三編合，今從三編及天文志。

29 六月，戊辰，徐鴻儒結四川妖賊陷鄒縣、滕縣。鄒縣五經博士孟承光被執，不屈死。滕縣知縣姬文允視事甫三日，城破，登堂自經死，以印畀小吏魏顯照及家僮李守務。賊掠顯照索印，顯照潛授其父，而與守務並罵賊死焉。

30 擢毛文龍爲平遼總兵官。

初，文龍襲取鎮江，報巡撫王化貞而不及經略熊廷弼，二人隙遂開。化貞既去，用事者猶主之，遂有是命。後加至左都督，掛將軍印，賜尚方劍，設軍鎮皮島如內地。皮島即東江，在登萊大海中，綿亘八十里，不生草木，遠南岸，近北岸。北岸海西八十里即抵大清界，其東北海則朝鮮也。島上兵本河東民，自元年河東失，民多逃島中，文龍招致之。事見元年三月。顧文龍所居東江形勢雖足牽制，其人本無大略，往（生）〔往〕敗衄，歲糜餉無算。且惟務廣招商賈，販易禁物，無事則鬻參、販布爲業，有事罕得其用。

31 授貴州總兵張彥芳爲平蠻總兵官，令從巡撫王三善討水西賊。

32 己巳，敕前總兵官楊肇基、游擊陳九德率兵討山東賊。時山東郡縣無守備，亦不置重兵，巡撫趙彥，練民兵增諸要地，請留京師班軍及廣東援遼軍以備征調，乃薦起肇基統山東軍討賊。賊乘肇基未至，襲兗州，爲滋陽知縣楊炳及都司楊國棟所敗，遂入運河。【考異】史稿系鴻儒犯滋陽、兗州，皆在五月。三編所記，則在犯鄒、滕二縣之後，今據三編月分。

33 甲申，詔卹建言爭國本諸臣馮應京等九人復官贈蔭，顧憲成等六十六人復職贈官。

34 秋，七月，甲辰，奢崇明再陷遵義。

初，遵義之陷，巡撫李橒已遣兵復之。永寧人李忠臣，嘗爲松潘副使，家居陷賊，以書約總兵官楊愈懋復永寧，已爲内應，事覺，合門遇害。賊即用其家僮紿愈懋，襲殺之，並殺推官郭象儀等。遂攻大壩，游擊龔萬禄力戰，手刃數十人，與子崇學並死。遂陷遵義，推官馮鳳雛挺身禦賊，被創死，遵義司獄蘇樸、威遠經歷袁一修墜城死。

35 賊之據永寧也，貴陽同知王昌允分理永寧衛事，刺血草三揭，繳印上官，是年五月，再拜自縊，賊恨之，焚其尸。二孫、一孫女及僕婢十三人，同日遇害。

其里居士大夫死節者，自李忠臣外，瀘州人高光與子在崑，募壯士殺賊百餘。賊怒，追至大壩，光罵賊不屈，家衆十二人同死。永寧舉人胡績，被賊錮獄，弟緯傾家救免，復糾義徒自當一面，數斬馘賊，賊黨甚畏之，既而爲火藥焚死。富順舉人聶繩昌，毁家募義勇，力戰死。瀘州監生吴長齡，恢復瀘州，中伏，父子俱戰死。興文人前任龍陽縣丞胡一夔，被執不屈死。【考異】遵義凡兩陷。初陷在去年圍成都之前。是年七月，則因李忠臣謀復永寧，約愈懋爲内應，遂致敗。今據明史本紀，參朱燮元傳書之。

36 戊申，山東賊擾及韓莊、夏鎮，掠漕艘四十餘。河道侍郎陳道亨守濟寧，扼諸要害。援兵至，連破之，運道始通。

賊奔滕縣，與鄒縣賊合攻曲阜，領馬步萬餘至城下，知縣孔某率民兵禦之，賊不能克，引去。復劫官營都司湯國盛，大敗游擊張榜等，皆死之。【考異】紀事本末言「賊攻曲阜，知縣孔聞禮禦却之」，三編、史稿亦據焉。按孔聞禮見明史儒林傳，乃衍聖公孔聞韶之弟，主子思祀事者，以正德二年襲。「聞」字派下有「貞」、「尚」、「蔭」三派，天啓所襲乃「蔭」字派，當爲聞禮之曾孫。今曲阜知縣雖係同族，不應冒其先代衍聖公之名，疑諸書作「孔聞禮」者誤也，今書某。

37 癸丑，沈㴶罷。

先是刑部尚書王紀，劾「主事徐大化日走魏忠賢門，搆陷善類」，語侵及㴶，〔㴶〕銜之甚，嗾客、魏泣愬上前。奉旨切責，然無意黜紀也。

初，佟卜年以熊廷弼薦爲監軍僉事，及廷弼罷去，張鶴鳴行邊得間諜，言「嘗爲卜年往通李永芳」，鶴鳴上其事，欲以爲廷弼罪。遂下卜年鎮撫司獄，具移刑部，紀與員外郎常熟顧大章辨其誣，改輕比。于是㴶劾紀「庇廷弼、緩卜年獄」爲二大罪，上責紀陳狀，遂斥爲民。輔臣葉向高言：「紀、㴶交攻，俱失大臣體。今獨斥紀，如公論何！」㴶不自安，遂求去。

㴶結交奄寺，首開內操，朝議惡之。罷歸後，踰年卒。

38 乙卯，奉神宗神主祔太廟。

39 庚申，援黔兵潰于新添。

時總兵徐時逢、參將范仲仁赴援，遇賊于甕城河。仲仁戰不利，時逢擁兵不救，遂大敗，諸將白自强、馬一龍等殲焉。【考異】事見明史王三善傳。三編但云「諸將馬一龍、白自强敗没」，據傳在三善將至之時，與本紀潰于新添月日合，今從之。

40 癸亥，武邑妖賊于弘志作亂，殺人祭旗，聲言「欲取景州」，焚掠四十餘里。官兵往捕之，弘志立馬仗弓，飛舞而來，官兵斬之于馬下，餘賊披靡潰遁。

41 是月，禮部尚書孫慎行罷。

時秦王誼漶由旁枝進封，其四子法不當封，郡王厚賄近倖，遂得温旨。慎行堅不奉詔，三疏力争不得，謝病去。

42 張鶴鳴行邊還。

初，廣寧敗書聞，廷臣集議兵事，鶴鳴盛氣詈廷弼自解。給事中劉弘化首論之，坐奪俸；御史江秉謙、何薦可繼劾，並貶官；廷臣益憤。

御史謝文錦、給事中惠世揚、周朝瑞、蕭良佐、侯震暘、熊德陽等交章極論，「請用世宗戮丁汝夔、神宗逮石星故事，與化貞並按。」鶴鳴抵言：「廷弼（憤）〔僨〕疆事，由故大學士劉一燝、尚書周嘉謨黨庇，不令出關所致。」因詆言者爲一燝鷹犬，且曰：「祖宗故事，大司馬不以封疆蒙功罪。」

于是朝瑞等復合疏劾之，御史周宗文亦列其八罪，上不問。鶴鳴遷延數月，謝病歸。

43 八月，庚辰，命大學士孫承宗督師，經略山海關及薊遼、天津、登萊軍務。

初，王化貞既失廣寧，關外五城七十二堡悉爲喀喇沁舊作哈喇慎。諸部所據，聲言助邊，實懷窺伺。經略王在晉與薊遼總督王象乾，「請給月糧歲費百萬」，又「請築重關于八里鋪，設守兵四萬人。」寧前兵備僉事袁崇煥以爲非策，白之葉向高，向高不能決。承宗請身往定之，乃詣關門相度。還奏：「築重城不若築寧遠要害，與覺華島相犄角。」因言「在晉不足任」，自請督師。上許之，賜尚方劍，御門臨遣以寵其行。承宗既至關，定軍制，申明職守，以馬世龍爲總兵官，令游擊祖大壽等守覺華島，副將趙率教守前屯。前後築城堡數十，練兵十一萬，造鎧仗數百萬，開屯田五千頃，軍聲頗振。

先是承宗督師，辟職方主事鹿善繼爲贊畫，薦監軍副使閻鳴泰爲遼東巡撫，上皆從之。及至關，命善繼治軍儲，而以鳴泰無實略，軍事多不預議，鳴泰怏怏求去。承宗旋亦引疾，上乃罷鳴泰，諭留承宗，以張鳳翼爲巡撫。鳳翼怯，力主守關議，承宗不可。乃復出關，抵寧遠，集將吏議所守，衆多如鳳翼指，獨崇煥、善繼請守寧遠，承宗然之，議乃定。命大壽興工，崇煥及滿桂守之。

承宗將圖大舉，請餉二十四萬，上即命所司給之。兵、工二部相與謀曰：「餉足，渠即妄爲。」故用文移往復緩之，師竟不果出。

44 是月，以禮部尚書掌詹事府事顧秉謙爲禮部尚書，代孫慎行也。

是時魏忠賢用事，以言官數攻之，乃謀結外廷諸臣以助己；而秉謙與侍郎魏廣微率先諂附，遂有是命。

45 九月，甲午朔，光宗神主祔太廟。

46 壬寅，御史馮英「請設州縣兵，按畝供餉」，從之。

47 甲寅，陝西平涼、隆德諸縣及鎮戎、平虜諸所，馬剛、雙峰諸堡，同時地震如翻，壞城垣七千九百餘丈，屋宇萬一千八百餘區，壓死男婦萬二千餘口。

48 乙卯，封皇弟由檢爲信王，諭册于皇極門外東廡，百官行禮。

49 停刑。

50 是月，給事中甄淑，疏請文武一例殿試。

自成化中，太監汪直，請武舉設科，鄉試、會試、殿試悉如進士例，不果行。至是淑言：「武舉中式一百六十人，以本等巾服謝恩。職方司會同科、道查明年貌、勇力、伎藝等項，注本人名下。十月上旬過堂，令各陳所能，先期演試。即于是月望日，皇上臨軒策問，閣臣與兵部尚書侍班。皇上欽定一甲三名授都司僉事，二甲三十名授守備，三甲百餘名以次各授出身。職方司遇缺便補，定限三年選完。」從之。

51 以兵部左侍郎董漢儒爲兵部尚書。

時張鶴鳴罷歸，孫承宗督師在外。漢儒前督宣大、山西軍務，遼陽之陷，簡精卒二千入衞，詔褒之。是秋，以侍郎協理戎政，未上，即有是命。

時遼地盡亡，漢儒「請逮治諸降將劉世勛等二十九人家屬，立誅逃將蔡汝賢等」，報可。

52 冬，十月，辛未，水西賊犯雲南，官軍擊敗之。

53 辛巳，官軍復鄒縣，山東賊平。

時賊精鋭悉聚鄒、滕間，巡撫趙彦欲攻鄒縣，副使徐從治曰：「攻鄒、滕難下；不如擣其中堅，兩城可圖也。」彦乃與肇基令游兵綴賊鄒城，而以大軍擊賊精鋭，蹙而殪之嶧山，遂圍鄒。大小數十戰，城未下，乃令天津僉事來斯行及都司楊國棟乘間復滕縣。國棟又大破賊于沙河，乃築長圍困之。賊食盡，其黨皆出降。鴻儒單騎走，擒之，送京師。是時于弘志已伏誅，東賊四散。王好賢見上。見鴻儒敗，挈家人南走，至揚州事露，就擒。

尋論平賊功，趙彦加兵部尚書，餘進秩有差。復以言官請，修復孟廟，命官致祭，且卹孟氏子孫。

54 壬午，以總兵官魯欽總理川貴、湖廣軍務，援貴州。

先是總兵杜文煥既復重慶，奢賊遁永寧，文煥頓兵不進，尋擢總理，盡統川貴、湖廣軍。文煥度不能制賊，遂引病去，至是以欽代之。

55 是月，左都御史鄒元標、副都御史馮從吾罷。

初，元標、從吾起用，復同官，乃共建首善書院于京師，御史周宗建董其事，大學士葉向高爲之記，朝暇與同志高攀龍等講學其中，名望日重，而諸不附東林者咸忌之。會明年當京察，給事中朱童蒙、郭允厚、郭興治，慮爲元標所黜，童蒙乃首劾「元標等以講學爲門户。」元標疏辨，求去，上已慰留，允厚復繼劾，語尤妄誕。而魏忠賢方竊政，傳旨謂：「宋室之亡，由于講學」，將加嚴譴。從吾言：「宋之不競，以禁講學故；非以講學故也。」葉向高亦力爲解，且乞同去，乃得温旨。而興治復力攻，比元標于山東妖賊，元標、從吾遂並引歸。

先是書院方建，御史黄尊素謂元標曰：「都門非講學地，徐文貞已叢議于前矣。」——謂徐階也。元標不能用。至是尊素言果驗。

元標、從吾既歸，群小擊碎其碑，暴于門外。先師木主委棄路隅，經史典籍盡被焚燬，而院獨存，其後遂爲大西洋曆局云。

56 修撰文震孟上勤政講學疏。

略曰：「今四方多故，無歲不蹙地陷城，覆軍殺將，乃大小臣工卧薪嘗膽之日，而因循粉飾，將使祖宗天下日銷月削。非陛下大破常格，鼓舞豪傑心，天下事未知所終也。

陛下昧爽臨朝，寒暑靡輟，政非不勤；然鴻臚引奏，跪拜起立，如傀儡登場已耳。請按祖宗制，唱六部六科，則六部六科以次白事，糾彈敷奏，陛下與輔弼大臣面裁決焉，則聖智日益明習而百執事各有奮心。若僅揭帖一紙，長跪一諾，北面一揖，安取此鵷行豸繡，横玉腰金者爲！

經筵日講，臨御有期，學非不講；然侍臣進讀，鋪敘文辭，如蒙師誦説已耳。祖宗之朝，君臣相對如家人父子，咨訪軍國重事，閭閻隱微，情形畢照，奸詐無所藏，左右近習亦無緣蒙蔽。若僅尊嚴如神，上下拱手，經傳典謨，徒循故事，安取此正笏垂紳展書簪筆者爲！

且陛下既與群臣不洽，朝夕侍御，不越中涓之輩，豈知帝王弘遠規模！于是危如山海，而閣臣一出，莫挽偷安之習；慘如黔圍，而撫臣坐視，不聞嚴譴之施。

近日舉動尤可異者，鄒元標去位，馮從吾杜門，首揆冢宰亦相率求退。空人國以營私窟，幾似濁流之投；詈道學以逐名賢，有甚僞學之禁。唐、宋末季，可爲前鑒。」疏入，忠賢屏不即奏，乘上觀劇，摘疏中「傀儡登場」語，謂「比上于偶人，不殺無以示天下」，上頷之。

一日，講筵畢，忠賢傳旨，「廷杖震孟八十」。首輔葉向高在告，次輔韓爌力争。會庶吉士鄭鄤疏復入，内批「俱貶秩調外」。言官交章論救，不納，震孟亦不赴調而歸。【考異】

忠賢矯旨杖文震孟，明史本傳書于是年十月。證之倪元璐論三案疏，言「震孟三月居官，昌言獲罪。」蓋震孟以是年三月登第，其受職當在五六月間，今據增入。

57 十一月，戊戌，山東巡撫趙彦解徐鴻儒等十八人至京師。磔鴻儒于市，餘皆伏誅。鴻儒臨刑嘆曰：「我與王好賢父子經營二十年，徒黨不下二百萬。事不成，天也！」鴻儒舉事凡七月而滅。

58 癸丑，以朱燮元總督四川及湖廣荆、岳、鄖、襄、陜西漢中五府軍務，兼巡撫四川。

59 是月，以工部右侍郎趙南星爲左都御史，代鄒元標也。南星既歸，名益高，與元標、顧憲成，海内擬之「三君」。光宗即位，起太常少卿，進太常卿，至則擢工部右侍郎。居數月，遂有是命。

60 十二月，己巳，貴陽圍解。

先是城中援絶糧盡，初食糠粃草木敗革，繼遂食死人肉，後乃食生人，至親屬相噉。里居參政潘潤民，一女被食，知縣周思稷自殺以饗軍，其存者卒誓死守，不遺餘力。中朝方亟遼事不能顧，而川貴總督張我續、巡撫王三善擁兵不進。李橒、史永安連章告急，嚴旨督責。

是月之朔，三善大會將士議曰：「省城不能待矣。外援不至，吾輩死法死敵，等死耳，尚何俟邪！」遂分兵三路進，銜枚疾走，進不許退。前部斬賊首一人，賊衆披靡，遂奪龍里城，乘勢急擊。安邦俊被銃死，邦彦駭走。遂直抵貴陽城下，先以五騎傳呼曰：「新撫至矣！」舉城歡呼更生。貴陽被圍十餘月，城中户十餘萬，至是僅存二百人，而孤城卒全。

是役也，橒、永安及提學劉錫元功最多，三善卒破賊。而我續無寸功，乾没軍資六十萬，言官交劾，詔解職聽勘。

61 邦彦之陷安順也，安順推官徐朝綱署府事，賊攻城，朝綱督兵民共守。土官温如璋等開門迎賊，朝綱被執，賊脅之降，不屈；索其印，罵曰：「死賊奴！吾頭可斷，印不可得。」賊怒，刀斧交下而死。其妻聞之，登樓自縊。長子婦亟舉火焚舍，挈十歲女躍烈焰中死。孫應魁，年十六，持矛潰圍出城覓其祖，遇賊被殺。婢僕從死者十一人。

同時守土及各衛之先後死事者，貴陽通判楊以成，理畢節衛事，賊圍貴陽，以成具蠟書乞援于雲南巡撫沈儆炌。書發而賊已至，戰却之。賊來益衆，以成遣吏懷印間道趨省，身督吏民拒守。會援兵至，賊方夜逃，而衛吏阮世爵爲内應，城遂陷。以成倉皇投繯，賊縶之去，乃爲書述賊中情形，置竹筒中，遣弟以恭赴雲南，爲賊所覺，並以成殺之。家屬死者十三人。

廣順知州鄭鼎，預策邦彦必反，上書當事言狀。州故無城，督民樹柵，實以土。無何，邦彦果反，來攻城，鼎誓死固守。或勸走定番，答以「守土之義，當與城存亡。」及賊入，與土官金燦端坐堂上，並爲賊所殺。婢僕從死者六人。吏目胡士統被執，亦不屈死。

貴州副使分巡思石道孫克恕，禦賊戰死，有虎守其骸不去，蠻人嗟異。

普定衛王明重，威清衛邱述堯，平壩衛金紹勛，壩陽把總簡登，龍里故守備劉臯，臯子景，並死難；而訓導劉三畏，賊至不避，兀坐齋中見殺。時稱「龍里三劉」云。

事聞，皆贈卹有差。

三年（癸亥，一六二三）

1 春，正月，己酉，以禮部尚書顧秉謙、侍郎朱國禎、朱延禧、魏廣微俱禮部尚書、東閣大學士，預機務。

時魏忠賢首結秉謙、廣微，一時霍維華、孫杰之徒從而附和之，遂偕國禎、延禧入閣。閣中已有葉向高、韓爌、何宗彦、朱國祚、史繼偕，又驟增四人，直房幾不容坐。秉謙、廣微，庸劣無恥，忠賢得爲羽翼，勢益張，而二人曲事忠賢，儼如奴役。

2 乙卯，紅夷據澎湖。

紅夷即和蘭國，其地在西南海中，近佛郎機。其人深目長鼻，髮眉鬚皆赤，時謂之紅毛番。萬曆中，福建商人歲給引往販呂宋諸國，和蘭人就而轉販，未敢窺中國也。自佛郎機市香山，據呂宋，和蘭聞而慕之。二十九年，駕大艦，攜巨礮，直薄呂宋。呂宋人力拒之，則轉薄香山澳。澳中人詰問，言「欲通市貢，不敢爲寇」，當事難之，召其酋入城，遊處一月，不敢聞于朝，乃遣還。

有海澄人李錦及奸商潘秀、郭震，販久，與和蘭人習，語及中國事，錦曰：「若欲通貢市，無若漳州者。漳南有澎湖嶼，去海遠，誠奪而守之，貢市不難成也。」錦乃代爲書移守臣，即俾秀、震齎書，當事大駭，繫秀于獄，震不敢入。初，秀與酋約，有成議乃聞；而酋不及待，即駕艦抵澎湖。錦往偵，被獲，亦下獄。已而議遣二人諭其酋還國，且拘震與俱，酋觀望不肯去。

時稅使高寀者，嗜賄甚，隱遣心腹周之範詣酋，説以三萬金餽寀，即許貢市，酋喜，盟有日矣。會總兵施養政令都司沈有容將兵往諭，有容負膽智，大聲論説，酋心折，乃悔悟，令之範還所贈金，止以哆囉嗹、玻璃器及番刀、番酒餽寀，乞代奏通市，寀不敢應。而撫按嚴禁奸民下海，犯者必誅，由是接濟路窮，番人乏食，始揚帆去。

然是時佛郎機橫海上，紅毛與争雄，復汎舟東來，侵奪臺灣地，築室耕田，久留不去。已，又出據澎湖，築城設守，漸爲求市計。守臣懼禍，説以毀城徙去，即許互市，至是果毀其城，然據臺灣自若。及互市不成，復築澎湖，尋犯廈門，官軍禦却之，濱海郡邑爲之戒嚴。

既而巡撫南居益請于朝，發兵出擊。持數月，寇又不退，乃大發兵，諸軍齊進。寇勢窘，運米入舟而去，獨渠帥高文律等十二人，據高樓自守，諸將破擒之。澎湖之警始熄，其據臺灣者如故。

3 貴州官軍進討水西賊，副總兵劉超敗績于陸廣河。

初，貴陽圍解，賊走渡陸廣河。時湖廣、廣西、四川援兵皆先後至，巡撫王三善，自以二萬人破賊十萬，有輕敵心，欲因糧于敵，乃舉超爲總兵官，令渡陸廣趨大方，擣安位巢，總兵官張彦芳渡鴨池，擣安邦彦巢，别將都司線補衮統土、漢兵各三萬，出黄沙渡，分三道尅期並進。超等至陸廣，連戰皆捷，彦芳部將秦民屏，亦破賊五大寨，諸將益輕敵。邦彦先合奢崇明及烏撒土舍安效良誘官軍深入，至是超渡陸廣，賊薄之，獨山土官蒙詔先遁，官軍大敗，争渡河。超走免，參將楊明楷被執，諸將姚旺等二十六人殲焉。賊遂攻破鴨池軍，部將覃弘化先逃，諸營盡潰，彦芳退保威清，惟補究軍獨全。

諸苗見大師失利，復蠭起。土酋何中尉進據龍里，而邦彦復分兵圍青巖，斷定番餉道，令其黨宋萬化、吴楚漢爲左右翼，自將趨貴陽，遠近大震。

4 二月，乙酉，贈衂鄒縣死難五經博士孟承光爲太僕寺少卿，母孔氏貞淑夫人、子弘略亦贈官。【考異】詔贈衂孟氏子孫在去年，據下詔月日也。明史本紀系之是年二月，及其母子姓名具書之。並見闕里志中。

5 丙戌，太白晝見。

6 是月，以南京户部尚書李長庚爲户部尚書，時汪應蛟致仕也。長庚未至，旋以憂去。踰月，以陳大道代之。又以侍郎盛以弘爲禮部尚書，顧秉謙入閣也。

7 遣中官刺邊事。

上好察邊情，常遣中官詣關門具事狀奏報，名曰「較事」。及魏忠賢竊柄，遣其黨劉朝等四十五人，齎甲仗、弓矢、白金、文綺，先後至山海關頒賚將士，實覘軍也。

孫承宗疏言：「中使觀兵，自古有戒。當水旱荒疲之後，將領罷邊籌而事逢迎，士卒釋戈甲而供使役，俱屬未便。且山海一城，知中使將出，將吏憂懼。即今命使已行，無容追議，恐後此創爲事例，不可不慎也。」不省。

御史周宗建，初以薦熊廷弼爲給事中郭鞏所劾，鞏知忠賢最惡宗建，因力詆「宗建誤廷弼，且誤封疆。」宗建抗疏抉鞏結納忠賢事，至是遂直攻忠賢。

略曰：「臣于去歲指名劾奏，進忠無一日忘臣，于是乘私人郭鞏入都，嗾以傾臣，并傾諸異己者。鞏乃創爲新幽、大幽之説，把持察典，編廷臣數十人姓名爲一册，思一網中之。又爲匿名書，羅織五十餘人，投之道左，給事中則劉弘化爲首，次及周朝瑞、熊德陽輩若而人；御史則方震孺爲首，次及江秉謙輩若而人，而臣亦其中一人也。既欲羅諸臣以快報復之私，更欲獨中臣以釋進忠之恨，即忠賢。是察典不出于朝廷，乃鞏及進忠之察典也。幸直道在人，鞏説不行，始別借廷弼，欲一穽陷之。

鞏又因臣論及王安，笑臣有何瓜葛。陛下亦知安之所以死乎？身首異處，肉飽烏鳶，骨投黄犬，古今未有之慘也。鞏即心暱進忠，何至背公滅理，且牽連劉一燝、周嘉謨、楊漣、毛士龍輩，謂盡安黨！請陛下窮究安死果出何人傾害，則此事即進忠一大罪案，鞏之媚進忠，即此可爲證據矣。

先朝汪直、劉瑾，雖皆梟獍，幸言路清明，臣僚隔絶，故非久即敗。今權璫報復，反借言官以伸；言官聲勢，反借權璫以重。數月以來，熊德陽、江秉謙、侯震暘、王紀、滿朝薦斥矣，鄒元標、馮從吾罷矣，文震孟、鄭鄤逐矣，近且扼孫慎行、盛以弘而絶其揆路。摘瓜抱蔓，正人重足，舉朝各愛一死，無敢明犯其鋒者。臣若尚顧微軀，不爲入告，將内有進忠爲之指揮，旁有客氏爲之羽翼，外有劉朝輩爲典兵示威，而又有巩輩蟻附蠅集，内外交通，驅除善類，天下事尚忍言哉！」

疏入，進忠益怒，率劉朝等環泣上前，乞自髡以激上怒。乃令宗建陳交通實狀，將加重譴，宗建回奏益侃直。進忠議廷杖之，閣臣力争，乃止奪俸。會給事中劉弘化、御史方大任等，交章助宗建攻進忠、巩，巩復力詆諸人。

詔下諸疏平議，廷臣爲兩解之，乃嚴旨切責，奪巩、宗建俸三月。

9 三月，癸卯，朝鮮國人廢其主李琿，立其從子綾陽君倧，以昭敬王妃之命權國事，令議政府移文督撫代奏。時總兵毛文龍集兵皮島，仰給于朝鮮，至是文龍爲之揭報。登州巡撫袁可立上言：「琿果不道，宜聽太妃具奏，以待中國更立。」疏留中未報。

10 甲寅，釋江南罪宗之禁高牆者。

11 丁巳，太白復晝見。【考異】明史天文志，「三月丁巳，太白晝見。」其二月丙戌，三編據實録增，今分書之。
12 是月，孫瑋爲刑部尚書。瑋以去年八月召，至是始任。工部尚書姚思仁罷，以倉場侍郎鍾羽正代之。
13 是春，振山東被兵州縣。
14 夏，四月，庚申朔，京師地震。
15 壬戌，釋江西罪宗。
16 己巳，大學士朱國祚罷。國祚在閣，謹慎持大體。刑部尚書王紀爲魏忠賢所逐，國祚疏救，復具揭争之，忠賢不悦。至是乞休疏十三上，遂許之。紀嘗以事忤國祚，及其論救，人皆稱國祚爲長者。
17 戊子，王三善破水西賊于大水塘，大敗之。時賊將趨貴陽，三善亟遣游擊祁繼祖等取龍里，王建中、劉志敏救青巖，先後燔賊寨二百餘，龍里、定番路皆通。至是連敗賊，焚其積聚數萬，賊氣始奪，不敢出，屯于鴨池、陸廣諸要地，爲自守計。
18 五月，庚子，河決睢陽、徐、邳，上下百五十里悉成平陸。

19 辛丑，四川官軍復永寧。

時朱燮元集將佐議曰：「我久不得志于賊，我以分，賊以合也。」乃盡撤諸軍攻長寧，連破麻塘坎、觀音菴、青山崖、天蓬峒諸寨。與秦良玉兵會，進攻永寧，擊敗奢寅于土地坎，追至老軍營、涼傘鋪，盡焚其營。寅被二創遁，樊虎亦中鎗死。復追敗之横山，入青岡坪，抵城下，遂拔之，禽叛將周邦太，降賊二萬，副總兵秦衍祚等亦攻克遵義。崇明父子逃入紅崖、大囤，官軍蹙之，連拔天台、白崖、楠木諸囤，賊奔入舊藺州城。

20 壬寅，録囚。

21 是月，客、魏肆惡，慮妃嬪白其罪，乃矯旨賜光宗選侍趙氏自盡。趙出光宗賜物列于庭，西向禮佛，痛哭自經。

幽裕妃張氏于别宫，絶其飲食。天雨，妃匍伏承簷溜飲之而死。

皇后張氏，素嚴正，數于上前刺客、魏過失。是時后有娠，客氏密布心腹宫人，以計墮之，上因此乏嗣。

又于上郊祀，掩殺上所寵馮貴妃，左右無敢言者。

慧妃范氏以客、魏讒失寵，李成妃爲之乞憐，客、魏知之，亦幽成妃别宫。成妃故鑒裕妃飢死，預備食物壁間，半月不死，斥爲宫人。【考異】明史后妃傳無月日，忠賢傳系之是秋下，蓋先後事也。三編據實録入之是年五月，又云「以郊祀日掩殺馮貴妃。」據楊漣疏，則南郊在十一月，今類書之。

三編發明曰：從來閹寺擅權，必結宮闈以自固，其間有害及宮闈者，亦必藉寵盛之宮闈以肆其毒。至客、魏肆惡已稔，慮妃嬪白其罪，竟敢矯旨殺先朝選侍。浸假而幽裕妃，浸假而墮后胎，殺貴妃，幽成妃，宮中生殺，惟所欲爲，并不必有所憑藉，此實前代所希聞者。熹宗雖童騃，至于不能保有妃嬪，且不能保其子而不之覺，殊出情理之外。奸璫之壞朝政而害忠良，莫甚于有明一代。而若此之恣害宮闈，作威擅殺，即明季亦所未有，楊漣一疏所爲擢髮數之而痛哭流涕者此也。

22 六月，丁丑，南京御史劉之鳳上疏，别白孫承宗、王象乾、閻鳴泰本末，事見上年。請定去留，而撤毛文龍海外軍，令居關内，又請亟罷内操忤忠賢。傳旨切責，復宣諭廷臣，「再瀆奏者罪無赦。」【考異】事見明史之鳳傳，特書三年六月。今據史稿日分書之。

越三年，之鳳方視江防，期滿奏報，忠賢遂傳中旨奪職。

23 秋，七月，辛卯，南京大内災。

24 壬辰，川、貴賊合。

時奢崇明走藺州，爲參將羅乾象所攻克，偕其子率餘衆走水西龍場客仲壩，倚其女弟奢社輝以守。

初，崇明失永寧，即求救于安邦彦，邦彦遣二軍窺遵義、永寧，朱燮元敗走之。總兵官李維新等遂攻破客仲巢，崇明父子竄深箐。維新偕副使李仙品、僉事劉可訓、參將林兆鼎等擣龍場，生禽崇明妻安氏及弟崇輝。

25 丁酉，安南寇廣西，巡撫何士晉禦却之。

26 己亥，史繼偕致仕。

27 是月，光宗實録成，總裁葉向高等上之。【考異】據三垣筆記，乃是月十六日，今系之七月下，爲六年改修張本。

28 工部尚書鍾羽正罷。

故事，奄人冬衣，隔歲一給。先是，六月間，群奄千餘人請預給，工部持之，奄人乃蠭擁入署，碎公座，毆掾吏，肆罵而去，蓋忌羽正者嗾奄使發難也。羽正疏聞，因求罷，詔司禮太監杖謫群奄，而諭羽正出視事。

羽正求去益堅，因言：「今帑藏殫虚，九邊壯士，日夜荷戈寢甲，弗獲一飽；慶陵工卒，負重乘高，暴炎風赤日中，求傭錢不得；而獨内官請乞，朝至夕從，此輩聞之，其誰不含憤！臣奉職不稱，義當罷黜。」復三疏自引歸。

踰年，爲奄黨所劾，遂削籍。
29 八月，丙寅，御史胡良機復請罷内操，不報。
30 壬申，恤蔭四川死事諸臣。
31 是月，以趙彦爲兵部尚書，王舜鼎爲工部尚書。
32 九月，癸巳，給事中陳良訓疏陳防微四事，忤魏忠賢，因摘其疏中「國運將終」語，下鎮撫司窮治主使。 輔臣葉向高揭救，至以去就争，乃奪俸。
先是給事中章允儒請減上供袍服，奄人激上怒，命廷杖，亦以向高論救者再，乃奪俸一年。
33 是月，詔户部倉場尚書李宗延回部管事，時陳大道罷也。
34 冬，十月，己巳，皇長子生，旋殤。
35 乙亥，京師地震。
36 己卯，皇次子慈焴生。
37 是月，改左都御史趙南星爲吏部尚書，以張問達致仕，代之也。
初，南星居憲職，慨然以整齊天下爲己任。 時問達方掌吏部，南星與主京察，以故給事中亓詩教、趙興邦、官應震、吴亮嗣，在先朝結黨亂政，議黜之，吏科都給事中魏應嘉力持不可，南星特著四凶論，卒澄汰之，天下快甚。又巡方者有提薦人材之例，南星已奏止之而踵行如故，南星復劾奏，巡方者始知畏法。

至是擢長吏部，鋭意澄清，獨行己志，政府及中貴憚其剛嚴，不敢有所干請。魏忠賢雅重南星名，遣其甥傅應星謁見，拒不納。遇忠賢于朝，正色語曰：「主上沖齡，我輩内外臣子，各宜努力爲善。」忠賢嘿然，怒形于色。大學士魏廣微，南星友允貞子也，素以通家子畜之。廣微入内閣，三至南星門，謝弗見，又嘗歎曰：「見泉無子！」——見泉，允貞別字也。——廣微恨刺骨，與忠賢比而齕南星。然當是時，葉向高、韓爌方輔政，南星掌銓，而秉憲及科、道、卿、貳之等皆東林正人，激揚風議，忠賢頗憚之。

問達歷更大任，梃擊、紅丸、移宫三大案，並經其手，持議平允，不激不隨，然卒以引王之寀爲諸黨人所忌。歸踰二年，爲御史周維持所劾，遂削奪。

38 閏月，壬寅，以皇子生，詔赦天下。【考異】史稿，皇子生頒詔在十月辛巳，誤也。明書綸涣志書頒詔于十月十六日，而詔中乃云「皇子以十月二十二日誕生」，則頒詔不應在前六日。今按閏月壬寅，正十六日，綸涣志蓋脱「閏」字，今據明史本紀書之。

39 是月，貴州巡撫王三善屢破水西賊，遂次大方。

初，安邦彦援奢崇明，爲四川兵所敗，復乘間陷普安。時總督楊述中駐沅州，畏賊，朝命屢趣之，始移鎮遠，議與三善左。而川督朱燮元，以永寧既拔，蜀中已靖，遂不窮追，于是邦彦益張甚。

會崇明逃入龍場依邦彦，三善議會師進討，而述中暨諸將俱以爲不可。至是三善排群議，自將六萬人渡烏江，次黑石，連敗賊，斬前逃將覃弘化以徇。賊乃柵漆山，日遣遊騎掠樵採者，軍中乏食。諸將請退師，三善怒曰：「汝曹欲退，不如斬吾首詣賊降。」諸將乃不敢言。三善募壯士逼漆山，緋衣峨冠，肩輿張蓋，自督陣，語將士曰：「戰不捷，此即吾致身處也。」旁一山頗峻，麾左軍據其顛，賊倉皇拔柵争山，將士殊死戰，賊大敗，邦彦狼狽走。三善渡渭河，降者相繼，遂長驅直抵大方。

40 是月，刑部尚書孫瑋以吏部尚書掌都察院事，代趙南星也。

41 十一月，丁巳朔，躬祀天于南郊。【考異】此躬祀南郊之始，故明史去年不書，史稿則直書躬祀，今從之。

42 甲戌，喀喇沁即哈喇慎，譯見前。邀賞，謀盜邊，參將王楹遇伏死之。

43 是月，以刑部左侍郎喬允升爲本部尚書，代孫瑋也。

44 十二月，己丑，太白晝見。

45 癸巳，命朝鮮李倧暫統國事。

先是八月間，朝鮮王妃金氏復請封倧，禮部尚書林堯俞言：「朝鮮廢立之事，內外諸臣抒忠發憤，有謂宜聲罪致討者，有謂勿遽討，且受方貢覈顛末者，或謂當責以大義，察輿情之向背者，或謂當令倧討敵自洗者，衆論咸有可采。其謂琿實悖德，倧討叛臣以赤心奉朝廷者，惟文龍一人耳。皇上奉天討逆，扶植綱常，此正法也。毋亦念彼素稱恭順，迥異諸裔，則更遣貞士信臣，會同文龍公集臣民再四詢訪。勘辨既明，再請聖斷。」報可。

至是禮部復上言：「臣前同兵部移咨登撫，并劄毛帥遣官往勘。今據申送彼國公結十二道，自宗室至八道臣民，共稱倧爲恭順。且彼之陪臣相率哀籲，謂『當此危急之秋，必須君國之主。』乞先頒敕諭，令倧統理國事，仍令發兵索賦，同文龍設伏出奇，俟漸有次第，始遣重臣往正封典。庶幾字小之中，不失固圉之道。」從之。【考異】明史本紀「是年十二月，封李倧朝鮮國王。」證之朝鮮傳，封倧國王在明年四月，是年十二月則命暫理國事也。今據朝鮮傳。

46 戊戌，京師地又震。

47 丁未，南京、鳳陽、蘇、松、淮、揚、泗、滁同日地震。

48 己酉，并薊遼總督于經略，從大學士孫承宗之請也。

先是王楹之死，爲西部朗素所殺，承宗怒，欲遣兵剿之；總督王象乾恐壞撫局，令朗素縛逃人爲殺楹者以獻，而增市賞千金。承宗方疏爭，而象乾以憂去。承宗患主款者撓己權，言「督師、總督可勿兼設」，請罷己，不可則弗推總督，並請「以遼撫移駐寧遠。」從之。而遼撫張鳳翼謂置己死地也，于是益銜承宗。

49 庚戌，以魏忠賢提督東廠。

初，神宗末，刑罰弛縱，而廠衛緝事亦漸稀簡，詔獄至生青草。及是忠賢以司禮秉筆領東廠事，車馬儀衛，僭擬乘輿。已而任用田爾耕掌衛事，許顯純爲鎮撫理刑，羅織鍛鍊，嚴刑慘酷，廠衛之毒至此而極。

又請括天下藏庫輸京師，閣臣葉向高言：「郡邑庫藏已竭，藩庫稍餘。倘盡括之，猝有如山東妖賊之亂，將何以應？」不納。

50 是冬，王三善抵大方，入居安位第。位偕母奢社輝走火灼堡，安邦彥竄織金，先所陷將楊明楷乃得還。位窘，遣使詣楊述中請降，述中令縛崇明父子自贖，三善責并獻邦彥。往返之間，賊得用計爲備。

三善以賊方平，議郡縣其地，諸苗及土司咸惴恐，益合于邦彥。三善先約四川總兵李維新滅賊，以餉乏辭。三善左次大方，久之，食盡，述中弗爲援，不得已乃議退師。

51 以太常少卿楊漣爲左僉都御史。漣以二年召還，不次遷擢。明年春，遂拜左副都御史。

明通鑑卷七十九

江西永寧知縣當塗夏　燮編輯

紀七十九起閼逢困敦（甲子），盡旃蒙赤奮若（乙丑），凡二年。

熹宗哲皇帝

天啓四年（甲子、一六二四）

1 春，正月，丙辰朔，長興縣民吴野樵作亂。

野樵故盜黨，匿廣德、長興交界地方，長興知縣石有恒緝捕不得。有恒之族人有干謁不遂，入野樵黨謀起事，以正月初一日賀正，突入縣放火，戕殺有恒及主簿徐可行。地方群起逐之，當獲野樵及其黨王召魁等，餘皆逃竄。查檢藏庫無恙，而獄中盜皆出柙去。

【考異】野樵作亂，明史本紀系之正月之朔，諸書皆不載，今參兩朝從信録書之。

2 乙丑，巡撫貴州王三善旋師，遇伏，死之。

先是，三善欲退師，盡焚大方廬舍，而東賊躡其後，中軍參將王建中、副總兵秦民屏戰没。官軍行且戰，至内莊，後軍爲賊所斷，三善還救，士卒多奔。陳其愚者，賊之心腹，先詐降，三善信之，與籌兵事，故軍中虚實，賊無不知。至是三善遇賊，其愚故縱轡，衝三善墜馬，三善知有變，急解印綬付家人，拔刀自刎，不殊，賊擁之去，駡不屈，遂遇害。同知梁思泰、主事田景猷等四十餘人皆死。賊（殉）〔拘〕監軍副使岳具仰以要撫，具仰遣人持蠟書于外，被殺。

初，三善久駐大方，御史徐卿伯上言：「安邦彦招四方奸宄，多狡計。撫臣得勝驟進，視蠢苗不足平。不知澤溪以西，渡陸廣河，皆鳥道深箐；彼誘我深入，以木石塞路，斷其郵書，阻餉道，遮援師，則彼不勞一卒，不費一矢，而我兵已坐困矣。」後悉如其言。具仰敗于内莊，監軍四人，其三得脱還，惟具仰竟死。景猷當賊圍貴陽時，以單騎往，曉諭禍福，賊欲屈景猷，陳寳玩以誘之，不動，遂羈之獄中二年，至是遇害。

3 庚午，大學士何宗彦卒。宗彦清修有執，攝尚書六年，遇事侃侃敷奏，時望甚隆。會推閣臣，廷臣多首宗彦，獨吏科給事中不署名，遂不預，宗彦旋乞假去。神宗末，齊黨勢盛，非同類即排去之。宗彥獨無所附麗，故終不安其位。

光宗立，即家起禮部尚書入閣，天啓元年夏還朝，及是卒于官。

4 癸未，日赤無光，有黑子二三盪于旁，漸多至百許，凡四日。

5 二月，丁酉，薊州、永平、山海關地震，壞城郭廬舍。

6 甲寅，京師地震，宮殿動搖有聲，銅缸之水騰波震盪。

是日，上不豫。

7 是月，以陳長祚爲工部尚書，代王舜鼎也。

舜鼎時以疾在告，未幾卒。

8 三月，丙辰，京師地震。

9 丁巳，上疾瘳。

10 戊午夜，京師地再震。庚申夜，復震者三。

時宮中地震，乾清宮尤甚。適上體違和，人心惶懼。御史餘姚黃尊素陳時政十失，末言：「陛下厭薄言官，人懷忌諱，遂有剽竊皮毛，莫犯中扃者。今阿保重於趙嬈，禁旅近於唐末，蕭牆之憂慘于敵國。廷無謀幄，邊無折衝；當國者昧安危之機，誤國者護恥敗之局。不于此進賢退不肖，而疾剛方正直之士如仇讎，陛下獨不爲社稷計乎！」

疏入，魏忠賢大怒，謀廷杖之。韓爌力救，乃奪俸一年。

11 杭州兵變。

時九營兵以正月有諸生家張燈，火起，延燒房屋，諸亂卒乘之起，拆錢唐門外更樓十座。有楊把總者，約束營兵勿預亂，而各兵遽縛本弁還營，懸之高竿，欲以弓矢斃之。兩游擊撫之乃定，竟革把總職。

12 癸酉，上視朝。

13 夏，四月，乙巳，下內閣中書汪文言鎮撫司獄。

文言，歙人，初以布衣，任俠有智術。神宗末，遊京師，輸貲爲監生，用計破齊、楚、浙三黨。先是三黨諸魁交甚密，後齊與浙漸相貳。文言習知本末，多方設奇間之，諸人果相疑。而浙黨鄒之麟，以求吏部不得見惡，齊黨亦交鬥其間，于是齊、浙之黨大離。文言又交結東宮伴讀王安，與談當時流品，安悅之。光宗初立，外廷倚劉一燝，而安居中，以次行諸善政，文言交關力爲多。及魏忠賢殺安，文言亦下吏，得末減，益遊公卿間。葉向高用爲內閣中書，韓爌、趙南星、楊漣、左光斗、魏大中俱與往來。

會給事中阮大鋮與光斗、大中有隙，囑其同官傅櫆劾「文言與光斗、大中交通爲奸利」，旨下文言詔獄。葉向高以舉用文言，引罪求去，忠賢終憚向高舊臣，不深究。而御史黄尊素語鎮撫劉僑曰：「文言無足惜，不可使禍延縉紳。」僑領之。獄上，止坐文言廷杖除名，無株及者。方忠賢得櫆疏，喜甚，欲借是羅織東林，而獄遽解，志不逞。

是時大中方遷吏科都給事中，以文言事上疏力辨，詔許履任，及赴鴻臚報名面恩，忠賢忽矯旨責「大中互訐未竣，不得赴新任。」故事，鴻臚報名狀無批諭旨者，舉朝駭愕。傳櫆亦言「中旨不宜旁出」，大中乃復視事。【考異】汪文言兩下鎮撫司獄，一是年四月，一十二月也，三編並記之十二月目中，明史本紀則但書「十二月逮汪文言」，惟史稿分書于四月、十二月者得之。明史葉向高傳亦書逮汪文言于四月，向高論救，蓋十二月向高已早致仕去也。楊漣參忠賢二十四大罪中，已有「大中遵旨涖任，忽傳旨詰責」主語，則文言下獄，大中履任，皆在六月前。今據史稿分書之。

14 是月，封李倧爲朝鮮國王。

15 五月，甲寅朔，福寧兵變。

時倉官林廷柱乾没軍儲，餉不以時給，亂卒張天錫等煽流民揭竿而起，脅衆閉城，辱官毆吏，城門閉塞者十有三日。守道宋震生撫之，乃定。【考異】杭州、福寧兵變，明史本紀皆有月日，事見兩朝從信録。

16 六月。癸未朔，左副都御史楊漣，抗疏劾魏忠賢二十四大罪。

略曰：「高皇帝定令，『内官不許干預外事，違者法無赦。』乃有肆無忌憚，濁亂朝常，如東廠太監魏忠賢者，敢列其罪狀言之：

忠賢本市井無賴，中年浄身，夤入内地。初猶謬爲小忠小信以倖恩，繼乃敢爲大奸大惡以亂政。祖制以擬旨專責閣臣，自忠賢擅權，多出傳奉，或徑自内批。壞祖宗二百餘年之政體，大罪一。

劉一燝、周嘉謨，顧命大臣也，忠賢令孫杰論去，急于翦己之忌，不容陛下不改父之臣，大罪二。

先帝賓天，實有隱恨，孫慎行、鄒元標以公義發憤，忠賢悉排去之，顧于黨護選侍之沈漼，曲意綢繆，終加蟒玉，親亂賊而讎忠義，大罪三。

王紀、鍾羽正，先年功在國本。及紀爲司寇，執法如山；羽正司空，清修如鶴。忠賢構黨斥逐，必不容盛時有正色立朝之直臣，大罪四。

國家最重無如枚卜，忠賢一手握定，力阻首推之孫慎行、盛以弘，更爲他辭以錮其出，豈真欲門生宰相乎！大罪五。

爵人于朝，莫重廷推。去歲南太宰、北少宰，皆用陪推，致一時名賢不安其位。顛倒銓政，掉弄機權，大罪六。

聖政初新，正資忠直。乃滿朝薦、文震孟、熊德陽、江秉謙、徐大相、毛士龍、侯震暘等，抗論稍忤，立行貶黜，屢經恩典，竟阻賜環。長安謂『天子之怒易解，忠賢之怒難調』，大罪七。

然猶曰外廷臣子也。去歲南郊之日,傳聞宮中有一貴人,以德性貞静,荷上寵注,忠賢恐其露己驕横,託言急病,置之死地,是陛下不能保其貴倖矣。大罪八。

猶曰無名封也。裕妃以有娠傳封,中外方爲慶幸。忠賢惡其不附己,矯旨勒令自盡,是陛下不能保其妃嬪矣。大罪九。

猶曰在妃嬪也。中宮有慶,已經成男,乃忽焉告隕,傳聞忠賢與奉聖夫人實有謀焉。是陛下且不能保其子矣。大罪十。

先帝青宫,四十年所與護持孤危者,惟王安耳。即陛下倉猝受命,擁衛防維,安亦不可謂無勞。忠賢以私忿矯旨殺于南苑,是不但仇王安,而實敢仇先帝之老奴。况其他内臣無罪而擅殺擅逐者又不知幾千百也。大罪十一。

今日獎賞,明日祠額,要挾無窮,王言屢褻。近又于河間毁人居室,起建牌坊,鏤鳳雕龍,干雲插漢,又不止塋地僭擬陵寢而已。大罪十二。

今日廕中書,明日廕錦衣。金吾之堂,口皆乳臭;誥敕之館,目不識丁。如魏良弼、魏良材、魏良卿、魏希孔及其甥傅應星等,濫襲恩廕,褻越朝常。大罪十三。

用立枷之法,戚畹家人,駢首畢命,意欲誣陷國戚,動摇中宫。若非閣臣力持,言官糾正，椒房之戚，又興大獄矣。大罪十四。

良鄉生員章士魁，以争煤窰傷忠賢墳脈，託言開礦而致之死。趙高鹿可爲馬，忠賢煤可爲礦，大罪十五。

王思敬等牧地細事，責在有司；忠賢乃幽置檻阱，恣意搒掠，視士命如草菅。大罪十六。

給事中周士樸，執糾織監，忠賢竟停其陞遷，使吏部不得專銓除，言官不敢施封駮。大罪十七。

北鎮撫劉僑，不肯殺人媚人，忠賢以不善鍛鍊，遂致削籍。示大明之律令可以不守，而忠賢之律令不敢不遵。大罪十八。

給事中魏大中，遵旨莅任，忽傳旨詰責；及大中回奏，臺省交章，又再褻王言。毋論玩言官于股掌，而煌煌天語，朝夕紛更。大罪十九。

東廠之設，原以緝奸，自忠賢受事，日以快私讎、行傾陷爲事。投匭設阱，日夜未已，片語稍違，駕帖立下，勢必興同文館獄而後已。大罪二十。

邊警未息，内外戒嚴，東廠緝訪何事？前奸細韓宗功，潛入長安，偵探虚實，實主忠賢司房之邸，事露始去。假令天不悔禍，宗功事成，未知九廟生靈安頓何地！大罪二一十一。

祖制不蓄内兵，原有深意，忠賢與奸相沈㴶創立内操，藪匿奸宄，安知無大盜刺客潛入其中！一旦變生肘腋，可爲深慮。大罪二十二。

忠賢進香涿州，警蹕傳呼，清塵墊道，人以爲大駕出幸。及其歸也，改駕駟馬，羽幢青蓋，夾護環遮，則儼然乘輿矣。其間入幕效謀，叩馬獻策者，實繁有徒。忠賢自視爲何如人哉！大罪二十三。

夫寵極則驕，恩多成怨。聞今春忠賢走馬御前，陛下射殺其馬，貸以不死。忠賢不自伏罪，進有傲色，退有怨言，朝夕隄防，介介不釋。從來亂臣賊子，只爭一念放肆，遂至不可收拾，奈何養虎兕于肘腋間乎！此又寸臠忠賢，不足蔽其辜者。大罪二十四。

凡此逆跡，昭然在人耳目，乃内廷畏禍而不敢言，外廷結舌而莫敢奏。間或奸狀敗露，又有奉聖夫人爲之彌縫，更相表裏，迭爲呼應。伏望陛下大奮雷霆，集文武勳戚，敕刑部嚴訊以正國法，并出奉聖夫人于外，用消隱憂。臣死且不朽。」

疏上，忠賢懼甚，求解于韓爌，爌不應，遂趨上前泣訴，且辭東廠。而客氏從旁爲剖析，王體乾等贊之。上懵然不辨也，遂温諭留忠賢，而于次日下漣疏，嚴旨切責。

先是漣疏就，欲早朝面奏，值次日免朝，恐再宿洩機，遂于會極門上之，忠賢乃得爲計。漣愈憤，擬對仗復劾之，忠賢詗知，遏上不御朝者三日。及上出，群閹數百人，衷甲（來）〔夾〕陛立，敕左班官不得奏事，漣乃止。

17 楊漣既劾忠賢，一時抗疏繼之者，御史黄尊素言：「天下有政歸近倖，威福旁移，而世界清明者乎？天下有中外洶洶，無不欲食其肉，而可置之左右者乎？陛下必以爲曲謹可用，而孤立自虞；試問陛下登極以來，公卿臺諫，纍纍罷歸，致在位者無固志，不于此稱孤立，乃以去一近侍爲孤立邪？今忠賢不法狀，廷臣已發露無餘。陛下若不早斷，臣知忠賢必不肯收其已縱之韁而净滌其腸胃，忠賢之私人必不肯回其已往之棹而默消其冰山。始猶與士大夫爲讎，繼且以至尊爲注。柴柵既固，毒螫誰何。不惟臺諫折之不足，即干戈取之亦難矣。」

御史江陰李應昇，方以地震疏請保護聖躬，亟停内操，不省。應昇知忠賢必禍國，草疏列其十六罪。將上，爲兄所知，毁其稿，怏怏而止。

至是，繼漣上疏，中言：「小人根株既深，毒手乃肆。今陛下明知忠賢罪，曲賜包容。彼緩則爲自全之計，急則作走險之謀，蕭牆之間，能無隱禍！忠賢一日不去，則陛下一日不安，臣爲陛下計，莫如聽忠賢引退以全其命；爲忠賢計，莫若早自引決以乞帷蓋之恩。不然，惡稔貫盈，他日欲保首領，不可得矣。」又言：「君側不清，安用彼相！一時寵利有盡，千秋青史難欺。不欲爲劉健、謝遷者，恐并不能爲李東陽，不將與焦芳同傳耶？」蓋指魏廣微也。

吏科都給事中魏大中，亦率同官上言：「從古君側之奸，非遂能禍人國也；有忠臣不惜其身以告之君，而其君不悟，乃至于不可救。今忠賢之惡極矣，人怨于下，天怒于上，故楊漣不惜粉身碎首以冀陛下之一悟；而所列忠賢罪狀，陛下悉引爲親裁，代之任咎，恐忠賢所以得溫旨即出忠賢手，而漣之疏陛下且未及省覽也。陛下貴爲天子，致三宮列嬪盡寄性命于忠賢、客氏，能勿寒心！若謂左右屏而聖躬將孤立，夫陛下一身，大小臣工所擁衛，何藉于忠賢！若忠賢、客氏一日不去，恐禁廷左右悉忠賢、客氏之人，非陛下有，陛下真孤立于上耳。」

河南道御史袁化中，亦率同官上疏曰：「忠賢障日蔽月，逞威作福，視大臣如奴隸，斥言官若孤雛，殺内廷外廷如草菅。朝野共危，神人共憤，陛下未之知。今漣已侃侃入告矣，陛下念其潛邸微勞，或貸忠賢以不死，而忠賢實自懼一死。懼死之念深，將挺而走險，騎虎難下，臣恐其横逞之毒，不在搢紳而即在陛下。陛下試思，深宫之内，可使多疑多懼之人日侍左右而不爲防制哉？」

于是南、北臺、省、卿、貳攻忠賢者疏至數十上，而國子祭酒蔡毅中，率合監師生千餘人，請究忠賢二十四大罪。

略曰：「學校者，天下公議所從出也。臣正與諸生講『爲君難』一書，忽接楊漣劾忠賢疏，合監師生千有餘人，無不鼓掌稱慶。乃皇上不下其奏于九卿，而自爲忠賢任過。臣惟三代以後，漢、隋、唐、宋諸君，其受權璫之害與處權璫之法，載在通鑑；我朝列聖受權璫之害與處權璫之法，載在實録；臣皆不必多言，但取至近至親如武宗之處劉瑾，神宗之處馮保二事，願皇上遵之。瑾在武宗左右，言聽計從，一聞諸臣劾奏，夜半自起，禽而殺之。神宗臨御方十齡，保左右扶持，盡心竭力，既而少作威福，臺省劾奏，未聞舉朝公疏，神宗遂不動聲色而戍保于南京。今忠賢無保之功而極瑾之惡，二十四罪，無一不當悉究。舉朝群臣，欲于朝罷跪以候旨，忠賢遂要皇上入宫，不禮群臣，數日以來，但有及忠賢者，留中不發。如此蒙蔽，其中寧可測哉！乞將漣疏發九卿、科、道從公究問，即不加劉瑾之誅，而以處馮保之(注)〔法〕懲之，則恩威並著，與神祖媲美矣。」

疏入，忠賢戟手大詬。然是時衆正盈朝，不敢遽肆，皆傳旨切責之。

方漣劾忠賢疏上，諭德江陰繆昌期，大學士葉向高門下士也，方過謁向高。向高頗以漣疏爲率易，又慮上左右無人，昌期愕然曰：「誰爲此言以誤公？可斬也！」向高色變，昌期徐起去。語聞于漣，漣怒，向高亦内慚。會有言漣疏乃昌期代草者，忠賢遂深怒不可解，自是而大獄頻興矣。【考異】明史忠賢傳，言「楊漣劾魏忠賢，繼之者七十餘人。」紀事本末言「先後申奏者，或專或合，不下百餘疏。」而上疏姓名，見于傳中者，則魏大中、陳良訓、許譽卿、朱國弼、陳道亨、岳元聲等六人，蓋散見各傳者不具載也。三編目中增入御史劉業、楊玉珂、京卿胡世賞、蔡毅中四人，而遺去陳良訓。惟從信録及紀事本末最詳。録言「科、道則魏大中、陳良訓、袁化中、周宗建、李應昇、黄尊素、方大任、劉芳、劉廷宣、許譽卿、房可壯、喻思恂、胡永順、胡良機、朱大典、陳奇瑜、翟學程、熊奮渭、劉之待、段國璋、霍守典、甄淑、孫紹沆、周汝弼、吴弘業、劉其忠、陳熙昌、劉懋、王政新、李光春、潘士良、謝奇舉、胡士奇、劉朴、楊玉珂、劉先春，南科、道徐憲卿、趙應期等，兵部尚書趙彦，詹事翁正春，太常胡世賞，太僕朱欽相，撫寧侯朱國弼，南公疏兵部尚書陳道亨等，所列凡四十餘人。」以校紀事本末，則又有給事劉茂、傅櫆、周之綱、杜三英、楊夢袞、顧其仁、李精白、陳維新、楊維新、劉環、洪如鍾、梁元柱、張鑛、李喬崙、宋政等，若萬燝、蔡毅中、鄒維璉之等，又别書之。而毅中率國子監諸官，又有監丞金維基、博士門洞開、鄧光舒、王裕心，助教張翰南、徐伯徵、姚士傳、孫世裕、董天胤，學正王永興、蔣紹煃，學録聶雲翔、杜士基，典簿萬民憼，典籍陳烈等，今並識之。

18 丙申，大雨雹。

19 是月，皇子慈焴薨，謚曰悼懷太子。

20 杖工部郎中萬燝于廷，斃之。

初，燝在工部，司鼓鑄，會慶陵大工費不貲，知内府廢銅山積，移牒内官監，請發以助鑄，忠賢怒，不發。再請，復矯旨詰責。

比進郎中，見楊漣等疏上，率被嚴旨，乃抗章極論，略言：「人主有政權，有利權，不可委臣下，況刑餘寺人哉！忠賢性狡而貪，膽粗而大；口銜天憲，手握王爵，所好生羽毛，所惡成瘡痏。廕子弟則一世再世，賚廝養則千金萬金。毒痡士庶，威加縉紳。一切生殺予奪之權，盡爲忠賢所竊。且忠賢固供事先帝者也，陛下寵忠賢，亦以此也，乃于先帝陵工，略不厝念。間過香山碧雲寺，見忠賢自營墳墓，規制宏敞，擬于陵寢，前列生祠，又建佛宇，璇題耀日，珠網懸星，費金錢幾百萬。爲己墳墓如此，爲先帝陵寢則如彼，可勝誅哉！忠賢竊陛下權，内外止知有忠賢，不知有陛下，豈可一日尚留左右！」

疏入，忠賢大怒。當是時，忠賢方惡廷臣交章劾己，無所發憤，思借熼立威，乃矯旨廷杖一百。令群閹先至熼邸，捽而毆之，比至闕下，氣息纔屬。杖已，絶而復甦，群閹更肆蹴踏。越四日，即卒。

御史黄尊素上言：「律例，非叛逆十惡無死法，今以批肝瀝膽之忠臣，竟殞于磨牙礪齒之凶豎，千載而下，史筆書之，豈不上累聖德！乞復其故官，破格賜卹。」不報。【考異】明史本紀，杖萬熼在是月丙申，熼本傳記其死，云「時四年七月七日也。」原修三編及諸書皆系之六月，輯覽及重修三編始據本傳改入七月。按熼受杖後，復逮林汝翥。汝翥懼，逃之遵化。諸奄以其爲輔臣葉向高之甥，圍其邸大譟。向高以時事不可爲乞歸，二十餘疏乃許之。考向高致仕在七月辛酉，爲七月初九日，而中間逮林汝翥及向高二十餘請之疏，皆在辛酉前。似其時燝已早死，本紀系之六月者近之，但非丙申耳。據兩朝從信録載拏問萬燝旨中，有「皇子薨逝」語，皇子之薨在戊戌，不應杖燝反在三日前也。今連書于六月皇子薨下，不繫日，餘詳考證中。

21 復逮巡城御史林汝翥。

先是汝翥以事笞内侍曹進、傅國興，忠賢復矯旨杖之。汝翥懼，逃之遵化，自歸于巡撫鄧渼。渼以聞，卒受杖。【考異】汝翥之逮，明史本紀同書之丙申下，史稿書之壬寅。證之明史萬燝、葉向高傳，在燝死之後，然皆六月間事也。今並系之六月杖萬燝下。

22 秋，七月，辛酉，大學士葉向高罷。

楊漣劾忠賢疏上，向高謂「事且決裂」。廷臣相繼抗章至數十上，或勸向高下其事，可決勝也。向高念忠賢未易除，閣臣從中挽回，猶冀無大禍，乃具奏稱：「忠賢勤勞，朝廷寵待，盛滿難居。宜解事權，聽歸私第，保全終始。」忠賢不悦，矯上旨敘己功，累百餘言，向高駭曰：「此非閹人所能，必有代爲草者！」探之，則徐大化也。

忠賢雖憤，猶以外廷勢盛，未敢加害。有導以興大獄者，遂殺萬燝，復逮林汝翥。汝翥，向高甥也，逃之遵化。群奄疑匿向高第，聚而圍之，大肆詬辱。向高上言：「國家二百年來，無中使圍閣臣第者。臣今不去，何面目見士大夫！」上優旨慰留，盡收回中使。

汝翥尋出受杖，幸不死。向高以時事不可爲，乞歸已二十餘疏，至是請益力，命行人護歸。

向高爲人，光明忠厚，有德量，好扶植善類。自再入相輔沖主，閹人逞煬竈計，時事日非，向高亦刓方爲圓。然數有匡救，老成持重，爲清流所倚賴。惟庇門生王化貞，不能決議，致壞封疆事，爲時所咎焉。

23 癸亥，河決徐州魁山堤，東北灌州城，城中水深一丈三尺。一自南門至雲龍山西北大安橋，入石狗湖；一由舊支河南流至鄧二莊，歷租溝東南以達小河，出白洋，仍與黄會。徐民苦墊溺，議集貲遷城，給事中陸文獻上徐城不可遷六議，而勢不得已，遂遷州治于雲龍山，河事置不講矣。

24 振山東饑。

25 是日，六科廊火。

給事中劉懋請罷内操，不省。

御史李應昇言：「廷杖不可再，士氣不可折。今部郎之杖血方腥，祝融之烈焰旋作，天譴甚明，伏祈留意。」亦不報。

26 是月，封光宗選侍李氏爲康妃。

初，上暴選侍罪狀，命停其封號。至是魏忠賢爲之請，從之。或謂前諭出自王安，後旨出自忠賢，前後牴牾，上卒不辨也。

27 八月，己酉，陝西地震。

28 是月，左都御史孫瑋卒，以刑部右侍郎高攀龍代之。

29 九月，工部尚書陳長祚罷，召左副都御史馮從吾代之。從吾告歸，是春，起爲南京右都御史，累辭未上，至是方赴召。聞趙南星、高攀龍先後去國，遂連疏力辭，予致仕。

30 冬，十月，丁酉，吏部尚書趙南星罷。

己亥，左部御史高攀龍罷。

初，忠賢日肆，而東林勢尚盛，衆正盈朝。南星長吏部，益搜舉遺佚，布之庶位，攀龍及楊漣、左光斗秉憲，李騰芳、陳于廷佐銓，魏大中、袁化中掌科道，鄭三俊、李邦華、孫居相、饒伸、王之寀輩，悉置卿貳，而四司之屬，鄒維璉、夏嘉遇、張光前、程國祚、劉廷諫，亦皆民譽，中外忻忻望治。而小人側目，滋欲去南星。

會維璉自兵部職方改吏部，旋進考功，給事中傅櫆，以己不預聞，首假汪文言發難，劾「南星紊舊制，植私人」，維璉引去，南星奏留之，小人益恨甚。

攀龍既居憲職，主考察，時御史崔呈秀按淮揚，贓私狼藉，霍邱知縣鄭延祚貪，懼呈秀劾之，兩行千金賄，遂薦焉。比呈秀還朝，攀龍因考察，盡發其貪污狀。南星議戍之，詔革職候勘。

呈秀窘，夜走魏忠賢所，叩頭乞哀，言：「攀龍、南星皆東林，挾私排陷。」復叩頭涕泣，願爲養子。當是時，忠賢憤廷臣交攻，方思得外廷助。涿州人馮銓者，少年官侍從，家居，與熊廷弼有隙，遺書魏良卿，勸興大獄。忠賢冀假事端傾陷諸害己者，得呈秀，相見恨晚。呈秀又言：「不去南星、攀龍等，吾輩未知死所。」忠賢大以爲然，遂與定謀。

會山西缺巡撫，南星以太常卿謝應祥有清望，首列以請，既得旨。而御史陳九疇，受魏廣微指，言「應祥嘗知嘉善，魏大中出其門。大中以師故，謀于選郎夏嘉遇而用之，徇私當斥。」大中、嘉遇疏辨。南星、攀龍極言「應祥以人望推舉，大中、嘉遇無私，九疇妄言不可聽。」忠賢大怒，矯旨黜大中、嘉遇，并黜九疇，而責南星等朋謀結黨。

南星遽引罪去，忠賢復矯旨切責，放之歸。越日，攀龍亦引去。

31 南星等既罷，吏科給事中許譽卿、沈惟炳，皆以論救降調。而鄒維璉先以求罷不得，復繼楊漣劾忠賢。已，崔呈秀坐贓，維璉復論戍邊，諸逆黨交憾。及南星去，維漣請與俱去，遂放歸。

32 十一月，辛亥，削吏部侍郎陳于廷、副都御史楊漣、僉都御史左光斗籍。

先是萬㷿杖死，御史黄尊素語漣曰：「可以去矣。」漣曰：「苟濟國，死生以之。」卒不去。至是廷推吏部尚書，漣注籍不預，于廷等推喬允升、馮從吾、汪應蛟上之。中旨謂：「此次會推，仍是趙南星私人，顯是于廷、漣、光斗有意徇私。」更責「漣怙惡不悛，注籍躲閃；前者勘陳九疇事，俱屬漣等主張，朋比不公。」遂並斥爲民，且追奪漣、光斗誥命。【考異】明史本紀于是年十月遺却罷趙南星、高攀龍，而載罷于廷等三人。史稿則罷趙、高在十月丁酉，于廷等三人罷在十一月辛亥，證之諸書及三編，皆分系之十月、十一月。然明史楊、左傳皆作「十月」。光斗傳中言「忠賢逐南星、攀龍、大中，次將及漣、光斗。光斗憤甚，草奏劾忠賢及魏廣微三十二斬罪，擬十一月二日上之，先遣妻子南還。忠賢詗知，先二日，假會推事，與漣俱削籍」云云。據此，則三人之黜在十月之末，十一月之初，而史稿書之十一月辛亥，正是月之朔。明史本紀據先二日書之，故入之十月，不書日耳。今仍據史稿及三編分書之。

33 己巳，大學士韓爌罷。

魏忠賢以楊漣劾己，爌不爲援，深銜之。及向高罷，爌爲首輔，每事持正，爲善類所倚。然向高有智術，籠絡群奄，爌惟廉直自持，勢不能敵；而同官魏廣微，又深結忠賢，偏引邪黨。

忠賢假會推事逐趙南星、高攀龍，爌急率朱國楨等上言：「陛下一日去兩大臣，臣民失望。且中旨徑宣，不復到閣；而攀龍一疏經臣等擬上者，又復更易；大駭聽聞，有傷國體。」忠賢益不悅，傳旨切責。未幾，又逐楊漣、左光斗、陳于廷，朝政大變，忠賢勢益張。

故事，閣老秉筆，止首輔一人；廣微欲分其柄，囑忠賢傳旨諭爌，同寅協恭，而責次輔無伴食。爌惶懼，即抗疏乞休，略言：「臣備位綸扉，咎愆日積，如詰戎宜先營衛，而觀兵禁掖，無能紓宵旰憂；忠直尚稽召還，而搒掠朝堂，無能回震霆怒；後先諸臣之罷斥，諭旨中出之紛更，不能先時深念，有調劑之方，又不能臨事執持，爲封還之戇；皆臣罪之大者。皇上釋此不問，責臣以協恭，責同官以協贊；同官奉詔以從事，臣欲奉詔無由矣。乞急褫臣官，爲佐理溺職之戒。」中旨責爌「歸非于上，悻悻求去」，聽還籍。諸輔臣請如故事加以體貌，不報。

34 是月，大學士孫承宗請入覲，不果。

初，忠賢盜柄，以承宗功高，欲親附之，使中官劉應坤等申意；承宗不與交一言，忠賢由是大憾。會忠賢逐楊漣、趙南星、高攀龍等，承宗方西巡薊昌，念抗疏，上未必親覽，往在講筵，每奏對輒有入；乃請以十四日賀聖壽入朝，面奏機宜，欲因是論其罪。魏廣微聞之，奔告忠賢：「承宗擁兵數萬，將清君側，兵部侍郎李邦華爲内主。公立虀粉矣！」忠賢悸甚，繞御牀哭，上亦爲心動，令内閣擬旨。次輔顧秉謙奮筆曰：「無旨離信地，非祖宗法。違者不宥。」夜，啓禁門，召兵部尚書入，令三道飛騎止之，又矯旨諭九門守閹：「承宗若至齊化門，反接以入。」

承宗抵通州，聞命而返。忠賢遣人偵之，一襆被置輿中，後車鹿善繼而已，意少解。而其黨李蕃、崔呈秀、徐大化連疏詆之，比之王敦、李懷光。承宗乃杜門求罷，不允。【考異】明史熹宗本紀，帝以萬曆三十三年十一月生，無日。證之兩朝從信録、剥復録諸書，皆云「承宗將以閱邊薊遼入京師，十四日賀萬壽」云云。神宗本紀書「萬曆三十三年十二月乙卯，以皇長孫生，詔告天下」，此據頒詔之月日耳。詔中亦云「十一月十四日」，見明書編涣志，今系之是月下。附識之。

35 起崔景榮爲吏部尚書。

初，景榮爲兵部尚書，數爲言官所論，御史方震孺請罷景榮，以孫承宗代之，遂引疾歸。至是特起長吏部。

時忠賢盜國柄，群小相倚附，逐尚書趙南星，欲起景榮爲助。比至，忠賢飾大宅以待，景榮不赴；錦衣帥田爾耕來謁，又辭不見。明年，上幸太學，忠賢欲先一日聽祭酒講，議裁諸聽講大臣賜坐賜茶禮，又議減考選員額，汰京堂添注官，景榮皆力持不行。浸忤忠賢，卒亦不安其位云。

36 魏忠賢之興大獄也，顧秉謙、魏廣微實首導之。楊漣劾忠賢大罪，有「門生宰相」語，秉謙益恨甚。會孟冬享廟，且頒朔，廣微偃蹇後至，給事中魏大中、御史李應昇連劾之。廣微憤，遂與秉謙謀盡逐諸正人，撰縉紳便覽一册，若葉向高、韓爌之等百餘人，目爲邪黨，而以黄克纘、王永光、徐大化等六十餘人爲正人，由奄人王朝用進之，俾用是爲黜陟。及是向高、爌先後罷，秉謙、廣微柄政。會陳于廷罷，以徐兆魁代爲吏部侍郎；楊漣罷，以喬應甲代爲副都御史；左光斗罷，以王紹徽代爲僉都御史。兆魁等三人皆趙南星素所擯，而紹徽以排擊東林爲其黨所推，倣民間水滸傳奇，編東林一百八人爲點將録獻之，以此益爲忠賢所善。自是奸黨日盛，後進者求速化，悉由黨人進用，天下大權悉歸忠賢矣。

37 貴州官軍敗賊于普定。

先是王三善敗没，以撫治鄖陽蔡復一進兵部侍郎，代巡撫貴州，尋代楊述中總督貴州、雲南、湖廣軍務，仍兼貴州巡撫。

時安邦彦結四十營，綿亘二十里，分犯普定，復一檄總兵官魯欽、黄鉞等分道禦之。欽率部將張雲鵬、劉志敏、鄧玘等大敗賊汪家沖，鉞及參政陸夢龍、副使楊世賞亦大敗賊蔣義寨，合追至河，斬首千五百餘級，搜山，復斬六百餘級。尹伸守普定，亦敗賊兵，與大軍會，共翦水外逆苗。邦彥勢窘，渡河西奔，欽、鉞督諸將窮追。夢龍等分馳三岔河岸爲後勁，前鋒雲鵬、玘等深入織金，先後斬首千餘級。

38 改户部尚書李宗延爲左都御史兼吏部尚書銜，以李起元爲户部尚書，代宗延。

39 十二月，辛巳，復逮汪文言下鎮撫司獄。

初，文言下獄，事旋解，忠賢以劉僑不任事，削其籍，而用許顯純代爲北鎮撫司，欲再伺釁而動。至是御史梁夢環，知忠賢恨未已，復劾文言，詔立逮之，下北鎮撫司獄，即命顯純鞫治。而大理丞徐大化，亦希忠賢指，劾「楊漣、左光斗黨同伐異，招權納賄。」于是東林之禍遂作。

40 丙申，大學士朱國禎罷。

韓爌既罷，國禎爲首輔，魏廣微與忠賢表裏爲奸，視國禎蔑如。至是逆黨李蕃連劾之，遂引疾。忠賢謂其黨曰：「此老亦邪人，但不作惡，可令善去。」乃加少傅，賜銀幣，遣行人送歸，所給廩隸皆如制。

41 癸卯，南京地震，聲如雷。

42 是月，兩當民變，殺知縣牛得用。【考異】諸書不載，今據明史本紀，爲延綏亂張本。

43 起前戎政尚書黃克纘爲工部尚書。

克纘初附内璫劉朝，遂結忠賢，與争三案者異議，攻擊紛起。其後群小排東林，創要典，率推克纘爲首功。時東林方盛，克纘移疾歸，至是忠賢盡逐東林，乃有是召。

五年（乙丑、一六二五）

1 春，正月，癸亥，大清兵取旅順，游擊張盤、都司朱國昌等死之。【考異】明史本紀及三編俱系之正月。史稿作「二月戊申」，疑據奏報月日也。三編載「朱國昌等死之」，今據史稿增入游擊張盤。

2 戊寅，以慶陵工成，予魏忠賢世蔭都督同知。

3 是月，總兵魯欽、劉超等自織金旋師渡河，賊自後襲擊，諸營盡潰，死者數千人。【考異】魯欽等之敗，明史本紀及欽本傳皆作「正月」，蔡復一傳同。史稿書之三月癸亥，據奏報月日也。朱燮元總督川貴五省軍務在三月，蓋因欽等之敗命之。今據明史月日。

4 以李養正爲刑部尚書，代喬允升也。

允升以廷推吏部尚書，爲魏忠賢所惡。陳于廷等既黜，允升遂以去冬移疾歸。及是忠賢將起汪文言之獄，因擢養正代之。

5 復崔呈秀官。

初，呈秀罷職聽勘，因投入忠賢幕，忠賢倚爲腹心，日與計畫。及高攀龍罷，忠賢傳中旨，謂「呈秀事屬誣衊，毋庸候勘。仍令回道管事。」呈秀復進同志諸録，皆東林黨人；又進天鑒録，皆不附東林者；由是群小無不登用，善類爲之一空。

是時中旨頻出，朝端以爲憂，給事中李魯生獨上言：「執中者帝，用中者王，旨不中出而誰出？」舉朝大駭。

6 二月，檢討丁乾學、方逢年、顧錫疇、吏科給事中郝士膏、禮科章允儒、兵科董承業、户科熊奮渭、主事李繼貞俱降調，尋斥爲民。

初，甲子鄉試，山東、江西、湖廣、福建考官，爲乾學等八人主之，以發策譏切忠賢，奉旨詰責。乾學主試江西，試策中引汪直、劉瑾，忠賢尤惡之。方降調赴京師，有指揮僉事高守謙，與乾學有舊憾，遂激忠賢怒，使二十餘人擁入乾學寓，矯稱「有旨逮問」，守謙導廠卒諸人，箠楚交下。乾學不勝挫辱，憤鬱而卒。未幾，七人皆除名。【考異】丁乾學等八人降調，吳氏兩朝剥復録及從信録俱系之二月，其削籍及矯旨逮乾學又在後也，今類書之。

7 三月，甲寅，上釋奠于先師孔子。

8 丙寅，賜余煌等進士及第、出身有差。

9 甲戌，以朱爕元總督雲、貴、川、湖、廣西軍務。

時貴州之敗，廷臣以王三善等失事，由川兵不能協助，議合兩督府併歸一人，兼督五路之師，乃有是命。

于是蔡復一解任聽勘。而以尹同皋撫四川，王瑊撫貴州，協助討賊。

丁丑，讞汪文言獄，逮前副都御史楊漣、僉都御史左光斗、給事中魏大中、御史袁化中、太僕少卿周朝瑞、陝西副使顧大章。

先是許顯純爲北鎮撫司，搒掠文言，詞連趙南星、李三才及漣、光斗等二十餘人。顯純欲坐漣等以移宫罪，大理丞徐大化獻策于忠賢曰：「但坐移宫，則無贓可指；若坐納楊鎬、熊廷弼賄，則封疆事重，殺之更有名。」忠賢然之。乃令顯純復鞫文言，五毒備至，使引漣納廷弼賄，文言仰天大呼曰：「世豈有貪贓之楊大洪哉！」——大洪者，漣别字也。復及光斗等，文言蹶然起曰：「以此衊清廉之士，有死不承。」顯純乃手作文言供狀，文言復張目曰：「任汝巧爲之，異時吾當與面質。」顯純遂即日斃之，而具獄辭以上。

于是漣、光斗坐贓二萬，大中三千，化中六千，朝瑞一萬，大章四萬。其他所牽引，則趙南星及鄧渼、毛士龍、王之寀、李若星、鄒維璉、惠世揚、繆昌期、施天德、黄龍光、除良彦、錢士晉、熊明遇、黄正賓、盧化鰲等又十五人。中旨逮漣、光斗等六人下詔獄；其南星等十五人，除削籍外，仍行撫按提問追贓。于是獄乃具。【考異】逮楊、左事，明史本紀系之是年三月丁丑，三朝要典系之丁亥，蓋一據獄上之日，一據奉旨之日也。六人、十五人之分别處治，其中旨具見要典，與剥復、從信二録所載同。惟中旨但列六人姓名，而十五人則但云「趙南星等」。諸書所記，有李三才、夏之令，證之剥復録，不在南星等十五人之數。蓋三才時已卒，且亦與廷弼納賄事無涉，之令之削籍，則以劾毛文龍也。證之明史魏大中傳，二十三人連六人數之，除三才、之令，實二十一人，與剥復録姓名合。且三才之削籍，與顧憲成同在是年七月，見于本紀，則此時行勘，又三才已死，其不在十五人之内明矣。今據剥復録書之。

11 夏，四月，癸未，太白晝見。

12 乙酉，詔重修光宗實録。

先是御史楊維垣首翻梃擊一案，疏言「張差風癲之真，即碎王之寀之骨不足贖其罪」，又謂「李可灼特不幸之之寀，而之寀特偶幸之可灼。」時之寀方授刑部侍郎，不數月，遂削籍。

至是給事中霍維華並論三案，略曰：「梃擊、紅丸、移宮三案，迄無定論。臣以爲選侍之請封也，請封妃也；妃尚未封，而況于后！請之不得，況于自后！不妃不后，而況于垂簾！前此宮不難移也，王安等故難之也；難之者，所以重選侍之罪而張翊戴之功也。神祖册立東宮稍遲，而篤愛先帝，始終不渝；果有廢立之謀，則九閽邃密，乃藉一風癲之張差乎？神祖升遐，先帝哀毁，遽發夙疾；而悠悠之口，致疑宮掖，豈臣子所忍言！孫慎行借題紅丸，誣先帝爲受鴆，加從哲以弑逆；鄒元標、鍾羽正從而和之。兩人立名非真，晚節不振，委身門户，敗壞平生。伏乞嚴諭纂修諸臣以存信史。」中旨允之，遂有是命。

初，忠賢積恨東林諸人，數論其罪，實于三案及京察、封疆無預也。群小欲藉忠賢力爲報復地，驅除異己，遂藉此數事一網羅之。清流之禍，此爲烈矣。

13 己亥，削大學士劉一燝籍，以霍維華論三案，首詆之也。

14 是月，以南京侍郎周應秋爲刑部添注尚書。

忠賢門下有「十狗」，應秋其首也。時忠賢廣樹私人，悉餌以顯爵。故兩京大僚多添注。又是時方治楊、左獄，故有是命。

15 五月，戊申，盛暑輟講。

16 癸亥，給事中楊所修，「請集梃擊、紅丸、移宮三案章疏，仿明倫大典例，編輯爲書，頒示天下。」霍維華亦以爲言，從之。

17 乙丑，祀地于北郊。

18 庚午，行宗室限禄法。

19 是月，兵部尚書趙彦罷。

彦以繼楊漣劾忠賢爲所惡，彦子官錦衣，頗招摇都市，御史交劾之。忠賢挾前憾，令致仕去。以兵部侍郎高第代之。——第亦忠賢黨也。

20 六月，丙戌，内閣朱延禧罷。時中旨令閣票擬，稱魏忠賢爲元臣，延禧執不可。御史田新，阿忠賢意劾之，遂罷。

21 甲辰，下楊漣、左光斗、袁化中、魏大中、周朝瑞、顧大章於鎮撫司獄。魏忠賢矯旨，「令嚴刑追比，五日一回奏，俟追贓完日，送刑部擬罪。」【考異】據史稿，袁化中、顧大章以五月下獄，楊、左、魏以六月下獄，無日，明史本紀則類書于三月被逮下。證之燕客具草，袁、周、顧三君子皆以五月下獄，魏公以六月二十四日下獄，楊、左二公以二十六日下獄，次日送北司，又次日之暮嚴刑拷訊。推曆，六月丁丑朔，甲辰則二十八日。要典所記，統據六君子下獄比較之月日書之也，今從之。

22 是月，逮御史方震孺下獄。震孺坐鄒元標黨罷歸，及忠賢將興大獄，其黨郭興治論震孺河西贓私，坐贓六千有奇，繫獄論絞。【考異】震孺事見明史本傳，下獄在是年，無月分，今據孩未集自記年譜書之。蓋以正月逮，六月始至，下獄論絞又在明年也，今類記之。

23 秋，七月，戊午，太白晝見。

24 壬戌，毁首善書院。御史張訥上疏，力詆鄒元標、孫慎行、馮從吾、余懋衡等，請毁其講學書院，從之。

25 庚午，副都御史楊漣、僉都御史左光斗、給事中魏大中卒于獄。

初，漣等入詔獄，許顯純非法拷掠，血肉狼藉，贓不肯承。光斗私計曰：「彼殺我有二法：因我不承而酷刑以斃之，一也；夜半令獄卒潛殺之，二也。承則當下法司，或者有見天之日。」諸人然其言，俱自誣服；及忠賢矯旨五日一比，不下法司，諸人始悔失計。至是追比畢，復以漣、光斗、大中三人另發大監，其夕，同爲獄卒所斃。漣之死，土囊壓身，鐵釘貫耳，最爲慘毒；光斗、大中，亦皆體無完膚；越數日始報，三人屍俱已潰敗不可識矣。

方漣之被逮也，士民數萬，擁道攀號，所歷郵市，悉焚香建醮，祈祐生還。既死，産入官，不及千金，母妻止宿譙樓，二子至乞食以養。徵贓令急，鄉人競出貲助之，至賣菜傭亦爲輸助。

光斗前興畿輔水利，尋督學政，士民德之。容城孫奇逢者，節俠士也，與定興鹿正倡義醵金，諸生争應之，得金數千，謀代輸緩獄，而光斗已前斃——正即善繼父，世所謂鹿太公者也。光斗死，而其贓未竟，撫按嚴追，兄光霽坐累死，母以哭子死。都御史周應秋，猶以所司承追不力，疏趣之，由是家族盡破。

後忠賢定三朝要典，移宫一案以漣、光斗爲罪魁，議開棺戮屍，有解之者，乃免。

大中長子學洢，以父被逮，號慟欲隨行，大中止之，乃微服間行，探刺起居。既抵都，邏卒四布，變姓名匿旅舍，晝伏夜出，稱貸以完父贓，未竟而大中斃。學洢慟哭幾絶，扶櫬歸，晨夕號泣，水漿不入口，遂死。崇禎初，贈恤大中。有司以狀聞，詔旌學洢爲孝子。

【考異】楊、左、魏三公之死同日，而報有先後。明史本紀彙書于四月被逮下，史稿則分書之，楊、左以是月壬申，魏以是月甲戌，然皆據奏報月日也。是月丁未朔，壬申爲二十六日，甲戌爲二十八日。而三公之死，證之楊、左二公集，魏大中子記其父斃獄，同在二十四日。明史大中傳云，「獄卒受指，與漣、光斗同夕斃之」，是三公之死同日。又證之碧血録，言「七月二十四日比較，楊、左、魏各受全刑。刑畢，許顯純令將三人發大監。有問之獄吏者，吏嗟曰：『今晚各位大老爺當有壁挺者。』是夜，三公果死于鎖頭。」又證之大中子所記楊、左之死，以二十五日報，其父之死，以二十六日報。碧血録言「三公之尸，以二十九日驗後從詔獄後户出。」通考諸書，楊、左之死，早大中一兩日報，而二十九日之驗，則三公俱同日，故明史大中傳有「遲數日始報，大中屍至潰敗不可識」云云。然則史稿之書壬申，書甲戌，皆據報驗之日，而明史光斗傳記其卒于七月二十六日，亦報驗之日也。至三公卒于二十四日之夕，是時燕客在獄，親見其死，故野史悉據焉，今從之。

26 壬申，大學士韓爌削籍。

爌爲霍維華所論，至是逆黨李魯生復劾之，除名。尋又假他事坐贓二千，斃其家人于獄。爌鬻田宅，貸親故以償，乃棲止先墓上。

27 癸酉，太白經天。

28 甲戌，削故巡撫李三才、光禄少卿顧憲成等籍。

時逆黨石三畏，追論萬曆辛亥、丁巳、癸亥三京察，首劾三才、憲成，遂及王圖、孫丕揚、曹于汴、胡忻、王元翰、王淑抃、湯兆京、王宗賢、王象春、趙南星、張問達、王允成、涂一榛，共十五人。死者追奪誥命，存者悉除名。【考異】明史本紀、三編但記三才、憲成二人，史稿並及王圖、孫丕揚等十五人，今姓名據剥復録書之。

29 是月，吏部尚書崔景榮罷。

楊、左之獄，景榮移書勸魏廣微申救，廣微具揭以進，忠賢大怒。廣微乃以景榮書爲徵，曰：「景榮教我也。」于是倪文焕等劾景榮陰護東林，遂奉旨削奪。改左都御史李宗延于吏部代之。

30 八月，壬午，詔毁天下書院。東林、關中、江右、徽州各書院，俱行拆毁，變價助工，從逆黨張訥議也。

訥言「各省私刱講堂，皆踵東林爲之」，因醜詆鄒元標、馮從吾、孫慎行、余懋衡，並及侍郎鄭三俊、畢懋良等，俱坐削奪。

是時倪文焕亦劾「原任兵部侍郎李邦華，東林高足，向與李三才結爲死黨，同其從子李日宣狡計，陰謀傾陷善類；員外郎周順昌，竊附東林，營入吏部，厚結汪文言，聯姻魏大中。」于是邦華、順昌俱坐削奪。

而日宣時爲河東巡鹽御史，至是訥復劾其「以會講入陝，糜費公私」，詔「俟回道時，由都察院考覈示懲。」

從吾既歸，王紹徽素銜之，謀于忠賢，以喬應甲巡撫陝西，伺殺從吾。應甲至陝，（据）〔捃〕摭百方無所得，乃藉講學毀其書院，曳先聖像，擲之城隅。從吾受挫辱，鬱鬱卒。

31 戊子，暴楊、左及熊廷弼罪。諭內閣：「言官有陰懷觀望，借題報仇，或揑寫蜚書，希圖翻案者，朕按祖宗紅牌之律，以說謊欺君之罪治之。」皆忠賢矯旨也。

32 禮部尚書周如磐、侍郎丁紹軾、黄立極俱陞尚書。少詹事馮銓陞禮部侍郎，並兼東閣大學士，預機務。

時閣臣缺，詔推老成幹濟者，如磐以年老推用；立極與忠賢同鄉故援之，紹軾、銓素憾熊廷弼，而銓家居時，曾遺書魏良卿勸興大獄，至是並推用。銓資淺，年未及四十，逆黨李魯生上言：「成即爲老而非必老乎年，幹乃稱濟而即有濟于國。」以是忠賢益信之。

33 乙未，御史袁化中卒于獄。化中前佐高攀龍發崔呈秀贓私，又繼楊漣疏劾忠賢，至是遂竄入汪文言獄詞中。坐納楊鎬、熊廷弼賄，酷刑拷掠，斃之獄中。

34 己亥，魏廣微罷。

初，廣微以崔景榮移書救楊、左，頗心動，疏言：「漣等在今日誠爲有罪之人，在前日實爲卿寺之佐。縱使贓私果真，亦當轉付法司，據律定罪；豈可逐日嚴刑，令鎮撫追贓！身非木石，重刑之下，就死直須臾耳。以理刑之職使之追贓，官守安在！勿論傷好生之仁，抑且違祖宗之制。」

疏入，大忤忠賢意。廣微懼，急出景榮手書自明，而忠賢怒已不可解，乃具疏乞休。居兩月，廣微丐顧秉謙爲解，忠賢意少釋，然卒不自安，復三疏乞休，許之。

35 壬寅，殺前遼東經略熊廷弼。

初，法司論廷弼獄，與王化貞俱論死，已而楊、左諸人俱坐贓斃獄。會邏者獲市人蔣應暘，謂「與廷弼子出入禁獄，陰謀叵測」，忠賢遂欲速殺廷弼，其黨門克新、石三畏等復希指趣之。而丁紹軾、馮銓，與廷弼有隙，方入閣，遂合謀。銓一日侍講筵，出市刊遼東傳，譖于上曰：「此廷弼所作，希脱罪耳。」上大怒，至是詔斬西市，傳首九邊，而化貞竟不誅。

御史梁夢環，謂「廷弼侵盜軍資十七萬」，御史劉徽，謂「廷弼家資百萬，宜籍以佐軍」，中旨從之。罄資不足償，姻族家俱破。

江夏知縣王爾玉，責廷弼子貂裘珍玩，不獲，將撻之，其長子兆珪自刎死。珪母稱冤，爾玉去其兩婢衣，撻之四十，遠近莫不嗟憤。

時太倉人孫文豸、顧同寅作詩誄廷弼，爲邏者所得，二人坐誹謗俱斬。連及其同郡編修陳仁錫、修撰文震孟，並削籍。【考異】廷弼之死，明史本紀書于是月壬寅，證之剥復録，言「二十五日」。而據録中及計氏北略所載，謂「忠賢與内閣議處決廷弼，商至日中不決。黄立極曰：『不過夜半，片紙即可了當矣。』遂以二十五日四鼓，中貴捧駕帖至，廷弼沐浴整冠，從容就戮」云云。據此，則廷弼以二十五之夜斃之獄中，次日乃梟首而正法于西市，本紀作壬寅，正梟首西市之日也，今從之。

36 甲辰，太僕少卿周朝瑞卒于獄。

朝瑞嘗請宥熊廷弼罪，令守山海；逆黨徐大化與之相訐，至是遂竄入汪文言獄中，坐受廷弼賄，斃之。【考異】明史本紀彙書于四月被逮下，而史稿所記袁化中、周朝瑞之死在九月丁未，蓋九月二日也。據燕客所記，「袁化中死于八月十九日，周朝瑞死于八月二十八日，先後報聞。袁屍以八月二十二日驗，周屍以九月初二日驗」云云。據此，則袁、周二公皆卒于八月，史稿所記，蓋據報驗月日書之。今據碧血録。

37 是月，以王紹徽爲左都御史，代李宗延也。

38 九月，壬子，遼東總兵官馬世龍，誤信降人劉伯漒言，遣前鋒副將魯之甲、參將李承先襲取耀州，敗于柳河，皆死之。

39 甲寅，以門工，蔭魏忠賢弟姪一人錦衣指揮僉事，一人都督同知。

40 庚申，前陝西副使顧大章卒于刑部獄中。

初，楊維垣受徐大化指，(許)〔訐〕大章鬻大獄。大章疏辨，維垣復四疏力攻，言「大章受廷弼賄四萬」，故輔葉向高保持之，奪俸歸。是年起官，歷禮部郎中。會大化起大理丞，遂與維垣爲忠賢鷹犬，因假汪文言獄連及大章，逮下鎮撫拷掠。六人皆坐廷弼賄，而大章贓尤重，蓋以實維垣初劾語也。及楊、左等五人既死，群小聚謀，謂「諸人潛斃于獄，無以厭人心，宜付法司定罪，明詔天下」，乃移大章刑部獄。比對簿，大章詞氣不撓，刑部尚書李養正，一如鎮撫原詞，以移宮事牽合封疆，坐六人大辟。爰書既上，忠賢大喜，矯詔布告四方，仍移大章鎮撫。大章慨然曰：「吾安可再入此獄！」呼酒與其弟大韶訣，趣和藥飲之，不死，投繯而卒。【考異】六君子之死，大章最後，以五人死後復移大章于刑部也。據碧血録，大章移刑部在九月初六日，三法司會審在十三日、十四日，因復移鎮撫，遂服毒，不殊，次夜投繯而逝。據此，則大章以是月十五日死于刑部獄中，録中所記，亦與明史本傳大致符合，今據書之。

初，六君子被逮，祕獄中忽生黄芝，光彩遠映，及六人畢入，適成六瓣；或以爲祥，大章嘆曰：「芝，瑞物也，而辱于此，吾輩其有幸乎！」已而果驗。

41 是月，賜魏忠賢印，文曰「顧命元臣」，客氏印，文曰「欽賜奉聖夫人」。

三編發明曰：明代如蹇、夏、三楊輩，曾各授印章，許其密封言事，故其文多有用「繩愆糾繆」者，爲一時優異之典。顧朝廷之上，所言公，公言之；嘉謨入告，雖以責望老臣，而賜印祕陳，苟非其人，即不免開告訐之漸，而況可施之婦寺乎！且是時逆閹窺竊大權，中外爵位黜陟，一任煬竈者之主持，更有何人壅遏之而不使上聞者！其不欲上聞之事，固未嘗不可矯旨從中出，而又何待乎賜印！不過習見前朝最異之數，欲畢致于其身而後快，又安顧其名義之不可居也哉！

42 以吏部侍郎薛三省爲禮部尚書，時林堯俞致仕也。

43 逮御史夏之令，下獄死。

初，之令論邊事，力詆毛文龍不足恃，忠賢怒，傳旨削籍，以閣臣救免。及巡皇城，劾治内使馮忠等，益爲忠賢所銜，遂屬御史卓邁劾「之令黨比熊廷弼」，坐削奪。至是御史倪文煥復劾「之令計陷文龍，幾誤疆事」，遂逮下詔獄，坐贓，拷掠死。【考異】之令削籍在前，逮問在後，其不在行勘之趙南星等十五人之内明矣。今據剥復録，書之九月下。

44 冬，十月，丙子，皇三子生。丙戌，詔天下停刑。

45 庚寅，大學士孫承宗罷。

初，承宗屢求罷；是年四月，給事中郭興治，請令廷臣議去留，並論冒餉者，吏部尚書崔景榮力持之，乃下詔勉留，而以簡將、汰兵、清餉三事責承宗奏報。承宗方遣諸將分戍錦州、大、小淩河、松、杏、右屯諸要害，拓地二百里，罷大將尤世祿、王世欽等，汰軍萬七千餘人，省度支六十八萬，而逆黨攻者不已。

初，承宗薦馬世龍爲山海總兵，領中部，俾南、北二部俱受節制。世龍守邊頗盡力，言官復以承宗故數劾之。會九月世龍柳河之敗，死者四百餘人，于是臺、省劾世龍，並及承宗，章疏數十上，承宗求去益力，遂許之。

以兵部尚書高第代爲經略。第素恇怯，以關外必不可守，欲盡撤錦右諸城守禦移關內。袁崇焕力争，謂「兵法有進無退。錦右摇動則寧前震驚，關內亦失保障。」第意堅，且欲并撤寧前二城。崇焕曰：「我寧前道也，官此當死此，我必不去。」第不能奪，乃撤錦州右屯、大、小淩河及松山、杏山、塔山守具，盡驅入關，委棄米粟十餘萬，軍民死亡載塗，哭聲震野，民怨而軍益不振。【考異】明史本紀書高第代在己卯，承宗致仕在庚寅，蓋承宗屢請罷，而忠賢亟欲去之，故先代而後罷也。今類書于承宗庚寅罷下。

46 丙申，逮中書舍人吴懷賢下獄。

初，楊漣劾魏忠賢二十四大罪疏出，懷賢讀之，擊節稱嘆，注其旁曰：「宜如韓魏公治任守忠故事，即時遣戍。」其奴告之，遂被逮。至是下獄拷掠死，籍其家。

47 庚子，以皇子生，詔赦天下。

48 是月，以兵部侍郎王永光爲本部尚書，代高第也。

49 十一月，己酉，逮揚州知府劉鐸。

先是鐸憤忠賢亂政，書扇贈游僧，有「陰霾國是非」句，實歐陽暉詩也。及是僧至京師，廠衛緝獲之，得其扇，聞于忠賢。倪文焕，揚州人，素銜鐸，嗾忠賢劾以謗訕時政，遂有是逮。

50 壬子，周如磐罷。

51 十二，乙酉，榜東林黨人姓名示天下。

時御史盧承欽求媚忠賢，乃仿王紹徽點將録前事，上言：「東林自顧憲成、李三才、趙南星而外，如王圖、高攀龍等，謂之『副帥』；曹于汴、湯兆京、史記事、魏大中、袁化中謂之『先鋒』；丁元薦、沈正宗、李朴、賀烺，謂之『敢死軍人』；孫丕揚、鄒元標，謂之『土木魔神』。請以黨人姓名罪狀，榜示海内。」忠賢大喜，敕所司刊籍，凡黨人已罪未罪者，悉編名其中。

52 丙戌，以緝獲功，廕魏忠賢甥傅應星左都督。

53 戊子，前吏部尚書趙南星謫戍。

南星以汪文言獄詞連及，詔下撫按提問。適郭尚友巡撫保定，而巡按馬逢皐亦憾南星，乃相與庭辱之，笞其子清衡及外孫王鍾龐，繫之獄。坐南星贓萬五千，南星家素貧，親故捐助始獲竣，卒戍南星代州，清衡莊浪，鍾龐永昌。嫡母馮氏，生母李氏，並哀慟而卒；子生七齡，驚怖死。

南星抵戍所，處之怡然。崇禎初，有詔赦還。巡撫牟志夔，忠賢黨也，故遲遣之，竟卒戍所。

54 辛丑，杖御史吴裕中于午門。

時裕中疏詆丁紹軾，忠賢傳旨，詰「裕中爲熊廷弼姻戚，代之報讎」，廷杖一百，創重死。

同時有吏部主事蘇繼歐，遷考功郎中，將調文選，中旨謂爲楊漣私黨，削籍。既歸，適緹騎四出，同里副使孫織錦，素附忠賢，遣人怵繼歐曰：「逮者至矣。」繼歐自經死。後軍都督府經歷張汶，嘗被酒詆忠賢，亦下獄拷掠死。

55 是月，改左都御史王紹徽于吏部，刑部尚書周應秋于左都。

應秋家善烹飪，魏良卿過之，輒進豚蹄留飲，時號「煨蹄總憲」云。

明通鑑卷八十

江西永寧知縣當塗夏燮編輯

紀八十起柔兆攝提格（丙寅），盡彊圉單閼（丁卯），凡二年。

熹宗哲皇帝

天啓六年（丙寅、一六二六）

1 春，正月，戊午，命纂三朝要典，從霍維華、楊所修議也。未幾開館，以顧秉謙、黄立極、馮銓爲總裁，施鳳來、楊景辰、孟紹虞、曾楚卿副之。極意詆諆東林，暴揚罪惡。其論梃擊，以「王之寀開釁骨肉，爲誣皇祖，負先帝。」論紅丸，以「孫慎行創不嘗藥之説，妄疑先帝不得正其終，更附不討賊之論，輕詆皇上不得正其始，爲罔上不道。」論移宫，以「楊漣等内結王安，故重選侍之罪以張翊戴之功。」于是遂以之寀、慎行、漣爲三案罪首。時方修光宗實録，凡事關三案，命即據要典改正。【考異】三朝要典弁首載是年正月十四日上諭，即戊午日也。開館在二十六日。今類記之。

2 丁卯，大清兵圍寧遠，經略高第、總兵楊麒擁兵不救。寧前參政袁崇煥，集將士誓死守，盡焚城外民居，攜守具入城。檄前屯及山海關，「凡將士逃至者悉斬」。人心始固。大軍戴循穴城，矢石不能退。崇煥令閩卒羅立發西洋巨礮，時督屯通判金啓倧以燃礮死。己巳，圍解。

事聞，罷第、麒等，以蘇遼總督王之臣代爲經略，前屯總兵趙率教代麒鎮關門。

3 是月，以吏部侍郎李思誠爲禮部尚書，時薛三省乞休去也。董可威爲工部尚書，時黄克纘罷也。

4 二月，乙亥朔，以袁崇煥爲僉都御史，專理軍務，駐寧遠。

5 戊戌，提督蘇杭織造太監李實，誣劾前應天巡撫周起元及前左都御史高攀龍、吏部員外郎周順昌、諭德繆昌期、御史李應昇、周宗建、黄尊素等，皆遣緹騎逮之。

初，起元撫吴，公廉愛民，絲粟無所取。實在蘇杭貪横，妄增定額，恣誅求，又惡同知楊姜不屈己，具疏誣劾。起元爲姜辨，並劾實不法數事，實爲之斂戢，而銜起元不置云。

初，攀龍雖削籍，崔呈秀恨不已，亟言于忠賢，必欲殺之。

順昌，吴縣人，方家居。魏大中被逮過吴，順昌出餞，與同起卧，又許以女聘大中孫。

旗尉屨趣大中行，順昌瞋目曰：「若不知世間有不畏死男子周順昌邪！」因戟手呼忠賢名，駡不絕口。旗尉歸，以告，忠賢大怒，屬倪文焕劾其與罪人婚削籍。文焕劾順昌削籍在八月，見上。

昌期初以代楊漣草疏傳于忠賢，及漣等去國，昌期率送之郊外，執手太息，忠賢益銜之。會昌期亦具疏乞休，有小璫至閣曰：「此人尚可留之送客耶！」遂傳旨落職。

宗建首劾「忠賢目不識丁」，應昇、尊素，皆繼漣抗疏力攻忠賢者。而應昇並劾魏廣微，尊素尤有智慮，爲群小所深忌。逆黨曹欽程希忠賢指，劾宗建、應昇、尊素爲東林護法，皆削籍。

會吴中譌言，「尊素欲效楊一清誅劉瑾故事，用李實爲張永，授以祕計。」忠賢大懼，遣刺事者至吴凡數輩。侍郎沈演，家居烏程，奏記忠賢曰：「事有迹矣。」于是忠賢遣使譙訶實，實懼，遣人持空印白至京師。忠賢知實與起元有隙，乃使李永貞僞爲實奏，誣劾「起元爲巡撫時乾没帑金十餘萬，日與攀龍輩往來講學」，因竄入順昌等名，矯旨並逮。遂復起大獄。

6 是月，兵科給事中羅尚忠疏言：「各邊撫鎮，于解餉往領餉回者，或各衛鑽求情分，委放軍糧，或將領轉委偏裨，遞相抽扣。而將官遇有司餉之權者，雖品位過之，亦甘卑禮厚幣；甚至星相游人，當事薦往者，亦派扣各軍，禮而歸之。又甚有將官放債，倍扣利息者；及管庫司官以情面淺深，幣交厚薄，爲各邊發糧之先後。乞飭各督撫，委各邊道查明九邊額兵若干，歲餉若干，彙册進覽，一送該部，一發各司，俾奸書無所去其籍。」得旨，「所言給餉情弊甚悉，其應裁應禁，速議以聞。」尋不果行。【考異】尚忠一疏，諸書及明史不具，重修三編據實録增入，今從之。

7 三月，丁未，設各邊鎮監軍内臣。太監劉應坤鎮守山海關。大學士丁紹軾、兵部尚書王永光等屢諫，不聽。

8 論寧遠解圍功，封魏忠賢從子良卿肅寧伯。

9 庚戌，安邦彦犯貴州，總理川貴、湖廣軍務魯欽死之。

欽佐總督蔡復一數敗水西之賊，復一未及報而卒，監軍御史傅宗龍復以爲言。時欽以内莊失律，戴罪圖功，宗龍奏請復職。至是寇大舉入，欽禦之河上，連戰數日，殺傷相當。夜半，賊直逼欽壘，將士逃竄，欽遂自刎。諸營盡潰，賊勢復張。

欽勇敢善戰，爲西南大將之冠。崇禎嗣位，始賜贈蔭祭葬，建祠曰「旌忠」。

10 壬子，命袁崇焕巡撫遼東、山海。

11 庚申，蘇州民變。

緹騎至蘇，首逮周順昌。順昌故有德于鄉，士民聞其被逮，憤怒號冤，開讀日，不期而集者數萬，咸執香爲周吏部請命。諸生文震亨、楊廷樞、王節、劉羽翰等請于撫按，以民情上聞，旗尉厲聲罵曰：「東廠逮人，鼠輩敢爾！」大呼「囚安在！」手擲銀鐺于地，聲琅然。衆益憤，曰：「吾始以爲天子命，乃東廠魏太監耶！」遂蜂擁上，勢如山崩。旗尉東西竄，衆縱橫毆擊，立斃一人，餘負重傷踰垣走。巡撫毛一鷺，不能發一語；知府寇慎，吴縣知縣陳文瑞，素得民，曲爲解諭，衆始散。順昌乃自詣吏。

是日，旗尉往浙江逮黄尊素者，泊舟胥門外，市人知城中有變，擊其舟而沈之。旗校泅水以遁，失駕帖，不敢往。尊素聞，即囚服自投詔獄。

順昌既就逮，一鷺飛章告變。東廠刺事者言「吴人謀斷水道，劫漕舟」，忠賢大懼；已而一鷺言「縛得倡亂者顏佩韋、楊念如、周文元、馬傑、沈揚，亂已定」，忠賢乃安。然自是緹騎不敢復出國門矣。

12 是月，前左都御史高攀龍卒于家。

攀龍聞緹騎將至，謁道南祠，爲文以告。歸，與二門生、一弟飲後園池上，及暮，書遺表訖，具衣冠自沈于池。表云：「臣雖削奪，舊爲大臣。大臣受辱則辱國，謹北向叩頭，循屈平之遺則。」遠近聞其死，莫不傷之。【考異】忠憲之死，史稿系之四月丙戌，疑據奏報月日也。明儒學案書「卒于三月十七日」，即庚申也，今系之是月。攀龍既死，崔呈秀憾猶未釋，矯詔下其子世儒吏，責以不能防閑其父，謫爲徒。

13 夏，四月，丁丑，詔南京守備内臣搜括應天各府貯庫銀，解充殿工及兵餉。

14 辛巳，海寇導紅毛番作亂，官軍討平之。

15 癸未，下諭德繆昌期于詔獄。

16 戊戌，丁紹軾卒。

熊廷弼之死，紹軾有力焉。至是有傳其畫行長安，道見廷弼，回第腦裂死。【考異】紹軾之死，野史皆以暴卒書之，其白日見廷弼事，見李氏三垣筆記。此與天順初張暘之死絶相似，今類書之。

17 庚子，下吏部員外郎周順昌于獄。

18 是月晦，諭德繆昌期卒于獄。

方諸臣之被逮也，顧秉謙忽持正，請付法司論罪，忠賢不從。

時昌期先至，慷慨對簿，詞氣不撓。坐贓三千，備受五毒，不勝酷刑。至是槖饘中傳出片紙，自此遂斃。越二日始報，終不知爲何日。其斂也，十指墮落，擲置兩袖中，蓋以其爲楊漣草疏云。【考異】明史本紀，諸臣之死，皆類記之被逮下，史稿分書之。昌期之死，書「五月丙午」，亦奏報月日也。今據明史本傳、三編書之。

19 五月，戊申，王恭廠災，火藥局也。是日雷震，火藥自焚，地中霹靂聲不絶，煙塵障空，白晝晦冥。軍民被焚及暈仆死者無算。

20 己酉。以廠災，敕廷臣修省。

21 癸亥，朝天宮災。

22 是月，蘇州、密雲地連震三日。

23 工部尚書董可威罷，以侍郎薛鳳翔代之。

24 六月，丙子，京師地震。天津、宣大、山東、河南皆震。

25 丁丑，皇三子薨。

26 壬午，河決廣武。

27 戊子，吏部員外郎周順昌卒于獄。

己丑，御史周宗建卒于獄。

許顯純嚴刑，各坐以贓，宗建至一萬三千，五日一搒掠。順昌大罵忠賢，顯純椎落其齒，順昌噀血唾顯純面，罵益厲，遂于獄中潛斃之。次日，訊宗建，已偃卧不能出聲，顯純罵曰：「尚能詈魏公一丁不識否？」以沙囊壓之而死。

順昌之死，領埋已越三日，皮肉皆腐，僅存鬚髮。宗建死後，所親蔣英代爲輸贓，亦坐削籍。而順昌就逮時，諸生朱文祖間行詣都，爲納饘粥湯藥，及徵贓，奔走稱貸于諸公間。順昌櫬歸，文祖哀痛發病卒。【考異】史稿記二周公之卒于是月戊子，蓋六月十七日也。據三編，則順昌卒以戊子，宗建卒以己丑，與從信録同。

28 辛卯，三朝要典成，刊布中外。【考異】是月要典成見原書，大事記所謂「越五月而成」者是也，史稿系之三月己巳者誤。今據明史本紀。

29 是月，徐兆魁罷。

兆魁以鞫劉鐸獄忤東廠，懼，乃自劾求免。踰月，以薛貞代之。

30 閏月，辛丑朔，御史黃尊素卒于獄。

尊素知獄卒將害己，叩首謝君父，賦詩一章。時獨李應昇尚在，尊素隔牆呼之曰：「仲達，我先行矣。」遂卒。所坐贓不及三千，而尊素家貧甚，同年故舊及鄉人咸助之，乃得完。

31 始趁魏忠賢生祠。

浙江巡撫潘汝楨倡議，奏請祀于西湖，織造太監李實請令杭州衛百户守祠。詔賜祠額曰「普德」，勒石記功德。自是請建祠者接踵矣。

32 壬寅，御史李應昇卒于獄。

初，應昇被逮，過常州，其師吴鍾巒，詣府署與語竟日，謂應昇曰：「昔蔡元定竄道州，晦翁餞之蕭寺，微視元定，不異平時。何圖今日親見此景，真一夕千古也！」應昇至獄酷掠，坐贓三千，遂以尊素死之次日斃之。【考異】明史本傳，繆昌期、周順昌、周宗建、黄尊素、李應昇之死，皆有月日，三編目中據之，而史稿所記，大都奏報月日，故不同耳。尊素之卒，出其子梨洲自記，見明儒學案。應昇之死以次日，野史所記悉同。史稿系之六月壬戌，而壬戌實閏六月干支也。是年閏六月辛丑朔，俱見明史本紀。以校本朝所用新曆，則是年閏五月，而六月之朔亦係辛丑。蓋明用大統曆，故朔閏及大小建微有參差耳。今悉據明史。

33 馮銓罷。

銓以諂事魏忠賢登宰輔，素與崔呈秀暱。呈秀欲入閣，其黨孫杰、霍維華，嗾職方郎中吳淳夫力攻罷銓；又慮王紹徽爲吏部不肯推呈秀，令御史袁鯨攻罷紹徽，而杰等慮忠賢意中變，復以計沮之，紹徽卒閒住。自是群小遂攜貳。

34 壬子，總督雲貴、川廣軍務朱燮元以憂去，偏沅巡撫都御史閔夢得代之。

35 辛酉，下前應天巡撫周起元于鎮撫司獄。

36 是夏，京師大水。江北、山東旱、蝗。

37 秋，七月，辛未朔，日當食，陰雲不見。

38 辛巳，殺前揚州知府劉鐸。

初，鐸與魏良卿善，贈扇之獄，以此獲解。良卿許還鐸故官，因問：「橐錦衣往逮，索金幾何？」曰：「三千。」良卿令錦衣還之，其人怒，日夜伺鐸隙，將甘心焉。

會有戚臣李承恩者。寧安大長公主子也，家藏公主賜器。忠賢誣以盜乘輿服御物論死，繫獄中，與鐸及御史方震孺比屋而居。承恩謀賄良卿解其事，爲東廠所覺，因誣及「鐸在獄時爲之居間行賄」，並及震孺，于是復逮鐸究問追贓。

徐兆魁既罷，薛貞受代治是獄。會鐸家人有夜醮者，參將張體乾誣鐸咒詛。貞遂坐鐸大辟，斬之西市。震孺亦加等論斬，繫獄中。【考異】事見明史萬燝附傳中所謂同「謀居間」者，即指李承恩事。而據方孩未自記年譜，亦云「坐受承恩金三百兩爲之居間」。今參剟復録及孩未年譜大略書之。

39 丙戌，以禮部侍郎施鳳來、張瑞圖、詹事李國檣俱爲禮部尚書兼東閣大學士，預機務。鳳來素無節概，惟以和柔自媚于世。瑞圖則諂事忠賢，務爲迎合，凡忠賢建祠，碑文多出其手，又詔旨褒美忠賢，多出瑞圖票擬，時以爲「魏家閣老」。國檣釋褐纔十四年，忠賢特以同鄉故援之。

40 是月，以周應秋爲吏部尚書，郭允厚户部尚書，崔呈秀工部尚書，仍督大工，房壯麗左都御史，皆忠賢黨也。

應秋長吏部，與文選李夔龍鬻官分賄；清流未盡逐者，輒毛舉細故，削奪無虚日。

41 兵部尚書王永光致仕，令戎政尚書馮嘉會回部管事。

42 八月，陝西流賊起，由保寧犯廣元。是時奄黨喬應甲巡撫陝西，朱童蒙巡撫延綏，皆貪黷虐民，民遂起爲盜。應甲、童蒙置不問，反脅官吏責重賂，以此盜遂日横。

43 九月，辛巳，前應天巡撫周起元卒于獄。起元既至，則周順昌等五人已斃獄中。許顯純酷刑搒掠，竟如李實疏懸贓十萬，罄貲不足，親故多破其家。至是斃之獄中，吴之士民及其鄉人，無不垂涕者。

初，起元撫吴罷歸，周順昌爲文送之，指斥無所諱，議者謂起元、順昌之禍已伏于此。

44 方吴民之激變也，顏佩韋等五人爲首。名見上。順昌既逮，遂下詔捕治，並及五人之黨。巡按御史徐吉治其獄，五人論死，以屬蘇州知府寇慎。比臨刑，五人語慎曰：「公好官，知我等起義，非爲亂也。」延頸就刃而死。吴人合葬之虎邱，題曰「五人之墓」。是獄也，五人外復有吴時信、劉應文、丁奎三人，皆預于毆擊之列者；又有戴鏞、楊芳、季卯孫、許爾成、鄒應楨五人，同預于胥門焚舟之列者；至是皆捕得，論徒杖，而戴鏞竟瘐死獄中。

繆昌期、李應昇被逮至常州，知府曾櫻助之貲。方開讀詔書，忽署外有數千人鬨聲，皆言「忠臣何故被逮！」櫻素有惠政得民，力爲勸諭，始解散。而是時諸校方怖蘇州事，有越垣而仆者，適有賣蔗童子過之，曰：「我恨極，惜不能殺汝！」即取削蔗刀割片肉而去。【考異】五人事具明史周順昌傳。而此獄捕治者共十三人，具見朱彝尊静志居詩話。證之李遜之三朝野史，但列吴時信等胥門之役。通紀言「許爾成爲首，餘皆不具姓名。」數年前，有得明巡按徐吉揭帖，定十三人罪案，鈐有巡按御史印章。德清俞太史樾爲作明巡按御史揭帖歌前序，並五人外之八人姓名具見焉。山陰平觀察步青見示，因並附録于五人下。賣蔗童子事見二申録，三編據書之。

45 庚寅，顧秉謙罷。

秉謙爲首輔，魏忠賢傾害忠良，皆屬其票擬；三朝要典，秉謙爲總裁，是非悉稟忠賢指。及是群小各有所左右，同黨中如魏廣微、馮銓輩，日夜交軋。秉謙不自安，遂乞歸。崇禎初，麗逆案論徒，家居又爲鄉里所惡，聚衆戮辱之，焚其屋宇，貲財殆盡，秉謙竄漁舟得免，久之，寄食以死。

46 壬辰，皇極殿成。

上御殿受賀，忽有聲如怒濤自殿中出，廷臣班亂。

47 己亥，魏良卿進封肅寧侯。

48 是月，參將楊明輝齎敕招諭水西安位，令禽首惡，遂爲安邦彦所殺。自是撫議遂絶。

49 是秋，河決淮安匙頭灣，逆入駱馬湖，灌邳、宿二州。江北大水。河南蝗。

50 冬，十月，戊申，進魏忠賢爵上公，魏良卿寧國公，予誥券，加賜莊田一千頃。時殿工成，太監李永貞歸功于忠賢，尚書周應秋繼之，遂有是封。

自是諸邊築隘口成，南京孝陵工竣，甘肅奏捷，法司捕盜，並言忠賢區畫方略。詔書褒美，閹臣皆擬九錫文。半歲中，廕錦衣指揮使十七人，同知三人，僉事一人；擢其族孫希孟、希孔等世襲都督同知，甥傅之琮、馮繼先俱都督僉事。章奏無巨細輒頌忠賢，稱「廠臣」不名。山東奏産麒麟，大學士黄立極等票旨，言「廠臣修德，故仁獸至」，其誣罔若此。

故事，内官爲司禮秉筆，非公事不得出。忠賢每歲必數歷畿甸，坐文軒，駕四馬，笙鼓鐃吹之聲轟隱黄埃中；錦衣玉帶，鞾袴而握刀者，夾車左右而馳；自廚傳、優伶、蹴踘、輿皂，隨者動以萬數。嘗自琉璃河祭水還，歷西山碧雲寺，士大夫皆遮道拜伏。凡有章奏，其黨遣急足馳請然後下。

客氏既朝夕侍上所，而每數日必出至私第，輿過乾清宫前，竟不下。客氏盛服靚粧，儼同妃后，侍衛赫弈，照耀衢路。至宅則「老祖太太千歲」之聲喧呼震地，犒賚銀幣無算。或數日不返，忠賢促之始入。凡忠賢濁亂朝政，毒痡海内，皆客氏爲内主也。

51 己酉，以皇極殿成詔天下。一時官匠雜流陞授者，九百六十五人。

52 己未，順天府丞劉志選劾太康伯張國紀。

國紀，后父也。后性嚴明，見魏忠賢、客氏亂政，數于上前言之，客、魏交恨。一日，上至后宫，后方讀書。上問何書，對曰：「趙高傳也。」上嘿然而出。忠賢聞之，益恨。

會有張匿名榜于厚載門者，列忠賢反狀及其黨七十餘人，忠賢疑國紀爲之。邵輔忠、孫杰欲因此興大獄，借國紀以摇中宫，事成則立魏良卿女爲后。草一疏，募人上之，諸人慮禍，不敢承。志選年老而嗜進無厭，惑家人言，謂己老，必先忠賢死也，竟上之。疏中極論國紀罪，末言：「毋令人訾及丹山之穴，藍田之種」，蓋忠賢嘗誣后非國紀女，故云。疏上，事叵測，上無所問，但令國紀自新而已，忠賢意大沮。

是時忠賢復矯旨諭廠衛、都察院、五城巡捕、緝事衙門體訪奸徒，自是民間偶語，或觸忠賢，輒被禽戮，甚至剥皮封舌，加之酷刑，所殺不可數紀，道路以目。

53 是月，崔呈秀以工部尚書兼左都御史，邵輔忠以兵部侍郎管尚書事。

54 十一月，庚寅，賜魏良卿鐵券。

55 十二月，戊申，南京地震。

56 甲子，廣西潯州賊胡扶紀等作亂，殺守備綦人龍、把總鄧養性。

57 是年九月，庚午朔，大清太宗文皇帝嗣位。以明年爲天聰元年。

七年（丁卯、一六二七）

1 春，正月，辛未，振鳳陽饑。

2 乙亥，以太監崔文昇提督漕運、河道。文昇先以侍光宗藥被逮，放南京，忠賢作三朝要典，遂召還，至是命兼督河、漕。文昇之任，即多參劾，忠賢矯旨稱其「能力挽漕運，盡心國儲」，詔旨褒嘉，被劾者皆削籍治罪。

尋又命太監涂文輔總督太倉銀庫、節慎庫，李明道提督通州諸倉。

3 辛卯，免榷潼關、咸陽商稅。

4 是月，以來宗道爲禮部尚書，時李思誠罷也。

5 二月，壬戌，修隆德殿。

6 是月，召經略王之臣還。

先是巡撫袁崇煥，與總兵滿桂不協，請移之他鎮，乃召桂還。及之臣代高第爲經略，復奏留桂，崇煥又與不協。中朝慮僨事，命之臣專督關內，以關外屬崇煥，畫關而守。

崇煥慮廷臣忌己，上言：「陛下以關內、外分責二臣，用遼人守遼土，且守且戰，且築且屯，屯種所入，可漸減海運。大要堅壁清野以爲體，乘間抵隙以爲用，戰雖不足，守則有餘；守既有餘，戰無不足。顧奮迅立功，衆人必忌；任勞則必召怨，蒙罪始可有功。怨不深則勞不著，罪不大則功不成。謗書盈篋，毁言日至，從古已然，惟聖朝與廷臣始終之。」朝議以崇煥、之臣既不相能，召之臣還，罷經略不設，以關內、外盡屬崇煥，并便宜從事。

崇煥與總兵官趙率教巡歷錦州、大、小凌河，議大興屯田，盡復高第所棄舊土。會大清兵方征朝鮮，渡鴨綠江。崇煥乘間遣將繕錦州、中左、大凌三城，未畢。會朝鮮及毛文龍同告急，詔崇煥發兵赴援。崇煥遣水師往，文龍又遣率教等九將，以精卒逼三岔河，爲牽制之勢。而朝鮮已降于大清，諸將遂引還。

7 潘汝楨之建逆祠也，諸方效尤，幾徧天下。薊遼總督閻鳴泰，繼請于部内建祠七所，費數十萬，其頌忠賢，有「民心依歸，即天心向順」語。開封毁民舍二千餘間，創宫殿九楹，儀如王者；巡撫朱童蒙建祠延綏，用琉璃瓦；劉詔建祠薊州，金像冕旒。

其諸祠務極工作之巧，像皆以沈香木爲之，眼耳口鼻宛轉如生人，腹中腸肺俱以金玉珠寶爲之。髻空，穴其一以簪四時香花。一祠木像，頭稍大，小豎上冠不能容，匠人恐，急削而小之以稱冠，小豎抱頭慟哭責匠人。

凡疏辭揄揚，一如頌聖，稱以「堯天舜德」、「至聖至神」，閣臣輒用駢語褒答。督餉尚書黄運泰，迎忠賢像，五拜五稽首，稱「九千歲」。

都城内外，祠宇相望。有建于東華門外者，工部郎中葉憲祖曰：「此天子臨辟雍道也，土偶能起立乎？」忠賢聞之，即削其籍。初，汝楨請建祠，巡按御史劉之待會稿遲一日，即削籍。而薊州道胡士容以不具建祠文，遵化道耿如杞以入祠不拜，皆下獄論死。

時海内望風獻媚，自督撫、巡按而外，宗室若楚王華煃，勳戚若武清侯李誠銘、保定侯梁世勳等，廷臣若尚書邵輔忠，詞臣若庶吉士李若琳，部郎若郎中魯國楨，諸司若通政司經歷孫如洌，上林監丞張永祚等，亦皆建祠恐後。下及武夫、賈豎諸無賴子，莫不攘臂争先，洶洶若不及。

最後巡撫楊邦憲建祠南昌，至毀周程三賢祠益其地，鬻澹臺滅明祠，曳其像碎之；比疏至，則上已崩矣。【考異】三編統系之六年閏月建忠賢生祠目中。按薊遼、薊州建祠，諸書皆系之二月以後，八月以前，今類書之。

8 勒太康伯張國紀回籍。

忠賢銜國紀不已，其黨梁夢環偵知之，復理劉志選前疏，故詰「丹山」「藍田」二語，忠賢從中究其事。大學士李國橧及王體乾交沮之，事乃止，而國紀竟勒歸故郡。【考異】張國紀事，明史本紀系之六年十月，三編系之是年二月，皆牽連並記也。今據宦官傳分書之。

9 三月，癸酉，豐城侯李承祚請開采珠池銅礦，不許。

10 戊寅，瑞王常浩之藩漢中。戊子，惠王常潤之藩荊州。

11 陝西澄城民變，殺知縣張斗耀。

斗耀以歲饑徵糧激民怨被戕，詔禽首惡，安戢良民，解散黨羽。

12 夏，四月，丁酉，下前刑部侍郎王之寀詔獄。

時劉志選疏頌要典，言「命德討罪，無微不彰。即堯舜之放四凶，舉元愷，何以加焉！」又云：「慷慨憂時，力障狂瀾于既倒者，魏廣微也，當還之揆席以繼五臣之盛事；赤忠報國，弼成巨典于不刊者，廠臣也，當增入簡端以揚一德之休風。」又言「王之寀宜正典刑，孫慎行宜加遣戍」，忠賢矯旨逮之寀下獄拷掠，坐贓八千，繫獄中。慎行亦遣戍寧夏，知府曾櫻故緩之，未行而忠賢敗。

13 西部犯邊，守將擊却之。

14 癸丑，桂王常瀛之藩衡州。

王及惠、瑞二王，皆神宗子，上之叔父也。時魏忠賢潛蓄逆謀，不利諸王在內，逆黨張訥希指疏趣之，遂以次就國。儀物禮數，刻意貶損；群小反盛稱廠臣節費爲國，即下詔褒美。

15 乙卯，侍郎王之寀卒于獄。崇禎初，復官賜卹。

16 五月，己巳，監生陸萬齡，請以魏忠賢配孔子，忠賢父配啓聖公。疏言「孔子作春秋，廠臣作要典；孔子誅少正卯，廠臣誅東林黨人；禮宜並尊。」持疏詣司業林釺，釺援筆塗抹，即夕挂冠櫺星門去。司業朱之俊爲奏請，從之，釺坐削籍。

同時又有一張生者，欲上疏以忠賢與孔子並尊。入國學，自稱見子路擊之，遽死。

【考異】天下建忠賢生祠，三編彙書于潘汝楨建祠目中，惟萬齡建祠，著其月分，別爲一綱，以其罪尤重也，今從之。萬齡等伏誅見後。

17 丙子，大清兵圍錦州。

18 庚辰，松山、河套諸部入犯。辛巳，察罕諸部入犯。

時大清兵擊破綽哈，所部皆散亡，半歸于察罕，歲數犯延綏諸邊；至是總兵官姚世卿撫之，諸部受款。

19 癸巳，大清兵攻寧遠。

20 六月，庚子，錦州圍解。

時太宗文皇帝親督兵至大淩河，守城士卒皆遁，遂進圍錦州。太監紀用、總兵趙率教遣使請和，大清遣書責之。袁崇煥令祖大壽等統精兵四千，繞出大清兵後，別遣水師東出相牽制。大壽等未至，大清已分兵抵寧遠城下。崇煥督將士登陴，列營濠內，用礮拒擊，而滿桂亦率尤世威以兵來赴。會大兵疾馳進擊，大敗之，追至城下，尸填壕塹皆滿。尋解寧遠圍，復益兵攻錦州，以溽暑不能克，毀大、小淩河二城而還。

21 秋，七月，乙丑朔，錦州以捷聞。上不豫，遣魏良卿告南北郊及太廟，代行禮。

22 丙寅，罷巡撫袁崇煥。

初，大清太祖高皇帝晏駕，崇煥遣使弔，且以覘虛實，太宗遣使報之。崇煥欲議和，藉以修故疆，因附使者還報。奏聞，優旨從之。及毛文龍被兵，言者遂謂和議所致。至是錦州被圍，忠賢使其黨劾「崇煥不救錦州」。崇煥遂乞休去。仍以王之臣代之，霍維華代任兵部尚書。

23 己卯，敘錦州功，封魏忠賢從孫鵬翼爲安平伯。——鵬翼尚在襁褓中。一時文武，昌濫增秩賜蔭者數百人，而崇煥止增一秩而已。

先是霍維華嘗進仙方靈露，飲于上，上飲而甘之，已，漸厭。及得疾，體腫，忠賢以咎維華。維華懼甚，慮上不測，有後患，欲先自貳于忠賢。會寧、錦敘蔭，維華請以讓崇煥，忠賢覺其意，傳旨詰責。

24 壬午，前禮部尚書孫慎行遣戍寧夏。

慎行以要典紅丸一案削籍，至是劉志選復追劾之，遂論戍。

25 丁亥，海賊寇廣東。

26 是月，浙江大水。

27 八月，丙申，加魏良卿太師，魏鵬翼少師。

28 戊戌，中極、建極二殿成。

敘三殿功，魏忠賢弟姪一人世襲侯爵，復封忠賢從子魏良棟爲東安侯。

29 乙巳，上疾不愈，召見閣、部、科、道于乾清宮，諭以「魏忠賢、王體乾皆恪謹忠貞，可計大事。」內閣黃立極等對曰：「皇上任賢勿貳，諸臣敢不仰體！」上悅。

30 甲寅，上大漸。乙卯，帝崩于乾清宮，年二十三。

遺詔，「以皇五弟信王由檢嗣皇帝位。」王即夕入臨，居宮中，比明，群臣始至。

時崔呈秀方改兵部尚書，奪情視事；比入臨，內使十餘人傳呼呈秀甚急。呈秀入，與忠賢密謀久之，語祕莫得聞，或云：「忠賢欲篡位，呈秀以時未可止之也。」

31 丁巳，信王即皇帝位。大赦天下。以明年爲崇禎元年。

32 癸亥，大賚文武諸臣及諸邊將士。

33 九月，甲申，追謚生母賢妃劉氏爲孝純皇太后。

太后初入宮爲淑女，生上後漸失光宗意，被譴薨。光宗中悔，恐神宗知之，戒掖庭勿言，葬于西山；及熹宗封上爲信王，追進賢妃。太后之薨，上時尚幼，及長，問近侍曰：

「西山有劉娘娘墳乎？」曰：「有。」每密付金錢往祭。及即位，始追封，加尊謚。

34 丁亥，停刑。

35 庚寅，册妃周氏爲皇后。

后以天啓中選入信邸，時神宗劉昭妃攝太后寶，宫中之事，悉稟于熹宗張皇后。故事，宫中選大婚，一后以二貴人陪，中選則皇太后幕以青紗帕，取金玉跳脱繫其臂，不中即以年日帖子納淑女袖，償以銀幣遣還。張后疑后弱，昭妃曰：「今雖弱，後必長大。」因册爲信王妃，至是立之。

36 追尊光廟選侍李氏爲莊妃，蓋東李也，位居西李前而寵不及。上幼失母，育于西李；已而西李生女，光宗改命東李撫視。至是即位，東李已薨，乃以撫育功，追加尊謚，並賜莊妃弟成棟田。

37 冬，十月，甲午朔，親享太廟。

38 庚子，上大行皇帝尊謚曰哲皇帝，廟號熹宗。

39 癸丑，南京地震，自西北迄東南，隆隆有聲。

40 是月，崔呈秀罷。

上素知忠賢惡，及即位，其黨自危。于是楊所修、楊維垣先劾呈秀，用以嘗上；乃以奪情爲詞，令歸守制。會賈繼春提學南畿，亦馳疏劾之；而給事中許可徵復劾其子鐸中式通關節事，下吏部勘處。呈秀遂罷。

41 削浙江巡撫潘汝禎籍，以建祠作俑也。

42 十一月，甲子，安置魏忠賢于鳳陽。

先是諸逆黨頌忠賢功德及請建生祠者，絡繹于道。比楊邦憲疏至，上甫即位，且閱且笑，忠賢覺其意，見疏僞辭，輒報尤。

于是主事錢元慤首劾之，言「忠賢本梟獍之資，先帝假以事權，群小蟻附，稱功頌德，布滿天下，如王莽之妄引符命；列爵三等，畀及乳臭，如梁冀之一門五侯；偏植奸黨，分置要津，如王衍之狡兔三窟；輿珍輦寶，藏聚肅寧，如董卓之郿塢自固；廣開告訐，誅鋤士類，如曹節、王甫之鉤黨株連；陰養死士，陳兵自衛，如桓溫之壁後置人。皇上待以不死，宜勒歸私第；魏良卿等有玷茅土，並宜褫革。」員外史躬盛、主事陸澄源亦交章論之。

而嘉興貢生錢嘉徵，更劾忠賢十大罪：「一曰並帝。内外封章，必先關白。稱功頌德，上配先帝。及奉俞旨，必曰『朕與廠臣』，自古未聞有此奏體。二曰蔑后。皇親張國紀，于御前面折逆奸，遂遭羅織，欲置之死，賴先帝神明，祇膺薄懲。不然，皇親危則中宮危矣。三曰弄兵。祖宗朝不聞内操，忠賢外脅臣工，内逼宮闈，操兵禁中，深可寒心。四曰無二祖列宗。高皇帝垂訓，中涓不許干預朝政，乃忠賢一手障天，流毒縉紳，凡邊腹重地，漕運咽喉，多置腹心，意欲何爲！五曰尅削藩封。三王之國，莊田賜賚甚薄也；而忠賢封公、侯、伯之土田，膏腴萬頃。六曰無聖。先師爲萬世名教主，忠賢何人，敢祠太學之側！七曰濫爵。古制非軍功不侯，忠賢竭天下之物力，佐成三殿，居然襲上公之爵，靦不知省。八曰掩邊功。遼左用兵以來，隳名城，殺大將，而冒侯封伯。九曰傷民財。郡縣請祠遍天下，一祠所費不下五萬金。敲骨剥髓，孰非國家之脂膏！十曰褻名器。崔呈秀之子鐸，目不識丁，賢書遂登前列。」

疏上，上召忠賢，使内侍讀之。忠賢震恐喪魄，急以重寳啗信邸太監徐應元求解。應元，故忠賢博徒也，上知之，斥應元，遂有是命。

43 戊辰，罷各邊鎮守中官。

天啓六年，各邊俱增鎮守太監，至是上諭兵部：「先朝于宣大、薊遼、東江之地分遣内臣協鎮，一柄兩操，甚爲無謂。且宦官觀兵，自古有戒，其悉罷之。」

44 己巳，魏忠賢自縊死。

時上榜忠賢罪示天下，尋諭曰：「逆惡魏忠賢，擅竊國柄，誣陷忠良，罪當死，姑從輕發鳳陽。乃不思自懲，素蓄亡命之徒，環擁隨護，勢若叛然，令錦衣衛逮治。」忠賢行至阜城，聞之，與其黨李朝欽俱自縊。

時言者劾「崔呈秀爲五虎之首，宜肆市朝」，奉旨「削籍，遣官逮問。」呈秀在家，聞忠賢死，列姬妾，羅珍寶，呼酒痛飲，盡一卮，即擲碎之。飲已，亦自縊死。

45 癸酉，免天啓逮死諸臣贓，釋其家屬。

46 癸巳，黃立極罷。

時山陰監生胡煥猷，劾「閣臣黃立極、張瑞圖等，身居揆席，漫無主持。甚至顧命之重臣，斃于詔獄；五等之爵，上公之尊，加于奄寺，而生祠碑頌，靡所不至。律以逢奸之罪，夫復何詞！」

時楊維垣等論煥猷，疑出東林指使，上爲除煥猷名，下吏。立極內不自安，累疏乞休，上猶優詔報留，至是始許之。

47 是月，曹應秋、薛貞俱罷。時以奄黨劾應秋、貞者先後疏上，遂罷。

以房壯麗代爲吏部尚書，蘇茂相代爲刑部尚書。

48 十二月，以南京吏部侍郎錢龍錫、禮部侍郎李標、禮部尚書來宗道、吏部侍郎楊景辰、禮部侍郎周道登、少詹事劉鴻訓並爲禮部尚書兼東閣大學士，預機務。

上以施鳳來輩皆忠賢所用，不足倚，詔廷推。閣臣仿古枚卜典，召九卿科道入乾清宮，貯名金甌，焚香肅拜，以次探之，得龍錫、標、宗道、景辰。輔臣以天下多故，請益一二人，復得道登、鴻訓。並命入閣。

49 客氏及其子侯國興、弟客光先與魏良卿皆伏誅。

先是大行皇帝崩，客氏將出外宅，于五更赴梓宮前，出一小函，用黃色龍袱包裹，皆先帝胎髮、痘痂及累年落齒、薙髮，痛哭焚化而去。

及是詔赴浣衣局掠死，籍其家。良卿、國興、光先皆棄市，家屬無少長皆斬；嬰孩赴市，有盹睡未醒者。人以爲慘毒之報，莫不快之。

方客氏之籍也，于其家得宮女姙身者八人，蓋將效呂不韋所爲。上大怒，命悉笞殺之。

50 下逆黨倪文煥、李夔龍、許顯純、田爾耕等于獄。

初，忠賢用事，外廷文武臣之諂附者，有「五虎」「五彪」之目。五虎則文臣崔呈秀、田吉、吳淳夫、李夔龍、倪文煥主謀議，五彪則武臣許顯純、田爾耕、孫雲鶴、楊寰、崔應元主殺戮，故詔書中特著之。若此外有周應秋、曹欽程等，時號「十狗」，又有「十孩兒」「四十孫」之號，不可悉數也。

時御史高弘圖言：「傾危社稷，搖動宮闈，如劉志選、劉詔、梁夢環三賊者，罪實浮于

『五虎』『五彪』等。」後皆麗逆案云。【考異】五虎、五彪，據剥復録及先撥志始所載，皆見之刑部會議及上諭中，詳見明史奄黨傳，今據書之。又以上三條，史稿皆入十一月，今據明史、三編。

51 追復熹宗成妃李氏、裕妃張氏封號。

二妃皆魏、客所害；成妃未死，後斥爲宮人。至是俱追復之。

52 以孟紹虞爲禮部尚書，時來宗道入閣，代之也。

53 是冬，詔「天下所建忠賢逆祠，悉行折毁變價。」尋逮陸萬齡及其黨曹代、何儲奇等，下法司究問。

初，萬齡等請祀忠賢于國學，朱之俊方奏舉行；會熹宗崩，之俊見璫將敗，乃糾萬齡等借影射利，仍未敢侵及忠賢也。至是貢生錢嘉徵顯劾忠賢十罪之一，詔逮萬齡等，繫獄中，坐監候處決。【考異】萬齡等建祠，朱之俊輒爲舉行，事見明史宦官傳。又證之魏呈潤傳，言之俊議建忠賢祠于國學旁，下教有「功不在禹下」語，責諸生捐助。及莊烈即位，委過諸生陸萬齡、曹代何以自解。至是呈潤發其奸。由是之俊坐廢云云。據此則之俊亦奄黨也。惟「曹代何」，計氏北略、紀事本末皆作「曹代」，無「何」字。而證之剥復録「曹代」之下，復有「何儲奇」。然則明史傳寫，蓋漏去「儲奇」二字，因誤以「何」字爲曹姓之雙名，今據剥復録書之。

明通鑑卷八十一

江西永寧知縣當塗夏燮編輯

紀八十一

起著雍執徐（戊辰），盡屠維大荒落（己巳），凡二年。

莊烈皇帝

崇禎元年（戊辰、一六二八）

1 春，正月，辛巳，詔：「中（宮）〔官〕非奉命不得出禁門。」上懲魏忠賢之禍，故有是命。

2 壬午，上熹宗皇后尊號曰懿安皇后。

3 癸未，御經筵，發帑金三十萬，分給宣大、東江。

4 乙酉，復舊輔劉一燝、韓爌原官。

5 丙戌，戮魏忠賢及其黨崔呈秀尸。忠賢尸寸磔，懸其首于河間；呈秀尸懸首薊州。

6 是月，大計天下吏，吏部尚書房壯麗、左都御史曹思誠主之。楊維垣以御史佐計，謀護璫局，以東林與崔、魏並詆，並堅持三案。

編修倪元璐上疏曰：「今攻崔、魏者，必與東林並稱邪黨。夫以東林爲邪黨，將以何者名崔、魏？崔、魏既邪黨矣，擊忠賢、呈秀者，又邪黨乎哉？東林，天下才藪也，而或樹高明之幟，繩人過刻，持論太深；謂之非中行則可，謂之非狂狷不可。

且天下議論寧假借，必不可失名義；士人行己寧矯激，必不可忘廉隅。自以假借、矯激爲大咎，于是彪、虎之徒，公然背畔名義，決裂廉隅。頌德不已，必將勸進；建祠不已，必且呼嵩；而人猶且寬之曰『無可奈何，不得不然耳。』充此『無可奈何，不得不然』之心，又將何所不至哉！乃議者以忠厚之心曲原此輩，而獨持己甚之論苛責吾徒，所謂舛也。

今大獄之後，湯火僅存，屢奉明綸，俾之酌用。而當事者猶以道學、封疆持爲鐵案，毋亦深防其報復乎！然年來借東林媚崔、魏者，其人自敗，何待東林報復！若不附崔、魏，又能攻去之，其人已喬嶽矣，雖百東林，烏能報復哉！」

又言：「故輔韓爌，清忠有執，聖明所鑒。今推轂不及，則徒以其票擬熊廷弼一事耳。廷弼固當誅，爌不爲無說。封疆大事，纍纍有徒，乃欲獨殺一廷弼，豈平論哉！此熿所以閣筆也。

然廷弼究不死于封疆而死于局面，不死于法吏而死于奸璫，則又不可謂後之人能殺廷弼，而熿獨不能殺之也。

又如詞臣文震孟，正學勁骨，有古大臣之品，三月居官，昌言獲罪，人以方之羅倫、舒芬。而今起用之旨再下，謬悠之譚不已，將毋門户二字不可重提耶，用更端以相遮抑耶？」

疏上，時柄國者多忠賢遺黨，詔以論奏不當責之，于是維垣復疏駁元璐。

元璐再疏曰：「臣前疏正爲維垣發。今維垣怪臣盛稱東林，以東林嘗推李三才而護熊廷弼也。抑知東林有力擊魏忠賢之楊漣，首劾崔呈秀之高攀龍乎？又怪臣盛稱韓熿，夫舍熿昭然忤璫之大節，而加以罔利莫須有之事，已爲失平。至廷弼行賄之説，乃忠賢借以誣陷清流，爲楊、左諸人追贓地耳。天下誰不知，維垣猶守是説乎？

又駁臣『假借』『矯激』，夫當崔、魏之世，人皆任真率性，頌德建祠，使有一人假借、矯激而不頌不建，豈不猶賴是人哉！即如崔、魏貫滿久矣，不遇聖明，誰攻去之！維垣終以『無可奈何』爲頌德建祠者解，假令呈秀一人舞蹈稱臣于逆璫，諸臣亦以爲無可奈何而從之乎？又令逆璫以兵劫諸臣使從叛逆，諸臣亦靡然從之，以爲無可奈何而然乎？

維垣又言『今日之忠直不當以崔、魏爲對案』，臣謂正當以崔、魏爲對案也。夫人品試之崔、魏而定矣；故有東林之人，爲崔、魏所恨其抵觸，畏其才望，而必欲殺之逐之者，此正人也；有攻東林之人，雖爲崔、魏所借，而勁節不阿，或遠或逐者，亦正人也。以崔、魏定邪正，猶以明鏡別妍媸，維垣不取證于此而安取證哉？

總之東林之取憎于逆璫獨深，其得禍獨酷，在今日猶當原其被抑之苦，不當毛舉其尺寸之瑕。乃歸逆璫以首功，代逆璫而分謗，斯亦不善立論者矣。」

疏入，柄國者以互相詆訾，兩解之。

當是時，元凶雖殛，其徒黨猶盛，無敢頌言東林者。自元璐疏出，清議漸明，而善類亦稍登進矣。【考異】明史，元璐上疏特書于是年之正月，吴氏剥復録以爲「改元之第一疏」者是也。

壯麗、思誠皆以四月罷，而察典本正月事，今據之。

7 以劉廷元爲工部尚書，薛鳳翔罷也。

8 二月，乙未，禁章奏冗蔓。

9 癸丑，御經筵。

10 丁巳，申禁廷臣交結内侍，頒諭諄戒之。

11 三月，己巳，葬哲皇帝于德陵。

12 辛巳，天赤如血，占者謂「主大旱，且兵徵」云。

13 癸未，施鳳來、張瑞圖罷，以忠賢黨也。

御史羅元賓疏糾鳳來等，謂：「綸綍之重任，總歸奄宦之權衡，欲尚公則尚公，欲封爵則封爵，欲建祠則建祠，欲誅殺削奪則誅殺削奪。情面多而擔當少，爵禄重而謀國輕，遂使黄扉爲置郵之所，輔臣若執簿之官。誤國徇私，莫此爲甚！」上是其言，鳳來、瑞圖遂俱乞休去。

14 乙酉，贈卹冤陷諸臣。楊漣太子太保、兵部尚書；左光斗右都御史；魏大中、周順昌太常卿；周朝瑞大理卿；周起元兵部侍郎；繆昌期詹事兼侍讀學士；袁化中、顧大章、周宗建、黄尊素、李應昇太僕卿；萬燝光禄卿，並録一子。王子寀復官。丁乾學、吴裕中、劉鐸、吴懷賢、蘇繼歐、張汶，俱贈卹有差。

15 郭允厚、孟紹虞、閻鳴泰俱先後被劾罷。

是月，以王永光爲户部尚書，王在晋刑部尚書。

16 夏，四月，癸巳，恤故工部尚書馮從吾、左都御史鄒元標、高攀龍等二十三人，贈蔭有差。

17 賜劉若宰等進士及第、出身有差。

18 甲午，以袁崇煥爲兵部尚書，督師薊遼。

初，崇煥以忤忠賢去；忠賢既誅，王之臣被劾罷，廷臣争請召崇煥。詔所司敦趣上道。

19 庚戌，指揮卓銘請開礦不許。

20 是月，召舊輔韓爌。

21 改王在晋于兵部。

22 五月，己巳，大學士李國槽罷。

國槽與魏忠賢同鄉，然每正論。劉志選、梁夢環劾張國紀以摇中宫，賴國槽調護之。劉鐸咒詛之獄，誣及方震孺與交通，坐大辟繫獄，國槽力爲保全。上即位，胡焕猷劾黄立極等，並及國槽。事皆見天啓七年。及焕猷除名，國槽薦復之，人稱爲長者。

至是乞歸，薦韓爌、孫承宗自代。卒于家，贈太保，謚文敏。

23 庚午，毁三朝要典，編修倪元璐請之也。

其略曰：「梃擊、紅丸、移宫三議，鬨于清流；而三朝要典一書，成于逆豎；其議可兼行，其書必當速毁。

蓋當時起事興議，盈廷互訟。主梃擊者力護東宫，争梃擊者計安神祖；主紅丸者仗義之言，争紅丸者原情之論；主移宫者弭變于機先，争移宫者持平于事後。數者各有其事，不可偏非，總在逆璫未用之先，雖甚水火，不害壎箎。此一局也。

既而楊漣二十四罪之疏發，魏廣微此輩門户之説興；于是逆璫殺人則借三案，群小求富貴則借三案，經此二借而三案面目全非矣。故凡推辭歸孝于先皇，正其頌德稱功于義父。又一局也。

網已密而猶疑有遺鱗，勢已成而或憂其翻局；崔、魏諸奸始創立私編，標題要典。以之批根，今日則衆正之黨碑；以之免死，他年即上公之鐵券。又一局也。

由此觀之，三案者，天下之公議，要典者，魏氏之私書；三案自三案，要典自要典。

今爲金石不刊之論者，誠未深思。臣謂翻即紛嚻，改亦多事，唯有毁之而已。夫以閹豎之權而役史臣之筆，亘古未聞，當毁一；未易代而有編年，不直書而加論斷，若曰彷佛明倫，規模大典，則是魏忠賢欲與肅皇帝争聖，崔呈秀可與張孚敬比賢，悖逆非倫，當毁二；矯誣先帝，僞撰宸篇，既不可比司馬光資治通鑑之書，亦不得援宋神宗手製序文之例，假竊誣妄，當毁三；況史局將開，館抄具備，七載非難稽之世，實録有本等之書，何事留此駢枝，供人唾詈！當毁四。」

疏上，上從之，遂焚其板。侍講孫之獬，忠賢黨也，聞之，詣閣大哭，天下笑之。

論曰：倪文正之論要典，以爲魏氏之私書，是也。而至謂三案之主者争者，各有其事，不可偏非，此則調停之見，非公論也。

夫三案莫真于梃擊。當時葉文忠家居不預，及還朝，任總修光宗實録。適王之寀疏論張差事，語侵張問達，復往問之。問達則曰：「謀逆之事，千真萬真。之寀所發覺無一不實，某當時讞奏皆與之寀同，何以罪我！」葉又問：「風癲之説云何？」答曰：「此飾詞也。安有持梃入宫門而可稱風顛者！」據此，則之寀之劾及問達者，謂其不能徹底根究耳。葉文忠原修之書，稍據其説，而詞甚委婉，其大略猶見于李氏三垣筆記中，凡十餘條，而于梃擊一案獨詳之，則固明知其爲鄭貴妃、鄭國泰之主謀矣。

有梃擊而後紅丸之進不能無疑。紅丸雖用藥之誤，而當光宗踐阼，鄭貴妃餘焰方張，又佐之以李選侍，豈得謂孫慎行之以私臆度乎。

若移宫，則乾清乃天子所居，選侍非慈聖之比，即無梃擊、紅丸二事，亦理之所必争，故楊、左二公首發之。

今要典不足論，而至謂等三案于莫須有者，則瞽説也。要典之穢，在史臣論斷耳。若當日張差口供，法司原讞，具載其中，故明史王之寀一傳，全録其詞，具有深意。則與其毀之以資逆焰之揚灰，謂南渡後事。曷若存之以作妍媸之對鏡也。

文忠所論三案，見文集中。春明夢餘録亦全載其文，是以敘而論之。

[24] 甲戌，裁各部添注官。

[25] 辛巳，禱雨。

[26] 乙酉，復外官久任及舉主連坐法。

[27] 禁有司私派。

[28] 是月，改王永光于吏部，以畢自嚴代爲户部尚書，時房壯麗罷也。李長庚工部尚書，劉廷元罷也。起副都御史曹于汴爲左都御史，曹思誠罷也。又以王在晉改兵部，起前刑部尚書喬允升復故官。

[29] 察罕諸部寇宣大，掠渾源、懷仁諸州縣而去。

[30] 六月，壬寅，許顯純伏誅。

[31] 壬子，削魏忠賢黨馮銓、魏廣微籍。時來宗道、楊景辰俱罷。宗道代李國𣚴爲首輔，事多詭隨；編修倪元璐屢言時事，宗道笑曰：「渠何事多言！詞林故事，止香茗耳。」時謂宗道爲「清客宰相」。景辰先與宗道爲要典副總裁，一徇奸黨指，及朝局已變，乃請毀要典，言官交章劾之。户科給事中瞿式耜復極言「二人附

逆，不可居政府」，遂同罷。

32 是月，以吏部右侍郎何如寵爲禮部尚書。如寵天啓間官禮部右侍郎，協理詹事府。未幾，廷推左侍郎，魏廣微言「如寵與左光斗同里友善」，遂奪職閒住。上改元，起佐吏部，未至，遂拜是職。初，宗藩婚嫁命名，例請于朝，貧者爲部所稽。自萬曆末至是，積疏累千，有白首不能完家室，骨朽而未名者。用如寵請，貧宗得嫁娶者六百餘人。

33 起朱燮元總督雲貴、川廣軍務，討水西賊。

34 是夏，户科給事中瞿式耜，疏論「楊漣、魏大中、周順昌爲清中之清，忠中之忠，請俱賜謚。」從之，謚漣曰忠烈，大中曰忠節，順昌曰忠介。是時有不善左光（十）〔斗〕、周宗建者，力尼之，遂多不獲謚，至南渡時始得追謚云。式耜又陳朝政不平，爲王之寀請恤，孫慎行訟冤，追論馮銓等。因言「建祠之朱童蒙不可寬，積慾久廢之湯賓尹不可用」，上俱納之。——式耜，常熟人。【考異】事具明史本傳。來宗道、楊景辰之罷，馮銓、魏廣微之削籍，明史本紀俱系之六月。朱童蒙之閒住，湯賓尹之永不敘用，詔旨具見剥復録，亦在六月，今類書之是夏。

35 秋，七月，壬戌，太白晝見。

36 癸酉，袁崇焕至京師，上召見于平臺，咨以方略，對曰：「臣受陛下特眷，願假便宜，計五年全遼可復。」上退，少憩。時廷臣咸在，給事中許譽卿叩以五年之略，崇焕言：「聖心焦勞，聊以是相慰耳。」譽卿曰：「上英明，安可漫對！異日按期責效，奈何？」崇焕憮然自失。頃之，上出，即奏言：「東事本不易竣，陛下既委臣，臣安敢辭難！但五年内，户部轉軍餉，工部給器械，吏部用人，兵部調兵選將，須中外事事相應，方克有濟。」上爲飭四部臣如其言。崇焕又言：「以臣之力，守全遼有餘，調衆口不足；一出國門，便成萬里，忌能妬功，夫豈無人！即不以權力掣臣肘，亦能以意見亂臣謀。」上起立傾聽，諭之曰：「卿勿疑慮！朕自有主持。」大學士劉鴻訓等復請賜崇焕尚方劍，假之便宜，上悉從之。

崇焕又以前此熊廷弼、孫承宗皆爲人所排搆，不得竟其志，乃上言：「恢復之計，不外臣昔年『以遼人守遼土，以遼土養遼人，守爲正著，戰爲奇著，和爲旁著』之説。法在漸不在驟，在實不在虚，此臣與諸臣所能爲。至用人之人與爲人用之人，皆至尊司其鑰，何以任而勿貳，信而勿疑？蓋馭邊臣與廷臣異，軍中可驚可疑者殊多，但當論成敗之大局，不必摘一言一行之微瑕。事任既重，爲怨實多，諸有利于封疆者，皆不利于此身者也，是以爲邊臣甚難。臣非過慮，但中有所危，不得不告。」上優詔答之。

37 壬午，浙江杭、嘉、紹三府風雨，海溢，漂没數萬人，海寧、蕭山尤甚。

38 癸未，海寇鄭芝龍降。

芝龍少與弟芝虎，從海盜顏振泉爲寇。振泉死，衆盜無所統，約共禱于神，植劍米斛中遞拜之，劍動者推爲長。芝龍預藏磁石袖間，甫拱手，劍躍出，遂雄長海上。以己泉人，不寇泉，令其黨劉香寇之。

泉州官吏招芝龍降，芝龍來受命，芝虎不從，譟而去，猖獗如故。然芝龍嘗敗官軍不追，獲將士釋不殺，當事知芝龍終可撫，復遣使諭之，竟偕芝虎降。

而其黨李魁奇、鍾斌旋叛去，與香仍爲盜。熊文燦巡撫福建，善遇芝龍，頗得其力。魁奇屢抗官軍，守備莫兆爀戰歿，芝龍擊擒之。又敗斌于泉州，斌投海死。三編質實：「按明史施邦曜傳，盜劉香、李魁奇横海上，邦曜縶香母誘之，香就撫。魁奇援芝龍事請撫，邦曜言于巡撫鄒維璉，討平之。」與熊文燦傳所載互殊，蓋傳聞異詞也。今據三編。

39 甲申，寧遠兵變。

時四川、湖廣兵駐寧遠者，以缺餉四月，大譟，餘十三營起應之，縛巡撫畢自肅、總兵官朱梅、通判張世榮、推官蘇涵淳于譙樓上。兵備副使郭廣初至，括二萬金以散，不厭；貸商民足五萬，乃解。自肅疏引罪，走中左所自經死。

袁崇焕以八月初抵關，聞變，馳與廣密謀，誘首惡張正朝、張思順，令捕十五人戮之市。斬知謀中軍吴國琦，責參將彭簪古，黜都司左良玉等四人，發正朝、思順前鋒立功。世榮、涵淳以貪虐致變，亦斥之；獨都司程大樂一營不從變，特爲奬勵。一方乃靖。

先是關外止設總兵官一人，崔呈秀欲用其私黨，增設三四人，故權勢相衡，臂指不運，尋定設二人，而掣肘如故。朱梅將解任，崇焕「請合寧、錦爲一鎮，仍以總兵官祖大壽駐錦州，加中軍副將何可綱都督僉事，代梅駐寧遠，而移薊鎮趙率教于關門，關内、外止設二大將。」因極稱三人才，謂：「臣自期五年，專藉此三人，當與臣相終始。屆期不效，臣手戮三人，而身歸死于司敗。」上可之。崇焕遂留鎮寧遠。又「請罷寧遠及登萊巡撫不設」，上亦報可。

時度支大絀，錦州、薊鎮兵相繼譁。户部尚書畢自嚴言：「一歲之出，浮于所入一百一十三萬有奇，而内拱召買不與焉。」上命廷臣各陳所見。自嚴擇其可者，列上「增鹽引，議鼓鑄，括雜税，覈隱田，税寺産」諸事，皆瑣屑權宜之計，民以重困。

40 八月，乙未，詔「非盛暑、祁寒，日御文華殿與輔臣議政。」

41 九月，丁卯，京師地震。

42 是秋，革廣寧及薊鎮塞外諸部歲賞。

故事，廣寧塞外綽哈即炒花，譯見前。三編一作兆哈。諾穆圖、舊作煖兔。固英舊作貴英。及薊鎮喀爾沁等舊作哈喇嗔。三十六家，歲有撫賞，至是盡革去之。會諸部歲饑，請粟復不予，遂歸款于大清。

是時察罕部最强，諸部爲所攻，廷臣有請合塞外諸部及三十六家之衆以禦察罕者，上召宣大總督王象乾于平臺，詢方略，對曰：「與其搆之，不如撫而用之。」上曰：「察罕意不受撫，奈何？」象乾復密奏，上善之，命往偕督師袁崇煥共計。象乾至邊，與崇煥議合，因定歲予察罕金八萬一千兩，以示羈縻。

大同巡撫張宗衡言：「察罕今窺宣大，駐新城，去大同僅二百里，三閱月未敢近前。察罕之饑乏，與諸部等，望款不啻望歲；而我遺之金繒牛羊茶果米穀無算，是適中其欲也。若使士馬豐飽，其憑陵狂逞，可勝道哉！」象乾言：「撫局垂成而復棼之，既示察罕以不信，亦非所以爲國謀。」上是象乾議，詔宗衡毋得異同。【考異】撫察罕事，見韃靼傳。史稿系王象乾召對于九月，三編書革廣寧、薊鎮諸部歲賞于七月。按諸部革賞而獨撫察罕，歲予八萬一千兩，意即象乾之議，所謂「密奏」者是也。卒之察罕仍不受撫，而廣、薊諸部以革賞叛去，邊事所以日蹙也。今並系之是秋下。

43 冬，十月，戊戌，大學士劉鴻訓罷。

先是忠賢雖敗，其黨猶滿朝，言路新進者群抨擊之，諸執政嘗與忠賢共事，不敢顯爲別白；鴻訓至閣，毅然主持，斥楊維垣、李恒茂、楊所修、田景新、孫之獬、阮大鋮、徐紹吉、張訥、李蕃、賈繼春、霍維華等，人情大快。而御史袁鴻勛、史䕫、高捷，本由維垣輩進，思合謀攻去鴻訓，則黨人可安也。鴻勛乃言「所修、繼春、維垣夾攻表裏之奸，有功無罪，而誅鋤自三臣始。」又詆「鴻訓使朝鮮，滿載貂參而歸。」錦衣僉事張道濬亦攻訐鴻訓，鴻訓奏辯。給事中顏繼祖，言「鴻訓朝鮮之役，舟敗僅以身免。乞諭鴻訓入直，共籌安攘之策。至鴻勛之借題傾人，道濬之出位亂政，非重創未有已也。」上是之。給事中鄧英乃盡發鴻勛贓私，且言「鴻勛以千金贄維垣得御史。」上怒，落鴻勛職候勘。已而高捷上疏，言「鴻訓斥擊奸之維垣、所修、繼春、大鋮，而不納孫之獬流涕忠言，謬主焚毁要典，以便私黨孫慎行進用。」上責以妄言，停其俸。史䕫復佐捷攻之，言路多不直兩人，兩人遂罷去。

時上數召見廷臣，鴻訓應對獨敏，謂民困由吏失職，請上久任責成；以尚書畢自嚴善治賦，王在晋善治兵，請上加倚信。上初甚向之，闗内兵以缺餉鼓譟，上意責户部，而鴻訓請「發帑三十萬，示不測恩」，由是失上指。未幾而有改敕書之事。

舊例，督京營者不轄巡軍，惠安伯張慶臻總督京營敕内有「兼轄捕營」語；提督鄭其心以侵職論之，命覈中書行賄改之，故下舍人田嘉璧獄。給事中李覺斯言：「稿具兵部，送輔臣裁定，乃令中書繕寫，寫訖復審視進呈。兵部及輔臣皆當問。」上心疑其事，乃御便殿問諸閣臣，皆謝不知，上怒。給事中張鼎延、御史王道直，咸言「慶臻行賄有跡，不知誰主使？」御史吴玉，言「主使者鴻訓也」。慶臻曰：「改敕乃中書事，臣實不預知。且增轄捕卒，取利幾何，乃行重賄！」上叱之。閲兵部揭，有鴻訓批西司房語，嘉璧亦誣伏受鴻訓指，事遂不可解。而侍郎張鳳翔，詆之尤力；閣臣李標、錢龍錫，言「鴻訓不宜有此，請更察訪。」上曰：「事已大著，何更訪爲！」促令擬旨。標等逡巡未上，禮部尚書何如寵爲鴻訓力辯，上意卒不可回。乃擬旨，「鴻訓、慶臻並革職候勘。」

無何，御史田時震，劾「鴻訓用田仰巡撫四川，納賄二千金」；給事中閻可陛，劾「副都御史賈毓祥由賂鴻訓擢用。」鴻訓數被劾，連章力辯，因言「都中神奸狄姓者，詭誆慶臻千金，致臣無辜受禍。」上不聽，下廷臣議罪。

踰年，吏部尚書王永光等，言「鴻訓、慶臻罪無可辭，而律有議貴條，請寬貸；兵部尚書王在晉、職方郎中苗思順，贓證未確，難懸坐。」上不許，鴻訓謫戍代州；在晉、思順並削籍；慶臻以世臣，停禄三年；覺斯、鼎延、道直、玉、時震，以直言增秩一級。

鴻訓居政府，鋭意任事，上有所不可，退而曰：「主上畢竟是中主。」上聞，深銜之，欲置之死，賴諸大臣力救，乃得稍寬。後鴻訓竟卒戍所。

44 十一月，甲戌，陝西流賊大起。

初，喬應甲、朱童蒙巡撫陝西、延綏，諱盜不聞，被害者莫敢告。至是連歲大饑，有司不恤下。有白水男子王二，通于縣役，遂糾衆墨其面，掠蒲城之孝童，韓城之淄川鎮，由是府谷賊王嘉允、宜川賊王左掛並起，遂攻城堡，殺官吏。安寨賊高迎祥、漢南賊王大梁，復糾衆應之。迎祥自稱闖王，大梁自稱大梁王。【考異】明史本紀，天啓七年三月，陝西澄城民變，殺知縣張斗耀。三編系之是年十二月目中，蓋類記也。惟「斗耀」三編作「耀采」，本明史楊鶴傳。紀事本末、綏寇紀略，皆云「是年十一月王二等起」，明史、三編並書于是年之末，今據綏寇紀略月日。

45 癸未，祀天于南郊。

46 是月，詔會推閣臣。廷臣列吏部侍郎成基命及禮部侍郎錢謙益等名以上。時同推者鄭以偉、李騰芳、孫慎行、何如寵、薛三省、盛以弘、羅喻義、王永光、曹于汴，凡十一人。禮部尚書温體仁，侍郎周延儒，以無素望不與。

延儒性警敏，善伺意指。方錦州兵譁，袁崇煥請給餉，上召問諸大臣，皆請發内帑，延儒獨進曰：「關門昔防敵，今且防兵。寧遠譁餉之，錦州譁復餉之，各邊效尤，帑將安給！」上曰：「卿謂何如？」延儒曰：「事迫，不得不發，但當求經久之策。」上説曰：「卿言是也。」降旨責群臣。越數日，復召問，延儒曰「餉莫如粟。山海積粟不缺也，缺銀耳，何故譁？安知非驕弁搆煽以脅崇煥邪！」上方疑邊將要挾，聞延儒言，復悦曰：「卿言是。」由此屬意延儒。

而會推弗及，體仁揣上意必疑，遂上疏訐「謙益爲考官時關節受賄，不當與閣臣選。」先是謙益典試浙江，有奸人金保元、徐時敏，僞作關節，用俚俗詩「一朝平步上青天」句，分置七義結尾，授舉子錢千秋，遂中式。千秋本能文，同考官薦擬第二，謙益改置第四。千秋知爲保元、時敏所賣，與之鬨。事傳京師，爲給事中顧其仁所發。謙益大駭，即具疏劾二奸及千秋。俱下吏論戍，謙益亦奪俸。二奸尋斃，千秋遇赦釋還。事已七年矣，至是體仁復理共事，上果心動。

次日，召對閣、部、科、道諸臣于文華殿，命體仁、謙益皆至。謙益不虞體仁之劾己也，辭頗屈。而體仁盛氣詆謙益，言如泉湧，因進曰：「臣職非言官，不可言；會推不與，宜避嫌不言。但枚卜大典，宗社安危所係。謙益結黨受賄，舉朝無一人言者，臣不忍見陛下孤立于上，是以不得不言。」上久疑廷臣植黨，聞體仁言，輒稱善。而執政皆言謙益無罪，吏科都給事中章允儒争尤力，且言「體仁熱中觖望。如謙益當糾，何俟今日！」體仁曰：「前此謙益皆閒曹，今者糾之，正爲朝廷慎用人耳。如允儒言，乃真黨也。」允儒曰：「黨之説，小人以陷君子，天啓朝可鑒。」上怒，命禮部進千秋卷，責謙益，謙益引罪。上歎曰：「朕幾誤！」遂叱允儒，下詔獄，并切責諸大臣。

時大臣無助體仁者，獨延儒奏曰：「會推名雖公，主持者止一二人，餘皆不敢言，即言，徒取禍耳。且千秋自有成案，不必復問諸臣。」上乃即日罷謙益官，命議罪，坐杖，論贖；允儒及給事中瞿式耜、御史房可壯等皆坐謙益黨，降謫有差。千秋復被逮，荷校死。

47 十二月，丙申，前大學士韓爌還朝，復入閣。

時上以錢謙益事，悉置廷推者不用，爌至，遂爲首輔。上御文華殿後閱章奏，召爌等諭以「擬旨務消異同，開誠和衷，期于至當。」爌等頓首謝。退，言「所諭甚善。而密勿政機，諸臣參互擬議，不必顯言分合。至臣等晨夕入直，勢不能報謝賓客。商政事者宜相見于朝房，而一切禁私邸交際。」上即諭百寮遵行。劉鴻訓方被重譴，爌至，即具疏申救。不聽。

會御史毛九華劾「温體仁居家時，以抑買商人木爲商人所訴，賂崔呈秀以免；又因杭州建逆祠，作詩頌魏忠賢。」詔下浙江巡撫覈實，未報；御史任贊化復劾體仁娶娼、受金、奪人産諸不法事。體仁揣己爲清議所斥，因力求去以要上，且言：「臣以訐罷錢謙益，故其黨排訐臣者百出，而無一人左袒臣，臣孤立可見。」上再召内閣九卿質之。體仁與九華、贊化詰辯良久，言「二人皆謙益死黨」。上心以爲然，秉燭召爌等于内殿，謂：「進言者不憂國而植黨，自名東林，于國事何補！當重繩以法。」

爌請寬言官以安體仁，既退，具揭言：「人臣不可以黨事君，人君亦不可以黨疑臣，但當論其才品臧否，職業修廢而黜陟之。若戈矛妄起于朝堂，畛域横分于官府，非國之福也。」不納。

48 是月，固原兵變。

時邊兵缺餉，亂卒乘飢民之起，相與譁譟。巡撫胡廷宴，瞶眊不視事，與延綏巡撫岳和聲互相推匿。亂卒刧固原州庫，遂入賊黨。【考異】固原兵變，綏寇紀略書于是年十二月二十四日，蓋乘王二等之變也。今分書之。

49 以工部右侍郎王洽爲兵部尚書。時王在晋罷，上召見群臣，奇洽狀貌，即擢任之。

二年（己巳、一六二九）

1 春，正月，壬戌，漢南賊王大梁，以三千人由成縣、兩當入略陽，偪漢中。官兵追至寧羌州，逸去，復趨略陽，官兵敗績。餘賊分掠洛川、淳化等州縣。

2 己巳，固原逃兵掠涇陽、富平，執游擊李英。

3 丙子，幸太學，釋奠于先師孔子。

4 丁丑，詔定逆案。

庚辰，召見閣臣韓爌、李標、錢龍錫，吏部尚書王永光，都察院左都御史曹于汴等于文華殿，諭定魏忠賢逆案。

先是爌等不欲廣搜樹怨，僅以四五十人上。上少之，令再議，又以數十人上，上不懌，令以「贊導」、「擁戴」、「頌美」、「諂附」爲目，因曰：「忠賢一内豎耳，苟非外廷助虐，何遽至此！且内廷同惡者亦當入。」爌等以不知内侍爲對，上曰：「豈皆不知？特畏任怨耳。」閲日，召入便殿，案有布囊，盛章奏甚夥，指之曰：「此皆奸黨頌疏，可案名悉入。」爌等知上意不可回，乃曰：「臣等職在調旨，三尺法非所習。」上召吏部尚書王永光問之，以不習刑名爲對，乃詔刑部尚書喬允升同審定之。【考異】明史本紀，詔定逆案在是年正月丁丑，據下詔之日也。史稿系之庚辰，召對文華殿面諭之日分也。逆案原奏稱「正月二十四日召見臣等」，即庚辰也。至逆案之定在三月，蓋喬允升以刑部尚書同定逆案，又召對後也。今分書之。

5 是月，周道登罷。

道登嘗召對。上問：「『宰相須用讀書人』，何解？」對曰：「容臣至閣中檢閲回奏。」上有愠色。又問：「章奏内多有『情面』二字，何也？」對曰：「情面者，面情之謂。」左右皆匿笑。道登前在禮部，頗有所争執。及柄政後，排正人，庇私交，屢爲言路所劾，上悉下其章廷議，尚書王永光等，言「所劾俱有實跡」，遂放歸。

6 工部尚書李長庚以憂去，張鳳翔代之。

7 二月，戊子，祀社稷。

8 庚寅，皇長子慈烺生，——皇后周氏出也。詔赦天下。

9 甲午，户科給事中劉懋，「請裁驛站冗卒，歲可省金錢數十萬。」上悦，從之。

是時秦中加派之賦，曰「均輸」，曰「間架」，曰「新餉」，其目日增。吏因緣爲奸，民大困，多往從賊。而山、陝游民，至是求驛糈者無所得食，于是流賊饑民不可究詰，而山、陝大亂。

10 壬子，召閣臣韓爌等及尚書喬允升、都御史曹于汴于平臺。

時定逆案，張瑞圖、來宗道、賈繼春皆不與，詰之韓爌等，以瑞圖、宗道無實狀對。上曰：「瑞圖善書，爲忠賢所愛；宗道爲崔呈秀父請卹典，中有『在天之靈』語；非實狀邪？」又問繼春，對曰：「繼春雖反復，然持論亦有可取。」上曰：「惟反覆，故爲真小人。」于是三人者皆麗逆案。【考異】召廷臣詰張瑞圖等三人，明史不具，史稿系之二月壬子。證之閣臣再議原奏，内稱「二月二十六日召對平臺」，是月丁亥朔，壬子正二十六日也。又據原奏增未入者六十五人，三人其首也。

11 三月，辛未，閣臣韓爌等奏上逆案，上親加裁定。

自魏忠賢、客氏依謀反大逆律磔死外，以六等定罪。曰「首逆同謀」，崔呈秀及魏良卿、侯國興、太監李永貞、李朝欽、劉若愚六人，俱立斬；曰「交結近侍」，劉志選、梁夢環、倪文煥、田吉、劉詔、薛貞、吴淳夫、李夔龍、曹欽程、許志吉、孫如洌、陸萬齡、李承祚、田爾耕、崔應元、楊寰、孫應鶴、許顯純、張體乾十九人，俱斬，秋後處決；曰「交結近侍次等」，魏廣微、周應秋、閻鳴泰、霍維華、徐大化、潘汝禎、李魯生、楊維垣、張訥、郭欽、李之才十一人及逆孽魏志德等三十五人，俱充軍；曰「諂附擁戴」、太監李實等十五人，亦俱充軍；曰「交結近侍又次等」，顧秉謙、馮銓、張瑞圖、來宗道、王紹徽等一百二十九人，俱坐徒三年，贖爲民；曰「交結近侍減等」，黄立極等四十四人，俱革職閒住；又于諸人姓名下各注所犯，刊布中外知之。【考異】定逆案，輯覽書之三月。重修三編改入正月，以奉詔在正月連記也。史稿定逆案刊布天下在三月辛未，證之諸書皆同。蓋正月南察尚未到，又以閣臣之請命喬允升參定，至三月始上也。逆案雖莊烈自定，亦以南、北二察爲張本。是時主南察者尚書鄭三俊、都憲陳于廷，而北察之王永光，實璫孽也，故吕純如、薛國觀皆在漏網之列，是以文震孟劾之。南察則逆奄之黨，澄汰一空，南察至而後逆案定。其詳悉具剥復録及先撥志始中。

12 戊寅，薊州兵變，有司撫定之。

13 是月，以左副都御史楊鶴總督三邊。初鶴以忤忠賢罷去，上即位，起之，尋進副都。鶴見上求治太急，乃上言：「圖治之要，在培元氣。自大兵大疫，加派頻仍，小民之元氣傷；遼左、黔、蜀，喪師失律，封疆之元氣傷；縉紳搆黨，彼此相傾，逆閹乘之，誅鋤善類，士大夫之元氣傷。譬如重病初起，百脈未調，風邪易入，急當培養。而陛下事事勵精，臨軒面質，或問之而未必盡知；事下六曹，或呼之而未必立應；致干聖怒，數取譴訶；竊以爲過矣。今一切民生國計，吏治邊防，宜取祖宗成法委任責成，嚴爲之程，寬爲之地，圖之以漸，鎮之以静，何慮不臻太（乎）〔平〕哉！」疏入，報聞。

尋三邊總督武之望卒官，而是時關中寇熾，廷臣莫肯往，群推鶴。上召鶴問方略，對曰：「清慎自持，撫恤將卒而已。」遂拜鶴兵部右侍郎，代之望總督軍務討賊。

14 夏，四月，甲午，陝西賊犯耀州，督糧道參議洪承疇，率官兵、鄉勇圍王佐掛于雲陽，幾獲之；暮，大雷雨作，賊潰圍走。

15 閏月，癸亥，陝西流賊犯三水，游擊高從龍戰没。

先是商洛道劉應遇斬王二于白水，至是復追漢南賊于大石川，斬王大梁于陣，副將賀虎臣亦捕斬固原逃兵周大旺等。賊渠略盡，而繼起者日益衆，延安、榆林間所在皆賊，比楊鶴至，益堵剿之不及矣。

16 癸未，祀地于北郊。

17 五月，乙酉朔，日有食之。

18 庚子，議改曆法。

初，萬曆三十八年，議用西法，以檢討徐光啓、南京員外郎李之藻等參預曆事，而召河南僉事邢雲路至京師。以疏入留中，不果行。事見八十卷。

未幾，光啓擢禮部侍郎，而之藻亦自南京召還，改太僕少卿。是月日食，大統曆推食三分二十四秒，回回曆推食五分五十二秒。光啓依西法，預推順天府食二分有奇，應天食六分有奇，瓊州食既，大寧以北不食。至是光啓法驗，大統、回回曆皆疏，上切責監官。

于是五官正戈豐年等言：「大統乃洪武時所定，實即郭守敬授時曆也。自至元十八年造，越十八年，爲大德三年八月，已當食不食。六年六月又食而失推。是時守敬方知院事，已不能無乖錯，況斤斤守法者哉！今若循舊，向後必不能無差。」光啓亦言：「歲差環轉，歲實參差。天有緯度，地有經度，列宿有本行，月五星有本輪，月有真會視會，皆古所未聞。惟西法有之，宜取以參互考訂，與大統法會同歸一。」尋上曆法修正十事，因薦之藻及西洋人龍華民、鄧玉函善推步，報可。遂開曆局，以光啓爲監督。未幾，華民卒，更徵西洋人湯若望、羅雅谷譯書演算。光啓加本部尚書，仍督修曆法。——西法之行自此始。

初，西法與回回曆相同，周天三百六十度，度六十分，分六十秒；一日十二時，時八刻，刻十五分；有閏日，無閏月。迨入中國，又通融中法，始復置閏月。窮推詳測，益加精密，而授時、大統之說始絀。三編質實：「曆法修正十事：其一議歲差每歲東行漸長、漸短之數，以正古來百年、五十年、六十年多寡互異之說。其二議歲實小餘，昔多今少，漸次改易，及日景長短歲歲不同之因，以定冬至，以正氣朔。其三每日測驗日行經度，以定盈縮加減真率東西南北高下之差，以步日躔。其四夜測月行經緯度數，以定交轉遲疾真率東西南北高下之差，以步月離。其五密測列宿經緯行度，以定七政盈縮遲疾順逆違離遠近之數。其六密測五星經緯行度，以定小輪行度遲疾留逆伏見之數，東西南北高下之差，以推步淩犯。其七推算黃道赤道廣狹度數，密測二道距度及月五星各道與黃道相距之度，以定交轉。其八議日月去交遠近及真會視會之因，以定距午時差之真率，以正交食。其九測日行，考知二極出入地度數，以定周天緯度，以齊七政，因月食考知東西相距地輪經度，以定交食時刻。其十依唐、元法隨地測驗二極出入地度數、地輪經緯，以求晝夜晨昏永短，以正交食有無先後多寡之數。」按此皆見明史曆志。

19 六月，戊午，薊遼總督袁崇煥殺總兵毛文龍。

初，文龍鎮東江，歲（縻）〔糜〕餉無算，所往輒敗衄，詭稱捷冒功。又縱下恣淫掠，驕蹇不樂受節制。崇煥始受事，即欲誅文龍。大學士錢龍錫，以崇煥召對時有「五年復遼」

語，因造寓詢方略，崇煥曰：「恢復當自東江始。文龍可用則用之，不可用則處之易易耳。」

比崇煥涖鎮，疏請遣部臣理東江餉，文龍惡文臣監制，抗疏駁之，崇煥不悦。尋文龍來謁，接以賓禮，文龍不讓，崇煥謀益決。

至是以閲兵爲名，泛海抵雙島，文龍來會，崇煥相與燕飲，每至夜分，文龍不覺也。崇煥議更營制，設監司，文龍怫然。崇煥以歸鄉動之，文龍曰：「向有此意。但惟我知東事，東事畢，朝鮮衰弱，可襲而有也。」崇煥滋不懌。

遂以是月五日，邀文龍觀將士射。先設幄山上，令參將謝尚政等伏甲士幄外，文龍至，其部卒不得入。崇煥曰：「予詰朝行，公當海外重寄，受予一拜。」交拜畢，登山，因詰文龍違令數事。文龍抗辨，崇煥厲聲叱之，命去冠帶縶縛。

文龍猶倔强，崇煥曰：「爾有十二斬罪，知之乎？祖制，大將在外，必命文臣監，爾專制一方，軍馬錢糧不受核，一當斬；人臣之罪，莫大欺君，爾奏報盡欺妄，殺瀕海難民冒功，二當斬；人臣無將，將則必誅，爾奏稱牧馬登州，取南京如反掌，大逆不道，三當斬；每歲餉銀數十萬，不以給兵，月止散米三斗有半，侵盗軍糧，四當斬；擅開馬市于皮島，私通海外諸國，五當斬；部將數千人，悉冒己姓，副將以下，濫給劄付千，走卒輿夫盡金緋，六當斬；自寧遠剽掠商船，自爲盜賊，七當斬；强取民間子女，不知紀極，部下效尤，人不安室，八當斬；驅難民遠竊人參，不從則幽之島上，僵餓死者，白骨如莽，九當斬；輦金京師，拜魏忠賢爲父，塑冕旒像于島中，十當斬；鐵山之敗，喪軍無算，掩敗爲功，十一當斬；開鎮八年，擁兵觀望，不能恢復寸土，十二當斬。」

數畢，文龍噤不能置辯，但叩頭乞免。崇煥召諭其從官曰：「文龍罪狀當斬否？」皆惶怖唯唯。中有稱文龍數年勞苦者，崇煥叱退之。乃頓首請旨，出尚方劍，斬文龍于帳前。然後出諭其部卒曰：「誅止文龍。餘無罪。」皆不敢動。分其兵爲四協，以文龍子承祚及副將陳繼盛等領之，犒軍士，檄撫諸島，盡除文龍虐政。

還鎮，以其狀上聞。末言：「文龍大將，非臣得擅誅，謹席藁待罪。」上驟聞，意殊駭，既念文龍已死，方任崇煥，乃優旨褒答。崇煥（文）〔又〕上言：「文龍一匹夫，不法至此，以海外易爲亂也。其衆合老稚四萬七千，妄稱十萬，且民多，兵不能二萬，妄設將領千。今不宜更置帥，即以副將繼盛攝之，于計便。」又慮部下爲變，請增餉銀至十八萬，皆報可。

時文龍專閫海外，有跋扈聲，崇煥一旦除之，自謂可弭後患。然東江屹然巨鎮，文龍死，勢日衰弱。且島弁失主帥，心漸攜，益不可用。其後致有叛去者。

癸亥，以旱，齊宿文華殿，敕群臣修省。

21 秋，八月，甲子，總督雲貴、川廣軍務朱燮元討水西賊，平之。

初，燮元以憂歸，偏沅巡撫閔夢得來代，策用兵自永寧始，疏陳方略，未報；尋召還，代以尚書張鶴鳴，議遂寢。鶴鳴視師年餘，未嘗一戰，賊得養其鋭。上改元，起燮元故官，兼巡撫貴州。

燮元仍用夢得前議，檄雲南兵下烏撒，四川兵出永寧，下畢節，而親率大軍駐陸廣，逼大方，總兵官許成名、參政鄭朝棟由永寧復赤水。

時水西安邦彦，自稱「四裔大長老」，號崇明「大梁王」，勢張甚。聞官軍四路並進，乃分其部衆據守陸廣、鴨池、三岔諸要害，別以一軍趨遵義，自以兵十餘萬先犯赤水。燮元授計成名，令誘賊至永寧，而潛遣總兵官林兆鼎從三岔入，副將王國禎從陸廣入，劉義鯤從遵義入，合傾其巢。邦彦與成名戰于赤水，成名佯北，邦彦悉力進。會四川總兵官侯良柱、副使劉可訓方出永寧，與賊遇，遂接戰，小却。成名還師來援，賊乃據五峰山、桃紅壩，官軍仰攻，不得上。越數日，良柱偵賊不備，與副將鄧玘等侵早霧迫之，成名聞山上呼噪聲，亦出助戰。賊奔鵝頸嶺，徑長而狹，人馬不能容，良柱、玘乘勝逐之，賊復敗。尋又敗之紅土川，死者數萬人，邦彦、崇明皆授首。

捷聞，上大喜。以成名與良柱争功，賞久不行。

而烏撒土司安效良者，邦彦黨也，效良前爲滇撫閔洪學所破，既敗死，其妻招故霑益土酋安遠弟邊爲夫，負固不服。燮元乘兵威脅走邊，遂復烏撒。燮元以境内賊略盡，不欲窮兵，乃檄招安位，位不決。燮元集將吏議曰：「水西地險，多箐篁，蠻煙棘雨，莫辨晝夜，深入難出。今當扼其要害，四面迭攻，賊乏食，將自斃。」于是攻之百餘日，斬級萬餘。義鯤復遣人入大方，燒其室廬。位大恐，明年春，遣使乞降，燮元受之。積年巨寇皆平。

方崇明、邦彦之授首也，川中諸將功爲多，而黔將争之。燮元頗右黔將，屢奏于朝，爲四川巡按御史馬如蛟所劾。燮元力求罷，上慰留之。

燮元以巨寇雖平，而雲、貴諸苗猶出没爲患，檄副使朱家民與成名等討平定番、鎮寧諸苗，乃通威清等上六衛及平越、清平、偏橋、鎮遠四衛道路，凡千六百餘里，繕亭障，設游徼。剿平洪邊土官宋嗣殷，就其地置開州，復置故施秉縣，招流民實之。

初，御史毛羽健言：「賊巢在大方，黔其前門，蜀遵、永其後户。由黔進兵必渡陸廣奇險，七晝夜抵大方，一夫當關，千人自廢，此官軍所以屢敗也。遵義距大方三日程。而畢節止百餘里，道平衍。從此進兵，何患不克！」因畫上足兵措餉方略，并薦燮元可任。及是平賊，皆如其議云。

22 甲戌，奉熹宗神主祔太廟。

23 九月，丁未，楊鎬伏誅。忠賢既敗，言官交章爲熊廷弼訟冤，極論鎬與王化貞失陷封疆罪。至是，鎬入秋決，棄市。越四年，化貞始伏誅。

24 是月，順天府尹劉宗周上疏曰：「臣伏見陛下勵精求治，宵旰靡寧；然程效太急，不免見小利而速近功。夫今日所汲汲者，非兵事乎？竭天下之力以奉飢軍而軍愈驕，聚天下之軍以博一戰而戰無日，此計之左也。今日所規規者，非國計乎？正供不足，繼以雜派，科罰不足，加以火耗。有司以掊克爲循良而撫字之政絶，上官以催徵爲考課而黜陟之法亡，欲求國家有府庫之財，不可得已。頃者特嚴贓吏之誅，自宰執以下，坐重典者十餘人，而貪風未息，所以導之者未善也。陛下求治之心操之太急，醖釀而爲功利；功利不已，轉爲刑名；刑名不已，流爲猜忌；猜忌不已，積爲壅蔽；正人心之危所潛滋暗長而不自知者。誠默正此心，使心之所發悉皆仁義之良，以育天下，以正萬民，自朝廷達乎四海，莫非仁義之化，陛下已一旦躋于堯、舜矣。」疏入，上歎其忠，然竟不能用。宗周，山陰人。天啓中，以魏忠賢用事移疾歸。上改元之冬，召起是職，至是始入都。

25 冬，十月，戊寅，大清兵分三道，一入大安口，一入龍井關，一入洪山口，皆克之。參將張安德等敗遁，張萬春降。己卯，圍蘇州。

26 十一月，壬午朔，京師戒嚴。

27 甲申，大清兵抵遵（他）〔化〕，距城五里而營。山海總兵官趙率教聞警，率援兵疾馳三晝夜，抵三屯營，總兵官朱國彦不令入。率教遂策馬西，與大兵遇，悉力拒戰，中流矢陣亡，一軍殲焉。

乙酉，大清兵攻遵化，守陴兵潰，參將李檟、游擊彭文炳、守備徐聯芳及文炳之弟文炯、文彩、子遇颷、遇飈俱戰没，遂克之。巡撫王元雅及保定推官李獻明、永平推官何天球、知縣徐澤、前知縣武起潛、教諭曲毓齡等皆死之。【考異】徐聯芳、曲毓齡二人，據史稿、輯覽增入。太宗嘉元雅忠，命賜棺斂。

是時三屯營及馬蘭鎮亦爲大清别將所下。副總兵張拱微戰没，國彦具衣冠西向稽首，偕妻張氏投繯死。文炳陣亡，母顔氏、妻韋氏俱殉焉。

是役也，死事諸臣，皆有贈卹。率教爲時良將，上尤惜之，予謚，立祠。而元雅以大吏失守，獨不及。【考異】按元雅賜謚在本朝乾隆四十一年，並見三編質實及殉節録。又彭文炳之弟、子、母、妻同殉，亦見殉節録。

28 丁亥，大清兵越薊州而西，徇三河、臨順、義城，大同總兵官滿桂，宣撫總兵官侯世禄，各率所部入援，戰于城下，俱敗奔京師，城遂下。進至通州，渡河，營于城北。

29 己丑，以吏部侍郎成基命爲禮部尚書兼東閣大學士，預機務。召前大學士孫承宗復爲兵部尚書兼中極殿大學士，視師通州。

先是遵化失守，上聞報，召見廷臣于平臺。基命請召還故輔承宗，任以兵事，上然之，乃命基命入閣而立召承宗。至，入對，具陳方略，上稱善，曰：「卿不須往通州。其爲朕總督京城内外守禦事務，仍參帷幄。」趣首輔韓爌草敕下所司鑄關防。

承宗出，漏下二十刻矣，即周閱都城，五鼓而畢，復出閱重城。明日夜半，忽傳旨仍守通州。時烽火徧近郊，承宗從二十七騎出東便門，道亡其三。疾馳抵通州，門者幾不納。

既入城，與保定巡撫解經傳、御史方大任、總兵楊國棟登陴固守。旋聞大清兵已薄都城，乃急遣游擊尤岱以騎卒三千赴援，復遣副將劉國柱督軍二千與岱合，而發密雲兵三千營東直門，保定兵五千營廣寧門，以其間遣將復馬蘭、三屯二城。

30 辛卯，督師袁崇煥率師入援。次薊州。所過撫寧、永平、遷安、豐潤、玉田諸城，皆留兵以守。

上聞崇煥至，其喜，温旨褒勉，發帑金犒將士，令盡統諸道援軍。

31 辛丑，大清兵薄德勝門，營于城北土城關之東。時總兵滿桂、侯世禄俱屯德勝門，大兵至，世禄軍潰，桂獨拒戰。督理戎政尚書李邦華督兵守城，令城上發大礮佐桂，誤傷桂軍，桂亦負傷。上遣中官勞以羊酒，令入休甕城。

32 甲辰，召袁崇煥、滿桂等于平臺。

先是崇煥抵薊州，聞大清兵已越蘇州而西，遂督總兵祖大壽、都督何可綱等引兵入援京師。至是與桂等同召見，慰勞備至，咨以戰守策，賜御膳及貂裘。崇煥以士馬疲敝，請入休城中，不許；請屯兵外城，亦不許。

33 下兵部尚書王洽于獄。

時京師戒嚴，上咨廷臣方略，侍郎周延儒，言「本兵備禦疏忽，調度乖方」；檢討項煜繼之，且曰：「世宗斬一丁汝夔，將士震悚，强敵宵遁。」上頷之，遂下洽獄。以兵部侍郎申用懋代爲本部尚書。

34 丁未，大清兵薄南城。

35 十二月，辛亥朔，再召袁崇煥于平臺，遂下錦衣衛獄。

是時大清兵所入隘口，乃薊遼總理劉策所轄，而崇煥未奉勤王詔，即千里赴援，自謂有功無罪。然都人驟遭兵，怨謗紛起，謂崇煥擁兵坐視。朝士因前和議，誣其「招兵脅和，將爲城下之盟。」上頗聞之，不能無惑。

崇煥營廣渠門外，伏兵隘口，大軍分道夾擊，敗之。崇煥復移營城東南隅，豎立棚木以守，大軍列陣逼之而營。

先是大軍獲宦官二人，令副將高鴻中等守之。太宗文皇帝因授密計鴻中等于二宦官前，故作耳語云：「今日撤兵。袁巡撫有密約，事可立就矣。」時楊太監者佯卧，竊聞其言，縱之歸，以所聞告于上，上遂信之不疑。

再召見崇煥及大壽于平臺，詰崇煥以殺毛文龍之故，責其援兵逗遛，縛付詔獄。成基命叩頭請慎重者再，上曰：「慎重即因循，何益！」基命復叩頭曰：「兵臨城下，非他時比。」亦不省。【考異】崇煥之死，以我大清設間疑敵而莊烈誤信之。明史本傳僅書縱所獲宦官奔告之大略，而三編據大清實録，記其本末尤詳，今據書之。又按崇煥之冤，至明桂王時始雪，賜謚襄愍，語見高宇泰集。

36 甲寅，祖大壽兵潰，東奔。

袁崇煥之下獄也，大壽在旁股栗，懼并誅，出，即與何可綱等東走，毁山海關出，遠近大震。

大壽先嘗有罪，孫承宗欲殺之，愛其才，密令崇煥救解，故大壽德崇煥。成基命知之，言于上，就獄中取崇煥手書，急遣都司賈登科齎諭大壽，孫承宗亦令游擊石柱國馳撫諸軍。

大壽見登科，言「麾下卒赴援，冀效勞績，而城上人群詈爲賊，投石擊死數人；所遣邏卒，指爲間諜而殺之；勞而見罪，是以奔還。」柱國追及諸軍，其將士持弓刀相向，皆垂涕言：「督師既下獄，又將以大礮擊斃我軍，故至此。」柱國復前追，大壽去已遠，乃返。

承宗奏言：「大壽危疑已甚，又不肯受滿桂節制，因譌言激衆東奔，非部下盡欲叛也。當大開生路，曲收衆心。遼將多馬世龍舊部曲，臣謹用便宜遣世龍馳諭，其將士必解甲歸，大壽不足慮也。」上喜，從之。

承宗密札諭大壽：「急上章自列，且立功贖督師罪，己當代爲剖白。」大壽諾之，具列東奔之故，悉如將士言，上優詔報之。

乙卯，承宗移鎮關門。諸將聞承宗、世龍至，多自拔來歸者；大壽妻左氏，亦以大義責其夫，大壽乃斂兵待命。

三編發明曰：袁崇煥在邊臣中尚有膽略，其率兵勤王，實屬有功無罪。莊烈始則甚喜其至，倚若長城；一聞楊太監之言，不審虛實，即下崇煥于獄，尋至磔死，是直不知用間愚敵爲兵家作用。古今來被紿而僨厥事者，指不勝屈，未有若莊烈此舉之甚者。

至祖大壽擁衆東走，追而不返，且出怨言，甚至將士以弓刀相向。此其叛迹顯然，向非孫承宗調度有方，豈能斂兵待命！而轉以優詔報之。崇焕非叛而坐以大逆，大壽實叛而褒以璽書，刑章顛倒，國法何存！豈惟不知將將之道，抑亦大失御下之方矣！

37 庚申，上聞各路兵皆敗，憂甚，不視朝；傳旨辦布囊八百，中官競獻馬騾，又令百官進馬。順天府尹劉宗周曰：「是必有以遷幸動上者。」乃疏言：「國勢强弱，視人心安危。乞延見百僚，諭以固守，無他計。」俯伏待報，自晨迄暮，得請乃退。事始寢。

38 丁卯，總兵滿桂出戰，敗績。

時大清兵緩攻城，屢遣使齎書議和，遂循海子而南，且獵且行。趨良鄉，克其城，知縣黨還醇與教諭安上達、訓導李廷表、典史史之棟、驛丞楊其禮、千户蕭如龍、何秉忠、百户李廕、武舉陳鑫測、生員梅友松皆死焉。大兵復分道攻固安，亦下之。還軍卒蘆溝橋。

副總兵申甫者，故僧也，好談兵，私製戰車火器。庶吉士金聲薦之，上立召見，取其車入覽，即擢副總兵，給資令募新軍，改聲御史監之。甫倉猝募數千人，皆市井遊手，大學士成基命閱其軍，極言不可用，上不聽。甫所需軍裝戎器，又不能時給，出城戰輒敗。及是結車營于盧溝橋以拒，大清兵遶出其後，御車者皆惶懼不能轉，殲戮殆盡，甫亦陣亡，遂南薄永定門。

時以袁崇煥下獄，特設文武兩經略，以尚書梁廷棟及滿桂爲之，屯西直、安定兩門。上趣桂出師，桂言「衆寡勢殊，未可輕戰。」中使趣之急，不得已乃督孫祖壽、黑雲龍、麻登雲等移營永定門外二里許，列柵以待。明日昧爽，大清兵以精騎四面蹙之。諸將不能支，桂、祖、壽及參將周鎮戰死，雲龍、登雲被執。

上聞，震悼，遣禮部侍郎徐光啓致祭，贈桂少師，世廕錦衣僉事，襲陞三級，賜祭葬，有司建祠，尋追謚毅愍。祖壽亦贈恤如制。

方大清兵之薄良鄉也，還醇督吏乘城拒守。或言：「縣小無兵，盍避去？」還醇毅然曰：「吾守土吏也，去將安之！」救兵不至，力屈，城破死。事定，父老覓還醇屍，得之草間，赤身面縛，體被數鎗，群哭而殮之。上達亦闔門死難。

事聞，贈還醇光禄卿，予祭葬，有司建祠，官其一子。上達等亦贈恤給驛，歸其喪。已而吏科上言：「還醇城亡與亡，之死靡貳，猶曰有守土責也。安上達、史之棟等，微員末職，亦能致命遂志，有死無隕，宜破格褒崇以爲世勸。朝廷必不惜今日之虚名，作將來之忠義。乃僅贈國學教職，良鄉訓導，于聖主優恤之典謂何！」上感其言，下部更議，乃贈上達、廷表五經博士，與史之棟、楊其禮及李蔭皆配祀還醇祠。同時殉節武舉陳鑾測、諸生梅友松等十五人，烈婦朱氏等十七人，並建坊旌表。順天府尹劉宗周以上達得死難之正，請贈翰苑宮坊，不報。【考異】自大安口之役以下，重修三編多據明史諸人傳，參大清太宗實録書之。所記陣亡殉難諸臣，俱較輯覽、明史尤詳。其周鎮之死，史稿列之十月大安口之役下，證之殉節諸臣録，乃戰没于盧溝橋，三編並敘入滿桂、孫祖壽下，今據書之。又蕭如龍以下三人，並見三編質實中。

39 以總兵官馬世龍總理援軍，代滿桂也。

初，世龍以劾王在晋逮詔獄，是冬都城戒嚴，刑部尚書喬允升薦世龍才，詔圖功自贖。會祖大壽東奔，孫承宗再起視師，使世龍馳諭，大壽解甲歸。上特重之，故有是命。

40 壬申，大學士錢龍錫罷。

御史高捷、史䕫，皆奄黨，王永光引用之，頗爲龍錫所扼，兩人因是大恨。方袁崇焕之殺毛文龍也，報疏有「輔臣龍錫爲此一事低徊至其寓」語，而崇焕欲成和議，又嘗以書商于龍錫。及是崇焕已下獄，捷、䕫遂上言：「議和、殺將，皆龍錫發蹤指示，宜與崇焕並罪。」上以龍錫忠慎，戒無過求。龍錫抗章申辨，捷、䕫再疏力攻，詞益危切，上意頗動。龍錫再辨，引疾，乃放歸。時兵事方棘，未暇竟也。

41 丁丑，以周延儒、何如寵、錢象坤並爲禮部尚書兼東閣大學士，預機務。

延儒機警伺意指，以會推不預，與溫體仁比，數爲言官所劾，上皆不納，至是特命入閣，都城方警，有桀黠者，言「都人願以私財聚衆助官軍」，如寵力言其叵測，上遣偵事者，還報如如寵言，遂受知。象坤奉命守城，祁寒不懈，上（覘）〔覘〕知之，因並命入閣。

42 是月，山西援兵潰于良鄉。

先是宣大總督及宣府、保定、河南、山東、山西巡撫，聞京師戒嚴，皆奏請率師入衞；並詔徵應天、鳳陽、陝西、浙江各巡撫及撫治鄖陽都御史統部卒勤王。至是山西巡撫耿如杞偕總兵官張鴻功以勍卒五千人赴援。軍令，「卒至之明日，汛地既定而後給餉。」如杞兵既至，兵部令守通州，明日調昌平，又明日調良鄉。汛地累更，軍三日不得餉，乃譟而大掠。上聞之，震怒，逮如杞、鴻功下獄。時四方援兵先後集，以缺餉故，多肆剽掠。獨河南巡撫范景文馭軍有紀律，所將八千人，餉皆自齎，秋毫無所犯。移駐東門，再駐昌平，遠近恃以少安。

43 刑部尚書喬允升下獄。

先是京師之警，城中洶洶，獄囚劉仲企等百七十人破械出，欲踰城，被獲。上震怒，遂下允升及侍郎胡世賞、提牢主事敖繼榮于獄。允升坐絞，旋以年老減死，與繼榮俱戍邊；世賞贖罪，斥爲民。而工部尚書張鳳翔，以軍械不具，並四司郎中皆下獄，瘐死者三人。鳳翔既罷，以倉場侍郎南居益代之。

明通鑑卷八十二

紀八十二起上章敦牂（庚午），盡重光協洽（辛未），凡二年。

江西永寧知縣當塗夏燮編輯

莊烈皇帝

崇禎三年（庚午、一六三〇）

1 春，正月，大清兵由通州東度，克香河，知縣任光裕死之。甲申，克永平，副使鄭國昌、知府張鳳奇等死之。

2 丙戌，瘞城外戰士暴骸。

3 戊子，大清兵拔遷安，克灤州。

4 庚寅，逮薊遼總督劉策下獄，論死。起張鳳翼，以故官代之。

5 乙未，禁抄傳邊報。

6 大學士韓爌罷。

袁崇煥下獄，爌其座主也；于是中書舍人原抱奇——賈人子也，劾「爌主和誤國，宜與錢龍錫並罷。」上重去爌，貶抱奇秩。無何，庶子丁進以遷擢愆期怨爌，亦劾之，而工部主事李逢申劾疏復繼上。爌三疏引疾歸，許之。

爌先後作相，老成慎重，引正人，抑邪黨，天下稱其賢。初，熊廷弼既死，傳首九邊，屍不得歸葬。後其子詣闕疏請，爌言于上曰：「廷弼之死，由逆閹欲殺楊漣、左光斗，誣以行賄，因盡殺漣等，復懸坐廷弼贓銀，刑及妻孥，此冤之甚者。」上乃許收葬。爌遇事持平多類此。

7 壬寅，兵部侍郎劉之綸敗績于遵化，死之。

初，金聲之薦申甫也，并薦之綸知兵可大任，上即召之。奏對稱旨，遂自庶吉士超擢兵部右侍郎，副尚書閔夢得協理京營戎政。之綸未受任時，與申甫兩人皆好談兵，私貸金製單輪火車、偏廂車、獸車，刳木爲西洋大小礮銃，欲以軍績自效。既貳樞部，意氣感激，以甫與滿桂等相繼敗歿，毅然請行。乞京營兵爲己部，不許；乞關外川兵，又不許；乃召募萬人，勒爲八營，以副總兵八人分將之。廷臣見之綸驟貴，受命視師，皆不悅。中允文震孟使人諷之綸，謂「當辭侍郎而易科銜以行」，不聽。冒雨雪誓師，行至通州，守者拒不納，天大雨雪，宿古廟中。言官劾其逗遛，之綸憤，上疏曰：「小人意忌，有事則委卸，無事則議論，止從一侍郎起見耳。乞削臣今官，賜骸骨。」不許，遂越通州而東。時大清兵下灤州，駐三屯營，分兵守漢兒莊，方起行；而之綸遂出薊州，遣别將吴應龍等從間道規取羅文峪關，自率八營兵抵遵化，列屯城外。守城兵出擊之，破其一營，之綸軍猶不退。大軍聞報，乃自三屯營整兵而西，麾精騎三萬突陣，礮矢並發，之綸軍大潰。獲其裨將一人，訊之，曰：「營娘娘廟山者之綸也。」以兵圍山，招之降，不從，縱兵擊之。之綸發礮，礮炸，軍營自亂。左右謂結陣徐退，之綸叱曰：「毋多言。吾受國重恩，吾死耳！」嚴鼓再戰，流矢四集。之綸解所佩印付家人，令持歸報朝廷，走，遁入石巖中。大清總兵官楞額禮子穆成格射殺之，八營兵前後覆其七，一軍夜遁去。

敗書聞，上嘉之綸忠，從優恤，贈兵部尚書。震孟止之曰：「死，之綸分也，侍郎非不尊。」遂不予贈。賜一祭，牛葬，任一子。

先是之綸次薊州，與總兵官馬世龍、吴自勉約，由薊趨永平拒大軍。世龍、自勉不赴，獨之綸前進以敗。吴應龍亦敗于羅文峪。副總兵金日觀駐馬蘭，聞應龍敗，遣將馳援，皆敗没。

大清兵乘勝進攻馬蘭城甚急，日觀堅守，親燃大礮，焚頭目手足，意氣不哀。乞援于世龍，世龍令參將王世選等赴救，兵乃退。已，復以二千騎來攻，日覲偕世選等死守不下。

是時京東列城多失守，守城將吏死事者，永平之役，自國昌、鳳奇以下，推官則鄭感民、盧成功、盧龍，教諭趙允殖，副總兵焦延慶，參將吕鳴雲，指揮張國翰，守備程應琦，城守中軍房應祥，千總石可玩、梁壯威、胡承祚、卜小峰、張學閔、仇耀光、牛星耀，把總楊開泰，百户楊廷棟等；而國昌、鳳奇、感民，俱闔門死難，國翰妻韓氏、應琦妻亦從死。里居則中書舍人廖汝欽，武舉唐之俊，諸生韓洞原、周祚新、馮維京、弟聯京、胡起鳴、胡登龍、子光奎、羅世傑、弟埈、垛、圻、李光春、丁應掄、李文燦、劉可廷、田種玉、子福元、姪士儁、張汝恭、王元輔，武生張鴻鸞，義民陸橋、李應陽、張俊、郭重光、張宗仁、張禮、李大敬、張尚義、傅守望等；而之俊之妻，從夫西向再拜死。祚新當城破，視妻及子女縊死，舉火自焚。種玉亦闔家自焚死。灤州之役，則知州楊爌，漢兒莊之役，則副總兵葉應武、妻趙氏殉焉。而山海北路副總兵官惟賢，亦以襲遵化敗死。

方大清兵下灤州之明日，分兵自撫寧向山海，離關三十里列三營，惟賢與參將陳維翰等設兩營以拒，大清兵乃還攻撫寧、昌黎。既而惟賢奉世龍檄，率維翰及游擊張奇化等往襲遵化，至城西波羅灣。城中兵出擊，先鋒殊死戰，大清兵收入城，後隊乘勢進攻，城上矢石如雨。尋復遣兵出戰，惟賢陷陣中箭死，士卒殺傷者三百餘人。奇化亦敗歿。

【考異】遵化之役，重修三編據明史諸人傳，參本朝實録書之，故所載死事之守城將吏最詳。然證之殉節録，「永平之役，推官鄭感民時爲督師軍前監紀，城破，闔門死難。」注云：「見甘肅通志。」三編附之質實中，今增入。又義民有醫官陸橋，永平人，據殉節録增入。

8 是月，王左掛攻宜川，爲知縣成材所却，轉攻韓城。

時總督楊鶴，素有清望，然不知兵。至則軍中無帥，鶴命參政洪承疇禦之，俘斬三百餘人，圍解。賊走清澗。

而是時延綏入衛之兵，潰而西去，與流賊合，延撫張夢鯨憤恚死。甘肅巡撫梅之煥統兵入衛，中途，悍卒殺參將孫懷忠等叛走蘭州，之煥聞變，復西還。于是賊勢益熾。

9 以李騰芳爲禮部尚書，何如寵入閣也。韓繼思爲刑部尚書，代喬允升也。兵部尚書申用懋罷，召薊遼總督梁廷棟代之。

10 二月，庚申，立皇長子慈烺爲皇太子。

11 是月，延安知府張輦、都司艾穆蹙賊于延川，降其魁王子順、張述聖、姬三兒。

總督楊鶴，見賊勢日熾，乃主撫。是時府谷賊王嘉允掠延安、慶陽，鶴匿不奏，而給降賊王虎、小紅娘、一丈青、掠地虎、混江龍等免死牒，安置延綏、河曲間。賊淫掠如故，有司不敢問。

12 都察院左都御史曹于汴罷。

時御史高捷、史䇹皆奄孽，爲清議所擯，吏部尚書王永光力薦之。故事，御史起官，必都察院咨取，于汴惡其人，久弗咨。永光再疏力争，已得請，于汴猶以故事持之，兩人遂投牒自乞，于汴益惡之，卒持不予。兩人竟以部疏起官，遂日夜謀傾于汴。

中書原抱奇，嘗誣劾大學士韓爌，爲清議所擯，至是，再劾爌及于汴，并及尚書孫居相、侍郎程啓南、府丞魏光緒，目爲「西黨」，請皆放黜，以五人籍山西也。上絀抱奇言，不聽。而工部主事陸澄源復劾于汴朋奸六罪，上雖謫澄源，于汴卒謝事去。及辭朝，以敦大進規。七年卒，年七十七。贈太子太保。

于汴篤志正學，操履粹白，立朝正色不阿，崇奬名教，有古大臣風。

13 三月，壬午，閣臣李標罷。

初，與標並相者六人，皆相繼罷，獨標在閣稍久，頗能隨事匡益。然是時方争門户，上亦深疑廷臣有黨，標遂連疏乞休去。

14 戊申，流賊入山西界。

西省自河曲至蒲津千五百里，皆鄰于陝，河最狹。至是陝賊自神木渡河，遂犯山西。

15 是月，刑部尚書韓繼思罷，以胡應台代之。又以閔洪學爲左都御史，代曹于汴也。

16 夏，四月，乙卯，以旱，齋宿文華殿，諭百官修省。

17 丁丑，流賊陷蒲縣，分兵東掠趙城、洪洞、汾、霍，西掠石樓、永和、吉、隰。

18 己卯，太白晝見。

19 五月辛卯，馬世龍、祖大壽諸鎮兵入灤州。遂由遷安、永平抵遵化。

20 壬辰，大清兵東歸。

先是馬世龍統四方援兵，壁于薊門，督師孫承宗鎮山海關，東西隔絕。承宗募死士沿海達京師，始知關城無恙。關西南三縣曰撫寧、昌黎、樂亭，西北三城曰石門、臺頭、燕河。六城東護關門，西繞永平，皆近關要地。承宗飭諸城嚴備禦，而遣將戍開平，守建昌，聲勢始接。至是大清兵旋師，取道泠口歸，承宗先後復灤州、遷安、永平、遵化四城。

三編質實：「石門路在撫寧縣東北九十里，山海關西北四十里。臺頭營在撫寧縣北三十里。燕河路在盧龍縣東北五十里。建昌路在遷安縣東北四十里。泠口關在遷安縣東北七十里。」

21 左諭德文震孟復上疏劾王永光等。

是時逆案已定，其黨相繼去國，而永光輩日乘機思報復，震孟抗疏糾之，不報。至是震孟進官，復抗疏。

略曰：「群小合謀，欲借邊才翻逆案。天下有無才誤事之君子，必無懷忠報國之小人。今有平生無恥慘殺名賢之吕純如，且藉奥援思辯雪。永光爲六卿長，假竊威福，倒置用舍，無事不專而濟以很，發念必欺而飾以朴。以年例大典而變亂祖制，以考選盛舉而擯斥清才。舉朝震恐，莫敢訟言，臣下雷同，豈國之福！」上令指實再奏，震孟言：「殺名賢者故吏部郎周順昌；年例則抑吏科都給事中陳良訓；考選則擯中書舍人陳士奇、潘有功是也。」

永光窘甚，密結大奄王永祚，謂「士奇出姚希孟門。」——震孟，希孟舅也。上心疑之。永光辯疏得温旨，而責震孟「任情牽詆」。然群小翻案之謀，亦由是中沮。

震孟在講筵最嚴正。時大臣數逮繫，震孟講魯論君使臣以禮一章，反覆規諷，上即降旨出尚書喬允升、侍郎胡世賞于獄。上嘗足加于膝，適講五子之歌，至「爲人上者奈何不敬」，以目視上足，上即袖掩之，徐爲引下。時稱「真講官」。既忤權臣，欲避去。出封益府，便道歸，不復出。

22 六月，壬子，下左副都御史易應昌于獄。

時喬允升下獄，上欲置之法；應昌以允升無死罪，執奏再三，上怒，遂並下應昌獄。及允升論絞，尚書胡應台等上應昌罪，上以爲輕，命繫之獄中，論死。

時順天府尹劉宗周，以疾在告，進祈天永命之説，言：「法天之大者莫過于重民命，則刑罰宜當宜平。陛下以重典繩下，逆黨有誅；封疆失事有誅，一切詿誤，重者杖死，輕者謫去，朝署中半染赭衣，而最傷國體者無如詔獄。副都御史易應昌，以平反下吏，法司必以鍛鍊爲忠直，蒼鷹乳虎，接踵于天下矣。願體上天好生之心，首除詔獄，且寬應昌，則祈天永命之一道也。

法天之大者莫過于厚民生，則賦斂宜緩宜輕。今者宿逋見征，及來歲預征，節節追呼，閭閻困敝，貪吏益大爲民厲。貴州巡按蘇琰，以行李被訐于監司，巡方黷貨，何問下吏！吸膏吮脂之輩接迹于天下矣。願體上天好生之心，首除新餉，并嚴飭官方，則祈天永命之又一道也。

然大君者天之宗子，輔臣者宗子之家相。陛下置輔，率由特簡。亦願體一人好生之心，毋驅除異己，搆朝士以大獄，結國家朋黨之禍；毋寵利居成功，導人主以富强，釀天下土崩之勢。」

周延儒、温體仁見疏，不懌，以時方禱雨，而宗周稱疾，指爲偃蹇，激上怒，擬旨詰之。宗周卒謝病歸。

23 癸丑，流賊王嘉允陷府谷，米脂賊張獻忠聚衆應之。

先是楊鶴撫延綏賊王左掛，及其黨苗順等亦乞降。獨嘉允不受撫，勢益張，襲破黄甫川、清水、木瓜三堡，殺孤山副將李釗，至是長驅入府谷，陷之。

張獻忠者，延安衛柳樹澗人也。初隸延綏鎮爲軍，犯法當斬，主將陳洪範奇其狀貌，爲請于總兵官王威，鞭一百釋之。乃逃去，從叛兵神一元，領紅旗爲先鋒，及是據有米脂諸寨，自號八大王，遂與嘉允互爲聲援。

詔以洪承疇巡撫延綏，杜文煥爲總兵官討之。

24 己未，授宋儒邵雍後裔爲五經博士。

25 辛酉，以禮部尚書溫體仁、吳宗達並兼東閣大學士，預機務。

體仁爲人，外曲謹而中猛鷙，機深刺骨。言官屢劾其奸，上謂體仁孤立，益嚮之；周延儒復力爲之援，遂與宗達並入閣。體仁既得輔政，勢益張，宗達徒充位而已。

26 是月，工部尚書南居益罷。

時兵部以試礮炸，劾郎中王守履失職。居益論救，上以爲徇私，杖守履六十，居益坐削籍歸。

27 秋，七月，辛卯，南京大內左旁宮災。

28 是月，巡按御史李應期，奏「慶陽守備李極敗績于鄜州之雷公嶺，巡檢陳其佐被殺。」

29 陝撫王順行，「請以三年裁扣驛站銀三萬兩，充養兵費。」下户部議，從之。已，布政使呂逐以抵補借動司庫之款，卒不行。

給事中劉懋，以請裁驛站爲廷臣交詬，懋亦悔之，至是請發帑金十萬振延綏，不報。

30 八月，癸亥，殺前經略尚書袁崇煥。

先是忠賢遺黨王永光、高捷、史范，謀興大獄爲逆黨報仇，遂以「擅主和議、專戮大帥」爲崇煥罪；並及故輔錢龍錫，謂「殺毛文龍之議，龍錫實首倡之。」

至是范又疏言：「崇煥出都時，重賄龍錫數萬。龍錫轉寄姻家，巧爲營幹，致國法不伸。」上震怒，敕刑官五日内具獄。獄上，召諸臣于平臺，諭以「崇煥謀叛，當置極典，龍錫私結邊臣，蒙隱不舉」，趣廷臣議罪。

是日，群議于府中，謂「斬帥雖龍錫啓端，而兩書有『處置慎重』等語，意不在擅殺；至議和倡自崇煥，龍錫亦未之許。然軍國大事，私有商度，不抗疏發奸，何所逃罪！」遂逮龍錫而磔崇煥于市，兄弟妻子流三千里。籍其家，無餘貲。天下寃之。時以爲崇煥妄殺文龍，而上實誤殺崇煥。自崇煥死，邊事益無人，危亡之徵見矣。

31 是月，以户部侍郎曹珖爲工部尚書，代南居益也。

32 九月，己卯，遣官逮錢龍錫。【考異】明史本紀，「是月己卯，逮錢龍錫下獄」，蓋牽連並記也。證之龍錫傳，以十二月至京師下獄，三編目中亦據之。蓋逮龍錫在殺崇煥後，故至十二月始至也，今分書之。

33 冬，十月，癸亥，停刑。

34 丙寅，延綏巡撫洪承疇、總兵官杜文煥擊陝西賊，破之。

先是王嘉允據府谷，總兵尤世禄怯不能禦；承疇、文煥聞之，馳救府谷，擊敗嘉允。嘉允佯乞降，仍奪路走黄甫川，勾西人入犯，承疇、文煥大敗之，賊奔潰。至是軍還，擊張獻忠于清澗，又破之。時降賊王左掛謀以綏德叛，承疇與巡按李應期計誅左掛等，亂乃定。

承疇有幹略，足辦賊。顧流賊所在蜂起，神一元、不沾泥、可天飛、郝臨菴、紅軍友、點燈子、混天猴、獨行狼等，或西掠秦，或東入晉，屠陷城堡，官軍東西奔擊，旋滅旋熾，訖莫能盡也。

方獻忠之敗于清澗也，嘉允復擁衆陷清水營，殺游擊李顯宗，府谷再陷。其黨李老柴，又嘯聚三千人攻合水，楊鶴檄寧夏總兵賀虎臣往剿，俘馘六百有奇。

35 十一月，甲午，山西總兵官王國樑追王嘉允于河曲，敗績。賊入據河曲。

兵部尚書梁廷棟，請設大將兼節制山、陝諸將兵，乃以杜文煥爲提督，偕延綏副總兵曹文詔馳至河曲，絶饟道以困之。

36 十二月，乙巳朔，增田賦。

先是，户部尚書畢自嚴，以度支大絀，復列上十二事，曰「增關税，捐公費，鬻生祠，酌市税，汰冗役，核虚冒，加抵贖，班軍折銀，吏胥納班，括河濱灘蕩之租，覈京東水田之賦，開殿工冠帶之例」，上悉允行，而兵食猶不足。

至是兵部尚書梁廷棟復言：「今日閭左雖窮，然不窮于遼餉；一歲之中，陰爲加派者，不知其數。如朝覲考滿，行取推陞，少者費五六千金，合海内計之，國家選一番守令，天下加派數百萬。巡撫查盤緝訪，饋遺謝薦，多者至二三萬金，合海内計之，國家遣一番巡方，天下加派百餘萬。而曰民窮于遼餉，何也？臣考九邊額設兵餉，兵不過五十餘萬，餉不過千五百三十餘萬，何憂不足！故今日民窮之故，唯在官貪。使貪風一息，即再加派，民亦懽然。」上俞其言，下户部協議。

自嚴阿廷棟意，即言：「今日之策，無踰加賦。請畝加九釐之外再增三釐。」于是增百六十五萬有奇，合舊所增，凡六百八十餘萬，天下益耗矣。

37 戊午，流賊神一元攻新安，陷寧塞，殺參將陳三槐，圍靖邊衛，不克，遂陷柳樹澗。杜文焕家寧塞，宗人多被殺，請西還援剿，留曹文詔討河曲賊。

38 是月，故輔錢龍錫逮至京師，下獄。龍錫疏辯，悉封上袁崇焕原書及所答書，上不省。

時群小麗名逆案者，方日爲翻案計。史𡎺等以龍錫爲東林所推，欲借崇煥以及龍錫，因龍錫以及諸異己者，指崇煥爲逆首，龍錫等爲逆黨，更立一逆案與前案相抵。謀既定，温體仁、王永光主之，欲發自兵部，尚書梁國棟憚上英明，不敢任而止。乃議龍錫大辟，決不待時，且用夏言故事，設廠西市以待。上以龍錫無逆謀，令長繫。明年，中允漳浦黄道周復上疏申救，忤旨，貶秩調外。而上意寢解，尋詔所司再讞，減死，戍定海衛。龍錫在戍十二年，兩赦不原。其子請輸粟贖罪，會周延儒再當國，尼不行。南渡後，始復官歸里，未幾卒。

四年（辛未、一六三一）

1 春，正月，己卯，流賊神一元，聞杜文煥將至，遂棄寧塞，陷保安。延撫練國事檄總兵賀虎臣赴援，賊引河套數千騎蹙之，官兵失利。會定邊副將張應昌以兵至，敗之，斬一元于陣。賊衆棄城去，復推一元弟一魁領其衆。

2 丁酉，振延綏饑。延綏連歲大祲，盜賊四起。職方郎中李繼貞，「請發帑金糴米輸軍前，且令四方贖鍰及捐納事例者，輸粟于邊以撫飢民。」又言：「兵法撫剿並用，非撫賊也，撫饑民之從賊者耳。今斗米四錢，已從賊者猶少，未從賊而勢必從賊者無窮。請如神宗故事，特遣御史振濟，齎米三十萬石以往，安輯飢民，使不爲賊，以孤賊勢。」上感其言，遣御史吳甡以十萬金往振；繼貞少之，不聽。

甡至延綏，用西安推官史可法主振事，因諭散賊黨。——可法，祥符人。——奏聞，即命甡巡按陝西，以代李應期。

3 己亥，召對內閣九卿、科、道及入覲兩司于文華殿，問禦寇、安民、宗祿、兵餉，終及貴州安位事；復諭都察院嚴覈巡按御史。

4 二月，壬子，流賊神一魁圍慶陽，分兵陷合水，執知縣蔣應昌。

5 三月，丁丑，張應昌與杜文煥擊敗神一魁等，慶陽圍解。

6 癸未，楊鶴移鎮寧州。

時慶陽解圍，神一魁遣其黨六十餘人請降，送出合水知縣蔣應昌及保安縣印信，鶴遂至寧州受之。

是時練國事又報「榆林道張福臻撫過拓先齡等數百人，又金翅鵬、過天星等八十餘人；關內道翟師雄，撫過田近菴「菴」，三編作「仁」。等六百人；雒川知縣劉三顧，解散獨頭虎等數千人；慶陽地方撫過劉道海、白柳溪數千人；而點燈子大敗後，降于清澗。」鶴乃設御座于城樓上，賊跪拜，呼萬歲。因宣聖諭，令賊設誓，或歸伍，或歸農。自此群盜視總督如兒戲矣。

鶴又以一魁最强，致其壻帳中，同卧起。而一魁果至，數以十罪，則稽首謝，宣詔赦之，畀以官，處其衆四千餘人于寧塞，使守備吴弘器護焉。

杜文焕聞之，嘆曰：「寧塞之役，賊畏我而逃。今僞降，楊公信之。借名城爲盜資，我宗人可與賊逼處此土乎？」遂以其族行。【考異】楊鶴受降事，見明史本傳。其各路報撫之賊，具載綏寇紀略。原奏「應昌敗賊于三月初三日」，即丁丑也，「初九日受撫」，即癸未也。然則鶴其召盜之戎首乎！今參書之。

7 己丑，賜陳于泰等進士及第、出身有差。

8 是月，吏部尚書王永光罷，温體仁薦都御史閔洪學代之。

洪學與體仁同鄉，體仁欲藉以驅除異己者，率由部議論罷，而己内主之，又用史𡎴、高捷爲腹心，日以傾正人，庇宵小爲事。凡所欲推薦，陰使人發短，己承其後；欲排陷，故爲寬解，中上所忌，激使自怒，上往往爲之移。由是閣、部之權復合。

9 皮島參將劉興治以叛誅，其黨耿仲裕復叛。

初，毛文龍既死，袁崇煥分其兵二萬八千爲四協，命文龍子承祚、副將陳繼盛、參將徐敷奏、游擊劉興祚主之。後改爲兩協，繼盛領東協，擢興祚弟興治爲參將，攝西協。興治兇狡好亂，與繼盛不相能。會其兄興祚陣亡，繼盛誤聽諜報，謂未死。興治憤，擇日爲興祚治喪。諸將咸往弔，繼盛至，伏兵執之，並執理餉經歷楊應鶴等十一人。袖出一書宣于衆，詭言「此繼盛誣興祚詐死及以謀叛陷己者」，遂殺繼盛及應鶴等。又僞爲島中商民奏一通，「請優卹興祚而令興治鎮東江。」舉朝大駭，以海外，未遑詰也。興治與諸弟兄放舟長山島，大肆殺掠。登萊巡撫孫元化請弭變，乞以都督僉事黄龍爲總兵官，往定興治亂。龍蒞皮島受事，興治猶桀驁如故。至是遂擁衆作亂，突入參將沈世魁家，盡戮其孥。世魁走免，夜，率所部襲之，殺興治，亂乃定。而其黨都司耿仲裕復相繼作亂。

仲裕者，登州游擊仲明弟也。仲明所善裨將李梅，以通洋事覺，龍繫之獄。仲裕在龍軍，仲明在元化軍。仲裕受仲明指，激其部卒，假索餉名圍龍署，擁至演武場，割其耳鼻，將殺之，諸將爲救免。未幾，捕斬仲裕，疏請正仲明罪，元化庇仲明，劾「龍尅餉致兵譁」。上命龍戴罪視事，而飭撫、按官覈仲明主使狀。【考異】劉興治叛，明史本紀不具，史稿系之三年四月，據興治作亂之始也。三編書之于是年三月，蓋殺興治及耿仲裕繼亂之本末連書之。今據三編。

10 夏，四月，庚戌，以久旱禱雨。

11 辛酉，敕廷臣修省，極言時政得失。

于是給事中魏呈潤疏言：「驛站所裁纔六十萬，未足充軍餉十一，而郵傳益疲，勢必再編里甲。是猶剜肉醫創，創未瘳而肉先潰。關外舊兵十八萬，額餉七百餘萬。今兵止十萬七千，合薊門援卒，非溢原數，而加派七百九十萬外，新增又百四十餘萬，猶憂不足，可不爲稽核乎！邊事日棘，非臣子言功之時，而詭捷冒功，躐加峻秩；門客廝養，竄名戎籍；不階而升，悉糜俸料；臣懼其難繼也。江、淮旱災，五湖之間，海岸爲谷。舊穀不登，新絲未熟，上供織造，宜且暫停。銓法壞于事例，正途日壅，不可不亟疏通。撫按諸臣捐貲助餉，大抵索之民間，顧奉急公之褒。上蒙而下削，不可不爲禁飭。」又條陳數策，請大修北方水政。上皆納其言，卒不果行。

12 是月，延綏副總兵曹文詔敗賊于河曲。

王嘉允久據河曲，文詔圍之六月。至是大敗，嘉允棄城走。

時洪承疇、張應昌亦敗不沾泥于葭州，小沾泥殺他賊以降。【考異】斬王嘉允在六月，而河曲之克在四月。蓋嘉允以去年十一月據河曲，文詔傳中言「圍之六月」者是也。本紀連書斬嘉允事，今分書之。

13 以南京都御史陳于廷爲左都御史，代閔洪學也。于廷以巡方事重，列上「糾大吏、薦人才、修荒政、覈屯鹽、禁耗羨、清獄囚、訪奸豪、弭寇盜」八事，以回道日覈實課功，上褒納之。

14 五月，甲戌，上步禱雨于南郊。

15 辛丑，降賊滿天星等復叛，陷中部，巡撫洪承疇伏兵斬三百二十人。

16 是月，總督楊鶴移鎮耀州，別賊復攻破金鎖關，殺都司王廉。【考異】明史紀事本末、綏寇紀略皆書鶴移鎮耀州及賊破金鎖關于三年五月，今據明史鶴傳，在是年五月自寧州移鎮，三編亦書于寧州撫賊之後，今據正史。

17 總兵王承恩擊敗宜川賊，金翅鵬降，餘黨走宜君。陝西都司曹變蛟殲寧塞遺賊于唐毛山。——變蛟，文詔從子也。

18 禮部尚書李騰芳致仕，以黃汝良代之。

19 兵部尚書梁廷棟罷。先是廷棟謀去王永光，以己代之，得釋兵事，永光遂以劾去。至是(允)〔永〕光之黨發廷棟納賄營私事，廷棟危甚，賴中人左右之，得間住。踰月，以南京刑部尚書熊明遇代之。

20 六月，癸卯，斬王嘉允于陽城。

先是嘉允敗于河曲，遁入岳陽，突犯澤、潞，轉掠至陽城。南山總兵曹文詔追及之，其黨遂斬嘉允以降。文詔以功擢臨洮總兵官。

21 丁未，錢象坤罷。

象坤，溫體仁門生也。體仁入閣，遂讓處其下，然無所附和。及是御史水佳允劾兵部尚書梁廷棟，廷棟不待旨即奏辯。廷棟故出象坤門，佳允疑象坤泄之，語侵象坤。而周延儒惡廷棟，並惡象坤，于是廷棟復落職，象坤遂引疾歸。

22 辛酉，鄜州賊混天猴等謀襲靖邊衛，副將張應昌邀之于真水川，敗之，追斬四百餘級。

23 秋，七月，甲戌，總兵官王承恩敗賊于鄜州。

時賊首上天龍、馬老虎、獨行狼等復掠鄜州，承恩擊斬馬老虎、獨行狼于陣上，天龍乞降。

24 辛丑，賊李老柴等復陷中部，降賊田近菴等以六百人守馬欄山應之。楊鶴遣同知鄭師元招撫，不至，總兵王承恩等圍攻之。

25 是月，山西賊復熾。

自曹文詔擊斬王嘉允，秦賊之流入晉者略定，而秦賊迄未平。數月以來，賊敗則求撫，撫則旋逸去。而嘉允餘黨復推王自用爲賊渠，號曰紫金梁，遂結群賊老回回、曹操、八金剛、掃地王、射塌天、閻正虎、滿天星、破甲錐、邢紅娘、顯道神、混世王、黑煞神等及高迎祥、張獻忠，復聚于晉。點燈子亦率六千餘衆東渡山西，過天星諸賊俱自秦來會，共三十六營，衆二十餘萬，而闖將李自成乃因之起。

自成者，迎祥之甥，世居米脂懷遠堡，與張獻忠同歲生，幼牧羊，長充銀川驛卒，善騎射，鬥很無賴。里中人苦之，謬推爲里長，數犯法，知縣晏子賓將置諸死，脱去爲屠。尋殺人，偕兄子過亡命，投甘督所部將王國爲兵。會國奉調過金縣，兵譁，自成忽起，縛縣官索餉。國止之，并殺國，走依于迎祥。迎祥擁闖將八隊，一眼錢兒，二點燈子，三李晋王，四蝎子塊，五老張飛，六亂世王，七夜不收，置自成于其末，猶未有名。

26 八月，癸卯，總兵賀虎臣擊斬慶陽賊劉六及其黨五百餘人。

27 丁未，大清兵圍大凌城。

先是遼東巡撫邱禾嘉議築廣寧、義州、右屯三城，督師孫承宗謂「廣寧道遠，當先據右屯，築城大凌河，以漸而進」，兵部尚書梁廷棟力主之。遂以七月興工，命總兵祖大壽、副將何可綱以兵四千據其地，發班軍萬四千人築之，護以石砫土兵萬人。工垂成，廷棟罷去，廷議，「大凌荒遠，不當城，撤班軍赴薊。責鎮撫矯舉令回奏。」禾嘉懼，盡撤防兵，留班軍萬人以守。

時大清以方吉納等議和，方欲遣使定約，聞大壽等興城工爲拒守計，乃發兵薄大凌城，掘濠樹柵，四面圍合；别遣一軍截錦州大道，城外墩臺皆下。城中兵出，悉敗還；承宗、禾嘉聞之，馳至錦州。

28 丙辰，大學士何如寵罷。

初，上欲族袁崇焕，以如寵言得免。及入閣，爲周延儒、温體仁所扼，連疏乞休歸。

29 九月，庚辰，遣中官王應朝、鄧希詔等監視關、寧、薊鎮兵糧及各邊撫賞。

上初即位時，鑒魏忠賢禍敗，盡撤諸鎮守中官，委任大臣。既而廷臣競門户，兵敗餉絀，不能贊一策，乃思復用近侍，遂有是遣。

30 甲午，逮楊鶴下獄。

先是中部陷，王承恩等攻之數月未下，慶陽賊郝臨菴等復往援之，總兵賀虎臣斬其魁劉六。會曹文詔西旋，與榆林參政張福臻合剿，馘李老柴及其黨一條龍，餘賊突圍走。副將張鴻業、游擊李明輔戰没。

先是朝廷得鶴報，言「慶陽賊就撫，散遣俱盡」，旋聞中部陷，久不下，御史謝三賓劾鶴欺罔，謂「中部之賊寧自天降！」疏下巡按御史吴甡覈奏。甡奏「鶴主撫誤國」，上怒，遂逮鶴。尋論戍袁州，以巡撫洪承疇總督三邊軍務。

31 丁酉，命太監張彝憲總理户、工二部錢糧。

上以彝憲有心計，令鉤校二部，如涂文輔故事。爲之建署，名曰「户工總理」，其權視外總督、内團營提督焉。給事中宋可久、馮元颷等十餘人論諫，皆不納。

尋又遣中官王坤、劉文忠、劉允中監視宣府、大同、山西兵餉。

32 戊戌，遼東巡撫邱禾嘉、山海總兵官吳襄、宋偉援大淩，敗績于長山。

禾嘉等合軍，行至距松山三十里，與大清兵遇，大戰長山、小淩河間，禾嘉等敗，收軍還錦州。大軍追擊至城下，禾嘉軍墮濠死者甚衆。太僕少卿張春復監襄、偉軍，過小淩河五里，築壘列車營，爲大淩河聲援，進次長山，距城十五里。大清兵以二萬騎逆戰，火器競發，衝入春營，春軍敗，襄及參將桑噶爾寨等先遁。春收潰衆立營，時風起，黑雲見，春乘風縱火，忽天雨反風，春部率多焚死。少頃，雨霽，兩軍復鏖戰，偉力不支，亦走，春及諸將張鴻謨、楊華徵、薛大湖等三十三人俱被執，副將張吉甫、滿庫、王之敬戰没，部卒死者無算。祖大壽堅守大淩城不敢出，援自此絶。【考異】三編系之八月。據大清兵入大淩城連記也。史稿則書長山之敗于八月戊辰。證之明史張春傳，言「春偕吳襄、宋偉等以九月二十四日渡小淩河，越三日，次長山。」明史本紀書戊戌，乃九月二十七日，傳中所謂「越三日」者，正戊戌也。「三十三人」，史稿作「二十七人」，亦誤。今據明史紀、傳及三編。

33 是月，延安賊趙四兒伏誅。——四兒，即點燈子也。初，四兒敗于陝，竄走山西，曹文詔追之，及于稷山，諭降七百人，四兒敗遁，竄山谷中。比聞文詔還陝，乘間糾合餘黨，勢復振，都司王世虎、守備姚進忠俱敗歿。四兒遂擁衆六千餘人，屯石樓山中，西距河三十里，綏德知州周士奇、守備孫守法，偵其不備，東渡河襲之，賊四走。洪承疇乃以陝西賊委王承恩，而自率兵追賊于山西，賊且走且掠。沁水縣東北有竇莊，前巡按遼東御史張銓里居也。銓父五典，度海内將亂，築所居竇莊爲堡，堅甚。及是流賊至，五典已歿，銓子道濬以錦衣僉事官京師，獨銓妻霍氏在。衆請避之，曰：「避賊而出，家不保；出而遇賊，身更不保。等死耳，盍死于家！」乃率僮僕堅守。賊環攻四晝夜，不克而去。副使王肇生名其堡曰「夫人城」，鄉人避賊者多賴以免。承疇既入晉，逐賊，追及之，大戰，賊連敗，遂禽斬四兒。

34 冬，十月，辛丑朔，日有食之。

35 戊辰，祖大壽殺副總兵何可綱，降于大清。己巳，大壽脱歸，入錦州。是時大淩城糧盡，食人馬，大壽及諸將欲降于大清，可綱不從，大壽令二人掖可綱出城外殺之。可綱被害，顔色不變，亦不出一言，含笑而死。大壽既殺可綱，遂與副將張存仁等投降。大壽言「妻子在錦州，請歸設計誘守者降。」大清遂縱之歸。

大壽入錦州，未得間，而邱禾嘉知其納款狀，奏聞，上于大壽欲羈縻之，置不問。

36 太僕少卿張春被執，不屈死。

春既爲大清所執，諭之降，春曰：「忠臣不事二君，禮也。我若貪生，亦安用我！」遂不食。守者懇勸，會太宗文皇帝賜之酒饌，春感恩，始一食。令薙髮，不從。居古廟，衣舊日巾服，迄不失臣節而死。

事聞，詔遥贈右副都御史，恤其家。春妻翟，聞之慟哭，六日不食，自經死。

春未死時，大清有議和意，春爲言之于朝，朝中譁然詆春。誠意伯劉孔昭，劾「春敗降不忠，請削其贈職」，朝議雖不從，而有司繫其二子，死于獄。【考異】何可綱之死，三編連書之八月，而目中標以「是冬」云云，故明史本紀系之十月壬辰是也。史稿書可綱之死于八月丁卯，是時邱禾嘉等尚未敗，且可綱爲祖大壽所殺，亦非以糧盡而死也。至張春之執在九月，其不屈而死，三編亦書之是冬下。按大清實録，「我太宗諭春請講和，春不從，遂不復强。」據此，則春之議和，亦似疑案，今據三編、明史書之，附識于此。

37 十一月，丙子，陝賊譚雄陷安塞。

38 丙戌，遣太監李奇茂監視陝西茶馬，吕直監視登島兵糧海禁。廷臣合疏諫，不聽。

39 壬辰，大學士孫承宗罷。

長山之敗，廷臣交章論承宗；及邱禾嘉築城召衅，承宗遂引病歸，禾嘉亦求罷。已而言者復追論承宗喪師辱國，竟奪官。承宗復列上邊計十六事，報聞而已。

40 癸巳，召對廷臣于文華殿，詢軍國諸務。語及內臣，上曰：「諸臣若實心任事，朕亦何需此輩！」衆莫敢對。

時張彝憲按行兩部，踞尚書上，命郎中以下謁見。工部侍郎高鴻圖不爲下，抗疏乞歸，削籍去。工部主事金鉉，戒同官無私謁，彝憲愠甚，假他事誣劾之，落鉉職。

彝憲日益驕縱，故勒邊鎮軍器不發；管盔甲主事孫肇興恐稽滯軍事，因劾其誤國，上命回奏，罪至遣戍。南京御史李曰輔、禮部主事周鑣，皆先後以諫被斥。彝憲遂希旨上言，「天下逋賦，請徵以佐軍餉。」上爲之動。【考異】請徵逋賦事在六年，三編並入之是月目中，終言之也。今順文書之，仍據明史本紀別系于六年九月之下。

時中璫勢復大振。王坤至宣府甫踰月，即劾巡按御史胡良機，詔落良機職，命坤按治；給事中魏呈潤争之，亦謫外。坤性狂躁敢言，朝中大吏有欲倚之相傾擠者，于是抗疏劾修撰陳于泰，謂其「盗竊科名」，語侵周延儒。給事中傅朝佑，言「坤妄干彈劾之權，且其文詞練達，機鋒排激，必有陰邪險人主之。」其意指温體仁，上置不問。左副都御史王志道，言「近者內臣舉動，幾于手握皇綱，而輔臣終不敢一問；至于身被彈擊，猶忍辱不言，何以副明主之知！」皆備責延儒，欲以動上，上怒，悉削其籍。上方一意用內臣，故言者多得罪。

41 己亥，流賊羅汝才犯山西，與張獻忠合。

先是總督洪承疇逐賊于山西，殺趙四兒；而總兵王承恩亦以計斬陝賊譚雄；于是獻忠、汝才皆懼，詣承疇降。承疇遂還陝，而擊走不沾泥、張存孟于安定，秦、晋賊小戢。未幾，汝才、獻忠復叛入山西，偕群賊焚掠如故。

42 閏月，乙丑，陝西降賊混天猴，復勾賊陷甘泉，殺知縣郭永固。會參政張允登督餉至其地，力禦不敵，亦遇害。

43 丁卯，登州游擊孔有德等叛。

有德與耿仲明、李九成，皆毛文龍部曲，文龍死，走入登州。登萊巡撫孫元化，官遼久，孫承宗、袁崇焕俱辟爲贊畫，以寧前兵備推巡撫，素言遼人可用，乃用有德、仲明爲游擊，九成爲偏裨，且多收遼人爲牙兵。

大淩圍急，部檄元化發勁卒泛海趨耀州爲聲援，有德詭言風逆，改從陸赴寧遠。十月晦，有德及九成子千總應元統千餘人以行，經月抵吴橋，天大雨雪，衆無所得食。新城邑紳王象春者，有莊在吴橋，有德兵屯其地，卒或攫雞犬以食。王氏子怒，訴之有德，有德笞卒以徇，衆大譁。九成先齎銀市馬塞上，用盡無以償，適至，聞衆怨，遂與應元謀劫有德爲亂，有德從之。還兵大掠，陷陵縣、臨邑、商河，殘齊東，圍德平。既而舍去，陷青城、新城，而新城受禍尤酷。知縣秦三輔、訓導王協中、舉人王與夔、張儼然並死難。以釁由王氏，焚殺甚慘。

巡按御史王道純聞變，遺書山東巡撫余大成令討捕，大成不信；再促之，遂託疾請告，不得已遣兵往禦，則皆敗而走，大成恐，遂定撫議。而元化軍亦至，與大成皆力主撫，檄賊所過州縣無邀擊，遂長驅入登萊。

44 十二月，甲戌，降賊混天猴等陷宜君，又陷葭州，兵備僉事郭景嵩死之。

45 丙子，濟南官軍禦叛兵于阮城店，敗績。

46 是月，總兵孫顯祖邀擊流賊于山西，連敗之萬泉、河津、聞喜，六戰皆捷。總督洪承疇分遣總兵曹文詔，同游擊左光先、崔宗允、李國奇等，五路剿宜、綏、清、米之賊，皆敗之。追至祁家高梁丑山，掃地王授首。副將張應昌部將亦獲神一魁，誅之。或曰，「官兵攻之急，其黨黃立中斬一魁首，獻之軍門。」【考異】一魁之誅，諸書皆系之九月，據其始叛也。綏寇紀略：「是年十二月誅一魁。」今據之。○又按明大統曆，是年閏十一月，大清曆無閏，閏在五年二月。明史、三編皆據明曆書之，故干支不同耳。

47 是冬，延安、慶陽大雪，民饑，盜賊益熾。

明通鑑卷八十三

紀八十三起玄黓涒灘（壬申），盡昭陽作噩（癸酉），凡二年。

江西永寧知縣當塗夏燮編輯

莊烈皇帝

崇禎五年（壬申、一六三二）

1 春，正月，庚子，叛將孔有德入登州，辛丑，陷之。

先是援遼兵變，登萊總兵張可大率兵赴剿，巡撫孫元化檄止之，不可；次萊州，遇元化，復爲所沮，乃偕還登州。

歲將晏，有德薄城，可大請擊之，元化持撫議，不許。可大陳利害甚切，元化期以元日發兵合擊。至是元化兵不發，明日，始發兵合可大擊賊，戰于城東。可大兵屢勝，元化部卒皆遼人親黨，多無鬥志，其將張燾先走，可大兵亦敗，中軍管維城、游擊陳良謨、守備盛洛、姚士良皆戰没。肅兵半降賊，賊遣歸爲内應，元化開門納之，可大諫，不聽。

時耿仲明領元化中軍，方以弟仲裕作亂皮島，朝廷將治其主使罪，日懷叛志。事見四年三月。夜半，賊至城，仲明與都司陳光福等舉火，導賊自東門入，城遂陷。可大守水城，拊膺大慟，解所佩印付部卒間道走濟南上之；還署辭母，令弟可度、子鹿徵奉母航海趨天津，以佩劍殺其妾陳氏，遂自縊。元化自刎不殊，與同城僚屬鄉官張瑶悉被執。瑶率家衆登陴拒守，賊擁執之，不屈，被殺，妻女四人並投井死。

有德入城，乃推李九成爲主，己次之，仲明又次之。用巡撫關防檄州縣取兵餉，令元化移書東撫余大成求撫，曰：「畀以登州一郡即解。」大成得書，聞于朝。未幾，有德等縱元化等航海還。

2 壬寅，流賊混天猴復陷宜君。

3 辛亥，孔有德攻黄縣，縣丞張國輔、參將張奇功、守備熊奮渭力戰死，城遂陷。知縣吴世揚、典史吴兹明被執，皆駡賊不屈死。

4 丙寅，通州副將楊御蕃、天津總兵王洪，率師討孔有德，敗績于新城鎮。

先是朝廷聞變，兵部尚書熊明遇，請以副將吴安邦代張可大爲總兵官，屯寧海規取登州，而令御蕃署總兵，盡將山東兵，與保定、天津兩總兵兼程進。至是遇賊于新城，洪先走，御蕃拒之二日，不勝，突圍出，遂入萊州。

5 二月，己巳朔，孔有德圍萊州。

時上罷孫元化、余大成，而以徐從治巡撫山東，謝璉巡撫登萊，巡按御史王道純監軍，俱守萊州，時總兵楊御蕃亦至焉。賊既踞登州，遣人招島中諸將，旅順副將陳有時、廣鹿副將毛承祿皆往從之，賊勢日熾。從治、璉等登陴固守，賊不能克。

6 甲戌，逮孫元化、余大成下獄。

元化既釋歸，遂至京師，大成遣戍，元化及副將張燾俱論死。【考異】張燾與孫元化並棄市，見三編。而燾聞敗先走，見明史張可大傳，三編亦據之。史稿于是年正月辛丑書「元化等被執，登州總兵張燾死之」，誤也。今參明史，並據三編書之。

7 辛巳，孔有德陷平度，知州陳所聞自經死。

8 庚寅，流賊陷鄜州，僉事郭應響「響」，明史稿作「嚮」。領家丁拒北關，手刃十五賊，賊繼至，復手刃三賊，力屈死。

9 三月，壬寅，命兵部侍郎劉宇烈督理山東軍務，討孔有德。

10 壬戌，流賊陷華亭。

先是洪承疇、曹文詔大破賊于鎮原之蒲河，賊敗，將走慶陽，文詔與總兵楊嘉謨遇之，大戰于西濠，斬首千級。賊潰而奔，過華亭，遂陷之。

11 是春，右中允黃道周上疏曰：「臣自幼學易，以天道爲準，上下載籍二千四百年，考其治亂，百不失一。

陛下御極之元年，正當師之上九，其爻云：『大君有命，開國承家，小人勿用。』陛下思賢才不遽得，懲小人不易絕，蓋陛下有大君之實，而小人懷干命之心。

臣入都以來，所見諸大臣，皆無遠猷，動尋苛細。治朝宁者以督責爲要談；治邊疆者以姑息爲上策。序仁義道德，則以爲迂昧而不經；奉刀筆簿書，則以爲通達而知務。一切磨勘，則葛藤終年，一意不調，而株連四起。陛下欲整頓紀綱，斥攘外患，諸臣用之以滋章法令，摧折縉紳；陛下欲剔弊防奸，懲一警百，諸臣用之以借題修隙，斂怨市權。

且外廷諸臣敢誑陛下者，必不在拘攣守文之士，而在權力謬巧之人；內廷諸臣敢誑陛下者，必不在錐刀泉布之微，而在阿柄神叢之大。惟陛下超然省覽，旁稽載籍，自古迄今，決無數米量薪，可成遠大之猷；吹毛數睫，可奏三五之治者。

彼小人見事，智每短于事前，言每多于事後。不救凌圍而謂凌城必不可築，不理島民而謂島衆必不可用。兵逃于久頓而謂亂生于無兵，餉糜于漏卮而謂功銷于無餉。亂視熒聽，浸淫相欺，馴至極壞，不可復挽，臣竊危之！

自二年以來，以察去弊而弊愈多，以威創頑而威滋殫，是亦反申、商以歸周、孔，捐苛細以崇惇大之時矣。」

上不懌，摘「葛藤」「株連」數語，令具陳，道周上言曰：「邇年諸臣所目營心計，無一實爲朝廷者，其用人行事，不過推求報復而已。自前歲春月以後，盛談邊疆，實非爲陛下邊疆，乃爲逆璫而翻邊疆也；去歲春月以後，盛言科場，實非爲陛下科場，乃爲仇隙而翻科場也；此非所謂葛藤株連乎？

自古外患未弭，則大臣一心以憂外患；小人未退，則大臣一心以憂小人；今獨以遺君父，而大臣自處于催科比較之末。行事而事失，則曰事不可爲；用人而人失，則曰人不足用，此臣所謂舛也。

三十年來，釀成門户之禍，今又取縉紳稍有器識者舉網投阱，即緩急安得一士之用乎！凡絶餌而去者，必非鰌魚；戀棧而來者，必非駿馬。以利禄豢士，則所豢者必嗜利之臣；以箠楚驅人，則就驅者必駑駘之骨。今諸臣之才具心術，陛下其知之矣。知其爲小人而又以小人矯之，則小人之焰益張；知其爲君子而更以小人參之，則君子之功不立。

天下總此人才，不在廊廟，則在林藪。臣所知識者，有馬如蛟、毛羽健、任贊化；所聞習者，有惠世揚、李邦華；在仕籍者，有徐良彦、曾櫻、朱大典、陸夢龍、鄒嘉生；皆卓犖駿偉，使當一面，必有可觀。」語皆刺大學士周延儒、溫體仁，上益不懌。

時道周方以論救錢龍錫謫外，至是竟斥爲民。【考異】據明史本傳，上疏在正月，今系之是春下。

12 夏，四月，甲戌，劉宇烈敗績于沙河。

時賊自平度還，益兵攻萊城，輦西洋大礮置城下，曰穴城，城多頹。徐從治等投火灌水，穴城者死無算；又使死士時出掩擊之，毀其礮臺，斬獲多。而兵部尚書熊明遇卒惑撫議，命主事張國臣爲贊畫，以國臣遼人，令入賊營撫之。國臣爲賊致書從治等曰：「毋出兵壞撫局。」從治知其詐，遣間使三上疏，言賊必不可撫，且言：「國臣妄報，必謂一紙書賢于十萬兵，援師不來，職此之故。臣死當爲厲鬼以殺賊，斷不敢以撫謾至尊，淆國是，誤封疆而戕生命也。」疏入，未報。

時外圍日急，保定總兵劉國柱、天津總兵王洪及山東援軍，皆頓昌邑不敢進，兩撫臣坐困城中。廷議乃以宇烈總軍事，詔總兵鄧玘將薊門、四川兵，副將牟文綬將密雲兵，監以右布政使楊作楫。

（□）〔宇〕烈往援萊，比抵山東，與巡按御史王道純、副將劉澤清、參將劉永昌、朱延祿等並集昌邑，所統馬步軍二萬五千，勢甚盛。

而宇烈無籌略，諸帥巽懦，進次沙河，日十輩往議撫，縱還所獲賊陳文才。于是盡得官軍虛實，益以撫愚之，而潛兵繞其後，焚輜重殆盡。宇烈懼，走青州，撤三將兵就食。玘等夜半拔營，賊乘之，大敗。國柱、洪走青、濰，玘走昌邑；澤清接戰于萊城，傷二指，亦敗，走平度，惟作楫能軍。三將既敗，舉朝譁然。而明遇見官軍不可用，持撫議益堅。

新任總兵吳安邦，方自寧海至，奉命規取登州。安邦尤怯鈍，耿仲明揚言以城降，安邦信之，遽撤兵，離城二十五里而軍。中軍徐樹聲薄城被禽，安邦懼，走還(□)〔寧〕海。

登既不能下，而萊城被圍久，從治、璉、御蕃日堅守，待救不至。癸未，從治中礮卒，萊人大臨，守陴者皆哭。于是山東士大夫官南京者，合疏攻宇烈，請益兵。

13 是月，總兵官曹文詔、(□)〔楊〕嘉謨連破賊于隴安、靜寧，以計間其黨，殺紅軍友，遂殲敗之水落城。而是時混天猴、可天飛等爲王承恩所敗，潰而西，獨行狼、李都司等走與之合，勢復張。

14 五月，丙午，以參政朱大典爲僉都御史，巡撫山東，代徐從治也。詔駐青州調度兵食。

15 辛亥，以禮部尚書鄭以偉、徐光啓並兼東閣大學士，預機務。

時内閣周延儒、温體仁柄政，以偉充位；而光啓亦年老，依違而已。

16 六月，壬申，河決孟津口。

上年之夏，河決原武，海口壅塞，逡巡踰年，始議興築。至是伏秋水發，黃、淮奔注，興、鹽爲壑，而海潮復逆衝范公堤，軍民及商竈户死者無算。少壯轉徙，丐江、儀、通、泰間，盜賊千百嘯聚。

17 是月，京師大雨水。

18 召張延登爲工部尚書，時曹珖罷也。

19 秋，七月，辛丑，命太監曹化淳提督京營戎政。

初，張彝憲總理户、工二部，以唐文征提督京營代之，至是罷文征，復以化淳代。

20 癸卯，孔有德僞降，誘執登萊巡撫謝璉等。

先是山東請益兵，詔調昌平兵三千，以總兵陳洪範統之。洪範，亦遼人，熊明遇日跂望曰：「往哉，其可撫也！」

天津舊將孫應龍者，大言于衆曰：「仲明兄弟與我善，我能令其縛孔有德、李九成來。」當事信之，予兵三千，從海道往。仲明僞函他死人頭紿應龍曰：「此有德也。」應龍率舟師抵水城，延之入，猝縛斬之，無一人脱者。賊得巨艦，勢益張，遂破招遠，圍萊陽。知縣梁衡固守，賊敗去。

劉宇烈復自青州至昌邑，洪範、牟文綬等亦抵萊州。推官屈宜陽請入賊營議撫，賊佯禮之，宇烈益信賊可撫，爲請于朝，上手詔諭九成等令解圍。賊邀宇烈讀詔，宇烈懼不往。營將嚴正中昇龍亭及河，賊擁之去。賊且曰：「必萊州文武官出城開讀，圍即解。」楊御蕃不可，璉曰：「圍且六月。既已無可奈何，姑從之。」遂偕知府朱萬年出。有德等叩頭扶伏，涕泣交頤，璉慰諭久之而還。既，又請璉、御蕃同出，御蕃曰：「我將家子，知殺賊，何知撫事！」璉等遂出，有德執之，猝攻城，脅萬年呼守者降。萬年呼曰：「吾死矣，爾等宜守。」且呼御蕃急以礮擊賊，遂遇害。賊送璉及中官徐得時、翟昇至登，囚之。正中、宜陽皆死。

事聞，舉朝恚憤。

21 己未，逮劉宇烈下獄。熊明遇亦坐罷，宇烈卒論戍，時以爲失刑云。

22 孫元化棄市。

時閣臣周延儒欲脱其死，方援其師徐光啓入閣，欲共圖之，卒不得，遂與張燾皆以秋決伏誅。

23 八月，甲申，叛賊敗于沙河。

先是上命朱大典巡撫山東，救萊州。時謝璉等被執，遂絶撫議，乃罷總督及登萊巡撫皆不設，以大典督師，統主客兵數萬及關中勁旅四千八百餘人，專任剿賊，總兵金國奇，副將靳國臣、劉邦域，參將祖大弼、祖寬、張韜，游擊柏永福及前總兵官吳襄、襄子三桂等皆屬焉，而以中官高起潛監護軍餉。

抵德州，賊復犯平度，副將牟文綬、何維忠等赴援，殺賊魁陳有時，維忠亦遇害。尋國奇等至昌邑，分爲三路：國奇將關外兵爲前鋒，鄧玘率步兵繼之，從中路進昌平；總兵陳洪範、劉澤清及副將方登化從南路進；參將王之富、王文緯等從北路進；檄游擊徐元亨等率萊陽師來會，以牟文綬守新河。諸軍皆攜三日糧，盡抵新河東，亂流以濟。至沙河，孔有德迎戰，祖寬先進，稍却，靳國臣繼之。賊大敗，宵遁。

乙酉，萊州圍始解。守者疑賊誘，礮拒之，高起潛遣中使入諭，闔城相慶。已而南路兵亦至。癸巳，劉國奇等擊孔有德于黃縣，斬首一萬三千，俘八百，逃散及墜死者數萬。有德竄歸登州，官軍築長圍以困之。

先是賊執謝璉等，送之登州，閉于空署。及賊敗，李九成遂殺璉及中官徐得時、翟昇，二人皆從呂直監視登萊者也。【考異】璉等遇害，在圍解之後，事見明史徐從治傳。本紀及史稿皆不具，據毛霦平寇記，殺之登州，即在萊州圍解之月，今據增。

24 是月，總兵官曹文詔、總督洪承疇等連敗賊于平涼、慶陽。

時文詔連敗慶陽賊，賊潰而西，復連兵圍合水。文詔往援，賊匿精銳，以千騎迎戰，誘抵南原，伏大起。城上人驚相告曰：「曹將軍没矣！」而文詔持矛左右突，匹馬榮萬衆中，諸軍望見，皆出擊。賊大敗，僵屍蔽野，餘衆走銅川橋。文詔率兄子變蛟、總兵楊嘉謨及參軍方茂功等追及之，賊復大敗。參將李卑、馬科又敗之延水關，斬首六百二十餘級。其地東限黄河，賊溺死者無算。科部卒斬混天猴以獻。

尋文詔與寧夏總兵賀虎臣、固原總兵楊麒復破賊于甘泉之虎兕凹，麒窮追數百里，所俘獲甚衆。會洪承疇擊斬可天飛、李都司于平凉，降其魁白廣恩；餘賊分竄者，文詔追蹴之錐子山，其黨殺獨行狼、郝臨菴以降。承疇戮四百人，餘皆散還。李卑擊賊固原，復斬其魁薛仁貴等，關中巨寇略盡。

文詔在陝，大小數十戰，巡撫范復粹論奏首功第一；而承疇抑不敘。巡按御史吳甡上疏推獎甚至，兵部又抑之，卒不得敘。【考異】明史本紀書八月甲戌洪承疇敗賊于甘泉，證之曹文詔傳，始敗可天飛、李都司之衆于合水，尋又敗賊于甘泉之虎兕凹，承疇乃得以其間斬可天飛、李都司于平凉，故傳中言「西濠及合水之戰爲文詔關中兩大捷。」而承疇奏報之文，史家據之，遂歸之承疇，不及文詔。三編特書曹文詔敗賊于平凉、慶陽以爲綱，此得其實，今據書之。

25 閔洪學罷。

洪學爲温體仁所援，及長吏部，與體仁比，而亂政迹頗露。于是職方員外郎華允誠，以是年六月上疏，言「今日之事有三大可惜，四大可憂。」

略曰：「當事借陛下剛嚴而佐以舞文擊斷之術，倚陛下綜核而騁其訟逋握算之能，遂使和恒之世，競尚刑名；清明之躬，寖成叢脞。以聖主圖治之盛心，爲諸臣鬥智之捷徑，可惜一。

率屬大僚，驚魂于回奏認罪；封駁衆臣，奔命于接本守科；遂使直指風裁，徒徵事件；長吏考課，惟問錢糧。以多士靖共之精神，爲案牘鉤校之能事，可惜二。

廟堂不以人心爲憂，政府不以人才爲重；四方漸成土崩瓦解之形，諸臣但有角户分門之念；意見互觭，議論滋擾；遂使剿撫等于築舍，用舍有若舉棊。以興邦啓聖之歲時，爲即聾從昧之舉動，可惜三。

人主所以總一天下者，法令也。王化貞、楊鎬，喪師誤國，厥罪惟均。陛下申明三尺，肆鎬市朝，以懲封疆大吏；化貞恃有奥援，獨稽顯戮。遂使刑罰不中，鈇鉞無威，一可憂也。

國家所恃以爲元氣者，公論也。直言敢諫之士，一鳴輒斥；指佞薦賢之章，目爲奸黨；不惟不用其言，并錮其人，又加之罪。遂使喑默求容，是非共蔽，二可憂也。

國家所賴以防維者，廉恥也。近者中使一遣，妄自尊大，群僚趨走，惟恐後時。陛下以近臣可倚，而不知倖竇已開；以操縱惟吾，而不知屈辱士大夫已甚。遂使阿諛成風，羞惡盡喪，三可憂也。

國家所藉以進賢退不肖者，銓衡也。我朝罷丞相，以用人之權歸之吏部，閣臣不得侵焉。今次輔體仁與冢臣洪學，同邑朋比，惟異己之驅除；閣臣兼操吏部之權，吏部惟阿閣臣之意。造門請命，習以爲常；黜陟大柄，祗供報復之私。甚至庇同鄉則逆黨公然保舉，而白簡反爲罪案；排正類則講官借題逼遂，而薦剡遂作爰書。欺莫大于此矣，擅莫專于此矣，黨莫固于此矣。遂使威福下移，舉措倒置，四可憂也。」

疏入，上詰其別有指使。允誠乃列上洪學徇私數事，且曰：「體仁生平，紾臂塗顏，廉隅掃地。陛下排衆議而用之，以其悻直寡諧；豈知包藏禍心，陰肆其毒！又有如洪學者爲之羽翼，遍植私人，戕盡善類，無一人敢犯其鋒者。臣復受何人指使！」

上以體仁純忠亮節，摘疏中語，再令陳狀。允誠復上言：「二人朋比，舉朝共知。温育仁不識一丁而得首拔，羅喻義進講章，以「左右非人」一語而部議削職，此非事之彰明較著者乎？」

上亦悟體仁、洪學兩人同里有私，乃奪允誠俸半年。而洪學亦旋罷去，召前户部尚書李長庚代之。

26 九月，丁酉，海賊劉香寇福建。

時福建有紅夷之患，香乘之，連犯閩、廣沿海郡邑。廣州都司許當辰剿香，没于陣。時熊文燦升授總督兩廣軍務，議招撫，賊佯許之，文燦遽遣參政洪雲蒸與副使康承祖、參將夏之本、張一傑入賊舟宣諭，俱被執。文燦懼，委罪雲蒸。給事中朱國棟劾之，詔貶文燦秩，戴罪自效。

27 是月，以前尚書張鳳翼爲兵部尚書，代熊明遇也。

28 左都御史陳于廷罷。

時兩浙巡鹽御史祝徽，廣西巡按御史畢佐周，並擅撻指揮。上以指揮秩崇，非御史得杖，下兵部稽典制，實無杖指揮事。而于廷終右御史，所援引悉不當上意，疏三上三却，竟削籍歸家。居二年卒。

29 是秋，流賊陷山西州縣。

先是賊首紫金梁、高迎祥等擁衆聚山西，羅汝才、張獻忠與之合，分道四出，連陷大寧、隰州。

時邊兵宿將，皆萃關中剿慶陽諸賊，而山西備禦空虛，無大帥。前錦衣僉事張道濬，方得罪里居，巡撫宋統殷以其家多蓄壯丁，善禦賊，遂檄至軍前贊畫。歙人吳開先寓晉，以驍勇聞，監司王肇生亦以便宜署開先爲將，使共剿賊。

賊自隰犯澤州，開先擊之，戰城西，賊敗去。轉犯沁水，寧武守備猛忠戰死。道濬遣游擊張瓚馳援，賊乃退，東掠陽城。開先聞之，西渡沁河逆戰，擊斬數百人，礮盡無援，一軍盡没。賊乃再犯沁水，鄉官張光奎與兄守備光璽、千總劉自安等率衆固守八日，援兵不至，城陷，並死；澤大州，遽爲賊破。賊乘勝又陷壽陽，遠近震動。

未幾，紫金梁、老回回、八金剛等，以三萬衆圍沁水之竇莊，謀執道濬以脅統殷。往道濬官京師時，其母霍氏嘗築城禦賊，至是道濬復屢敗之，賊少却。會關中賊渠次第殲戮，其餘黨東走，附山西賊，于是賊勢甚熾。

廷議命秦將率師協剿，賊偵知秦師且至，欲因道濬求撫。紫金梁請見，免胄前曰：「我王自用也，誤從王嘉允至此。」又一人跽致辭曰：「我宜川廪生韓廷憲，不幸爲嘉允所獲，久陷于賊，請誓死奉約束。」道濬勞遣之，陰使人啗廷憲圖賊。廷憲日惎紫金梁，就款未決，陽和兵襲之。賊怒，尤廷憲，遂敗約，分其衆南踰太行，突濟源，陷温縣。廷憲知紫金梁疑己，思劫之歸，并約道濬伏兵沁河以待，道濬遣所部劉偉佐之。是夕，賊攻邑諸生蓋汝璋樓，掘地深丈餘，樓不毁。賊怒，誓必拔之，乃還營。廷憲不得間，知事且洩，偕偉倉猝奔。賊追之，及河，伏起，殺追者滚山虎等六人，皆賊腹心也。賊臨沁河索廷憲，竇莊東面河，道濬潛渡上流，繞賊後大噪，賊駭遁去。

賊黨復南犯臨縣，據其城。破修武，殺知縣劉鳳翔。焚掠武陟、輝縣，遂圍懷慶。上以藩封重地，切責巡撫樊尚燝殺賊自贖，命副將左良玉以昌平兵往援。

賊既盡嚮河北，統殷、肇生率軍次陵川，扼賊北歸。賊遇官軍，殊死鬭，乘夜爭險，對營兩山頂。賊緣崖劫官軍營，官軍亂，統殷、肇生皆走，與諸軍相失。宣大總督張宗衡率游擊猛如虎等將兵來援，統殷、肇生收潰卒以會，擊賊于高平，大破之，賊還走沁水。

朝廷以統殷不能辨賊，詔許鼎臣來代。宗衡乃以八千人駐平陽，鼎臣以七千人駐汾州，分扼要害。

已，又合兵逐賊臨縣。縣城倚黃雲山，榆林河水出焉，入于黃河，城三面峭壁，西阻水。賊復與土寇田福、田科等相倚，久不拔。

30 冬，十月，改工部尚書張延登爲左都御史，代陳于廷也。以户部侍郎周士樸爲工部尚書。

31 十一月，戊戌，劉香寇浙江，詔授鄭芝龍游擊，令爲先鋒，會廣東兵擊賊。

32 十二月，癸酉，詔順天府祈雪。

33 是月，賀人龍、李卑、艾萬年三將進關中。兵至，總督張宗衡、巡撫許鼎臣爭檄爲己部，人龍等莫之適從。

賊乘間入據磨盤山，分其衆爲三：閻正虎據交城，窺太原；邢紅娘、上天龍據吴城，窺汾州；紫金梁、張獻忠突沁州、武鄉，陷遼州，知州李呈章、鄉官楊于楷、張友程、舉人趙一亨、侯標並死之。

既而紫金梁與亂世王有隙，韓廷憲知之，縱諜遺書間之；亂世王果疑，遣其弟混世王就張道濬乞降。道濬知鼎臣方主剿，權詞難之曰：「斬紫金梁以來，乃得請。」混世王怏怏去。賊衆遂分部掠諸郡縣。

34 是冬，官軍圍登州，築圍牆禦之。城三面距山，一面距海，牆凡三十里而遥，東西俱抵海。諸將督兵分番戍守，賊不能出，發大礮擊官軍，多死傷者。李九成遂出城搏戰，官軍合擊之，馘于陣，賊乃曉夜哭。

賊渠魁五，九成及孔有德、陳有時、耿仲明、毛承禄也，及是殺其二，殺有時，見上。氣大沮。

有德欲棄登州走入海，島帥黄龍遣副將龔正祥等率舟師四千距之海口，颶風破舟，賊突至，正祥被虜，千總毛英死之，有德亦不果行。

會總兵金國奇卒，以吴襄代之。【考異】登萊之役，明史、三編月日皆據毛霦平叛記。而毛英即霦之父，史佚之。平叛記並引萊州府志及保萊書，證其父死于島中，宜得其實。今據三編書之，增入毛英。正祥被殺見下。

六年（癸酉、一六三三）

1 春，正月，癸巳朔，降將馬驄、龔正祥等爲賊所殺。

時官軍攻圍久，驄陷賊中踰年，至是與正祥謀以元旦孔有德等行香至水城縛之，密遣降卒告官兵，許爲内應。事洩，賊執驄、正祥及陳朝柱、龍韜、董溢、洪聲、劉應宗、岳允陞等凡十四人，皆誅之。【考異】馬驄之死，三編書之五年正月，云「賊破登州，與鄉官張瑶並不屈死。」證之明史瑶傳，言「瑶登陴拒守，城陷，賊擁執，不屈死」，而不及驄。若毛霦平寇記，則驄與龔正祥等十四人，以六年官兵圍登州急，驄等謀内應被殺。據此，則驄已陷賊中踰年，且亦非不屈死也。又考之殉節録，言「參將馬驄于孔有德薄登州，守城援絶，受重創被禽，不屈死」，則又似驄之死與瑶同時。然登州之役，毛霦目擊其事。所記馬驄官階里貫，皆與殉節録同，惟一在五年，一在六年，一言不屈，一言内應事洩被殺，迥不同耳。且平寇記後段，詳載請卹姓名，而馬驄不預。驄之賜卹在本朝，而證之明史徐從治、朱大典及忠義傳，皆不載。今據平寇記書之，附識其異于此。

2 癸卯，詔曹文詔節制山陝諸將討賊。

時關中賊略盡，悉走入山西，土賊王剛、王之臣、通天柱復起應之，勢大熾。

御史張宸極言：「文詔威名夙著。今秦賊滅且盡，宜敕令入晉協剿。」上從之，遂有是命。

3 丁未，副將左良玉破賊于涉縣。

先是良玉奉詔率昌平軍赴援懷慶，未至，圍已解，其寇修武、清化者，亦還走平陽。因令良玉駐澤州，扼豫、晉咽吭，與曹文詔同討賊，有急則秦兵東，豫兵西，良玉從中擊，爲四面援兵。至是賊陷陽城，參將芮琦及邑舉人吴之秀、賈煜、張慶雲、貢生張茂貞及弟茂恂死之，遂乘勢趨河北，良玉擊敗之涉縣西陂。賊竄林縣山中，饑民争附之。【考異】陽城之陷，史稿書之是月癸卯，云「參將芮琦等死之」，北略書琦戰没于武安。三編所載，則舉人吴之秀以下五人，並見殉節録。今據史稿增芮琦，俟考。又史稿書「是月丁亥，賊犯濟源，中軍曹鴻鶴死之。三月丙辰，攻廣元，守將張應甲死之。」鴻鶴，疑郎鳴鶴也，見下。

4 庚申，遣使分督直省逋賦。

5 是月，曹文詔東渡河，抵霍州，敗賊汾河、(孟)〔盂〕縣，追及于壽陽。巡撫許鼎臣遣謀士張宰先大軍嘗賊，賊驚潰。踰月，文詔追擊之，斬混世王于碧霞村。餘黨走五臺，游擊猛如虎敗之黑山，覆賊渠姬關鎖軍。賊還走壽陽，遇文詔兵于方山，復敗之。五臺、盂、定襄、壽陽賊盡平。

6 二月，壬申，削左副都御史王志道籍。

先是修撰陳于泰疏陳時弊，宣府監視中官王坤力詆之，侵及首輔周延儒。吏部尚書李長庚率同列上言：「陛下博覽古今，曾見有内臣參論輔臣者不？自今以後，廷臣拱手屏息，豈盛朝所宜有！臣等溺職，祈立賜罷譴，終不忍開内臣輕議朝政之端，流禍無窮，爲萬世口實。」上不懌。次日，召對平臺，志道劾坤，語尤切。上責令回奏，奏上，益怒。及面對，詰責者久之，遂坐黜。

初，志道以附魏忠賢歷擢左通政，論者薄之。及是竟以忤中官罷。

7 癸酉，流賊犯畿南。

賊之趨河北也，參將楊遇春率兵逐之，中伏死。而别賊復流入趙州，武舉李調與弟讓率鄉兵禦之，力竭陣亡。賊乃據臨城之西山，縱掠順德、真定間，參議寇從化檄守備李定、王國璽擊之，大敗，内邱知縣王世泰與弟世寧扼賊于隘口，亦敗没。畿南皆震。

時大名副使盧象昇偕總兵梁甫會從化擊賊，戰屢捷。游擊董維坤被圍，象昇馳救，維坤已戰死。象昇設伏石城南，大破賊，斬其魁十一人。

象昇每臨陣，身先士卒，與賊格鬥，刃及鞍弗顧，失馬即步戰。逐賊危崖，一賊自顛射中象昇額，又一矢，僕夫斃馬下，象昇提刀戰益疾。賊駭走，相戒曰：「盧廉使遇即死，不可犯。」

遂自邢臺摩天嶺西下，抵武安，林縣賊走與之合，敗左良玉軍；守備曹鳴鶚戰没，主簿吴應科以民兵助戰，亦死。于是河北賊大熾。

8 戊子，參將王之富、祖寬等克登州水城。

是時賊在圍城中，糧絶，恃水城可走，故不降。已而之富等奪其水門外護牆，賊奪氣。辛卯，孔有德先遁，載子女財帛出海，耿仲明以水城委僞副將王秉忠，已以單舸遁。官軍攻水城未下，游擊劉良佐獻轟城策，穴城置火藥發之，城崩，將士湧入，輒爲賊擊退。副將王來聘先登，中傷死，官軍乘之入。賊退保蓬萊閣，朱大典招降，始釋甲，俘千餘人，獲秉忠及僞將七十五人，自縊及投海死者不可勝計。山東平。

初，王來聘以崇禎四年中武會試。時上鋭意重武，舉子運百斤大刀者，止來聘及徐彦琦二人，而彦琦不與選。詔下考官及監試獄，貶兵部郎二十二人，遣詞臣倪元璐等覆閲，取百人，視文榜例分三甲，傳臚錫宴，以前三十卷進呈欽定。一甲三人，來聘居首，即授副總兵。——武榜有狀元，自來聘始也。來聘既拜命，泫然流涕曰：「上重武若此，吾儕效命疆埸，不捐軀殺賊，何以報上！」至是果踐其言。上聞之，贈蔭有加。

9 賊之陷新城也，舉人王與夔、張儼然事見四年閏月。死難；其陷他縣，貢生張聯台、蔣時行亦死之；皆格于例，不獲旌。禮部侍郎陳子壯上言：「舉、貢死難無卹典，舊制也。然名既登于天府，恩獨後于流官，九泉之下，能無怨恫！比者武舉李調調殉難見上。禦賊捐軀，已蒙贈卹。武途如此，文途安得獨遺！乞量贈一官，永爲定制。」報可。乃定舉人贈知縣，貢生贈教授。自後地方死難之舉人、貢生，皆贈官如前制。

10 三月，癸巳，敕曹文詔、張應昌等限三月平賊。

時壽陽已定，巡撫許鼎臣令文詔軍平定，備太原東，應昌軍汾州，備太原西。文詔連敗賊太谷、范村、榆社，太原賊幾盡。而應昌選愞逗撓，務與賊相避，總督張宗衡五檄之不至，奏于朝，乃有是命。

11 是月，賊轉入河內，左良玉整兵自輝縣逐之。賊奔修武，殺游擊越效忠于清化鎮，追參將陶希謙，希謙墜馬死。賊復走武安，良玉邀擊之萬善驛，連敗之，禽賊首數人。

賊遂西奔，上太行，曹文詔偵知之，邀擊之澤州，賊大敗，走潞安。文詔至陽城，遇賊不戰，自沁水潛師還，擊之芹地、劉村寨，斬首千餘。

賊循陽城而北，僉事張道濬設伏隘口，賊至，伏盡起，禽賊渠滿天星等。賊乃退，結屯自固。

12 下户部尚書畢自嚴于獄。

先是御史余應桂，劾「自嚴殿試讀卷，首薦陳于泰，乃輔臣周延儒姻婭。」自嚴引疾乞休，疏四上不允。時有詔：「縣令將行取者，户部先覈其錢穀。」華亭知縣鄭友元，已入爲御史，先任青浦，逋金花銀二千九百。上以責户部，自嚴言「友元已輸十之七貯太倉。」上令主庫者覈，實無有，上怒，責自嚴。自嚴飾詞辨，上益怒，遂下自嚴獄，遣使逮友元。御史李若讜疏救，不納。踰年，給事中吴甘來復抗疏論救，乃釋之。

13 夏，四月，丙寅，賊陷平順，知縣徐名揚死之。

賊自澤州之敗，退屯潤城，別遣他部陷平順。會曹文詔至，賊走，乃以夜半襲潤城，破賊屯，斬千五百級。紫金梁、老回回、過天星分道走，文詔擊之榆社、武鄉、黎城，皆敗之。

14 己巳，免延安、慶陽、平涼新舊逋餉。時山西巡撫許鼎臣請蠲積逋，不許。

15 壬申，詔總兵官左良玉專剿河南賊。

豫兵額僅七千，數被賊，折亡殆盡。良玉將昌平兵二千餘，前後與賊戰，雖勝負略相當，勢孤甚，不足制賊。

賊出没彰德、衛輝、懷慶三府，所在焚掠。廷議以總兵鄧玘新立功萊州，命將川兵，益以石砫土司馬鳳儀兵馳赴良玉軍，與共擊賊。

16 五月，乙巳，遣太監陳大金、孫茂霖等分監曹文詔、張應昌、左良玉、鄧玘軍，爲内中軍。

時文詔所節制諸將，艾萬年、李卑、劉光祚、猛如虎、虎大威、頗希牧，與其兄子變蛟，皆驍敢善殺賊，賊渠多先後俘馘。王剛、王之臣、通天柱等亦懼，乞降，軍聲大振。而是時上以文詔功多，敕所過地方多積糗以犒，並敕文詔速平賊。山西監視中官劉中允，言「文詔剿賊徐溝、盂、定襄，所司不給米，反以礟石傷士卒。」上信之，下御史按問，尋有是遣。

17 壬子，孔有德等爲官軍所追，走旅順，總兵官黃龍邀擊于島中，斬李九成子應元，生禽毛承祿、陳光福、蘇有功等，有德及耿仲明逸去。乃獻承祿等于朝，磔之。至是有德、仲明俱降于大清。【考異】據三編質實，言「是時有登州都司徐應泰與諸帥合攻有德，敗死海中」，云「見浙江通志」。又，「五年，有百户劉師古者，率鄉勇拒有德于萊州，戰死」，云「見山東通志」。然二人皆不入正文。而證之殉節録，「應泰賜謚節愍，師古入祠」，今並識之。

18 癸丑，河套部犯寧夏。

先是察罕三編一作察哈爾。合套寇五萬騎，自清水、横城分道犯邊，守備姚之夔等不能禦，副將史開先、參將張問政、守備趙訪等皆潰。至是進薄靈州，總兵官賀虎臣亟領千騎入守，旋盡勒城中兵出擊，次沙井。寇突至，虎臣兵未及布陣，且衆寡不敵，遂戰没。指揮韓加爵，被執支解死，虎臣子讚，挾五十騎突圍出。

察罕聞大清兵將往征之，亦遂解去，盡驅其部衆渡河遠遁。時蒙古諸部皆先後納款于大清。

19 是月，以侯恂爲户部尚書，代畢自嚴也。李康先爲禮部尚書，黄汝良罷也。

20 六月，辛酉朔，命太監高起潛監視寧、錦兵餉。

21 乙丑，鄭以偉卒。

以偉讀書過目不忘，而不善票擬，章疏有「何況」二字，誤以爲人名，擬旨提問，駁改始悟。自是詞臣益爲上所輕，遂諭館員須歷外僚。而閣臣自是不專用翰林矣。

22 庚辰，周延儒罷。

延儒爲首輔，温體仁欲奪其位，務爲柔佞，取悦于上，上漸向之。復曲謹以媚延儒而陰伺其隙，延儒不知也。體仁與王永光欲起逆案王之臣、吕純如，上以之臣問延儒，對曰：「用之，臣亦可雪崔呈秀矣。」上悟而止，體仁益大恨。

會延儒子弟家人暴邑中，邑中民爇其廬；所薦巡撫孫元化復陷登州。于是言路交章劾延儒，併謂其「受巨盜神一魁賄」，上意頗動。體仁復嗾給事中陳贊化劾「延儒昵武弁李元功，招搖罔利」，且謂「延儒至稱陛下爲『羲皇上人』，語悖逆。」上大怒，下元功詔獄窮治。延儒覬體仁爲援，體仁不應；延儒大窘，引疾歸。體仁遂爲首輔。

23 甲申，命延綏副將李卑、昌平副將湯九州援剿河南。

24 庚寅，太監張彝憲，言「天下逋賦至一千七百餘萬，請遣科、道官督徵」，上大怒，責撫、按回奏。給事中范淑泰，言「民貧盜起，逋賦難以督追」，不納。

25 是月，川兵潰于林縣。

先是鄧玘奉詔援剿，至濟源，射殺賊首紫金梁，屢却賊，賊走林縣。楊遇春之死，玘部將也，【考異】林縣中伏死之楊遇春，三編兩書之，其賜謚節愍，俱見質實中。然證之殉節録，即前所書參將楊遇春也。今仍承上文，而標出玘部將三字。賊用其旗，並誘殺他將，玘軍遂大敗，而土司馬鳳儀一軍亦覆没于侯家莊。

是時曹文詔大敗賊于沁水，禽其魁大虎，又敗之遼城毛嶺。山西賊既屢敗，避文詔鋒，多流入河北，上乃命文詔移師往討。而賊已敗鄧玘于林縣，文詔率五營軍馳救，夜襲賊，破之。

賊于諸軍中最憚文詔，其次則錦衣僉事張道濬。道濬助文詔平沁水，自督家衆倡鄉人築堡五十四捍賊，賊凡五犯，皆却走。及文詔移師討河北，道濬勢乃孤。賊旋陷和順，鄉官樂濟衆被執，不屈，投井死。

26 秋，七月，丙申，賊陷樂平。

27 戊戌，召舊輔何如寵。

時周延儒罷，憾溫體仁排己，謀起如寵以抑之；而一時廷臣亦慮體仁當國，勸上復召；從之，如寵固辭。于是給事中黃紹傑言：「君子小人不並立。如寵瞻顧不前，體仁宜思自處。」上怒，紹傑幾獲譴，而如寵卒辭不至。

28 辛丑，賊陷永和。

29 甲辰，大清兵取旅順。

總兵官黃龍，前以邀擊孔有德等，有德思報之。會鴨綠江有警，龍遣水師往援。有德等偵知旅順空虛，遂導大清兵襲其城。龍數戰皆敗，火藥矢石俱盡，遂自刎。游擊李惟鸞知事不支，自焚其家屬，力戰死。部將項祚臨、樊化龍、張大禄、尚可義俱死焉。

30 癸丑，命總兵官曹文詔改鎮大同。

先是川兵敗，潞王上書告急，乞濟師，上命京營官倪寵、王樸爲總兵官，將京營兵六千赴援，以中官楊應朝、盧九德監其軍。時曹文詔方大敗懷慶賊于柴陵村，斬其魁滾地龍，又追斬老回回于濟源，誓必欲殄賊，而遽爲御史劉令譽所訐劾。

初，文詔在洪洞時，令譽方家居，夙與忤。及是令譽按河南，會土司馬鳳儀軍覆，賴文詔擊退賊。甫解甲，與令譽相見，語復相失，文詔拂衣起，面叱之，令譽怒，遂以鳳儀之敗爲文詔罪。部議，「文詔怙勝而驕，調之大同，以李卑代署其事。」巡撫許鼎臣請留文詔剿賊，不許，遂與兄子變蛟俱西。

31 八月，樂平、永和之賊陷沁水。

沁水當賊衝，去來無時，僉事張道濬固守，屢却賊，至是遂陷。道濬率家衆三百人馳赴擊賊，賊退徙十五里。道濬收散亡，捕賊黨，傾家困以餉，副使王肇生上其功。道濬故以奄黨被議，冀用軍功自湔拔，而言者劾其離伍冒功，巡按御史馮明玠復劾，謂「沁城既失，不可言功」，卒論戍寧海衛。自曹文詔及道濬相繼去，流賊顯道神等據嵩嵐，四出剽掠，山西賊迄不得平。【考異】賊陷和順、樂平，史稿皆有月日，而陷沁水不具，證之明史忠義傳，特書于是年之八月。蓋曹文詔方西去，道濬勢孤，故沁水至是遂陷。今據本傳及三編曹文詔討賊目中增入。

32 九月，己亥，總兵張應昌敗賊于平山，獲賊首一盞燈。

33 庚戌，以南京禮部侍郎錢士升爲禮部尚書兼東閣大學士，預機務。

士升故出錢龍錫門下，初，龍錫出獄，周延儒詣之，極言「上怒甚，挽救殊艱」，龍錫深德延儒。未幾溫體仁至，龍錫述延儒語，且謝曰：「非公等安得生！」體仁佯曰：「上固不甚怒也。」聞者以此直體仁，而士升以座主故，因歸心焉。體仁亦以士升鄉人，遂引與共政。

34 是秋，總兵官左良玉連敗河北之賊。

先是上命倪寵、王樸總京營兵，皆授總兵官。職方郎中李繼貞曰：「良玉、李卑，身經百戰，位反在寵、樸下，恐聞而解體。」乃令良玉、卑署都督僉事，爲援剿總兵官，與寵、樸體相敵。至是京營兵至，共擊賊，數有功。良玉敗賊于濟源、河内，又敗之永寧、青山嶺、銀洞溝，又自葉縣追至小武當山，所斬賊魁頗衆。

然群帥勢相軋，又以中官監軍，意弗善也。于是諸軍盡壁河北，彼此觀望，莫利先入，故賊無所憚。未幾，遂渡河。

35 冬，十月，戊辰，大學士徐光啓卒。

光啓雅負經濟才，有志用世。及柄用，年已老，值周延儒、温體仁專政，不能有所建白。惟西法之行，實自光啓倡之云。

36 十一月，癸巳，以禮部侍郎王應熊、何吾騶俱進尚書兼東閣大學士，預機務。

應熊熟諳典故，而性谿刻强很。官吏部時，以貪污爲給事中馮元飈所發，上不省。及是廷推閣臣，以望輕不與，温體仁力援之，遂與吾騶同入閣。命下，朝野胥駭。

給事中章正宸劾之曰：「應熊狠愎自張，縱横爲習，小才足覆短，小辯足濟貪。今大用，必且芟除異己，報復恩讎，混淆毀譽。況狼籍封靡，淪于市行。願收還成命，別選忠良。」疏入，上大怒，下正宸詔獄，削籍歸。

應熊益得志，日與體仁及尚書張捷比，力引逆黨呂純如等。屢爲言官所攻，上皆不問。

37 辛亥，詔保定、河南、山西三巡撫會兵討賊。

38 壬子，賊渡河。乙卯，陷澠池。

先是，賊盡集河北，高迎祥、李自成、張獻忠、羅汝才等俱至，左良玉、湯九州等扼其前，京營兵躡其後，賊連戰皆敗，欲逸，阻于河，大困，乃詭詞乞降；監軍内臣楊進朝信之，爲入奏，諸將俟朝命，不出戰。

會天寒，河冰合，賊從毛家寨徑渡，河南軍無扼之者。遂首陷澠池，教諭羅世濟督民兵力戰，被執不屈，死之。【考異】世濟，平利人，時任澠池教諭，殉難。三編列之渡河目中，質實則並記其子得鴻守平利，城陷妻子俱死事，云「事在明年」。據此，則世濟殉難澠池，得鴻殉難平利，三編所載，分析詳明。諸書佚去澠池殉難一節，而以明年平利之役，世濟家居，與其子練兵禦賊，死之；且有以羅世濟爲平利教諭者，尤誤也。今據正史。

十二月，己未朔，賊乘勝攻陷伊陽，復犯盧氏。

中州承平久，不設備，驟聞賊至，吏民皇駭，知縣金會嘉棄城遁。賊入城，鄉官故兵部車駕司主事李中正，勒家衆及里中壯士奮擊，衆寡不敵，力戰没。賊縱掠城中，執舉人靳謙書使跪，不屈，大罵而死。盧氏生員常省身，據險與賊戰兩晝夜，力不支，令妻子自縊，已拔劍自刎死。生員常嘉元、孫孕秀同禦賊，不克，罵賊死。

自是賊屢陷名城，殺將士無算，紳士亦多被難。其尤著者，閿鄉則在籍濟南教授高第投崖死；貢生閻思聰率衆攻賊營不克死。偃師則生員裴君合，率鄉人保沙岸寨十晝夜，賊説之降，大罵不從；寨破被磔死。宜陽馬足輕，聞賊渡河，挈家避之石龍崖，三女皆殊色，慮賊污，悉投崖死。足輕被執，抗聲大罵，賊怒，並其三子俱殺之，家衆皆遇害。惟存次子駿一人，後登鄉薦。靈寶許熚，爲縣陰陽官，被賊執，大罵死。新安劉君培，攜子及從孫避難，道遇賊，欲殺其從孫，君培曰："我尚有男。此子乃遺孤，幸舍之而殺我。"賊如其言，二子獲免。馬山，性剛直，土寇于大中，乘賊亂陷新安，獲山，使負米，叱曰："吾天朝百姓，肯爲賊負米耶！"大罵而死。同時李登英亦罵賊死。陝州張我正，率衆禦賊，賊愛其勇，欲生致降之，我正殺賊力竭，大詈自刎。張我德一門二十七人，皆登樓自焚。嵩縣傅世濟，與兄世舟俱被執，將殺之，世濟争死，奪賊刀自刎，賊釋其兄。李佩玉結壯丁捍鄉井，往往奪賊輜重，後鄰村被圍，佩玉往救，力戰死。孟津孫挺生，避賊居河渚，爲賊所得，與妻梁氏俱詈賊死。上蔡劉時寵，亦以禦賊抗節死。

時河南巡撫元默，聞賊南犯，率左良玉、湯九州及李卑、鄧玘兵禦之境上，賊乃竄入盧氏山中，由間道入內鄉，大掠南陽、汝寧，直入湖廣，所在告急。

賊始起陝西，高迎祥最强，李自成屬焉。及渡河，自成始別爲一軍。

40 賊之入內鄉也，內鄉接壤鄧州、淅水，由淅可以入鄖，由鄖可以犯襄。而鄖、襄所轄，舊設撫治院，爲四省分地，以遏奸人之闌入者。承平弛玩，威不足以行所部，雖名一軍，僅與道將等。屬城卑薄，恃險與陋，不備不虞。賊倍道兼行，遂入其地。庚辰，陷鄖西。癸未，陷上津。【考異】據綏寇紀略，賊渡河陷澠池，爲十一月二十四日，即壬子也。又云，「賊以十一月二十四日過河，遂以十二月二十二日破鄖西，二十五日破上津。二十二日即庚辰也。明史本紀十一月陷澠池以下，皆入之十二月，不書日。明史稿但書「十二月庚辰陷鄖西」，餘皆據綏寇紀略日分。

明通鑑卷八十四

江西永寧知縣當塗**夏　燮**編輯

紀八十四 起閼逢掩茂（甲戌），盡旃蒙大淵獻（乙亥），凡二年。

莊烈皇帝

崇禎七年（甲戌、一六三四）

1 春，正月，己丑，廣鹿島副將尚可喜降于大清。可喜故隸總兵黃龍部下，至是因龍死，遂降。

2 設河南、山、陝、川、湖五省總督，以延綏巡撫陳奇瑜兼兵部侍郎爲之。初，流賊既自秦入晉，掠河北、畿南，關中患少紓。奇瑜時撫延綏，復分遣文武將吏禽斬賊渠截山虎等百七十七人，他賊多解散，獨鑽天哨、開山斧據永寧關。關在鎮城東，前阻山，下臨黃河，賊負固數年不下。奇瑜謂是不可以力取，乃陰簡鋭士，陽言「總制檄發兵，令賀人龍將之而西，身爲後勁，直抵延川」，俄，策馬東，曰：「視吾馬首所向。」潛師疾走入山。賊不虞大兵至，驚潰。焚其巢，斬首千六百有奇，二賊俱馘。分兵擊斬賊首一座城等，獲首級五百五十，延水群盜盡平，奇瑜威名著關、陝。

至是賊南渡河，躪湖廣，窺四川。廷議，「諸鎮撫事權不一，宜設大臣統之」，多推薦洪承疇。以承疇方督三邊不可易，乃命奇瑜總督五省軍務，專辦流賊。

3 庚寅，總兵官張應昌渡河，敗賊于靈寶。

4 壬辰，賊自鄖陽渡漢，薄穀城。癸巳，犯襄陽，又分犯紫陽、平利。澠池教諭羅世濟子得鴻，練兵守平利，殺賊頗多，城陷，妻子俱死。【考異】殉難録所載與三編同，且書澠池教諭羅世濟之子，尤爲明（折）〔晰〕，今據書之。

賊遂擁衆南入四川，乙卯，陷房縣，知縣貢從貴死之。又陷保康，知縣方國儒、竹溪訓導王紹正死之。三編質實：「國儒率鄉兵出禦，力不支，城陷，被執，罵賊，中七刀死。」

先是諸將追賊于河南，自張應昌外，湯九州、李卑敗之嵩縣、内鄉，及入湖廣，卑又敗之光化。賊聞官軍至，輒以老弱委之，而精鋭分前走，故諸將動稱捷報功，賊勢彌熾，連陷鄖陽諸屬邑，遂入蜀。

5 二月，壬戌，賊陷興山，殺知縣劉定國，縱掠歸州、巴東、夷陵。

歸、巴萬山稠疊，箐薄密綿，賊入其中，首尾排迮。荆州推官劉振纓提施兵入援，斬獲頗多，會施兵緣援荆東下，舍之勿追。

壬申，賊入瞿塘，戊寅，遂攻夔州。

夔關天險，而城中倉猝無備，通判、推官悉遁。同知何承光攝府事，率吏民固守，力竭，城陷，承光整衣冠危坐，賊入，殺之，投屍于江，遂陷夔州。

連陷大寧，知縣高日臨乞援不應，率民兵捍賊北門，兵敗，被執，大罵不屈，賊碎其體焚之。訓導高錫，巡檢陳國俊，皆被殺，國俊之妻及錫妻女皆殉焉。

又陷巫山、通江，巡檢郭纘化、指揮王永年戰没于陣。

自賊起陝西，轉犯山西、畿輔、河南、北及湖廣、四川，陷州縣以數十計，未有破大郡者。至是夔郡失守，遠近震動。

賊所過輒殘破，惟梁山以里居中書涂原，集鄉兵伏密箐間，用竹畚囊石乘高擊之，傅毒弩矢，血濡縷輒斃，賊多死者，乃退去。

會秦良玉自石砫赴援，川北副將張令復以兵扼諸要害，賊不敢進。乃析其黨爲二：一走還楚；一自通江走廣元沖、百丈關，殺守備郭震辰，指揮田實，由七盤、陽平關入秦，抵鞏昌。

總督洪承疇禦之秦州，賊遂越兩當，襲破鳳縣。主簿吉永祚，將謝事歸，會賊至，知縣棄城遁，永祚曰：「吾雖小吏，嘗食禄于朝，敢以謝事推諉乎！」城破，北向再拜，與子士樞、士模皆死之。訓導李芝蔚，鄉官魏炳，同時遇害。【考異】以上賊犯地方及諸死事之文武，悉據三編書之，蓋參明史陳奇瑜、張應昌、湯九州、李卑及忠義傳、流賊傳，而證之綏寇紀略及殉節録悉合。惟郭震辰戰死于百丈關，史稿誤入之六年三月下，今據三編及殉節録改入是年。

6 振登萊被寇者，並蠲積逋。

7 甲申，耕藉田。

8 乙酉，流賊自商、雒復入漢南。

時賊之入秦者，又析其黨爲二：一由鳳縣奔寶雞、汧陽；一向漢中，取間道犯城固、洋縣，東下石泉。

漢陰鄉官楊呈秀，官順慶知府罷歸，佐有司守禦，力戰被執，大罵，賊怒，磔之。其弟呈芳，單騎入賊營，斬賊數十，創重死。

賊尋會于漢中以窺商、雒，商州防守閻調化剿賊于雒，不克，被執，不屈死。于是張獻忠亦自應山西奔商、雒，以十三營流入漢南。

9 三月，丁亥朔，日有食之。

10 甲辰，賜劉理順等進士及第、出身有差。

11 乙巳，流賊自蜀還楚，總兵張應昌擊之五嶺山，敗績。應昌身中一矢退還，賊遂入楚。

庚戌，副將楊世恩追敗入楚之賊于石河口。

12 山西自去年八月不雨至于是月，赤地數千里，民大饑，人相食。陝西亦旱。

13 夏，四月，丙辰，逮鄖陽撫治蔣允儀下獄，鄖西陷故也。以大名副使盧象昇代之。

14 癸酉，振山西、陝西饑，給事中吴甘來請之也。

甘來請發粟以振，因言：「山西總兵張應昌等，多殺良民冒功，中州諸郡，畏官兵甚于賊。陛下生之而不能，武臣殺之而不顧，臣實痛之！」又言：「賞罰者，將將大機權也，陛下加意邊陲，賞無延格。乃閩海獻捷，黔、蜀争功，待勘累年。急則用其死綏，緩則束以文法。況封疆之罰，武與文二，內與外二，士卒與將帥二。受命建牙，或逮或逐；而跋扈將帥，罪狀已暴，止于戴罪。偏裨不能令士卒，將帥不能令偏裨，督撫不能令將帥，將聽賊自來自去，誰爲陛下翦凶逆者！」

疏入，上爲發帑振飢。而軍政無章如故。

15 是月，賊自湖廣走盧氏、靈寶。

時賊復分其黨爲三：一犯均州，往河南；一犯鄖陽，往淅川；一渡河，犯商南。

16 五月，丙申，洪承疇遣副將賀人龍等逐賊于藍田，敗之。

17 是月，上因旱求言。給事中黄紹傑，疏論温體仁。略曰：「漢世災異策免三公，宰執亦因罪以求罷。今者久旱，陛下修明政治，納讜言，可謂應天以實矣，而雨澤不降，何哉？天有所甚怒而不解也。次輔温體仁者，秉政數載，上干天和，無歲不旱暵，無日不風霾，無處不盜賊，無人不愁怨。秉政既久，窺瞷益工，中外趨承益巧。一人當用，則曰『體仁意未遽爾』也；一事當行，則曰『體仁聞恐不樂』也；覆一疏，建一議，又曰『慮體仁有他屬』；不然，則體仁忌諱，無攖其兇鋒也。凡此召變之尤，願陛下罷體仁以回天意。體仁罷而甘霖不降，殺臣以正欺君之罪。」上方眷體仁，貶紹傑一秩。

體仁疏辨，且訐其別有指授，紹傑言：「廷臣言事，指及乘輿，猶荷優容；一字涉體仁，必遭貶黜。誰不自愛，爲人指授也！」因列其罪狀，且曰：「臣所仰祝聖明洞燭體仁奸欺者，其説則有兩端：下惟朋黨一語，可以箝言官之口，挑善類之禍；上惟票擬一語，可以激聖明之怒，蓋憤誤之愆。」

體仁猶辨，且以朋黨爲言；紹傑遂言：「體仁受銅商王誠金，體仁長子受巡撫沈棨及兩淮巡鹽高欽順等金，皆萬計；體仁用門幹王治，東南之利皆其轉輸；體仁私邸兩被盜，失黃金寶玉無算，匿不敢言。」

上怒，調紹傑上林苑署丞，遷行人司副。

18 六月，辛未，總督陳奇瑜與鄖陽撫治盧象昇會師于上津，剿湖廣賊。

19 甲戌，河決沛縣。

20 是月，陳奇瑜剿賊，駐均州，檄陝西巡撫練國事駐商南，遏其西北；河南巡撫元默駐盧氏，遏其東北；湖廣巡撫唐暉駐南漳，遏其東南。奇瑜偕盧象昇由竹谿至平利之烏林關，冒雨十數戰，斬首一千七百五十餘級。總兵官鄧玘及別將楊化麟、楊世恩、周任鳳、楊正芳等，分道擊賊于乜家溝、石泉壩、康家坪等處，凡斬首數千。副將劉遷等搜竹谿、平利之賊，先後斬賊三千有奇，禽其魁十餘人。

是時楚中賊且盡，而賊之竄悉入漢南。漢南之在秦也，東至于洵陽、白河、平利，又東至于興安、石泉、漢陰；西至于西鄉、洋縣、漢中府，又西至于沔縣、寧羌、略陽；其地皆與楚、蜀爲界。各省大兵盡在楚、蜀，遂逼賊入漢南。秦督洪承疇，謂「今數股之賊畢會于漢、興，而旁突于商、雒，秦事大可憂。」

會承疇以甘肅邊警赴援，而奇瑜見楚賊既盡，亟引兵而西，謂賊不足平，遣游擊唐通防漢中以護藩封；參將賀人龍、劉遷、夏鎬扼略陽、沔縣，防賊西遁；副將楊正芳、余世任扼褒城，防賊北遁；自督副將楊化麟、柳國鎮等駐洋縣，防賊東遁；又檄練國事、盧象昇、元默各守要害，截賊奔逸。賊見官軍四集，大懼，悉遁入興安之車箱峽，官軍四面圍之。【考異】據綏寇紀略，烏林關之戰在六月十二日，乜家溝之戰在六月二十日，石泉壩之戰在二十八日，康家坪之戰在三十日。凡此皆剿楚賊也。漢南之賊懼剿，遁入興安車箱峽，當在是時，而請降則七月間事，以後始有出棧道西犯麟遊等七州縣事。而史稿則書漢南降賊出棧道于五月，又誤書艾萬年、柳國鎮等戰没于六月。不知萬年等之没乃在八年六月，若七年則萬年在山西，方遘疾告歸，而國鎮是時方從陳奇瑜討楚、蜀賊。史稿誤入，相差一年。蓋莊烈無實録，史稿所記月日干支，多據野史，不復考證前後。惟後修明史，參之列傳，悉行改正。如車箱之困書于是夏，則據傳中「圍困兩月」語，安得五月便出棧道耶！三編類記于六月目中，與明史本紀合，今分書之。

21 秋，七月，壬辰，大清兵入上方堡，至宣府。

是時大清兵征察罕，還師，見宣府邊城多頹壞，乃興問罪之師。

初，宣府巡撫沈棨，遣使通款于大清，刑白馬定盟，廷議責其專擅，罷之。于是遼東諸將嚴備邊，擾及大清屬部，戕害二十餘人，張家口守臣多匿逋逃，大清責其負約。至是分四路進兵，自宣府趨應州，略大同，下得勝堡，參將李全死之。

22 乙未，詔總兵官陳洪範守居庸，巡撫保定丁魁楚等守紫荊、雁門。

辛丑，京師戒嚴。

23 庚戌，大清兵攻保安，知州閻生斗集吏民拒守，城陷被執，死之。守備徐國泰，判官李師聖，吏目王本立，訓導張文魁，生員姚時中、張師載，俱同時死。而國泰妻薛氏、妾王氏，闔門十三人皆殉焉。

是時沿邊城堡多失守，大清兵尋入靈邱，知縣蔣秉采募兵堅守，力屈，衆潰，投繯而死，合門殉之。守備于世奇，把總陳彦武、馬如豸，典史張標，教諭路登甫，並戰没，又守備張修身、常汝忠亦先後殉之。遠近震慴。

24 是月，漢南賊出車箱峽。

先是賊困峽中凡兩月，諸渠魁高迎祥、李自成、張獻忠等咸在焉。【考異】據明史李自成傳，「車箱之困，張獻忠奔商、雒」，而陳奇瑜傳則云「諸賊渠高迎祥、李自成、張獻忠咸在焉。」證之本紀，獻忠奔商、雒在二月乙酉陳奇瑜會剿之前，且奇瑜撫賊原奏内有「八大王部萬三千餘人」，八大王即獻忠也。故後修三編亦據奇瑜傳改正原編，今據書之。峽四面巉立，中亘四十里，賊誤入其中。山上居民下石擊，或投以炬火，且纍石塞其口。賊飛走俱絶，乏食，又大雨連旬，弓矢盡脱，馬乏芻，死者過半。自成窘甚，其黨顧君恩爲之謀曰：「吾輩萬里遠掠婦女輜重，何不用之以餌群帥，可文降而狡焉以逞也。」自成善之，乃以重寶賂奇瑜左右及諸將帥乞降。奇瑜意輕賊，有驕色，遽許之，悉籍其黨數萬姓名，勞遣歸農。每百人以一安撫官護之，檄所過州縣具糗糧傳送，令諸將無邀擊以撓撫事。賊既出棧道，即大譟叛，殺安撫五十餘人。于是勢復大熾。

25 八月，戊辰，詔總兵尤世威、吴襄等援遼，而以宣大總督張宗衡節制各鎮援兵。總兵曹文詔偕宗衡先駐懷仁固守。

26 是月，賊既軼出車箱峽，大掠所過州縣，張應昌自清水追之，敗績。賊遂連陷麟遊、永壽等七州縣，麟遊知縣董時和死之。邑生員趙應璧奉母避賊，賊至，母投崖死，應璧從之。

時賊之屯漢興者，亦自略陽來會，關中大震。賊初叛，潛猝至鳳翔，誘開城，守者知其詐，絙以縋城上，殺其先登者三十六人，餘噪而去。其犯寶雞者，亦爲知縣李嘉彦所挫。

而奇瑜以其撓撫局，劾嘉彦及鳳翔鄉官孫鵬等，上怒，逮嘉彦、鵬及士民五十三人。及賊勢日盛，奇瑜悔失計，乃委罪巡撫練國事。

國事上言：「漢南賊盡入棧道，奇瑜檄止兵。臣未知所撫實數，及見奇瑜疏，『八大王部萬三千餘人，蝎子塊部萬五百餘人，張妙手部九千一百餘人，八大王又一部八千三百餘人』，臣不覺仰天長嘆！夫一月撫强寇四萬餘，盡從棧道入内地，食飲何自出？安得無剽掠！且官軍防護，一大帥止將三千人，而一賊魁反擁萬餘衆，安能受紀律耶！賊皆藉口歸籍，然延安州縣驟增四萬餘人，安集何所？合諸征剿兵不滿二萬，而降賊踰四萬，豈内地兵力所能支！宜其連陷名城而不可救也。若咎臣不堵剿，則先有止兵檄矣；若云賊已受撫因誤殺所致，然則未誤殺之先，何爲破麟遊、永壽？爲今之計，惟急調大軍致討。若仍以願回原籍，禁兵勿剿，三秦之禍，未知所終極矣。」疏入，事已不可爲，遂逮國事下獄。

27 吏部尚書李長庚罷。

長庚不植黨援，與温體仁不甚合。至是以推郎中王茂學爲真定知府，上不允，復推爲順德知府，上怒，責以欺蒙；並追咎冠帶監生授職事，責令回奏，奏上，斥爲民。時左都御史張延登亦免。

體仁欲援逆案以攻東林。會吏部缺，陰使張捷舉逆案呂純如以嘗上，言者大譁，上亦甚惡之。捷氣沮，體仁遂不敢言。乃薦謝陞、唐世濟，遂擢陞爲吏部尚書，世濟左都御史。

28 閏月，甲申，賊陷隆德。

先是洪承疇聞秦警，自甘鎮還。賊之西犯者，陷澄城，圍郃陽，會承疇兵至，解圍去，轉掠平涼、邪州。

進攻隆德，破其城，殺知縣費彦芳。鄉官松江通判楊泰初與子生員善俱赴井死。生員楊泰運爲賊執，駡不絶口，斷舌死。

賊遂薄静海州，固原參政陸夢龍，率游擊賀奇勳、都司石崇德禦之。賊初不滿千，已而大熾，夢龍所將止三百餘人，賊圍之數重，矢石如雨，突圍不得出。二將抱夢龍泣，夢龍揮之曰：「何作此婦孺態！」大呼奮擊，手馘數人，與二將俱戰死。——夢龍即治梃擊案中人也。【考異】隆德之陷，明史本紀及夢龍本傳皆書之閏八月，諸書以爲八月者，脱「閏」字。而史稿誤入之六年八月戊子，相差一年，蓋誤據明史紀事本末也。是年新曆閏六月，明史據大統曆書之。

29 丁亥，大清兵克萬全左衛。【考異】據明史稿：「閏月乙酉，攻萬全左衛，丁亥破之，守備常如松、指揮杜詩、秦之英戰没。」按此三人，三編及殉節録皆不載，未知何據。附識于此。

時曹文詔等皆不敢戰，代王母楊太妃，命總督張宗衡等通款于大清，庚寅，班師出塞。于是宗衡、文詔及巡撫胡沾恩、總兵張全昌等並論罪遣戍。

山西巡撫吴甡請留文詔、全昌勦晋賊自贖，報可。兵部議令文詔馳勦河南賊，甡復抗疏争，請先平晋賊，後入豫，上不許。而文詔感甡知，竟取道太原，爲甡所留。

時山西降賊王剛、王之臣、通天柱等，已爲前撫戴君恩所斬，獨賀宗漢、劉浩然、王加計，【考異】明史文詔傳作「高加計」，今據三編。猶擁衆自恣，剽掠城邑，垣曲典史秦宗恩，黎城布衣李養裕，先後以督鄉勇捍賊死。甡陽爲招撫，密令參將猛如虎、虎大威、劉光祚等圖之。于是山西盜悉平。

30 壬寅，李自成圍參將賀人龍于隴州。

時自成率衆圍隴州。人龍馳兵赴援，賊環攻之。自成以人龍同里閈，遣其將高傑遺書令叛，人龍不報。圍守兩月，洪承疇遣總兵左光先救至，圍始解。

31 九月，庚申，盔甲廠災。

32 甲戌，以賊悉聚陝西，詔河南兵入潼、華，湖廣兵入商、雒，四川兵由興、漢，山西兵出蒲州、韓城共討賊。

33 冬，十月，庚戌，湖廣兵覆于雒南，副總兵楊正芳及部將張上達死之。

34 是月，工部尚書周士樸罷。

時中官張彝憲監户、工二部出納，士樸恥之，數與齟齬。彝憲譖于上，士樸疏對，辭直，上無以難。至是以遂平公主塋價引例不合，爲駙馬都尉齊贊元所劾，遂削籍。踰月，以劉遵憲代之。

35 十一月，庚辰，逮陳奇瑜下獄。

奇瑜以車箱縱賊，給事中顧國寶、御史傅永淳，交章劾其受賊賄，詔錦衣官逮訊，而以洪承疇代之。

時賊已蔓延不可撲滅，首輔温體仁謂山西巡撫吴甡曰：「流賊癬疥疾，不足憂也。」奇瑜罪當死，以體仁庇之，未幾，僅謫戍邊。

[36]十二月，賊自陝西出，犯河南。先是賊十餘萬往來關中，連營輒百餘里。別賊萬餘屯雒南、閿鄉，蹂躪郡邑數十。

諸將先後以死事著者，總兵殷體信，没于陣。游擊丁孔應，被執，不屈死。指揮李學牧陷賊中，與王風木等謀舉義，事泄，北面再拜受刃死。守備史大勳，率兵逐賊被執，爲所殺。昌平鎮將淩元機、胡良翰，隸湯九州部下，賊屯閿鄉，九州遣二人搜山，敗没。花馬池營千總蔡應昌，血戰死。

其以長吏殉城死者，甘泉知縣蒲來舉，求救于守備孫守法，不應，城破，手刃數賊，死之。崇信知縣龐瑜，知賊必至，而縣中止貧户百餘，乃率士民築土城以守，流涕誓死。會天大雨，土城盡圮，賊大至，瑜遣家人賫印送上官，端坐堂上，賊悴令跪，瑜罵曰：「賊奴！敢辱官長！」賊拔刀威之，罵益厲；執至野外，剖心裂腹而死。山陽知縣董三謨，與父嗣成、弟三元俱殉難，妻李氏亦攜子女偕死。涇州知州婁琇，城陷死。麟遊再陷，知縣呂鳴世初至，賊不忍加害，絶食六日死。

一時士民仗義者，涇陽布衣王祚以捍賊死，耀州生員宋緒湯以詈賊死。

方賊之出棧道也，聞洪承疇將合諸路兵進剿，賊渠高迎祥、李自成等遂竄入終南。會承疇赴甘肅，賊又出終南，分陷關、隴。比承疇還，引兵而東，賊乃悉衆東奔，遂陷陳州、靈寶，集宛、洛間，河南復震。

賊每營，數萬兵更番進，皆因糧宿飽；官軍寡備，饋餉或不繼。賊介馬馳，一日夜數百里；官軍步多騎少，行數十里輒疲乏；以故多畏賊。

時左良玉扼新安、澠池，陳治邦駐汝州，陳允福扼南陽，皆坐甲自保。良玉前在懷慶，與督撫議不合，因是生心緩追，又多收降寇以自重，督撫檄調，不時應命，漸有跋扈端，實無意殺賊。

而賊聞良玉且至，移壁梅山、溱水間，其別部掃地王等復趨江北，攻英山，陷之，又焚霍山。三編質實據湖廣通志，有知府簡而可者，亦于是年殉節死，其地方月日無考。附識之。（並見殉節録）

37 是冬，無雪。

38 是歲，京師饑，御史龔廷獻繪飢民圖上之。

八年（乙亥、一六三五）

1 春，正月，乙卯，梅山、溱水之賊陷上蔡。丁巳，屠汜水，陷滎陽。戊午，陷固始。

2 己未，詔總督洪承疇出潼關討河南賊，與山東巡撫朱大典協勦。

賊聞承疇將出關，大會群賊于滎陽。老回回、曹操、革裏眼、左金王、改世王、射塌天、横天王、混十萬、過天星、九條龍、順天王及高迎祥、張獻忠，共十三家，七十二營，議敵官軍未決。李自成進曰：「匹夫猶奮，況十萬衆乎！官兵無能爲也。宜分定所向，利鈍聽之天。」皆曰：「善！」乃議「革裏眼、左金王當川、湖兵，混天王、混十萬當陝兵，過天星扼河上，綴河南兵，迎祥、獻忠及自成略東方，老回回、九條龍往來策應。陝兵鋭，益以射塌天、改世王。所破城邑，子女玉帛惟均。」衆皆如約。

始，迎祥與獻忠並起比肩，自成乃迎祥支黨，不敢與獻忠偶，及是遂相頡頏，與俱東掠。

3 辛酉，賊自固始抵霍邱，陷其城，縣丞張有俊死之。時霍邱知縣棄城遁，教諭倪可大，督民壯拒戰，以奇策斬賊首數百，分守城北。賊以礮攻陷南門，被執，齧指血噴賊，賊怒，被磔死。妻女皆自縊，僕倪表亦殉焉。訓導何炳若，鄉官戴廷對、田既庭，舉人王毓貞、張燦恒，皆城陷死之。

是日，張獻忠攻潁州，知州尹夢鼇、通判趙士寬，方謁上官于鳳陽，驟聞賊至，立馳還；賊已抵城下，率民壯固守。城北有高樓，可瞰城中，諸生劉廷傳請先據之，夢鼇以爲然。而廷傳所統皆市人，不可用。賊攻樓且鑿城，頹數丈，城上人皆走，不可止。夢鼇持大刀獨當城壞處，殺賊十餘人，身被數刃。賊衆畢登，遂投城下烏龍潭，弟姪七人皆從死。城既陷，士寬率衆巷戰，力竭，亦赴水死。妻李氏，攜三女登樓自焚，僕王丹亦罵賊死。

潁州衛在州治西北隅，賊分攻衛城。指揮李從師、王廷俊，千户孫升、田三震，百户羅元慶、田得民、王之麟，前所百户汪檀，俱乘城戰死。

廷傳及衛經歷胡士定並以罵賊死，廷傳爲故布政使九光從子。九光子廷石分守西城，中賊刃未殊，口授友人方略，令繕書上當事，旋卒。致仕尚書張鶴鳴，與其弟故雲南參政鶴騰被賊執，倒懸鶴鳴于樹，皆罵不絕口死。鶴鳴子大同，闔門皆遇害。中書舍人田之潁，光禄寺署正李生白，署丞李元白，黄巖知縣劉道遠，會寧知縣楊南，同殉城死。其他官紳士庶死難者共一百三人，城中婦人殉節者二十七人，烈女八人，一時忠烈稱獨盛。城破後，亦無一人向賊乞憐者，賊怒，遂屠之。

潁、霍既陷，賊攻壽州，故御史方震孺率鄉兵城守，不克，遂焚正陽關而去。三編質實：「死難之官紳士庶，名見史乘者，爲夔州府訓導丁嘉遇、候選經歷汪邦弼、舉人白精忠、郭三杰、貢生李茂叢、楊得坤、寧儉、生員韓光祖、檀之槐、李維紀、王致志、張維黄、劉大濟、田大生、聞于階、弟于邦、王國泰、亓鳳翔、卞文斗、王乾亨、丁嘉運、劉栻、姚克智、丁崇先、郭之英、姚同寅、尚日暄、陳純、李孕生、王致和、申華、郭之豪、田之萃、郭瑋、馬負圖、錢人瑋、盧元貞、馬寀國、馬桂國、韓中佐、楊于世、王啓昌、邢元錫、熊協夢、王維新、李汝珽、盧傳世、喻天敘、楊士貞、郭之産、郭獬、賀嘉貞、聞慎言、監生王文煥、田之蔚、田之茂、田之尹、武舉尚日躋、李承訓、醫官張濟民、禮生孔道隆、儒士田之蕙、于振先、布衣鹿勁、亓中元、嚴克長、王尚廉、亓旋、祁標、王公枋、張肅範、王之幹、趙謙、祁瀛、潘守仁、汪茂椿、張思明、黄國、王九成、王印、王聘汝、陳繼信，並入祠。韓光祖母李氏、妻武氏，偕一妹二女赴井死。妾李氏方有娠，被剖腹死。次子定策、孫日曦，皆駡賊死。檀之槐護母柩不去，被磔死。李維紀妻趙氏及子女十八人投井死。王致志妻唐氏同殉節。」

4 丙寅，賊陷鳳陽，焚皇陵樓殿。

先是南京兵部尚書吕維祺懼賊南下，請防護鳳陽陵寢，不報。給事中孫晋亦以爲憂，言于兵部尚書張鳳翼，鳳翼曰：「賊起西北，不食稻米，賊馬不飼江南草。公南人，何憂！」遂不設備。賊漸逼江北，鳳翼乃請敕漕運都御史楊一鵬移鎮鳳陽，温體仁格其議，鳳翼亦不能再請。事益急，給事中許譽卿請速調五千人守鳳陽，而賊已有壽州分部來犯。鳳陽故無城，留守朱國相率指揮袁瑞徵、吕承蔭、郭希聖、張鵬翼、周時望、李郁、岳光祚、千户陳弘祖、陳其忠、金龍化等，以兵三千逆戰上窯，頗有斬獲。頃之，賊數萬至，矢集如蝟。官軍敗，國相自刎死，餘皆陣没；一鵬在淮安，遠不及救。賊遂燔皇陵，大肆殺掠。千户陳永齡、百户盛可學死之。賊犯衛城，衛經歷胡尚綵獨擊却之，賊復至，被執不屈，與府照磨蕭懋烈等，凡死者四十餘人。推官萬文英方卧病，賊索之。子元亨，年十六，泣語父曰：「兒不得復事親矣。」出門呼曰：「若索官何爲！我即官也。」賊縶之，極口大罵，斷脛死。文英獲免。【考異】史稿、輯覽皆載鳳陽之陷，知府顏容暄、推官萬文英死之。容暄之死，紀事本末言其「囚服匿獄中，賊縱囚獲之，杖于堂下，殺之。」據此，則容暄之不入死事，三編删之宜也。若文英之死，據三編質實言其子冒官代死，文英得免，似文英亦未死，而死者乃其子萬元亨也。今據三編書之，附識其異于此。○又按北略已言文英遇害在前，何以又云獲免？或免後復死也。此亦一說。舉人蔣思宸，投繯死。布衣陳自修，繞父柩哀鳴死。凡死者又六十餘人。

城既陷，公私邸舍被焚者二萬餘間，光燭百里。賊渠張巘自稱「古元真龍皇帝」，合樂大飲，張獻忠、李自成皆在焉。恣掠三日。

5 壬申，徐州援兵至鳳陽，張、李二賊已分道走。

先是自成飲于皇陵，從獻忠求小閹善鼓吹者，獻忠不予，自成怒，偕高迎祥西趨歸德，謀復入關。

獻忠獨東攻廬州，州民乘墉捍賊，有張四哲者，偕弟四美、四奇奮力迎戰，敗没。州城堅，賊百計攻之不克。

去，攻舒城，知縣章可試塞三門，開西門誘賊入，陷于坑，奔潰死者千人，賊乃去。

甲戌，攻巢縣，知縣嚴覺闔門死之。

戊寅，圍廬江，士民具財帛求免，賊僞許之，俄襲陷其城。維時官吏皆避賊走匿，里居故山西參政盧謙，服命服坐中門。賊至，欲屈之，罵曰：「吾朝廷憲臣，肯爲賊屈邪！鼠輩滅在即，安敢無禮！」賊怒，殺之，投屍于池，池水盡赤。舉人張受、畢伊周皆先後殉焉。

己卯，賊攻無爲州，知州張化樞死之。

6 是月，禮部尚書李康先罷。踰月，以黃士俊代之。

7 二月，壬午，張獻忠陷潛山，知縣趙士彦死之。

連陷太湖、宿松，皆屠其城。

太湖知縣金應元，據城東大濠，奸人導賊渡濠，爲所執，斫未殊，自經死。守備趙蔭，被執不屈死。趙繼春與賊戰于洪家嶺，以無援死。訓導扈永寧亦死之。宿松生員劉之暄，請代父死，賊釋其父。生員萬民望，請代母死，賊釋其母。生員袁師皋，見賊欲殺其母，力與相持，受數刃死。生員柴維煥，與三子同遇害。布衣陳昌言、夏時行、石思行，皆先後殉。

賊所過太和、霍山、六安、亳州悉被殘破。太和則生員秦培篤，與妻王氏偕死。生員秦思允被執，挾之攻城，呼告城上曰：「賊以牛皮冒車避矢石，所懼獨火耳。」賊殺之。城上人投薪焚賊車，城遂獲全。霍山則教諭龔元祥、訓導姚允恭，以知縣先遁，督民兵固守，力屈，元祥與其子炳衡俱被殺，允恭亦死之。六安則生員梅國秀，亳州則布衣李心惟、李猶龍，皆以守親柩遇害。如龍爲猶龍從弟，賊執其母，奮力擊之，爲所殺。心惟子果亦從死。

8 乙酉，張獻忠、羅汝才別部分陷羅田，知縣梁志仁死之。志仁，保定侯梁銘之裔也，羅田界湖廣、江北之交，志仁日夕儆備，羅汝才以其長者，不忍加兵。有獄囚江猶龍，思脱死，遣人導汝才別校來攻。志仁持長矛巷戰，殺六賊，力屈被縶，罵賊，支解死，妻唐氏亦被害。教諭吴鳳來、訓導盧大受、典史單思仁皆死之。汝才在英山聞之，馳至，爲斬其別校。

時羅田之賊，復分陷徐州及虞城、商邱、汝寧、真陽、新蔡。徐州則知州陳桂棟，虞城則生員宋鼎延，商邱則舉人賈遂、李明開，武舉史懋明，汝寧則江陵生員劉楷，真陽則知縣王信，新蔡則知縣黃信，皆死之。而王信之死，以罵賊斷頭剖腹，爲尤慘云。【考異】是月，張獻忠東攻廬州，不克，遂連陷潛山、太湖、宿松等縣。故攻羅田者，皆以爲獻忠之別部，而據三編質實所載，則羅汝才之別部也。按是時汝才在英山，獻忠在潛山、太湖一帶，皆與羅田近，賊流掠無定向，今兩書之。新蔡知縣王信，三編不入正文，但云「真陽知縣王信死之」，而于質實中附注云，「時又有一王信，官新蔡知縣，亦于是年殉節。」然史稿書「新蔡知縣黃信」，今據書之，俟考。又宿松之陷，北略載指揮包文達、義士石電以援宿松戰没，並詳記其死事之烈，而三編入之十年。附識于此。

9 甲午，以皇陵失事，逮總督漕運、尚書楊一鵬下獄。

先是上聞皇陵之變，素服避殿，祭告郊社，哭于二祖列宗之廟，遣駙馬都尉王昺、太康伯張國紀行祭慰禮。侍郎朱大典巡撫鳳陽，修復陵寢。逮一鵬並巡按御史吴振纓，一鵬論死，振纓遣戍。

10 丁酉，總兵鄧玘敗賊于羅山。

初，賊大入河南，命玘援剿。至是賊陷鳳陽，命玘自黃州速援安慶，及桐城被圍，玘竟不至。羅山之賊，乃敗賊也。于是御史錢守廉劾「玘殺良冒功」，命總督洪承疇覈實以聞。

11 是月，賊既蹂躪江北，復流擾于蘄、黃、汝寧、歸德之間，圍桐城者數月。

應天巡撫張國維，率副將許自强東西奔擊，解桐城圍。遣守備朱士允趨潛山，把總張其威趨太湖，士允戰没。自强遇賊宿松，殺傷相當，安慶山民桀石以投賊，賊多死，乃趨英、霍，走麻城以去。

12 流賊之犯鳳陽也，給事中許譽卿痛憤，直發本兵張鳳翼固位失事及首輔温體仁玩寇速禍罪。

略言：「賊在秦、晋時，早設總督遏其渡河，禍止西北一隅耳，乃侍郎彭汝楠避不肯行；及賊入楚、豫，人言交攻，然後不得已而議設之；侍郎汪慶百又避不行，乃推極邊之陳奇瑜，鞭長莫及，釀成今日之禍，非樞臣之固位失事乎！流寇發難已久，樞臣因東南震鄰，始有淮撫操江移鎮之疏，識者已恨其晚。及閣臣擬旨，則曰不必移鎮。臣觀各地稍有兵力，賊即不敢輕犯。鳳陽何地？使巡撫早移，豈有今日！今撫臣以不必移鎮爲詞，樞臣以曾請移鎮藉口，則輔臣欲辭玩寇之罪，其可得哉！」

上以譽卿苛論妄言，切責之。

13 三月，辛亥朔，督師洪承疇次汝寧。

先是上聞鳳陵之變，晋承疇兵部尚書，賜上方劍，令集諸路兵駐楚、豫適中之地。至是承疇至汝寧，分遣諸將，隨賊所在邀擊，于是賀人龍往鳳陽，鄧玘往麻、黄，左良玉往南陽。

時曹文詔、張應昌自晉中來，未至，客有謂督師者曰：「公中權無帥，即緩急云何？」承疇曰：「吾以俟文詔至也。」賊見大軍至，復折而入秦。

14 癸丑，張獻忠陷麻城。

壬戌，豫、楚賊陷寧羌州。

時麻、黃之賊走棗及襄，復由鄖陽故道入秦。而賊之陷寧羌者，由沔縣、略陽轉入臨、鞏。于是秦賊復熾。

15 丁卯，督師次信陽，曹文詔至軍，令擊賊于隨州。

16 戊寅，總兵官曹文詔，冒雨逐賊于隨州，斬首三百八十級。【考異】明史本紀書文詔敗賊隨州于二月，證之文詔傳，「文詔以三月會洪承疇于信陽，承疇大喜，即令擊賊于隨州。」又據綏寇紀略，承疇抵信陽在三月十七日，隨州擊賊在三月二十八日。是月辛亥朔，十七日丁卯，二十八日戊寅。明史月日干支，大都與紀略合。紀中有二月，無三月，疑「是月」二字即「三月」二字之誤。

17 夏，四月，丁亥，游擊鄭芝龍，合廣東兵擊海盜劉香于田尾遠洋。參政洪雲蒸，陷賊中踰二年，至是香脅雲蒸止兵，雲蒸大呼曰：「我矢死報國，急擊勿失！」遂遇害。香勢蹙，自焚溺死。被執之康承祖等脱還。賊黨千餘人詣浙江歸款，海盜盡平。

18 辛卯，洪承疇會師于汝州。

是時張獻忠由麻城入陝，與高迎祥、李自成復合。承疇偵賊盡入關中，議還顧根本，乃大會諸將，定分地擊賊，命鄧玘、尤翟文、張應昌、許成名駐樊城，防漢江；左良玉、湯九州控吴村瓦屋；綏寇紀略：「内鄉，淅水之要道也。」尤世威、陳永福、徐來朝分駐永寧、盧氏山中，以扼雒南、朱陽之險；承疇親統大軍，俟文詔隨州至，偕入關進剿。

19 乙巳，川兵變于樊城。

總兵鄧玘，遇其下寡恩，多尅餉。至是奉調赴樊城，標將王允成家丁鼓譟，殺其二僕。玘懼，登樓越牆，誤墮火巷，被焚死。

玘由小校，大小數百戰，所向多捷，以久戍觖望，恣其下淫掠；輔臣王應熊以鄉里庇之，玘益無所憚。其死也，人以爲佚罰云。

是時徐來朝不肯入山，兵亦譁于盧氏。

20 丙午，洪承疇西還，駐師于靈寶，曹文詔自南陽亦至焉。

先是承疇聞樊城之變，急檄副將秦翼明代統玘軍，以奏限六月平賊，期且迫，遂率賀人龍、張全昌等西行，約文詔會商州。比次靈寶，文詔至，承疇以賊黨屯商、雒，聞官兵大集必先走漢中，而大軍由潼關入反在賊後；乃令文詔由閿鄉取山徑至雒南、商州直搗賊巢，復從山陽、鎮安、洵陽馳入漢中，遏其奔軼，曰：「此行也，道路回遠，將軍甚勞苦。吾集關中兵以待將軍。」拊其背而遣之，文詔躍馬去。

21 五月，甲寅，總兵官曹文詔，參將曹變蛟，大敗商州之賊。

文詔冒雨至商州，賊去城三十里，營火滿山。夜半，率變蛟及守備鼎蛟、都司白廣恩等敗賊深林中；明日，追至金嶺。川賊據險，以千騎逆戰，變蛟大呼陷陣，諸軍並進，賊敗走。變蛟勇冠三軍，賊中聞大、小曹將軍名皆怖慴。

是時督師洪承疇次涇陽，賊聞承疇至，奔醴泉、興平。承疇折而西，夜，渡渭赴新安，議討商、雒賊。而商、雒賊老回回等，以是日直薄西安，去大軍五十里，承疇遣賀人龍遏其南，劉成功、王永祥等遏其北，張全昌亦自咸陽截擊，遶出興平之東，賊以此不敢南渡，盡奔武功、扶風。其夜，賊從扶風之教坊塘渡河走郿。承疇恐其東奔，又渡渭追之。

丙辰，賀人龍、劉成功等大敗郿縣之賊，追奔三十里。明日，抵盩厔。

22 乙亥，內閣吳宗達罷。

溫體仁當政，宗達能爲之下，在閣六年，交驩無間，至是以衰老乞歸。

23 是月，洪承疇追賊至盩厔、鄠二境上，據鞍顧盼，以鞭指謂諸將曰：「此地南距山，北阻渭，中三十餘里，賊出秦入秦之要口，非得專將守之不可。」乃勞享將士，遣游擊王永祥駐潼關，馬獻圖駐藍田，都司高崇選、李世春駐盩厔，監軍道劉三顧節制之。

部署甫定，而前犯西安諸大賊闖王、八大王等圍鳳翔，過天星、蝎子塊等圍平涼。報至，承疇自盩厔、郿縣渡河，抵岐山，向平涼。是時賊分三道，東往涇州、鎮原、寧州，而鳳翔之賊西趨涇陽、隴州，官軍分道追擊，曹文詔自漢中以其兵至。

賊大勢盡向静寧、秦安、清水、秦州間，衆且二十萬。承疇以文詔所部合張全昌、張外嘉軍止六千，衆寡不敵，乃告急于朝，請益兵，而勢已不及。

24 六月，己丑，官軍遇賊于亂馬川，敗績。前鋒中軍劉弘烈被執，死之。

壬辰，副總兵艾萬年、柳國鎮、劉成功、游擊王錫命等，以三千人擊李自成于寧州之襄樂，頗有斬獲。俄，賊伏發，被圍，萬年、國鎮死之，失亡千餘人。成功、錫命俱重創。

25 己亥，總兵張全昌，副總兵賀人龍，以三千人至清水之張家川，斬賊百六十餘級。又明日，追賊失利，都司田應龍、張應春死。【考異】明史賀人龍傳但云「田應龍等」，三編增入張應龍。今據綏寇紀略作「應春」。

賊連勝益驕，欲犯西安、涇陽、三原，洪承疇在邠州，憂之，不知所出。總兵官曹文詔，聞艾萬年死，拔刀斫地，瞋目大罵曰：「鼠子敢爾！」即詣承疇請行。承疇喜曰：「非將軍不足辦此賊。顧吾兵已分，無可策應者。將軍行，吾將由涇陽赴淳化，以爲將軍後勁。」

文詔乃以三千人自寧州往。丙午，遇賊于真寧之湫頭鎮，參將曹變蛟爲前鋒，直前搏戰，斬賊五百餘級，乘勝窮追三十里。文詔自率步卒殿後，賊伏數萬騎，四起合圍，飛矢蝟集。賊不知爲文詔也，有小卒縛急，大呼曰：「將軍救我！」賊中叛卒識之，恚賊曰：「此曹總兵也。」賊喜，圍益急。文詔左右跳盪，手擊賊數十人，轉鬥數里，力不支，拔刀自刎死，游擊平安以下死者二十餘人。

賊乘勝轉掠，火照西安城中。承疇力遮之涇陽、三原間，賊不得過。

文詔忠勇冠時，稱良將第一。其死也，賊中交相慶，而紀其事者以爲「真寧恨」云。上聞文詔死，震悼，賜祭葬，世蔭，有司建祠祀之。【考異】自正月洪承疇出潼關以下，悉據明史本紀月日。而綏寇紀略以日數紀，明史易以干支，無不脗合，又參之列傳，月分悉符。較之史稿所載，雜據紀事本末、北略等書，出入矛盾，乃知後修明史考證詳核也。今參諸傳及紀略書之，爲得其實云。

吳偉業曰：曹文詔與左良玉並起，文詔一蹶致命，而良玉累敗復振，卒至封侯，何歟？良玉擁兵觀望，又縱其下大掠以充軍資，招徠降衆，張形勢以成跋扈，要朝廷，濫爵賞，此豈文詔所欲同者耶！

自其隸馬世龍麾下爲軍鋒，入秦收王嘉允，殲點燈子；西濠銅川橋一戰，手所摧破者數萬；花園寺疾馳中伏，瀕于死者幾矣，不知所爲逗留也。過河數十戰，功高賞薄，遭譴澣袚，朝受命，夕辦嚴。追賊于隨州、商州，累晝夜不解甲，不知所爲怨望也。

生平惟定邊有譁兵之變，潰去二百人，撫之即定。部將如馮舉、張天禄、賈呈芳、趙國佐等，推腹心，共功名，常稱其師行有紀，所過秋毫無犯。

白廣恩之降也，文詔令變蛟共游處。廣恩見制府，不肯解所佩刀，制府疑，欲殺之。文詔曰：「殺廣恩，賊心益危。且廣恩才可用，願以身保之。」其收攬駕馭，豈出良玉下哉！

朝廷不付以重兵，多其賜予，取平賊將軍印佩之，顧謂起自徒中，立責後效。制府分兵守險，挈瓶口而壅之，醜徒致疾于我。文詔憤王誅之不加，痛同事之摧敗，猛氣坌涌，遂以其屬馳賊軍而死。

夫李廣北平，公孫爲泣；賈復傷創，光武大驚。國家之于曹將軍，非徒不能加之膝也，又從而摧抑之，迫促之。身殁之後，下詔褒忠，惓惓于金嶺川之一捷。雖復周處墳高，霽雲廟食，于國事奚補之有！

曹變蛟收散卒，復家仇，孫策之還領父兵，灌夫之直走吳壁，忠勇慷慨，有叔父之風。文詔有弟曰文耀，同敗河曲，陣殞忻州；變蛟、松山不食而死；一門沒于王事。君子聞鼓鼙而思將帥，若曹氏者，可弗書乎！

26 秋，七月，甲戌，以少詹事文震孟、刑部侍郎張至發俱禮部侍郎兼東閣大學士，預機務。

震孟既歸，以五年復召，即家擢右庶子。既至，尋進少詹事，直講筵。

先是鳳陽之變，震孟歷陳至亂之源，謂「當事諸臣，不能憂國奉公，一統之朝，強分畛域」，又言「陛下宜行撫綏實政，先收人心以遏寇盜，徐議濬財之源，毋徒竭澤而漁」，語多切中時弊。

至是上將增置閣臣，以翰林不習時務，思用他官參之，召廷臣數十人，各授一疏令票擬。震孟引疾不與，至發所擬獨當上意，特命至發與震孟並入閣。

至發以縣令起家，累擢居政府，蓋異數也。

27 丙子，總兵尤世威敗績于朱陽關。——關即古函谷也。

時賊爲洪承疇所遮，將由藍田走盧氏，世威時奉洪承疇分地，令與參將徐來朝分駐永寧、盧氏山中，以扼雒南、蘭草川、朱陽關之險。張獻忠欲走盧氏，扼于世威，仍入商、雒山中。來朝所部，初以不肯入山大譟，至是賊至，來朝遁，一軍盡没。世威軍暴露久，大疫，與賊戰失利，敗走。

賊遂突入朱陽關，殺裨將徐來臣，分十三營東犯，河南復震。惟高迎祥、李自成仍留陝西。

28 八月，壬午，李自成陷咸陽，殺知縣趙躋昌。又陷永壽，殺知縣薄匡宇。

29 壬辰，詔撤監視總理中官，惟京營及關、寧高起潛如故。

30 辛丑，命盧象昇總理直隸、河南、山東、湖廣、四川軍務。

時廷議以賊勢益張，洪承疇一人不能兼顧，乃擢象昇總理五省，與承疇分轄，承疇督關中兵辦西北，象昇督關外兵辦東南。尋進象昇兵部侍郎，加總督山西、陝西，賜尚方劍。

31 是月，賊入河南，攻中牟。尋抵開封，入其郛。俄遁去，攻長葛、郾城、扶溝，不克。遂攻鄢陵，爲故大司馬梁廷棟邑里，告急于左良玉，趣兵赴援，敗之于彭祖店。

32 九月，辛亥，總督洪承疇敗賊于渭南。

先是高迎祥、李自成在關中，分道出犯，迎祥略武功、扶風以西，自成略富平、三原以東。承疇遣將追自成，小捷。至醴泉，賊將高傑通于自成妻邢氏，懼事泄被害，挾之來降。承疇復身追自成，大戰渭南、臨潼，自成大敗，東走曹文詔既没，變蛟收潰卒，復成一軍，承疇薦爲副總兵，置麾下，至是與高傑破賊關山鎮，逐北三十餘里。又追高迎祥，與戰于鳳翔之官亭，敗之。又與左光先敗迎祥于乾州，迎祥中箭走。

迎祥屢敗，東逾華陰、南原絶嶺，偕自成出朱陽關，與張獻忠合。

33 壬戌，官軍敗績于沈邱。

賊自鄢陵敗後，將欲趨西安，洪承疇亟檄總兵張全昌、副將曹變蛟先赴渭、華格其前，親督軍尾其後，賊不得西，復奔而南，承疇又命全昌追擊至潁州。蠍子塊攻沈邱，全昌與之戰，敗，遂被執。賊挾全昌攻蘄、黄，全昌因代賊求撫，總督盧象昇不許，責全昌喪師辱國，曰：「賊果欲降，可滅其黨示信。」賊不聽命。久之，全昌脱歸。

34 壬申，王應熊罷。

應熊爲楊一鵬所採士。初，一鵬奏鳳陵失事，應熊在閣，懼上震怒，留其疏未上，及報恢復，同奏之，遂擬旨「令一鵬戴罪」。而上以「皇陵遭燬，非尋常失事」，乃逮一鵬論死。

于是給事中范淑泰等争劾應熊朋比誤國，言：「一鵬恢復疏以正月二十七日，核察失事情形疏以正月二十八日。天下有未失事先恢復者哉？應熊改填日月，欺誑之罪難辭。」且劾其他受賄事。上眷應熊厚，不聽。應熊亦屢疏辯，謂：「座主門生誼不容薄，不敢辭朋比之名；票擬實臣起草，不敢辭誤國之罪。」言官益憤。

給事中何楷屢疏糾之，最後復疏言：「故事，奏章非發鈔，外人無由聞；非奉旨，邸報不許鈔傳。臣疏六月初十日上，十四日始奉明旨，應熊乃于十三日奏辯。旨尚未下，應熊何由知？臣不解者一。且旨下必由六科鈔發。臣疏十四日下，而百户趙光修先送錦衣堂上官，則疏可不由科鈔矣，臣不解者二。」

應熊始懼，具疏引罪。詔下其家人及直日中書于獄，獄具，家人戍邊，中書貶二秩。應熊乃屢疏乞休去，乘傳賜道里費，行人護送。上亦知應熊不協人望，特己所拔擢，不欲以人言去也。

35 是月，豫賊自嵩、華趨郟、禹，攻密縣。知縣苗之庭敗之，賊解圍去。總兵左良玉躡賊于郟之神垕山，賊連營數十里，番休更戰，良玉收其卒而止。賊遂入潁州，時江北之賊與之合。廟灣守將朱子鳳，領兵五百人，遇賊于懷遠之龍岡集，力戰，死之。

豫賊自潁州將渡淮，豫撫陳必謙以潁上逼近鳳、泗祖陵，遣陳永福出境二百餘里，大敗之。

賊不得濟，遂攻信陽州，官兵敗之于北關及中山鋪，百户葉正芳力戰被執，罵賊死。賊再攻密縣，知縣苗之庭再破之城下，賊攻圍三晝夜，之庭乘埤殺賊三百餘人。會左良玉自郟援之，乃去。

36 是秋，秦賊破扶風，知縣王國訓，偕主簿夏建忠、典史陳紹南、教諭張弘綱、訓導陳繻，率生員王守庠、守德等嬰城固守。閱兩月，外援不至，城陷，國訓罵賊，與建忠等俱不屈死。【考異】王國訓之死，綏寇紀略書之九月，蓋是時秦賊尚未出關也。據明史忠義傳，扶風之守，閱兩月始陷，則是以七月攻，九月陷，故傳中書之「是秋」，今從之。

37 逮總理河道侍郎劉榮嗣下獄。

榮嗣方修建義決口，工成，賜銀幣，至是得罪。

初，榮嗣以駱馬湖運道潰淤，創挽河之議。起宿遷至徐州，別鑿新河，分黃水注其中以通漕運。計工二百餘里，金錢五十萬。而其所鑿，邳州上下悉黃河故道，濬尺許，其下皆沙，挑握成河，經宿沙落，河坎復平，如此者數四。迨引黃水入其中，波流迅急，沙隨水下，率淤淺不可以舟。及漕舟將至，而駱馬湖之潰決適平，舟人皆不願由新河。榮嗣自往督之，欲繩以軍法，有入者輒苦淤淺，弁卒多怨。巡漕御史倪于義劾其欺罔誤工，南京給事中曹景參復重劾之。逮問，坐贓，父子皆瘐死。郎中胡璉分工獨多，亦坐死。其後駱馬湖復潰，舟行新河，無不思榮嗣功者。

當是時，河患日棘，而上又重法懲下，李若星以修濬不力罷官，朱光祚以建義蘇嘴決口逮繫。六年之中，河臣三易，給事中王家彥嘗切言之。光祚亦竟瘐死。

38 冬，十月，庚辰，上以流賊久不滅，下詔罪己。且諭曰：「今調勍兵，留新餉，拯救元元，在此一舉。惟行間文武吏士，勞苦飢寒，深厪朕念。念其風餐露宿，朕不忍安臥深宮；飲水食麤，朕不忍獨享甘旨；披堅執鋭，朕不忍獨衣文繡。自是月初三日始，避居武英殿，減膳撤樂，非典禮惟以青衣從事，誓與我行間文武吏士甘苦共之。廷臣其各修慤淬厲，以回天心而救民命。」

39 丙戌，户部尚書侯恂請嚴催新舊逋賦，從之。

初，鳳陵之變，侍讀倪元璐言：「盜賊震及祖陵，陛下下罪己之詔，布告天下。然此非徒空言也。今民最苦無若催科，請自崇禎七年以前一應逋負，悉與蠲除，斷自八年督徵。有司考成，亦少寬之。東南雜解，擾累無紀，如絹布絲棉顏料漆油之類，悉可改從折色。此二者，於下誠益，於上無損，民之脱此，猶湯火也。至發弊而遠追數十年之事，糾章一上，蔓延不休；扳贓而旁及數千里之人，部文一下，冤號四徹；誰有以民間此苦告之陛下者乎？及今不圖，日蔓一日，必至無地非兵，無民非賊，刀劍多於牛犢，阡陌決爲戰場，陛下亦安得執空版而問諸燐燹之區哉！」上是之。

時給事中劉含輝，亦乞蠲陝西八年以上逋租，然迄不行。

40 是月，豫賊、江北賊共攻蘄、黃，黃梅之賊由宿松入潛、太。應天巡撫張國維，檄副將許自强救皖，操江御史王道直，以水軍爲遊邏。時盧象昇總東南軍，改史可法副使，分巡安慶、池州，監江北諸軍，守潛山之天堂寨。

豫賊掃地王等別自霍山趨英山，分掠宿松、太湖間，是時自朱陽關出者，皆集靈寶。會遼東總兵祖寬勒兵至豫，豫撫陳必謙、推官湯開遠引之，同左良玉兵剿賊于靈寶六十里之澗口、焦村，敗之。

張獻忠聯三大營，偕秦賊至，適高迎祥、李自成東走，出朱陽關，獻忠與之合，凡擁衆三十萬，悉聚于閿鄉、靈寶，塵埃漲天，絡繹百里。寬禦之靈寶西，良玉禦之靈寶東，皆不支，于是自成遂薄陝州。

41 河南府監紀推官湯開遠上疏言：「皇上于撫臣則用懲創一法，于鎮臣則用優遇一法，所少者分別之一法耳。如撫臣並失事也，有怯縮不前，有抗擅自命，有兵食充而才力不及，有才力濟而兵食艱難，有在事而料事無聞，有初任而綢繆不及，有將士用命而調度失宜，有布置已周而左右違指，此可概以嚴譴置之乎？武臣並專閫也，有紀律頗嚴，有淫掠無忌，有争先赴敵，有觀望逗遛，有養士費財，有朘削軍賜，有計功索賞，有虚級僞張，此可概以寬假容之乎？

聖諭『以諸臣中未始無才力，乃寧甘褫革而不肯做、不敢做爲恨。』臣思其故，其不肯做者，則以做亦罪，不做亦罪也；其不敢做者，則以不做之罪猶輕，而做之罪更重也。

皇上宜與諸臣更始，寬文法，厚責成，反覆于功罪之間，必求其分別。既已分别而不槩收，亦分别而不槩棄，則人心勸，事功立。」

疏聞，奉嚴旨責令回話。開遠再奏疏云：「臣聞帝王磨厲天下，止有賞罰。然無分别之賞，賞不足勸，無分别之罰，罰不足懲。臣不敢漫引，姑舉事關辦寇者：即秦、晉本無賊而致有賊，本可撲滅之賊而致成不可撲滅之賊。如撫臣胡廷晏、劉廣生、仙克謹、宋統殷、許鼎臣數臣者，何以當日處分，視後皆極輕？如練國事、元嘿承其極敝，掣肘之晝，空拳之搏，雖無救燎原，其勤勞可録，何以處分較前更重？臣歷數近日皇上爲辦寇而誅督臣、逮督臣者一，逮撫臣、褫撫臣者二，按臣亦與並論而并逮矣，道、府、州、縣則不可勝計。試問前後在事諸帥臣，有一誅且逮者乎？不特帥臣，即偏裨有一誅且逮者乎？

臣任中州，再以中州一二事陳之：按臣曾倜，當舊撫艱去，力障寇鋒，捐贖八千金濟師，料理防河，苦心拮据，值元嘿蒞任，覃懷方叱馭歸、汝，未嘗纖毫失事，竟從逮配，將來無肯做、敢做之按臣矣。道臣祝萬齡，在河北經營兵食，寢食俱廢，疽廢于背，猶履戎行，而致削籍，將來無肯做、敢做之司道矣。宜陽令史弘謨，寇從澠池突至，偵備有素，孤城得全。聞今歲六安州之守，本官之力獨多，士民之公揭，科臣入之敘疏，坐令褫革，將來無肯做、敢做之州縣矣。永寧鄉紳張論父子，捐貲募士，夙夜登埤，其子鼎延代父乞恩，皇上即慎重名器，何至并其子之官而奪之！將來無肯做、敢做之鄉紳矣。

臣伏讀明旨，謂『失事處分，俱經権核。』皇上所謂権核者，以議處有銓部也，議罪有法司也，稽核糾舉有按臣也。皇上試思，下之銓部，即議降、議罰、議革矣，有執奏曰『此不當以考功之法論』者乎？下之法司，即議杖、議配、議遣矣，有執奏曰『此不當以司寇之法繩』者乎？至稽查糾劾，在按臣不過舉失事奏聞，有推原功中之罪與罪中之功，將全局打算及前後著數一一分晰，爲皇上告之者乎？非諸臣之不肯爲分別也，知皇上一意重創，言之必不聽，且以甚諸臣之罪，故不若不分別之爲愈也。」

上怒，詔錦衣逮治。

開遠，若士子也，在河南有善政，河南士民思之。左良玉偕將士七十餘人合奏乞留，命釋還戴罪辦賊。

42 十一月，丁未朔，賊攻陝州，知州史記言募敢死士出擊之，斬數十級，生禽三十餘人。老回回憤，率數萬人攻圍，不克。會大雪，賊乘夜來襲，所募士方調他郡，越三日，城遂陷。記言縱火自焚，或掖之出，曰：「死此何以自明！」乃越女牆下。賊追獲之，令降，叱曰：「有死知州，無降知州也！」遂被殺。指揮李君賜，亦手刃數賊而死。訓導王誠心，里居教諭張敏行、姚良弼，指揮楊道泰、阮我疆，鎮撫陳三元，百户明完璧，亦不屈死。【考異】明史記言傳佚去百户明完璧，今據三編增。

越日，賊遂出陝州東下。【考異】陝州之陷，明史本紀系之十月辛卯，而史記言、左良玉傳俱系之十一月，三編據本紀改入十月。證之綏寇紀略，言「十一月朔，秦賊悉其衆薄閿鄉，與張獻忠合。自成分攻陝州，初四日，陷陝城」，與明史列傳合。是月丁未朔，初四日則庚戌也。蓋賊陷陝，即以越日東去攻洛陽。三編蓋據明史紀事本末，而紀事所載老回回自閿鄉、靈寶東犯，仍在十一月。據此，則本紀因其入陝州牽連並記；而綏寇紀略具有月日，又與明史諸傳悉合，今據書之。

43 庚戌，大學士文震孟、何吾騶罷。

震孟既入閣，體仁每擬旨必商之，有所改必從，喜謂人曰：「温公虛懷，何云奸也！」吾騶曰：「此人機深，詎可輕信！」未幾，體仁窺其疎，所擬不當己意輒令改；不從則徑抹去。震孟大愠，以諸疏擲體仁前，體仁亦不顧。

給事中許譽卿者，故劾忠賢有聲，震孟及吾騶欲用爲南京太常卿。體仁忌譽卿伉直，諷其私人誣劾「譽卿爲福建布政使申紹芳營求美官」，體仁擬以貶謫，度上欲重擬，必發改，已而果然。遂擬「斥譽卿爲民，紹芳提問。」震孟争之不得，怫然曰：「科、道被誣見斥，是天下極榮事，賴公玉成之。」體仁遽以聞，上果怒，責「吾騶、震孟徇私撓亂。」吾騶罷，震孟落職閒住。

震孟剛方貞介，有古大臣風，惜三月而斥，未竟其用。

44 賊之東下也，雒、汝、汴皆空虚，豫撫陳必謙檄左良玉、祖寬二軍兼行救雒。賊將攻雒，聞二將至，于是高迎祥、李自成走偃師、鞏縣，張獻忠走嵩、汝。戊午，寬敗賊于嵩縣之九皋山，越二日，又與劉肇基、羅岱大敗賊于汝州之圪料鎮，先後擊斬一千四十七級，伏屍二十餘里。時以汝西之捷爲戰功第一。

獻忠憤遼兵之再勝也，糾合迎祥、自成等聲攻洛陽，以報圪料之役。丙寅，與寬遇于龍門、白沙。賊設數軍，牽綴前行，伏起，衝我師爲二。寬身自斷後，鬥士無不一以當百，自晨接戰至夜半，卒大克之。賊敗衂，由鞏縣略魯山、葉縣，遂窺光、固。

45 是月，下庶吉士鄭鄤于獄。

初，鄤以忤魏忠賢削籍歸，上即位，起故官，丁内、外艱未赴，服除應召。温體仁重鄤名，見于朝，從容問曰：「君自南來，聞清議謂何？」鄤曰：「謂有君無臣耳。」體仁愕然，曰：「天下事已不可爲，咎豈在吾輩！」鄤曰：「推賢任能，練兵選將，何爲不可！」體仁怫然起，曰：「君與湛持任此，吾久欲歸矣。」——湛持，大學士文震孟字也。

體仁方欲傾震孟，而鄤與震孟同年友善，又面訐體仁過，體仁憾甚。震孟既罷去，憾未釋，摭鄤事，無所得，遂誣劾「鄤假乩仙判詞，逼父振元杖母，言出其從母舅舊輔吳宗達」，時宗達謝政歸已七閱月矣。上震怒，下鄤刑部獄，部臣言：「蔑倫大罪，不可以風聞坐，乞飭鄤同鄉官覈奏。」上責其瞻徇，移鄤詔獄，事迄無佐證，久不決。

體仁乃募諸生許曦證之，曰：「汝證成鄤獄，以中書舍人報汝。」曦因附會杖母事，雜以帷薄褻語，編書布中外，謂之放鄭小史，而騰章極論鄤，願與鄤共對簿，曰：「此實鄤二十五年前事。」鄤詰曦曰：「爾年幾何？」曰：「年二十四。」鄤大呼曰：「冤乎！奈何以二十四歲人而證二十五年前事乎？」曦語塞，獄亦未竟，而曦果擢舍人。

鄤從父振元上揭訟冤，侍郎劉宗周、諭德黃道周先後論救，錦衣吳孟明覆讞，抗疏申辨之。上深入體仁言，皆不聽，竟磔鄤西市。

46 十二月，戊寅，城鳳陽。

47 乙酉，李自成陷光州。

壬辰，總理盧象昇次信陽，遣副將祖寬破賊高迎祥、李自成，大敗之于確山，斬五百六十四級。

先是象昇見楚氛小定，汝、雒告急，自湖廣倍道而前，歷鄖、襄、宛、葉，馳千四百里，以上月下旬入汝州，遣將李重鎮、雷時聲擊賊于城西三十里，連戰二日，飛矢殪賊千餘，斬一百七十七級。至是追破賊于信陽。

賊遂南竄，犯江北。癸巳，圍滁州。庚子，分陷巢縣，掠含山。

癸卯，襲和州，知州黎弘業，與鄉官原任山陰知縣馬如蛟，麾壯士出擊，兩戰皆捷。賊將奔，會風雪大作，不辨人色，守者皆潰，賊遂入城。如蛟亟下令：「能擊賊者予百金。」須臾得百人，巷戰，賊多傷。力竭，俱戰没。

弘業繫印于肘，跪告其母李氏曰：「兒不肖，貪微官以累母，奈何？」母泣誓曰：「勿以我爲意！事至此，有死而已。」遂自縊。妻楊氏、妾李氏及女四人繼之。弘業北面慟哭，再拜自刎，未殊，濡頸血大書曰：「爲臣盡忠，爲子盡孝，何惜一死！」賊入，傷數刃而死。

州判錢大用偕妻妾子婦俱死。吏目景一高被創死。學正康正諫偕妻汪氏、子婦章氏赴水死。訓導趙世選不屈死。如蛟兄如虯、如虹家屬十四人亦死。鄉官魯一惠、張元楨、貢生魯一璠、生員陶應、陶廖、趙世光、魯可爲、張弘門、姚承壽、王鼒臣、王夢暘、雷綿祚、布衣王良翰、楊鳳墀、宋齡、成建中、李寅陽、郝萬秋、馬文舉、王之節、盛唐、盛美皆遇害。

48 乙巳，老回回諸賊自河南犯陝西，洪承疇敗之于臨潼。

49 是歲，賊自江北而楚，而豫，而秦，又自秦突出關，迆邐而南，以至江北，蔓延幾半天下。所過州縣，以禦寇死事著者，陝西則隴州知州胡爾純，固守五十餘日，城陷，自縊死。延長知縣萬代芳，妻劉氏，妾梁氏俱從死。教諭譚恩、驛丞羅文魁亦死之。澄城主簿李可受，鄉官王廷賓，官永城知縣歸里居，城陷，俱死之。階州學正孫仲嗣，當事委以城守，比陷，與妻子十餘人同死。鄉官趙明盛，原官太原府照磨，孟宗孔原官漢陽教諭，皆以里居捍賊死。寧羌衛鎮撫曹雲梯，遇賊死。鳳翔生員屈學曾，督鄉勇殺賊，陷陣死。臨潼生員張國楨，韓城生員梁民泰，皆以捍賊死。河南則盧氏知縣白楹，方被劾去官，賊陷城，率民巷戰，力竭自刎死。濟源知縣楊于堦，殉城死。滎陽典史周崇禮，賊至，守小西門。比陷，巷戰，被執罵賊死。湖廣則鄖陽知縣曹同，署上津知縣龔懋澤、教諭曾發祥，江北則臨淮都司陳保山。而四川總兵楊玉振以赴雒剿賊，兵潰遇害。【考異】以上皆八年死事之人，三編、殉節録同。惟三編並載黄岡生員易道暹，乃十六年殉難者，諸書及殉難録同，今改。

明通鑑卷八十五

江西永寧知縣當塗夏燮編輯

紀八十五起柔兆困敦（丙子），盡彊圉赤奮若（丁丑），凡二年。

莊烈皇帝

崇禎九年（丙子、一六三六）

1 春，正月，丁未朔，總理盧象昇大會諸將于鳳陽。象昇初受命時，官軍屢衄，諸將率畏葸不前，象昇每慷慨灑泣，激以忠義。軍中嘗絶三日餉，象昇亦水漿不入口，以是得將士心，輒有功。

比至鳳陽誓師，即上疏曰：「賊横而後調兵，賊多而後增兵，是謂後局；兵至而後議餉，兵集而後請餉，是爲危形。況請餉未敷，兵將從賊而爲寇，是八年來所請之兵皆賊黨，所用之餉皆盜糧也。又，總督、總埋，宜有專兵、專餉，請調咸寧、甘固之兵屬總督，薊遼、關寧之兵屬總理。」又言：「各直省撫臣俱有封疆重任，毋得一有賊警即求援求調。不應則吴、越也，分應則何以支！」又言：「臺諫諸臣，不問難易，不顧死生，專一求全責備，雖有長材，從何展布！臣與督臣有勦法，無堵法，有戰法，無守法。」言皆切中機宜。

是時賊陷和州，益分部南犯，巡撫張國維遣游擊陳于王守六合，守備蔣若來守江浦。賊方攻江浦，浦口守禦姚九疇陷圍死，都司徐元亨自滁州來援，亦戰没。若來急入城，與知縣李維樾固守，賊登城，若來拒却之。縋城擊賊，矢著其頰，左臂傷，裹血還戰，賊乃退。六合無城，若來與于王犄角捍賊。賊亦尋解去，合部衆數十萬，西犯滁州。

時滁方被圍，至是連營百餘里，環山包原，盡鋭攻之，將穴西北門而上。知州劉大鞏，南京太僕寺卿李覺斯，登陴固守。賊雲梯衝棚，百道環攻，城上火輪巨礮相續發，出賊不意，投火燔其雲梯，縱死士出擊賊。賊衂者衆，斂兵稍退，夜，復進攻，掘爲支河，洩濠以涸之，薄城益急。

而總理盧象昇在西沙河，聞警，遣副將祖寬將邊軍爲前鋒，游擊羅岱以火器三營爲後勁，躬率麾下三百騎居中督戰。甲寅，昧爽，抵城下。賊空營出攻城，塵起大軍至，賊不虞也。寬躍馬進，奮擊大呼，諸軍無不一當百。戰至晡，岱陣斬賊渠摇天動，奪其駿馬，連營皆潰。自城東五里橋逐北三十里，至朱龍橋，積尸填委，滁水爲之不流。【考異】賊圍滁州,在去年十二月癸巳,明史本紀書之,與綏寇紀略同。紀略書之九年正月,系以「先是」二字,故其所書二十四日以前事,皆八年十二月日分,特未分析耳。以下復書「十二日」,則是年正月解滁圍後事。蓋破賊滁州在初八日,本紀書「正月甲寅」者是也。今破賊、圍滁,悉據本紀分書之。

2 丁卯,前禮部侍郎林釬,以原官兼東閣大學士,預機務。

是時内閣缺人,命吏部推在籍者,以釬及故順天府尹劉宗周上。至是俱入朝,召見,問人才兵食及流寇狀,宗周言:「陛下求治太急,用法太嚴,布令太煩,進退天下士太輕,故有人而無人之用。」又問兵事,宗周言:「禦外以治内爲本,内治修,遠人自服。願陛下以堯、舜之心行堯、舜之政,天下自平。」上迂其言,遂用釬入閣。

宗周尋授工部左侍郎。

3 是月,滁州潰賊北趨鳳陽,漕總督朱大典遣總兵楊御蕃以重兵扼之,賊不敢犯。薄壽州,以故御史方震孺城守堅,委之而去。【考異】諸書皆記賊攻壽州方震孺堅守于九年正月,證之孩未集史可法報功疏,乃去年正月由潁、霍攻壽州,震孺堅守十餘日不克。若是年正月,則賊以去年受重創,委之而去,故明史震孺本傳,亦云「八年春,流賊犯壽州,震孺倡士民固守,賊自是不敢逼壽州,巡撫史可法上其功。」據此,則是年並無攻壽州事,特經過其地耳。今删去攻城事。

乃走潁、霍,陷蕭縣,生員粱弘道、戴鳳翼、縱四通、朱道光、郭復性、郭復初、李荷春、布衣王基貞、任如龍、郝維聰等俱死之。

賊復突碭山、靈璧、虹，窺曹、單，總兵劉澤清拒于河，賊掠考城、儀封而西。其東奔者爲别將劉良佐所扼。西走池河，取間道出南岡，守禦劉光輝，以五百人格鬥，力竭赴水死，一軍盡没。賊襲其甲幟渡河，守者不覺也，既畢渡，奪路走。總兵杜弘域自浦口馳追之，不及，遂折入歸德，總兵祖大樂邀擊之，賊乃北向開封。總兵陳永福敗之朱仙鎮，賊走登封，與伊、嵩賊合。【考異】自此以前，皆正月滁州解圍以後事。據綏寇紀略：「賊以十二日焚正陽關，過河趨潁、霍、蕭、碭，其大賊走亳，折入歸德，爲祖大樂邀擊。遂以二十七日走汴梁。陳永福由歸德馳一百四十里，破之朱仙鎮。」三編類記之二月嵩縣之役中，系以「先是」云云。今據紀略分書之，並系之是年正月下。

4 二月，乙酉，寧夏饑兵變。

巡撫都御史王楫不能措餉，兵譟而殺之。兵備副使丁啓睿捕斬首惡六人，遂撫定之。

5 辛卯，以武舉陳啓新爲給事中。

啓新上書言：「天下有三大病：士子作文，高談孝悌仁義，及服官，恣行奸慝，此科目之病也；國初，典史授都御史，秀才授尚書，嘉靖時猶三途並用，今惟一途，一舉進士，横行無忌，此資格之病也；舊制，給事御史，教官得爲之，今惟用進士，知縣、監司、郡守承奉不暇，此行取考選之病也。請停科目，罷行取考選，以除積弊，蠲災傷田賦以蘇民困，專拜大將以便宜行事。」

疏入，上大悅，遂擢之吏科。朝士深惡之，紛然論劾，皆不聽。其後啓新卒以贓敗。

6 賊之入伊、嵩也，前總兵官湯九州方被劾褫官，從軍自效。洪承疇入關，令九州偕左良玉扼商南之賊，駐洛陽，至是期良玉夾擊嵩縣賊。良玉半道歸，九州以孤軍千二百人由嵩縣深入。賊屢敗，窮追四十餘里，誤入深崖。遇賊數萬，據險攻圍。九州勢不敵，夜移營，爲賊所乘，遂戰没。

盧象昇聞賊一走裕州，一走南陽，乃統軍由葉向裕，遣祖寬、祖大樂、羅岱等馳擊賊于七頂山，殲李自成精鋭殆盡。

甲午，象昇次南陽，誓衆曰：「我逐賊至此，諸君努力，毋令得逸。」命祖大樂趨唐縣、新野，備汝寧，祖寬趨光化，備鄧州，而身率諸軍蹙賊。遣使告湖廣巡撫王夢尹、鄖陽撫治宋祖舜曰：「賊疲矣。東西遮擊，前阻漢江，可一戰擒也。」兩撫弗應，漢以南無一兵陣而待者，賊遂自光化逸去。

7 是月，山西大饑，人相食。河南南陽亦饑，有母烹其女者。唐王聿鍵聞于朝，乃振南陽，蠲山西被災州縣新舊二餉。

8 三月，賊自光化之羊皮灘潛渡漢，入鄖、襄，盧象昇遣總兵秦翼明、副將雷時聲由南漳、穀城入山擊賊。是時襄陽、均州、宜城、穀城、上津、南漳，環山皆賊，象昇渡淅河而南，追賊至鄖西，賊紛竄山谷，迄不能平。而高迎祥、李自成分道再入陝，迎祥趨興安、漢中。自成突商、雒，走延綏，犯鞏昌北境，諸將左光先、曹變蛟破之，自成奔環縣。于是賊之在楚、蜀、秦者，洪、盧二帥奔命之不暇矣。

9 夏，四月，戊子，大學士錢士升罷。

時温體仁以刻覈導上，上下囂然，士升因撰四箴以獻，大指謂「寬以御衆，簡以臨下，虛以宅心，平以出政」，其言深中時病。上優旨報聞，而意不懌。

有武生李璡者，請括江南富户，令報名輸官，行首實籍没之法。士升惡之，擬旨下刑部逮問，上不許，體仁遂改輕擬。士升曰：「此亂本也。當以去就争之。」

乃疏言：「自陳啓新言事，擢置省闥，比來借端倖進者實繁有徒，然未有誕肆如璡者也。其曰『縉紳豪右之家，大者千百萬，中者百十萬，以萬計不能枚舉。』臣不知其所指何地。就江南論之，富者數畝以對，百計者什六七，千計者什三四，萬計者千百中一二耳。江南如此，何況他省！且郡邑有富家，固貧民衣食之源也。地方水旱，有司令出錢粟均糶濟饑，一遇寇警，令助城保守禦，富家未嘗無益于國。周禮荒政十二，保富居一。今秦、晉、楚、豫，已無寧宇，獨江南數郡稍安。此議一倡，無賴亡命相率而與富家爲難，不前疏，驅天下之民胥爲流寇不止。」報曰：「即欲沽名，前疏已足致之，毋庸汲汲！」——前疏，謂四箴也。士升惶懼，引罪乞休，上即許之。

于是御史詹爾選上疏曰：「輔臣因咎求黜，遽奉回籍之諭。夫人臣所以不肯言者，其源在不肯去耳；輔臣肯言肯去，臣實榮之，獨不能不爲朝廷惜此一舉也。璉以非法導主上，其端一開，大亂將至。輔臣憂心如焚，忽奉改擬之命，遂爾執奏，陛下方嘉許不暇，顧以沽名責之！人主不以名譽鼓天下，使其臣尸位保寵，亦必非國家利。況今日所行一切苟且之政，當局者或拊心愧恨，旁觀者或對衆欷歔。輔臣不過偶因一事代天下發憤耳，而竟鬱鬱以去，恐後之大臣無復有敢言者矣；大臣不敢言，而小臣愈難望其言矣。所日與陛下言者，惟苛細刻薄，不識大體之徒，似忠似直，如狂如癡，售則挺身招搖，敗則潛形逋竄。駭心志而熗耳目，毀成法而釀隱憂，天下事尚忍言哉！」

疏入，上震怒，召見武英殿，詰之曰：「輔臣之去，前旨甚明，汝安得爲此言！」對曰：「陛下大開言路，輔臣乃以言去國，恐後來大臣以言爲戒，非求言意。」上曰：「建言乃諫官事，大臣何建言？」對曰：「大臣雖在格心，然非言亦無由格。大臣只言其大者，決無不言之理。大臣不言，誰當言者？」上曰：「汝言一切苟且之政，何者爲苟且？」對曰：「加派。」上曰：「加派因賊未平，賊平何難停！汝尚有言乎？」對曰：「搜括、抽扣亦是。」上曰：「此供軍國之用，非輸之內帑。汝更何言？」對曰：「即捐助亦是。」上曰：「本令願捐者聽。何嘗强人！」

時上聲色俱厲，左右皆震懾，而爾選詞氣不撓。上命錦衣提下，爾選叩頭曰：「臣死不足惜。陛下聽臣，事尚可爲，即不聽，亦可留爲他日思。」上愈怒，罪且不測。諸大臣力救，乃命繫于直廬。下都察院議罪，止論停俸，復令吏部同議；請鐫五級，以雜職用，復不許；乃削籍歸。自後言者屢薦，皆不聽。

10 是月，盧象昇師次襄陽。

時諸軍之剿內、淅者，山賊大小共七營，尚二三萬。而騎兵利野戰，不利阻隘，率之入山，驕不用命。祖寬、祖大樂所部，皆緣邊鐵騎，虓闞而很戾，二將常倚以立功。寬部五百人，過河而譟；大樂軍見賊遠竄，淹旬未定，又自以爲客將，無持久心。會副將王進忠一軍譁于三峽口，羅岱、劉肇基兵多逃，追之則關弓內嚮。象昇乃調川兵搜捕均州賊，賊多兵少，而河南大饑，餉乏，邊兵益洶洶。乃與洪承疇議，以關中平原曠野，利騎兵，移祖寬及李重鎮之兵入陝。

而是時賊大勢盡歸秦，高迎祥翺翔漢南，自冬徂夏；李自成踞南山險隘，穿商、雒，間走延西；官軍敗績于羅家山，失亡甚多。自成謀于綏德渡河入晉，爲定邊副將張天禮所遏，不果。

11 五月，壬子，詔：「赦脅從諸賊，願歸者護還其鄉，有司安置。其願從軍自效者，有功仍一體敘録。」

12 丙辰，延綏總兵官俞沖霄，邀擊李自成于安定，戰竟日，斬獲多；乘勝逐北，賊伏突起，沖霄持矛衝突。賊來益衆，圍之數重，援兵絶，遂没于陣。

自成困延綏踰月，至是復振。欲渡河被遏，復西掠米脂，呼知縣邊大綬曰：「此吾故鄉也。勿虐我父老。」將襲榆林，爲賀人龍所敗。河水驟長，賊渰死甚衆，乃改道從韓城而西。【考異】明史本紀書安定之敗于五月壬辰，綏寇紀略以爲五月十四日，相差止一日。三編（人）〔入〕之三月，據賊入陝連記之。

13 癸酉，免畿内五年以前逋賦。

14 六月，乙亥，内閣林釬卒。

釬在閣五月，無所建白，時有謹愿誠恪之稱。

15 甲申，以吏部侍郎孔貞運、禮部尚書賀逢聖、黄士俊俱禮部尚書兼東閣大學士，預機務。

逢聖以天啓間官翰林，湖廣建魏忠賢祠，或傳上梁文出逢聖手。忠賢詣謝，逢聖曰：「無之，借銜陋習耳。」翌日，遂削籍。上即位召還，至是與貞運、士俊俱入閣。三人皆不能有所匡益云。

16 己亥，總兵官解進忠，以撫淅川賊被殺。

是時盧象昇將入楚，議先搜剿內鄉、淅水山中之賊。賊謀竄鄖、襄，乘間突入豫，犯滎陽，殺知縣王恒言，進忠謀入山撫之，遂遇害。

未幾，混十萬等從山中直薄淅川，象昇遣總兵陳永福連敗之于蘇家溝、清泉山、興化寺。賊不得志于內、淅，而象昇方駐師黨子口，賊不敢東下。天雨糧絶，縛筏謀再渡漢江，爲永福所覺，擊之半濟，仍遁入山中。

17 是月，大清兵入喜峰口。巡關御史王肇坤拒戰，敗績，還保昌平。

18 秋，七月，甲辰，命內臣李國輔等分守紫荊、倒馬諸關。庚戌，命成國公朱純臣巡視邊關。癸丑，詔諸鎮星馳入援，京師戒嚴。

19 己未，大清兵入昌平。

御史王肇坤，與總兵官巢丕昌、户部主事王一桂、趙悦、攝知州事保定通判王禹佐分門拒守。城破，肇坤被四矢兩刃而死；丕昌出降；一桂、悦、禹佐及判官胡惟忠、吏目郭永、學正解懷亮、訓導常時光、守備咸貞吉皆死之。禹佐子亦從父死；一桂妻妾子女暨家衆二十七人悉赴井死。

20 壬戌，巡撫陝西都御史孫傳庭擊賊于盩厔，禽賊首高迎祥。【考異】傳庭，三編「傳」作「傳」，三垣筆記亦作「傳」。

先是關中賊過天星、九條龍等，屢爲總兵官柳紹宗、左光先所敗，窮蹙乞降。陝西巡撫甘學闊受之，置其衆數萬人于延安，尋出劫掠如故。秦之士大夫譁于朝，乃推邊才，用傳庭，以是年三月受代。

傳庭沈毅多籌略，既蒞秦，嚴徵發期會，一從軍興法。賊首整齊王據商、雒，諸將不敢攻，檄副將羅尚文擊斬之。時高迎祥已陷漢中之石泉，由陳倉子午谷出，將窺西安。傳庭以迎祥于賊中最强，躬督賀人龍等剿之盩厔，大破其衆于黑水峪，禽迎祥並其僞領哨黄龍、總管劉哲等，俘送京師，磔于市，關中賊震慴。

而是時遼事急，敕盧象昇入援。象昇北去，苗胙土巡撫湖廣，不習兵，張獻忠乃約馬守應諸賊以二十萬衆自均州、新安、唐縣分道犯襄陽，楚賊大熾。

21 癸亥，諭廷臣助餉。

22 甲子，以兵部尚書張鳳翼督師，太監高起潛監軍。

時給事中王家彦劾鳳翼坐視，鳳翼懼，自請督師，令與宣大總督梁廷棟相犄角。

23 是月，大清兵攻順義，知縣上官藎與游擊治國器、都指揮蘇時雨等拒守。城既下，藎自經，國器、時雨及訓導陳所蘊皆死之。

尋下寶坻，知縣趙國鼎、主簿樊樞、典史張六師、訓導趙士秀等死之。

下定興，教諭熊嘉志死之。在籍太常少卿鹿善繼，奉其父居江村，請身入扞城，許之，與里居知縣薛一鶚俱殉焉。

下安肅，知縣鄭延任與妻同殉，教諭耿三麟亦死之。

下大城。知縣武維周中流矢死。

下雄縣、安州，知州崔維葎巷戰，觸階死，妻牟氏、子婦陳氏自縊。雄縣布衣唐中頴依八旬父弗去，亦死。【考異】明史本紀書「七月己未大清兵入昌平」，下書「是月大清兵入寶坻，連下近畿州縣。」史稿具載日分，而以下順義系之八月乙酉。三編是年七月目中，則先下順義，後下寶坻、定興等縣，皆據本朝實録書其次第。其殉難官紳，並見殉節録，今據之。

24 以姜逢元爲禮部尚書，代黃士俊也。

25 八月，癸酉，括勳戚文武諸臣馬佐軍。

26 乙未，盧象昇入援，師次真定。

27 丙申，唐王聿鍵起兵勤王。

初，流賊起，王𨭉金築南陽城。又援潞藩例，乞增兵三千人，不許。至是聞京師戒嚴，倡義起勤王師。將抵開封，諸大吏惴恐，集議曰：「留之不聽行，守土者且得罪。」杞縣知縣申佳允曰：「惟周王可留之。」衆稱善，如其議，王乃止不行。尋下詔切責，勒還國，尋廢爲庶人。

三編發明曰：明制，親藩不掌兵，士卒蒞王府者，不過備護衞而已。然此謂國家無事之日，若京師戒嚴，倡義勤王，正與國同休戚之義。特恐蕞爾之區，兵力微弱，無益于事耳。顧大吏惟以守土者得罪爲恐，婉轉議留，悉出私意。朝廷復下詔切責，勒使歸國，卒下部議，且以舉兵爲罪，廢黜幽繫，舉措不幾倒置乎！揆厥所由，大抵鑑宗藩擅兵，慮其乘事爲非耳。夫既分封世土，欲其屏藩王室，而一舉動間，防閑備至，雖以勤王爲國，而猶必加之罪。然則封建之無益于人國，信矣夫。

28 是月，大清兵東歸。

尚書張鳳翼與總督梁廷棟皆不敢戰，言者交章論之。兩人益懼，度解嚴後必罹重譴，日服大黄，尋先後死。【考異】明史本紀，是月大清兵出塞。三編據太宗實録亦系之八月。史稿以爲九月壬寅。今從明史。

29 九月，辛酉，改盧象昇總督宣大、山西軍務。

象昇奉詔入衛，至，已解嚴，會梁廷棟卒，命代之。宣大素苦缺餉，象昇乃大興屯利，行二年，積穀至二十萬，詔九邊奉以爲式。

30 冬，十月，乙亥，工部侍郎劉宗周削籍。

初，宗周授工部侍郎，踰月，上痛憤時艱疏。略言：「陛下鋭意求治，而二帝、三王治天下之道未暇講求，施爲次第，猶多未得要領者。

首屬意于邊功，而袁崇焕遂以五年恢復之説進，是爲禍胎。己巳之役，謀國無良，朝廷始有積輕士大夫之心。自此耳目參于近侍，腹心寄于干城。治術尚刑名，政體歸叢脞，天下事日壞而不可救。廠衛司譏察而告訐之風熾；詔獄及士紳而堂廉之等夷；人人救過不給而欺罔之習轉甚；事事仰成獨斷而諂諛之風日長。三尺法不伸于司寇而犯者日衆；詔旨雜治五刑，歲躬斷獄以數千，而好生之德意泯。刀筆治絲綸而王言褻，誅求及瑣屑而政體傷。參罰在錢穀而官愈貪，吏愈横，賦愈逋；敲朴繁而民生瘁，嚴刑重斂交困而盜賊日起。總理任而臣下之功能薄，監視遣而封疆之責任輕。督撫無權而將日懦，武弁廢法而兵日驕，將懦兵驕而威令并窮于督撫。朝廷勒限平賊，而行間日殺良民報功，生靈益塗炭。

一旦天牖聖衷，撤總監之任，重守令之選，下弓旌之招，收酷吏之威，布維新之化，方與二三臣工洗心滌慮以聯泰交，而不意君臣相遇之難也。得一文震孟而以單辭報罷，使大臣失和衷之誼；得一陳子壯而以過戇坐辜，使朝宁無吁咈之風；此關于國體人心非淺。陛下必體上天生物之心以敬天，而不徒倚風雷；必念祖宗鑑古之制以率祖，而不輕改作。以簡要出政令，以寬大養人才，以忠厚培國脈，發政施仁，收天下涣之人心。而且還内廷掃除之役，正懦帥失律之誅，慎天潢改授之途。遣廷臣齎内帑巡行州縣爲招撫使，赦其無罪而流亡者，陳師險隘以誅賊渠，則寇患可消，天下幸甚。」

疏入，上怒甚，諭閣臣擬嚴旨再四，每擬上，上輒手其疏復閲，起行數周。已而意解，降旨詰問，謂：「大臣論事宜體國度時，不當效小臣歸過朝廷爲名高。」且奬其清直焉。

時太僕缺馬價，有詔「願捐者聽」，體仁等皆有捐助；又議罷明年朝覲。宗周以輸貲、免覲爲大辱國，上雖不悦，心善其忠，益欲大用。體仁患之，募山陰人許瑚疏論之，謂「宗周道學有餘，才諝不足」，上以瑚同邑，知之宜真，遂已不用。宗周三疏請告，去，至天津，聞畿輔被兵，遂留養疾。

事稍定，乃上疏曰：「自己巳之變，小人以門户修怨，異己者概坐以袁崇焕黨，日造蜚語，次第去之。于是小人進而君子退，中官用事而外廷浸疏，文法日繁，欺罔日甚，朝制日隳，邊防日壞。今日之禍，實己巳以來釀成之也。

且以張鳳翼之溺職中樞也，而俾之專征，何以服王洽之死！以丁魁楚等之失事于邊也，而責之戴罪，何以服劉策之死！諸鎮勤王之師，爭先入衛者幾人，不聞以逗遛蒙詰責，何以服耿如杞之死！廷臣之纍纍若若可幸無罪者，亦何以謝韓爌、李邦華諸臣之或戍或去！豈昔爲異己驅除，今不難以同己相容隱乎？臣以是知小人之禍人國無已時也。

昔唐德宗謂群臣曰：『人言盧杞奸邪，朕殊不覺。』群臣對曰。『此乃杞之所以爲奸邪也。』臣每三覆斯言，爲萬世辨奸之要。故曰：『大奸似忠，大佞似信。』頻年以來，陛下惡私交，而臣下多以告訐進；陛下録清節，而臣下多以曲謹容；陛下崇勵精，而臣下奔走承順以爲恭；陛下尚綜覈，而臣下瑣屑吹求以示察。凡若此者，正『似忠』『似信』之類，究其用心，無往不出于身家利禄。陛下不察而用之，則聚天下之小人立于朝，有所不覺矣。

天下即乏才，何至盡出中官下！而陛下每當緩急，必委以大任，三協有遺，通津、臨德有遺。又重其體統，等之總督，置總督于何地！總督無權，置撫按于何地！是以封疆嘗試也。且小人每比周小人以相引重，君子獨岸然自異，故自古有用小人之君子，終無黨比小人之君子。陛下誠欲進君子，退小人，決理亂消長之機，猶復用中官參制之，此明示以左右袒也。有明治理者起而爭之，陛下即不用其言，何至并逐其人！而御史金光辰竟以此逐，若惟恐傷中官心者，尤非所以示天下也。

至今日刑政之最舛者，成德，介吏也，而以贓戍，何以肅懲貪之令！申紹芳，十餘年監司也，而以莫須有之鑽刺戍，何以昭抑競之典！鄭鄤之獄，或以誣告坐，何以示敦倫之化！此數事者，皆爲故輔文震孟引繩批根，即向日驅除異己之故智，而廷臣無敢言，陛下亦無從知之也。八年之間，誰秉國成而至于是！臣不能爲首揆溫體仁解矣。語曰：『誰生厲階，至今爲梗』，體仁之謂也。」

疏奏，上大怒。體仁又上章力詆，遂斥爲民。

31 先是上以海內多故，思廣羅賢才，下詔，援祖訓「郡王子孫文武堪任用者，得考驗授職。」禮部侍郎陳子壯慮爲民患，極言不可。會唐王聿鍵上疏，歷引前代故事詆子壯，遂除名下獄，坐贖徒歸。

京師之戒嚴也，巡視西城御史金光辰分守東直門，劾「兵部尚書張鳳翼三不可解，一大可憂。」上以鳳翼方在行間，寢其奏。

時上久罷內遣，而邊警驟至，以諸臣類萎痹不任，仍分遣中官盧維寧等總監通津、臨德等處兵馬糧餉，而意頗諱言之。光辰疏請罷遣，上怒，召對平臺。風雨驟作，侍臣立雨中，至以袖障霤。上責光辰，光辰對曰：「皇上以文武諸臣無實心任事，委任內臣。臣愚以任內臣，諸臣益弛卸不任。」上大怒，聲色俱厲，將重譴光辰，而迅雷直震御座，風雨聲大作。光辰因言：「臣在河南，見皇上撤内臣而喜。」語未終，上沈吟，即云：「汝言無復爾。」然意亦稍解。翌日，詔「光辰鐫三級調外」，時謂光辰有天幸云。

滋陽知縣成德，性剛介，疾惡若讎，嘗語刺温體仁，體仁聞而銜之。兗州知府增餉額，德固爭。又嘗捕治郡中爪牙吏，知府怒，讒于御史禹好善。——好善，體仁客也，誣德貪虐，逮入京。滋陽民詣闕訟冤，閣臣文震孟亦爲之稱枉；德道中具疏論體仁罪，而震孟已被體仁擠之去。好善再劾德，言「其疏出震孟手」，上不之究。德母張氏，伺體仁長安街，繞輿大罵，拾瓦礫擲之。體仁恚，疏聞于朝，詔五城御史驅逐，移德鎮撫獄掠治，杖六十午門外，戍邊，坐贓六千有奇，而給體仁校尉五十人以護出入，故劉宗周疏中並論及之。【考異】劉宗周之召在是年正月，其上痛憤時艱疏，明史本傳以爲任工部侍郎之踰月。疏中言「文震孟以單詞報罷」，「陳子壯以過戇坐辜」。震孟之罷在去年十一月，則子壯之得罪在本年春間，宗周尚未至也。若其後疏即是月所上。而金光辰幾被重譴，在是年之秋。至成德以忤温體仁下獄謫戍，史稿書于是年之五月，然文震孟爲之稱枉，疑亦去年事，或遣戍在是年之六月，而明史傳中無月日，今據三編類記于劉宗周削籍下。至疏中所論申紹芳、鄭鄤事，已見去年十一月條下。

32 甲申，張獻忠陷襄陽。

先是總兵秦翼明，以二千餘騎禦賊十萬之衆于豐陽、界山、均州及襄陽等處，大小數十戰，頗有斬獲，而賊益衆且强，不能破。巡撫苗胙土逗留汴梁，奉旨切責，乃遣兵救襄陽，大戰于牌樓閣，殺傷頗相當。然卒不能一創賊也。

33 是時湖廣震動，獻忠欲乘勢窺儀、淮，遂合馬守應等沿江南下。而關中賊以高迎祥死，復推李自成爲闖王，連犯階、徽、汧、隴、鳳翔。于是自成、獻忠分寇西南，各爲雄長矣。

34 丙申，詔開銀鐵銅鉛諸礦。

35 是月，起楊嗣昌爲兵部尚書。

嗣昌，鶴子也，初以兵部侍郎總督宣大、山西軍務，請開金銀銅鐵礦以解散賊黨，屢疏陳邊事規畫稱旨，上異其才。旋丁父憂，復遭繼母喪，在籍。會尚書張鳳翼卒，上顧廷臣無可任者，乃起復嗣昌，召之。

36 十一月，丁未，蠲山東五年以前逋賦。

37 壬戌，遣太監陳貴總監大同、山西，王夢弼監守宣府、昌平。

38 是月，以鄖、襄賊熾，罷湖廣巡撫苗胙土，以陝西右布政陳良訓代之。兵部侍郎王家禎巡撫河南，總理直隸、川湖、山陝軍務。

時漢南之賊，自羅漢灘填土過江。先是秦翼明謀于漢江淺處設防，以李同陽、劉大歸之五百人守廟灘，幸無事。賊乃于羅漢灘深處渡，知淺有防而深無備也。于是賊犯江北。

39 左都御史唐世濟以邊才薦霍維華，溫體仁從中主之。上以維華逆案中人，大怒，下世濟獄，論遣戍，維華遂憂憤死。以商周祚爲左都御史。

40 十二月，洪承疇敗李自成于隴州，賊走慶陽、鳳翔。

41 是冬，漢南之賊分道襲應城，知縣張紹登及教諭李之經、訓導張國勛、鄉官饒可久、徐晤可悉力禦之。國勛曰：「賊不一創，城未易守。」率壯士出擊，力戰一日夜，斬獲甚衆，賊去。

邑有故侍郎王瑊子權，結怨于族人，怨家潛導賊復來攻。國勛佐紹登力守，乞援于上官。副將鄧祖禹赴救，守西南，國勛守東北，紹登往來策應。會賊射書索權，權斬北關以出，賊乘間登南城。

紹登還署，端坐堂上，賊至，奮拳擊之，群賊大至，被殺。縱火焚文廟，投國勛烈焰中，瑊亦被磔死，祖禹、之經、可久、晤可皆不屈死。可久妻程氏，聞城陷，與其女相對自經死。【考異】襲應城，即犯襄陽之賊分道而入者，故三編類記于犯襄陽下。諸書有入之十月者，有入之十一月者，今系于是冬之下。

42 賊之由鄖、襄而入江北也，一時群寇蠭起。混天星侵軼商、雒，李自成盤踞西安，過天星鴟張汧、隴，獨行狼螘動漢南，蝎子塊雄視河西，與西羌作約。而老回回等入占鄖、襄，休糧息馬，秋高足食，以其全軍合曹操、闖塌天諸賊可二十萬，東下蘄、黄、六合，遂分擾江北。

43 河南賊犯固始，布衣朱曜率鄉兵守城，賊至，手馘數十人，中伏，被執，罵賊死。而汧、隴之賊復犯麟遊，貢生楊四謙，弟生員四可，以其父被執，兄弟争代死，皆遇害。【考異】朱曜、楊四謙等殉節，三編附入質實中，云「並在是年」，殉節録亦書于崇禎九年。是冬鄖，襄之賊分犯河南、江北，而關中賊走汧、隴，入鳳翔，皆同時事也。今並系之是冬下。

44 是歲，夏，四月，大清太宗文皇帝建國號曰大清。改元崇德元年。

十年（丁丑、一六三七）

1 春，正月，辛丑朔，日有食之。免朝賀。

2 丙午，張獻忠、羅汝才自襄陽犯安慶。

先是上以江、淮天下要地，鳳、泗陵寢所依，乃以留都防禦責之南京兵部尚書范景文，江防責之操江都御史王道直、臨淮侯李弘濟，孝陵責之南和伯方一元，鳳陵責之總兵楊御蕃，泗陵責之潁州道，皆分汛固守，而敕安池道副使史可法馳駐太湖以扼賊衝。賊從間道突安慶石碑口，連營百里，巡撫張國維告警，詔總兵左良玉、馬爌、劉良佐合兵赴援。其老回回等分犯桐城，知縣陳爾銘嬰城固守，參將潘可大救之，賊尋去。

庚申，馬爌敗賊于桐城之羅唱河。

3 甲子，別賊自潁、亳突入滁州之朱龍橋，營火夜燭數十里，直走池河，設醮太山寺，薦度亡者。遂分屯大江、小江、皇甫、常山諸山，儀真、六合皆震。【考異】據紀事本末，是月甲子，別賊犯滁州，綏寇紀略以爲正月二十四日者，即甲子也。紀略注云：「此由河南光、固南突之賊，非石牌犯桐城之楚賊也」，與紀事本末以爲「別賊」者合，今據書之。

4 是月，陞户部侍郎程國祥爲尚書。

時侯恂罷，尋下獄。

5 二月，甲戌，遣使督直省逋賦。

6 丁酉，賊犯灊山。

時張獻忠攻皖不克，走廬江，入灊山，副使史可法與中州左良玉之兵敗之于楓香驛，三戰皆捷。而馬爌、劉良佐亦連敗賊于廬州六安，賊竄入灊山之天堂寨。張國維檄良玉搜山，良玉不應，放兵掠婦女，屯舒城月餘，竟北去。

7 是月，朝鮮降于大清。

先是大清責朝鮮渝盟，興師征之，克義州、安州，遂薄平壤。朝鮮國王李倧懼，率其長子溎及官吏遁南漢山，令次子淏等攜眷屬竄江華島。至是大兵徑渡漢江，直抵南漢城西駐營。太宗遣使諭以禍福，倧猶逡巡不敢出；未幾，以飛船八十攻克江華島。倧知妻子被執，援兵皆敗，南漢旦夕且破，乃獻上敕印，降于漢江東岸之三田渡。太宗親臨受降，赦倧罪遣歸，留其子溎、淏爲質。遂班師。

8 三月，辛亥，振陝西災。

9 丁巳，賜劉同升等進士及第、出身有差。

10 甲子，官軍援安慶，敗績于酆家店。

賊自潛山復出太湖，副將潘可大、程龍，守備陳于王等率兵四千餘，禦之酆家店。賊先犯可大營，龍等至，夾擊之，賊多死。夜，復至，中伏，亦敗去。尋賊衆數萬大至，圍數重，諸將突擊，頗有斬獲。時副使史可法偕副將許自强馳救，扼于賊，發大礮遥爲聲援，諸將亦呼譟突圍。

會天雨，甲重不得出，賊四面衝入營，將士短兵按戰，可大戰死，龍引火自焚。于王手執大刀，左右殺賊，傷重力竭，北面叩頭自刎。守備詹兆鵬，首觸石死。武舉陸王猷，殺賊過當，賊臠分其肉死。武舉莫是驊、詹世龍及千户王定遠、百户薛自昌，皆力戰死。百户王弘猷，爲賊所執，鋸齒斷足，罵不絶聲死。士卒脱者千餘人而已。【考異】酆家店之役死事諸人，俱見明史陳于王傳，三編增入百户薛自昌。今證之綏寇紀略請䘏原奏中，詹兆鵬等凡十二員。據紀略注中所載，有王希韓力戰，本營士卒皆盡而死。鎮江千户周嘉方一月新婚，力戰受刃死，少婦王氏絶粒亦死。他若張全斌、俞之夔、顧應宗、蔣逵、潘象謙、季靖，皆撫標同殉難者，今並識之。

11 是月，楊嗣昌至京師。

嗣昌涉獵文史，多識先朝掌故，有口才。至是召對，上以爲能，所奏請無不從，曰：「恨用卿晚。」

嗣昌議「大舉平賊，以陜西、河南、湖廣、江北官軍爲四正，責其分剿專防；延綏、山西、山東、江南、江西、四川爲六隅，責其分防協剿；謂之『十面網』。總督、總理二臣，隨賊所向征討。」因議「增兵十二萬，增餉二百八十萬。措餉之策有四：曰『因糧』，因舊額量加，畝輸六合，石折銀八錢，傷地不與，歲得銀一百九十二萬九千有奇；曰『溢地』，土田溢原額者，核實輸賦，歲得銀四十萬六千有奇；曰『事例』，富民輸貲爲監生；曰『驛遞』，前此郵驛裁省之銀以二十萬充餉。」議上，上下詔，有「暫累吾民一年，除此腹心大患」語，改「因糧」爲「均輸」，布告天下。

12 以田維嘉爲吏部尚書。時謝陞罷，温體仁復薦維嘉代之。

13 夏，四月，戊寅，大清兵克皮島。

方朝鮮之告急也，登萊總兵官陳洪範督各鎮舟師往援，方出海，朝鮮已下。大清遣孔有德、耿仲明、尚可喜等攻鐵山皮島，山東巡撫顏繼祖告急于朝，敕洪範及總兵沈世魁堅守皮島。世魁旋戰敗，與洪範走石城島。副將金日觀偕諸將楚繼功等相持七晝夜，力不支，皆戰没于陣，皮島遂下。副將白登庸降。尋下石城，世魁被殺。有沈志科者，世魁從子也。索世魁敕印于監軍副使黃孫茂，不與，志科怒，殺之，並殺理餉通判邵啓。于時石城諸島雖有殘卒，不能成軍，朝廷亦不設大帥，以登萊總兵遥領之而已。

明年夏，兵部尚書楊嗣昌決策，盡徙其兵民于寧、錦，而諸島一空。【考異】明史本紀作「沈冬魁」，列傳作「世魁」。疑本紀誤也。紀言「冬魁走石城島」，不言其死，三編言「日觀等陣没，世魁亦授首」，是世魁非陣亡，乃被殺也。明史黃龍傳言「沈世魁走石城，陳洪範來援，不戰而走。世魁亦陣亡。」據此，則「冬魁」即「世魁」也。史稿亦作「冬魁」。而傳中有「世魁」，無「冬魁」。三編所據多本太宗實録，今從之。

14 癸巳，以旱霾清獄。

15 是月，秦督洪承疇剿賊于漢南。

時承疇因賊破階州，方提兵與戰于大散關。而小紅狼圍漢中，瑞王告急，奉旨譙責，承疇乃率賀人龍兵由兩當趨救。賊解去。

16 閏月，是年新曆閏五月。壬寅，敕群臣潔己愛民以回天意。

17 丙辰，總兵官牟文綬擊桐城之賊，敗之。

賊攻安慶、桐城不克，分屯其衆于桐城之練潭、石井、陶沖。至是文綬等擊敗之于挂車鎮，賊乃四走，張獻忠入湖廣，江北賊分犯河南。

18 是月，召熊文燦爲兵部尚書，總理南畿、河南、山陝、川湖軍務。

文燦官閩、廣久，積貲無算，厚以珍寶結中外權要，謀久鎮嶺南。上未識其爲人，因遣中使假廣西采辦名往覘之。既至，文燦甚有所贈遺，留飲十日，中使喜。語及中原寇亂，文燦方中酒，擊案罵曰：「諸臣誤國耳，若文燦往，詎令鼠輩至是！」中使起立曰：「吾非往廣西采辦也，銜上命覘公。公信有當世才，非公不足辦賊。吾今還，公旦夕且召。」文燦出不意，悔失言，隨言「有五難、四不可」。中使曰：「吾見上自請之。若上無所吝，即公不得辭矣。」文燦詞窮，應曰：「諾。」中使還朝，果言于上。

初，文燦自貴州徙家蘄水，與邑人姚明恭爲姻婭，明恭官詹事，與楊嗣昌相善。嗣昌握兵柄，得上眷，以上急欲平賊，冀得一人自助，明恭因薦文燦，且曰：「此有内援，可引也。」嗣昌遂薦之。

時侍郎王家禎代盧象昇討賊，已半載矣。賊盡鋭趨江北，留都震驚，家禎未嘗一出中州，又不能戢下，家丁鼓譟，至縱火燒開封西門，家禎夜自外歸，慰諭犒賞，詰旦，發往南陽討土寇楊四以去。言官争劾家禎恇怯，上亦以家丁之變，心輕之，遂命家禎專撫河南，而以文燦代家禎爲總理。

19 以南吏部尚書鄭三俊爲刑部尚書。

時馮英坐事遣戍，其母年九十有一，三俊乞釋英還侍養，不許。

20 上因久旱修省。中允黄道周上言：「近者中外齋宿，爲百姓請命。而五日内繫兩尚書，未聞有人申一疏者，安望其戡亂除凶、贊平明之治乎！陛下焦勞於上，小民展轉於下，而諸臣括囊其間，稍有人心，宜不至此。」

又上疏曰：「陛下寛仁弘宥，有身任重寄，至七八載罔效，擁權自若者。積漸以來，國無是非，朝無枉直，中外臣工率苟且圖事，誠可痛憤。然其視聽一係於上，上急催科則下急賄賂，上樂鍥覈則下樂巉險，上喜告訐則下喜誣陷。當此南北交訌，奈何與市井細民申勃谿之談，修睚眦之隙乎！」時體仁方招奸人搆東林、復社之獄，故道周及之。

21 五月，戊寅，李自成奔秦州。

先是自成由鳳翔渡渭河，犯涇陽、三原，蝎子塊、過天星皆來會。秦撫孫傳庭，督副將曹變蛟連戰七日，敗之，蝎子塊降。自成與過天星遂自秦州謀入蜀。

22 是月，都給事中傅朝佑，疏論温體仁六大罪。時朝佑即家起官，以還朝愆期，爲給事中陳啓新所劾，貶秩調外，未行上疏，以「體仁得罪于天子，得罪于祖宗，得罪于天地，得罪于封疆，得罪于聖賢，得罪于心性。」上怒，遂除名，下獄按治。

踰月，體仁亦免。而朝佑仍繫獄中。

23 六月，戊申，温體仁罷。

體仁在閣八年，流寇蹂躪畿輔，擾中原，民生日困，未嘗建一策，惟日與善類爲仇。其所引與同列者皆庸材，苟以充位，且藉形己長，固上寵。

上每訪兵餉事，輒遜謝曰：「臣夙以文章待罪禁林，上不知其駑下，擢至此位。盜賊日益衆，誠萬死不足塞責。顧臣愚無知，但票擬勿欺耳。兵食之事，惟聖明裁決。」

有詆其竊上意旨者，體仁言：「臣票擬多未中竅要，每經御筆批改。頌服將順不暇，詎能竊上旨！」上以爲樸忠，愈親信之。官至少師兼太子太師、吏部尚書、中極殿大學士，階左柱國，兼支尚書俸，恩禮優渥無與比。

而體仁專務刻核，迎合上意。前二年春，上以鳳陽陵寢之變，下詔寬恤在獄諸臣，吏部以百餘人名上，體仁靳之，言于上，僅釋十餘人。秋決論囚，上再三詰問，體仁略無平反。陝西華亭知縣徐兆麟，蒞任甫七日，以城陷論死，上頗疑之，體仁不爲救，竟棄市。上憂兵餉急，體仁惟倡衆捐俸助馬修城而已。所上密揭率報可。

體仁自念排擠者衆，恐怨歸己，倡言「密勿之地不宜宣洩」，凡閣揭皆不發，并不存録閣中，冀以滅迹，以故所中傷人，廷臣不能盡知。當國既久，先後論劾者不可勝計。布衣楊光先上書極論其罪，至輿櫬待命，上皆不省，愈以爲孤立，斥責言者，或至杖死。

庶吉士張溥、知縣張采等，倡爲復社，與東林相應和。太倉人陸文聲者，輸貲爲監生，求入社不許。會體仁亦憾溥，方募人劾溥，文聲遂詣闕，言「風俗之弊皆原于士子，溥、采倡復社亂天下。」體仁欲興大獄，擬嚴旨究治，以提學御史倪元珙、副使馮元飈不承風旨，皆降謫之。蘇州推官周之夔，坐不謹罷去，私計憾復社逢執政意，可冀倖復官，因訐溥等把持計典，己罷職實其所爲。章下巡撫張國維，言「之夔去官無與溥事」。體仁擬旨譙讓國維，誅連不已者且七年。

于是奸人張漢儒，窺體仁銜東（枝）〔林〕甚，夤緣入其門下，相與定密謀，乃抗章訐「錢謙益、瞿式耜居鄉不法」，體仁從中主持之，逮二人下詔獄嚴訊。國維及巡按路振飛交章白其冤，不聽。

謙益危甚，求解于司禮太監曹化淳。化淳故與王安善，德謙益嘗爲安作碑文，頗爲讐解。漢儒偵知之，告體仁，體仁密奏上，請並坐化淳罪。上以示化淳，化淳懼，自請案治，乃盡得漢儒等奸狀及體仁密謀。獄上，上始悟體仁有黨，命漢儒等立枷死。

體仁佯引疾，意上必慰留，及得旨，竟放歸，體仁方食失匕箸。天下聞其去，皆快之。

24 是夏，兩畿、山西、江西皆大旱。時浙江亦大饑，至父子兄弟夫妻相食，四方災祲踵告。

給事中李汝璨言：「流賊憑陵以來，天下財賦之區已空其半。而又遇此亢旱，吳、楚、齊、豫之間，赤地數千里，是所未盡空者殆將盡空矣。臣謂斂怨干和，皆財用爲之也。國朝軍屯之制，千古稱善，自軍額虛而議兵，民始不得安其身；自屯田廢而議餉，農始不得有其食。有兵不練，兵增則餉益匱；有餉不核，餉多則兵愈冒。比者核實之使四出，而掊克屢聞，侵漁如故，可謂有政事乎？若夫輔成君道，尤在相臣。今乃此瞻彼顧，結黨徇私，八九年來，召災釀變，始于端揆，積于四海。水旱盜賊，頻見疊出，勢將未已，何怪其然！」上怒，下汝璨獄。

25 賊之在江北也，東陷和州、含山、定遠、六合、天長，分掠瓜洲、儀真，乘勢犯盱眙。縣故無城，知縣蔣佳徵豫策賊必至，訓民爲兵，設伏要害，親率兵往誘賊，殲其巢。賊怒，環攻之，力戰死。母聞之，亦投繯死。

左良玉聞江北警，頓兵不肯救，令河南士大夫合疏留己。上知出良玉意，不能奪。而賊亦遂自盱眙轉趨河南，淅川陷，良玉亦不救。

時河南被賊害者三年矣，夾河千里無炊煙，關廂市集皆虛，賊無所向，則南走鄖、襄，或東還寇江北。總理王家禎以熊文燦且至，逡巡俟代而已。

26 流賊犯江北，官紳士民先後殉難者，有羅田守將郭金城，率所部五百人禦賊于羅田，斬級百餘。追至英山，賊大集，被圍，見執，脅降，不屈死。龍江都司王寅調守泗陵，賊至，謀及其未集擊之，卷甲疾趨至盱眙，斬其前鋒一人。自午至申，賊麕至，與守備陳正亨俱陷陣死。蘇州衛指揮同知包文達，擊賊宿松，陷伏死。【考異】文達擊賊于宿松，死之。據北略及明史列傳，似在八年，見上注中。今仍據三編書之。天堂寨巡檢吴暢春，練鄉兵禦賊于潛山，屢却之。賊再至，死守，力竭被執，不屈自刎死。潛山鄉官故瓊州通判江襟楚，被執不屈，與同邑生員陳貞申俱死。義民張清雅，守父棺哀泣，賊斷其手。子超藝，年十六，求代，賊復斫之，俱死。僕雲濟不食死。義民陳廷選，負母謝氏避草間，遇賊執，請代母死，賊殺之，而舍其母，妻亦殉之。義民汪之璞亦死焉。蕭縣鄉官任之豪，自蘇州府教授罷歸，賊陷蕭縣，殉節死。桐城生員尹秋桐，見賊殺其母，奮身擊賊被害。生員吴普昭，聚鄉兵捍賊，相持十日，格鬥死。子先璘、先璀、子婦李氏、許氏同殉焉。生員左旋、左光燦、義民姚孫極、王夷吾、趙之藝、陳力均、儒士笪光弘等，俱先後死之。

而是時賊黨分擾楚、豫，隨州知州王燾，訓民兵繕守，殲土寇李良喬等。賊奄至，且守且戰，擊斬三百餘人，賊攻益力。相持二十餘日，天大風雪，守者多散。燾知必敗，入署整衣冠自經。賊焚其署，火燭不及燾死所，尸直立不仆，賊望見駭走。

鄧州知州孫澤盛、同知薛應齡同戰死。上津知縣屠紹皋、守備寇士元同守城，城陷，力戰死。鄖西知縣劉元伯，澠池知縣李邁林，廣濟典史魏時光，俱以守城死。

時光善舞雙刀，去年涖任，邑遭殘破，長吏設排兵三百人，委之教練。其冬，賊踞蘄州河口，憚時光，不敢渡。時光益募死士夜襲其營，手殺數賊，賊不敢逼。及是賊大至，部卒皆散。時光單騎據高坡，又殺賊數人。賊環繞之，靮斷被執，不屈死。其兄陳于上官，却不奏，憤發病死。友人收斂之，哭盡哀，曰：「弟爲國死，兄爲弟死，吾獨不能表暴之乎！」具牘力陳，乃得贈卹。

開封參將范志驃，奉調督剿，與裨將李春貴並以捍賊被執，不屈死。攸縣舉人陳來學，蘄水武舉程爲常，偕邑人徐至蘭、蔡巨人、胡方壺、徐用極、沈邱義民王繼東，並以禦賊死。上蔡生員張址、曹震南、趙應選、李思選、周奭、彭淩碧、葛祥生，並以被執罵賊死。

27 秋，七月，以史可法爲右僉都御史，巡撫安慶。

時賊勢狂逞，盤互江北。應撫張國維請于朝，割安慶、廬州、太平、池州四府，别設巡撫，遂擢可法任之，令兼割河南之光州、光山、固始、羅田，湖廣之蘄州、廣濟、黄梅，江西之德化、湖口諸縣，提督軍務，額兵萬人。——安慶之設巡撫自此始也。

可法聞命，遣部將汪雲鳳敗賊于潛山。僉事湯開遠監安、廬二郡軍，善擊賊，從可法東西馳禦，賊稍稍避其鋒。

山東、河南蝗，民大饑。河南以賊屢過殘破，民皆伏豐草深林，採野穗以食，田隴間亂木槎枒，皆成拱把。虎狼千百爲群，行于道路。

28 八月，己酉，以吏部侍郎劉宇亮、禮部侍郎傅冠俱禮部尚書，僉都御史薛國觀爲禮部侍郎，並兼東閣大學士，預機務。

國觀陰鷙谿刻，不學少文，温體仁因其素讎東林，密薦于上，遂柄用。時體仁雖罷，而張至發及國觀皆效其所爲，蔽賢植黨，國事日壞。

冠性簡易。宇亮短小精悍，善擊劍，居翰林，常與家僮角逐爲樂，素不嗜書，館中纂修、直講諸事皆不預，座主錢士升在閣時力援之，至是並入閣。

29 庚申，閲城。

30 是月，上聞儀真、六合皆陷，特發禁旅勇衛營一萬二千人，遣内官劉元斌、盧九德及副總兵孫應元統兵赴援江北，與總理熊文燦會討流賊。
31 九月，丙子，左良玉敗賊于虹縣。
辛卯，洪承疇敗賊于漢中。
先是承疇與秦撫孫傳庭共矢滅賊，承疇戰關以西，傳庭戰關以東，連破賊，先後降其渠一條龍、鎮世王、上山虎等，餘劇賊多授首者。至是復解漢中之圍，關中賊勢漸衰。
而李自成踰秦、隴，窺四川備禦單弱，遂乘間取道入蜀。癸巳，陷寧羌州，知州周應泰、衛指揮徐大行死之。
32 冬，十月，丙申，自成糾混天王、過天星等，自寧羌分其軍爲三：一由黄壩攻七盤關；一由陽平過青岡坪、土門塔向白水；一由梨樹口、麥坪入廣元。總兵官侯良柱壁廣元，衆寡不敵，禦之失利。
戊戌，賊入關。壬寅，自淺灘過河，破昭化，知縣王時化死之。
甲辰，犯劍州，知州徐尚卿料城必不守，集士民泣曰：「若輩速去！吾死此矣。」衆環泣，請皆去，不可。與吏目李英俊、舉人楊于鼎守二日，城陷，尚卿投繯死，英俊從之。于鼎巷戰殺賊，爲賊支解死。
戊申，賊又分其軍，一往綿州，一往鹽亭，一往江油。侯良柱拒戰于綿州，陣没。江油知縣被執，不死。彰明、安縣、羅江、德陽、漢州，皆賊未至而潰。賊陷鹽亭。乙卯，陷彭縣。次日，掠郫縣，主簿張應奇死之。大抄西充、遂寧等縣。趨潼川、金堂縣，典史潘夢科死之。

其由江油入者，徑薄成都。巡撫王維章守保寧，反在外不能禦。成都貢生顧鼎鉉，被執不屈死。賊自庚戌圍成都，至丙辰凡七日，不克，乃解去。分陷三十餘州縣。【考異】明史本紀：「十月丙申，自成自七盤關入西川」，丙申，初二日也，又云：「壬寅陷昭化」，初八日也，皆與綏寇紀略日分合，今干支悉據紀略書之。惟賊過廣元，侯良柱敗績後，拒戰于綿州，死之，見明史本傳，紀略以爲戰没于廣元，微誤，今參明史及三編書之。又據三編質實增入成都貢生顧鼎鉉。

33 是月，四川地震。

先是四月間，四川地震者七，地鳴者一。工科給事吳宇英以爲占者主兵，竊爲蜀中憂之。至是賊果入蜀，地復震。【考異】明史五行志但書「十月四川地震」，而明史侯良柱傳及綏寇紀略，皆言「是年四月地震者七，鳴者一」，見吳宇英奏疏中。蓋其時賊陷南江、通江二縣，旋遁去，宇英此疏，蓋謂侯良柱以賊遁報功也。今類書于十月下。

34 熊文燦既拜總理之命，即請左良玉一軍所將六千人隸麾下，而大募粵人及烏蠻精火器者一二千人以自護，弓刀甲胄甚整，以六月杪辦嚴過嶺，是月抵安慶。而良玉桀驁不受節制，其下與粵軍不和，大訢，文燦不得已遣還南兵。然良玉軍實不爲用，楊嗣昌爲言于上，乃以邊將馮舉、苗有才兵五千人隸焉。

當是時，嗣昌建四正、六隅之策，增兵餉大半，期滅賊，賊頗懼。文燦顧決計招撫。刊檄徧懸通都曰：「心示衆家賊，待以不死。」上聞之怒，嚴旨譙責。

嗣昌乃曲爲之解曰：「網張十面，必以河南、陝西爲殺賊之地。然陝有李自成、惠登相諸劇賊，未能剿絶，法當驅關東賊不使合，而使陝撫扼商、雒，鄖撫扼鄖、襄，安撫扼英、六，鳳撫扼亳、潁，應撫之軍出靈寶，保撫之軍度延津，然後總理率邊兵，孫應元等率禁旅，豫撫率陳永福諸軍，并力合剿。若關中賊逸出關東，則秦督率曹變蛟等出關協擊。巡撫不用命，立解其兵柄，簡一監司代之；總兵不用命，立奪其帥印，簡一副將代之；監司副將以下不用命者，悉以尚方劍從事；則人人效力，何賊不平！」乃尅期三月平賊，上可其奏。

嗣昌復言于上曰：「文燦甫任事，洪承疇七年不效。論者繩文燦急，而承疇縱寇莫爲言。」上知嗣昌有意左右之，變色曰：「督理二臣，但責成及時平賊，奈何以久近藉口！」嗣昌乃不敢言。

35 十一月，己卯，歲星、熒惑合于亢。

庚辰，以星變，敕群臣修省，求直言。

36 是月，以太監曹化淳提督京營。

先是有工部員外郎駱方璽者，窺上意方任中官，上言：「陛下即位，遂置魏忠賢于大戮，豈溺情閹豎者？不過以外廷諸臣無一可用而借才及之。況人臣感激恩遇，苟知仰報，何論内外！廷臣處地懸絶，自不若宮廷暬御，效忠倍易。凡此内臣，邀兹曠典，孰不欲棄捐頂踵以酬陛下！」

疏入，給事中何楷劾其「通内呈身」，吏部請削方璽籍。上固不欲罪方璽，以楷言直，不可奪，改從薄謫。

不數月，即有化淳提督京營之命。復以李明哲提督五軍營，杜勳提督神樞營，閻思印提督神機營，鄭良輔總理京城巡捕。于是中官皆布置要地矣。

37 十二月，癸卯，黄士俊罷。士俊在閣甫踰一載，至是予告歸。【考異】史稿書士俊致仕于十一年正月，與明史宰輔表合。而明史本紀及三編皆書于十年十二月，今從之。

38 癸亥，總督洪承疇率副總兵官曹變蛟援四川。

先是寧羌初破，或傳賊以其半入蜀，餘由漢、興、商、雒以入楚、豫。楊嗣昌主兵事，方憂秦賊出關亂剿撫局，則以蜀事不足憂。比劍外衡決，又欲委咎于承疇。而是時三月之期將及，承疇等奔命于秦、蜀間，而文燦之撫事尋敗。

是月，承疇等師次廣元。